高鍋《たかなべ》城三階櫓《やぐら》伝承地の石垣

矢《や》穴《あな》痕の残る割石《わりいし》を20段以上，各段の高さをある程度揃えて積み上げた高石垣．高鍋藩の家譜によると慶長14年(1609)，この上に三階櫓が建てられたとされ，事実であれば南九州の城で最初の高層建築と言える．

都《と》於《の》郡《こおり》城遠景（岡寺 良 撮影）

戦国期後半に日向国《ひゅうがのくに》最大の勢力を誇った伊東《いとう》氏の本拠都於郡城．南九州の群郭式《ぐんかくしき》城郭代表例のひとつであり，大規模な空堀《からぼり》に隔てられ等高に並ぶ曲輪群など，その特徴的な構造が史跡整備により可視化されている．

佐土原城《さどわら》（山城部）の大手口

宮崎層群《みやざきそうぐん》の岩盤が左右に切り立つ大手道の入口．山城の技巧が凝らされた登城路は常に城方が上位を占められるように工夫されており，登りきった頂部には南九州唯一の天守が聳《そび》えていた．

南郷城《なんごう》の石垣石材

大堂津《おおどうつ》と目井津《めいつ》の港町を眼下におさめる南郷城は，支城クラスで近世的な石垣を導入した宮崎県内唯一の例である．主郭の全周を巡る石垣は，一部が旧日本軍によって砲台を築くために崩されたといわれている．

清色城《きよしき》の堀切

南北朝時代から戦国時代まで入来院氏の居城で，国史跡に指定されている．搦手《からめて》より望む高さ約20メートルの堀切《ほりきり》は，群郭式《ぐんかくしき》の城郭の大きな特徴である．

知覧《ちらん》城遠景（南九州市文化財課 提供）

知覧城は，主に佐多《さた》氏の居城で，群郭式の城郭の特徴をもち国史跡に指定されている．航空写真はシラス台地を利用した曲輪の様相が顕著に見てとれる．

岩剣《いわつるぎ》城平面図（赤色立体地図）
（姶良市提供）

蒲生《かもう》氏，祁答院《けどういん》氏の居城．島津義久・義弘・歳久の初陣となった天文23年の岩剣城の戦いがあった．地図は地形の尾根谷筋等，城の特徴が鮮明に見てとれる．

与論《よろん》城石垣

与論城は，鹿児島県最南端に位置する与論島の城郭で，琉球様式の城郭遺跡（グスク）の北限にあたる．広大な城域に，琉球石灰岩の石垣を何重にも巡らせる構造が特徴．

九州の名城を歩く

宮崎・鹿児島編

岡寺 良・
竹中克繁・吉本明弘［編］

吉川弘文館

刊行のことば

本冊で取り上げる宮崎県と鹿児島県は、九州島の南部を占め、いわゆる「南九州」と呼ばれる地域である。旧国でいえば、現在の宮崎県は日向国、鹿児島県は薩摩国と大隅国、多禰《たね》（多褹）国（嶋）（多禰国は平安時代に廃止）および日向国の一部となるが、本書では、そこに所在する中近世城郭の内、それぞれ三〇城と三四城、併せて六四城を選び紹介したものである。

これら両県の中世史を考えるうえで重要な存在が島津氏であろう。島津氏は、鎌倉時代初期以降、薩摩・大隅国を中心に南九州に最も影響を及ぼした一族で、本宗家のほかに数多くの支族が各地に割拠し、南北朝〜室町期を通じて、周辺の分家も含めた勢力争いが活発に行われた。

戦国時代に入り、南九州統一に向けた動きを加速させたのが、島津相州家の忠良《ただよし》（日新斎）と貴久《たかひさ》の親子である。貴久は島津本宗家の家督を継ぎ、息子の義久《よしひさ》・義弘《よしひろ》・歳久《としひさ》・家久《いえひさ》のいわゆる「島津四兄弟」とともに、各地の領主を従えていくことになる。天正年間には、義久の下、日向国伊東氏、さらには伊東氏救援の名目で遠征した豊後の大友氏も高城・耳川の戦いによって破り、南九州を完全に勢力下に収めた島津氏は、豊臣秀吉の九州平定までは間違いなく九州で最も勢力を伸ばした大名であったといえるだろう。

そのような南九州には、「群郭式《ぐんかくしき》」と呼ばれる曲輪配置の城が見受けられる。主にシラス台地上に同規模・同高度の曲輪をいくつも並立させ、個々の曲輪の周囲は深い横堀や堀切によって分断したものである。

尾根を階段状に曲輪造成する「連郭式」が一般的な中世日本の城の中では、きわめて特徴的である。

また、九州島の南、沖縄へと連なる南西諸島の一角をなす薩南諸島にも中世城郭はあり、本土の城と同じ特徴を備えたものや琉球のグスクに通じるものなど、バリエーション豊かな数々の城が存在する。織豊期から近世以降に中世以来の山城を大々的に改修した佐土原城や高鍋城、そして新たな縄張で築城された鹿児島城（鶴丸城）や延岡城なども注目すべき存在であろう。

このように特徴的な城郭が目立つ宮崎県・鹿児島県の城を扱った本書は、九州の名城を歩くシリーズの第三冊目であり、既刊の二冊と比べることでも、九州における城の多様さを知ることができると思う。

本書の発刊を契機に、あらたに宮崎県・鹿児島内の城の存在や歴史的な重要性を知る方、さらには実際の城の現地を歩く方が一人でも増え、城に対する興味関心や愛着が少しでも増すことになれば幸いである。

令和五年八月

岡寺　良
竹中克繁
吉本明弘

目次

鹿児島——155

宮崎県の中近世城郭

竹中克繁

【宮崎県の概況】　旧国の日向《ひゅうが》にほぼ全域が含まれる宮崎県は、日向灘（太平洋）に面して九州の東に位置する。日向国（鹿児島県志布志市と同曽於市の一部を含む）は、北は豊後《ぶんご》（大分県）、西は肥後《ひご》（熊本県）、南は大隅《おおすみ》（鹿児島県）、南西は薩摩《さつま》（同）と接し、江戸時代には鹿児島藩領と幕府直轄の天領、そして同国内に本拠を持つ四つの藩によって分割されていた。そのため宮崎の城といえば、近世日向四藩の**延岡城**《のべおか》（延岡市）、**高鍋城**《たかなべ》（高鍋町）、**佐土原城**《さどわら》（宮崎市）、**飫肥城**《おび》（日南市《にちなん》）の四城が挙げられることが多い。しかし県内では現在までに五五〇以上の城跡が確認されており、そのほとんどは中世の山城である。

東をのぞく三方を九州山地、霧島山などの山々に囲まれた宮崎県は、県域の七割以上を山地が占める。県北には点在する小山間盆地（高千穂町《たかちほ》など）と、東の海沿いに形成された複数の小規模な沖積低地（延岡市、日向市、門川町《かどがわ》）がある。県の西部から南部にかけては加久藤《かくとう》盆地（えびの市）、小林《こばやし》盆地（小林市）と高原《こうげん》地帯（高原町《たかはる》）、都城《みやこのじょう》盆地（都城市、三股町《みまた》）が並び、南部の海沿いには小規模な沖積低地（日南《にちなん》市、串間《くしま》市）がある。そして県央東側にはいくつかの沖積低地と洪積台地からなる宮崎平野（川南町《かわみなみ》、木城《きじょう》町、高鍋町、西都《さいと》市、新富《しんとみ》町、国富《くにとみ》町、宮崎市など）が広がる。宮崎県の城郭は、中近世において主要な生産域であったこれらの平野、盆地を中心に分布している。

【南北朝期の城郭】 史料上、本県最古の城は一四世紀前半の南北朝争乱初期の一群である。建武二年（一三三五）十二月末から翌三年正月、宮崎平野南部の**穆佐《むかさ》城**（宮崎市）、**宮崎城**（同）、猪野見《いのみ》城（国富町）などをめぐり、武家方（北朝）と宮方（南朝）に分かれた在地勢力間での戦闘が行われた。

日向国には将軍家領が集中していたため、足利尊氏《あしかがたかうじ》は建武三年三月に畠山直顕《はたけやまただあき》（義顕《よしあき》）を国大将として派遣した。**穆佐城**に入った直顕は南九州における宮方勢力の中心人物であった肝付兼重《きもつきかねしげ》が拠点とする都城盆地に複数回進攻し、梅北《うめきた》城（都城市）や**新宮《しんぐう》城**（同）などを攻撃した。暦応二年（一三三九）に直顕は兼重の本拠を攻め落とすが、この時の「兼重城」の比定については**三俣《みまた》院高城**（都城市）と三俣城（同）の二説がある。直顕は貞和元年（一三四五）に日向国守護となるが、『太平記』では延文年間（一三五六―六一）に**三俣院高城**で宮方の菊池《きくち》武光《たけみつ》に敗れ落去したとされる。

この間、鎌倉御家人の伊東氏が日向国に下向し、宮崎平野のほぼ中央に位置する**都於郡《とのこおり》城**（西都市）を本拠に定めた。以降、伊東氏は日向国に根を張っていた在地武士団土持《つちもち》氏と並ぶ国人勢力に成長していく。

一四世紀後半、室町幕府は九州探題として今川了俊《いまがわりょうしゅん》を派遣するが、南九州では鹿児島の島津氏がこれに敵対した。康暦元年（一三七九）、今川方は島津庶子家北郷《ほんごう》氏の**都城**（都城市）を包囲するが、救援に駆けつけた島津氏に敗れた（都城合戦・蓑原合戦）。

【室町期の城郭】 応永三年（一三九六）、了俊の九州探題解任にともなって国大将今川播磨守《はりまのかみ》が日向国から退去すると、鹿児島の島津元久《もとひさ》は宮崎平野進出の足掛かりとして**穆佐城**をおさえ、弟久豊《ひさとよ》を入れた。同十八年に元久が没すると久豊は鹿児島に戻り跡を継ぐが、翌十九年に**都於郡城**の伊東祐立《すけはる》がその隙をついて**穆佐城**を攻め落とした。久豊は同三十年頃に宮崎平野南部へ進攻して伊東氏の加江《かえ》田《だ》車坂《くるまざか》城（宮崎市）を落とし、跡を継いだ忠国《ただくに》は永享六年（一四三四）に**穆佐城**周辺を再度島津氏領とした。

一五世紀半ば、伊東氏はのちに中興の祖と称された祐尭《すけたか》の代に大きく伸張する。文安元年（一四四四）の家督相続直後に曽井《そい》城（宮崎市）を攻略した祐尭は、同五年までの間に**紫波洲崎《しわすざき》城**、**穆佐城**、**宮崎城**、**清武《きよたけ》城**（いずれも同市）などを次々に押さえ、伊東氏の庶流や土持氏、島津氏らの諸勢力が入り乱れていた宮崎平野南部を制圧した。さらに長禄元年（一四五七）、**高鍋城**（当時財部《たからべ》城）に攻め寄せて財部土持氏を降し、**新納《にいろ》院高城**（木城町）などを支配下において宮崎平野全域を平定した。これにより土持七頭と呼ばれる一族諸氏が日向国一円に広がっていた土持氏は、県北の**松尾《まつお》城**（延岡市）を本拠とする縣《あがた》土持氏を残すのみとなる。祐尭は**日知屋《ひちや》城**、**塩見《しおみ》城**（ともに日向市）、**門川城**（門川町）も手中にして、県北地域にまでその勢力をくい込ませた。

【戦国期の城郭】 伊東祐尭は晩年、島津氏一族内の争いに介入して県南の島津氏領飫肥（日南市）をうかがうが、文明十七年（一四八五）に前線基地であった**清武城**で没した。嫡男の祐国《すけくに》も同年の**飫肥城**を巡る戦いの中で戦死し、伊東氏の南進はいったん中断されることとなった。

一六世紀前半、県北は**松尾城**の土持氏、県央は**都於郡城**を本拠とする伊東氏による支配で比較的安定した状態にあり、動乱の中心は南西部の都城盆地であった。伊東氏と北郷氏の間で、**三俣院高城**などを巡る一進一退の攻防が繰り広げられたが、一六世紀半ばに**都城**の北郷忠相《ほんごうただすけ》が都城盆地を平定した。

争乱の舞台は再び県南へと移り、永禄十一年（一五六八）に島津豊州《ほうしゅう》家の**飫肥城**を攻略した伊東義祐は、後世伊東四八城と呼ばれる日向伊東氏の最大版図を実現した。隠居の立場である義祐は、その子、孫を当主として**都於郡城**に置き、自らは**佐土原城**を居城とした。伊東氏は続けて県西部の島津氏領真幸《まさき》院への進出を図るが、元亀三年（一五七二）に**飯野《いいの》城**（えびの市）の島津義弘《よしひろ》に大敗する（木崎原《きさきばる》合戦）。さらに天正四年（一五七六）の島津氏による**高原《たかはる》城**（高原町）攻略を皮切りに伊東氏領国の瓦解が始まり、翌五年に義祐は隣国豊後の大友《おおとも》氏を頼って落ち延びることとなった（伊東氏の豊後落ち）。

　天正六年、伊東氏の旧領回復を大義名分として日向国に侵攻した大友宗麟《そうりん》は、県北の土持氏領を制圧し、さらに南進して島津氏が守る**新納院高城**に迫った。双方多大な犠牲を出す大合戦の末に大友氏は敗退し（第一次高城合戦、耳川《みみかわ》の戦い）、島津氏による日向国支配が確立した。島津氏は伊東氏時代の城郭の多くを地域支配の拠点としてそのまま踏襲した。この時期**宮崎城**で日向国の経営にあたった島津家老中の記した日記であり、国の重要文化財として今に残る**『上井《うわい》覚兼《かくけん》日記』**から、戦国期末における九州の政治・軍事的動向や武家文化の詳細を知ることができる。

　九州一円を席巻する勢いの島津氏は、天正十四年に大友氏の本拠府内《ふない》（大分県大分市）を制圧する。しかし豊臣秀吉の九州攻めが本格化すると撤退し、再び**新納院高城**を防衛ラインとした。翌十五年、秀吉の弟秀長《ひでなが》の率いる一〇万の大軍が同城を包囲する中（第二次高城合戦）、豊臣方陣への夜襲（根白坂《ねじろざか》の戦い）に失敗した島津氏は降伏し、九州は豊臣秀吉によって平定された。

【織豊期の城郭】　豊臣政権による新たな国分けで、日向国はのちの石高表示で三〜五万石前後の四大名と、同国南西部にも少なからぬ領地を保持することに成功した鹿児島の島津氏により分割されることとなった。北部九州に秀吉直属の大名が多く配置されたのとは対照的に、南九州には中世以来の九州在地の大名のみが封じられ、この構成は次の徳川期へと引き継がれた。織豊期の城郭は天守に象徴されるが、**佐土原城**をのぞき、南九州の諸大名はその居城、支城に天守を導入することはなかった。

戦国期の北部九州を代表する勢力であった秋月《あきづき》氏の当主種長《たねなが》は、日向国**高鍋城**（当時財部城）に移された。種長は一時、飛地福嶋《ふくしま》の櫛間《くしま》城（串間市）に居所を移したとされるが、ふたたび**高鍋城**へと戻ったのちの慶長十四年（一六〇九）に天守代用の三階櫓《やぐら》を建てたとされる。

実兄の秋月種長とは別に縣《あがた》（延岡市）に封じられた高橋元種《たかはしもとたね》は、中世土持氏の拠点であった**松尾城**に入るが、慶長六年から**延岡城**（同。近世縣城）の築城を開始し移転した。領内の県北山間部では**亀山《かめやま》城**（高千穂町）などに拠る在地勢力の反乱があったが、文禄元年（一五九二）までに鎮圧された。

鹿児島の島津本家からは独立した一個の大名とされた**佐土原城**の島津豊久《とよひさ》は、関ヶ原《せきがはら》合戦で戦死した。徳川家康は慶長八年に島津家中の有力一門であった島津以久《ゆきひさ（もちひさ）》を佐土原に封じ、近世佐土原藩が成立する。**佐土原城**には、二代忠興《ただおき》時に南九州で唯一となる天守が建てられた。

没落した戦国大名伊東氏は、義祐の三男祐兵《すけたけ》によって大名に復帰した。本城**飫肥城**は宮崎・鹿児島で唯一、中世以来の南九州の群郭式《ぐんかくしき》城郭が幕末まで存続した城である。また元和の一国一城令で廃城となった領内**南郷《なんごう》城**（日南市）は、支城クラスに近世的な石垣が導入された県内唯一の例である。

鹿児島領では、慶長四年（一五九九）に**都城**の伊集院忠真《いじゅういんただざね》が**梶山《かじやま》城**（三股町）などの支城網（庄内《しょうない》一二外城《とじょう》）を固めて叛旗《はんき》を翻し、家中の大規模な内乱事件となった（庄内の乱）。戦いは一年にも及んだが、伊集院氏の重要拠点志和池《しわち》城（都城市）が、近接して陣（同市、**森田《もりた》陣**）を構えた島津本家側に落とされたことにより、乱は終息した。

慶長五年の関ヶ原合戦に際し、日向国でも連動した戦いが起こった。飫肥伊東氏が東軍方として軍事行動を起こし、**清武城**を拠点に延岡高橋氏の支城**宮崎城**を攻め落としたのである。しかし落城時点で高橋氏は東軍方へ寝返っていたため、のちに**宮崎城**は高橋氏に返還された。

【江戸期の城郭】　元和元年(一六一五)の一国一城令で、日向国の城は四藩各々の本城のみとなる。延岡藩では慶長十八年(一六一三)に高橋氏が改易され、あとを受けた有馬《ありま》氏も一七世紀末に転封《てんぽう》、以降は三浦《みうら》、牧野《まきの》、内藤《ないとう》氏と続く列島最南端の譜代藩となった。**延岡城**に存在した天守代用三階櫓は、家譜類によると一七世紀半ばに有馬氏が構築したとされる。

中世以来の山城を本拠としていた佐土原藩と高鍋藩であったが、**佐土原城**は寛永二年(一六二五)に、**高鍋城**は寛文九年(一六六九)から延宝六年(一六七八)にかけて城郭機能を山麓に移転させている。両山城ともに高層建築や石垣など、織豊・近世城郭としての要素を一部導入してはいたものの、近世の治世所として機能させるには限界があったのだろう。

対して飫肥藩の**飫肥城**では、一七世紀後半に地震被害に起因する大改修があったものの、中世以来の山城が幕末まで機能し続けている。低平なシラス台地につくられた南九州の群郭式城郭でもともと曲輪面積が広く、城下との高低差も少ないため、江戸期の政治拠点としても十分に通用したためと考えられる。

これら四城は幕末まで存続するが、県内には明治に入ってから築城された異色な城もあったことを最後に紹介したい。明治二年(一八六九)、佐土原藩知事となった佐土原島津氏は、新たな知政所として広瀬《ひろせ》城(宮崎市)の築城を開始した。絵図面によると江戸軍学にもとづいて築かれた城だったようだが、廃藩置県で廃城となった。現在は市街地化によって消失し、現地で確認できる遺構はほとんどない。

【参考文献】『宮崎県の地名』（平凡社、一九九七）、宮崎県編『宮崎県史叢書 日向記』（宮崎県、一九九九）、都城市編『都城市史 通史編 中世・近世』（都城市、二〇〇五）、甲斐亮典編著『大淀川 流域の歴史』第一巻（鉱脈社、二〇〇九）、新名一仁『日向国山東河南の攻防』（鉱脈社、二〇一四）

鹿児島の城の歴史と特徴

吉本明弘

鹿児島は、霧島市などに古代の山城跡を残し、鎌倉時代には、満家院《みついえいん》(鹿児島市)に「城前田《しろまえだ》」などの語が史料上でみられるようになる。後世の史料では平安末・鎌倉期の築城とされる城郭が多いが、実際は不明な点も多い。北薩の虎居城《とらい》(さつま町)は平安末の築城と後世の『宮之城記』にはあるがその頃の遺構や遺物は発掘調査でも検出できていない(「虎居城」の項)。史料上で、城の本格的な登場は南北朝期(建武政権期を含む広義の南北朝期)に入ってからである。

【南北朝動乱と鹿児島】 建武年間(一三三四—三八)以降、合戦に際し、「城郭を構え」ることが増える。この時期の主な合戦は大隅加瀬田《かせだ》ヶ城(鹿屋市)、薩摩市来城《いちき》(日置市)・碇山城《いかりやま》(薩摩川内市)と、大隅から薩摩へと主要合戦場が移っていく。この時期において、史料上では「水手《みずのて》」「野首《のくび》」といった城郭用語が見え始める。水手は戦国期以降の城郭の構造に見られるようになる語であるが、建武から暦応にかけて(一三三〇年代)の薩摩・大隅にみられる。山城での合戦時において水の供給は欠かせない。そのための設備なり施設が水手といえ、木戸を設けるなど、防御性を高める一方、攻め手側は夜討をかけて攻め落とそうとする。水手のもつ意味・役割がどれほど大きいかを物語る。野首は城の背後の細くくびれた地形をいい、南九州の地名に多く、その周辺には中世城郭があることが多い。このように史料上の用語から、同時期において防御性を重視していたかを読み取れる。

南北朝期の半ばから後半になってくると、単純な北朝・南朝の構造ではなくなり、幕府内での対立と南朝の複雑な構造が浮かび上がり、薩摩・大隅でも九州探題の今川了俊《いまがわりょうしゅん》や征西将軍宮懐良《かねなが（よし）》親王と、島津氏・国人の複雑な関係の中での抗争がある。

【守護所の変遷】　島津領国において、建武年間に**碇山城**と関連させて政庁である「守護所」の語がみられる。もともと、鎌倉期における本宗家の拠点は山門院の**木牟礼《きのむれ》城**（出水市高尾野）で、鎌倉末頃、五代貞《さだ》久《ひさ》が薩摩郡の**碇山城**に拠点を遷したとされる。そして暦応二年（一三三九）に北朝の島津氏側と澁谷氏を中心とした南朝方の大きな合戦が**碇山城**で繰り広げられた。城の立地状況は川や道が近くにあることも特徴であり、**碇山城**は、薩摩国衙《こくが》と大隅国衙を結ぶ古代官道が通っていた可能性も示唆されているものの、鹿児島での古代官道は姶良《あいら》で一ヵ所遺構が検出されているものと、出水《いずみ》に一ヵ所可能性がある遺構が検出されているのみである。

碇山城周辺が守護所となった時期は不明である。城郭および合戦と関連させた守護所は建武年間に入ってからであるが、「守護所」の語自体は鎌倉期から見える。ただし詳細については今後の課題となる。

貞久の後、島津氏は三男（次男）師久《もろひさ》の総州家と四男（三男）氏久《うじひさ》の奥州家に分裂する。本宗家を継いだのは師久で、**碇山城**を拠点に、薩摩国守護職となる。氏久は鹿児島郡の**東福寺城**（鹿児島市）を拠点に大隅国守護職となり、一四世紀中頃、大隅全体を見据えた大姶良城（鹿屋市）、そして日向《ひゅうが》をも見据えての**志布志内城**（志布志市）と拠点が変遷し、最終的に、**東福寺城**から**清水城**（鹿児島市）に拠点が遷る。

この**清水城**を拠点に島津氏本宗家は奥州家が統一する。これらの拠点の変遷の中で、**碇山城**と同じく低地に守護所があったといえる。**清水城**は現在の清水中学校の位置が守護所にあたる。**清水城**の周辺に初期の城下町が形成される。天文十九年（一五五〇）、島津貴久《たかひさ》（一五代）は低地に方形の**御内**（内城、鹿児島市）を築き、これ以降、島津氏の三州統一の拠点となる。**東福城**・**清水城**はそれぞれ手狭となり、最終的に**御内**へと遷るが、**御内**も本拠地とするには手狭であった。**御内**を低地での守護所と周辺の奥州家の拠点で**東福寺城**と**清水城**を最終的に籠る詰城《つめじろ》とした広域性なものとしても捉えられている。この**御内**が中世から近世初頭（一六世紀末の豊臣期）まで続き、一七世紀初（徳川期）の**鹿児島城**（鶴丸城、鹿児島市）へと遷る。

【室町期】　南北朝合一後の室町期、当初は総州家と奥州家の協調関係がみられたものの、次第に両氏が対立し、澁谷氏、菱刈《ひしかり》氏等、北薩の国衆も巻き込まれていく。そこに、肥後の相良《さがら》氏等も北薩に勢力を拡大していく。このような流れのなかで、永享二年（一四三〇）総州家は滅ぶ。その間、奥州家は島津貴久（忠国）が応永三十二年（一四二五）に家督を継承する。同年将軍足利義持《あしかがよしもち》から薩隅日守護職を安堵される。これにより貴久は日向山東（宮崎平野）奪回を試みるも失敗に終わる。この隙を縫うかのように、澁谷氏、菱刈氏等の反島津方国衆が蜂起し、薩摩国全域で内乱が勃発する。貴久は鎮圧に失敗し、弟好久《よしひさ》（持久《もちひさ》、用久《もちひさ》）に指揮権を委譲し、鎮圧に成功する。これによりそのまま好久を守護に擁立する国衆の動きがみられるようになる。結果として北薩に用久を祖とする薩州家島津氏が誕生することになった。内乱状態となって以降、好久（持久）は、伊作《いざく》安鶴（教久《のりひさ》）に「伊作庄北方幷西之城」（日置市）や本田氏に「溝辺六町・同城幷向島内有村」（霧島市・鹿児島市）を宛行《あてが》っている。以降、戦国期にかけて、守護あるいは守護に極めて近い人物から、入来院氏、本田氏、菱刈氏、肝付《きもつき》氏といった有力国衆に対し、城と所領を宛行っている。これは島津氏による国衆掌握が目的であったと考えられる。しかし、国衆の掌握は上手くいかず、内乱状態が続くこととなる。

【戦国島津氏の形成】　一六世紀に入ると、島津氏は一四代忠兼《ただかね》（勝久《かつひさ》）の領国経営が機能せず、大永六年（一五二六）相州家島津忠良《ただよし》（日新斎《じっしんさい》）の子貴久《たかひさ》を養子にして、翌年に本宗家の家督および薩摩・大隅・日向の守護職を譲る。しかし、貴久の継承は簡単にはいかず、薩州家島津実久《さねひさ》からの勝久の「悔返《くいかえし》」が要求され、勝久が守護職に復すが、実久も守護職を求めるようになる。これにより、南九州は島津忠良・貴久父子、勝久、薩州家実久による一族間の抗争となり、南九州の国衆を巻き込んだ争いへと発展する。これにより各地で争乱が相次ぐ。島津氏の抗争では、一時期、実久が鹿児島を攻略し勢力を拡大する。鹿児島を追われた勝久は入来院氏や東郷氏等、薩摩の有力国衆へ所領を宛行《あてが》う「知行充行状」を発給するも効果のないものが多かった。そのなかには、入来院氏に「百次城（薩摩川内市）を与える」「隈城（薩摩川内市）・郡山城（鹿児島市）のうち所望の地を与える」等というものがあった。後に実久も貴久に攻められ勢力を弱める。最終的に島津一族間での抗争に優位に立った島津貴久は、天文十四年、日向南部の豊州家島津忠広《ただひろ》や北郷忠相《ほんごうただすけ》といった島津一族から守護として承認され、天文十九年に**御内**を築き、南九州統一への新たな拠点とする。

【大隅合戦】　天文二十三年から弘治三年（一五五七）にあった蒲生《かもう》氏・澁谷氏（祁答院《けどういん》氏）と島津氏の間で起きた一連の戦いで、**岩剣《いわつるぎ》城**の戦い（姶良市）を初戦に攻防が繰り広げられ、大隅合戦と呼ばれる。**岩剣城**の戦いは島津一五代貴久の子息義久・義弘・歳久の初陣となった。帖佐《ちょうさ》平山城、山田城、松坂城など諸城での戦いを経て、最終的に**蒲生城**の戦いとなり、島津氏が**蒲生城**を攻略した。

【群郭式の登場】　戦国期の南九州の城郭は、他地域と異なる縄張の特徴を示す。「群郭式」「南九州型」「九州南部館屋敷型城郭」「南九州型城郭」「群郭型プラン」「南九州型城郭プラン」などとさまざまな呼称がある。要約すれば、シラス台地一つ一つが曲輪にあたり、一種の独立した城郭のようなものになり、どれが主郭（本丸）か分かりにくい。曲輪と曲輪の間を空堀《からぼり》にし、人の通り道となる、というものである。それぞれ呼称は異なるものの、「群郭式」のしっかりした定義はない。また、南九州だけの特徴とは言えないということでの批判もある。たしかに北関東から東北にかけて似たような縄張があるものの、南九州の特徴は、それぞれ曲輪の独立性は認めつつ、城主と家臣団との関係を踏まえて述べられている。このような城郭は国衆レベルの拠点城郭に多いといえるが、詳細については今後の研究が待たれる。

【薩南諸島】　鹿児島は南北六〇〇キロにおよぶ地域で、その距離の大部分は離島と海で占める。近年、種子島・屋久島・奄美大島の城郭調査・研究も進んでいる。種子島・屋久島は種子島《たねがしま》氏の築城と禰寝氏の進出の影響を多様に受けている。種子島の西之表《にしのおもて》だけでも種子島氏は何度も拠点を遷す。奄美は琉球にも近いが、城郭の構造は本土の影響を受けており、奄美群島を沖縄諸島のグスク文化圏とするこれまでの理解論に止まらない中世のアジア海域史像が浮かびあがりはじめている（「赤木名城」の項）。最南端の与論島《よろん》ではグスク様式が取り入れられているが、島の規模に比して大型グスクが築かれた背景など、今後の調査・研究が待たれる（「与論城・薩南諸島の中世城郭」の項）。

【豊臣秀吉の九州平定】　天正十五年（一五八七）、関白豊臣秀吉が九州平定のため、薩摩まで進軍する。秀吉は陸路をとり、四月下旬には九鬼嘉隆《くきよしたか》・小西行長《ゆきなが》等の水軍を担う武将が先鋒隊として海路から川内《せんだい》川に入り、川内川沿いの猫嶽《ねこだけ》・猪子岳《いねこだけ》・安養寺《あんようじ》城（薩摩川内市）を築く。このうち、『三国名勝図会』に詳細が記載されるのは猫嶽で、現在山頂は展望台となっており、石垣や土塁《どるい》などが一部残る。安養寺城については平面調査が進み、秀吉を迎えるための御座所《ござしょ》として築かれた豊臣系城郭との評価もある。薩摩・大隅において唯一の戦いがあったのが川内川流域の平佐城《ひらさ》で、安養寺城等は平佐城を見据えるにあたり立地条件は整っていたといえる。平佐城の戦いの後、秀吉自身が川内川右岸の高城郡に位置する泰平寺《たいへいじ》を本陣とした。秀吉の泰平寺在陣中の動向については、秀吉発給文書からうかがえ、頻繁に泰平寺で文書のやりとりを行っている。その内容は、島津氏の戦後処理だけでなく、博多を復興し、博多を拠点とした朝鮮への派兵構想などを一部の大名等に伝えている。しかし、それ以外の動向は不明である。それゆえ、泰平寺を本陣としながらも、秀吉の南限地に古くから鹿児島説が唱えられていた。近年鹿児島説は否定されてきているが、新たな南限説に伊集院《いじゅういん》が登場してきている。南限説がいくつかあるなか、猫嶽や安養寺城に行った痕跡は現段階では確認されていない。

【太閤検地】　朝鮮出兵（文禄・慶長の役、壬辰戦争）の最中、島津領国では太閤検地が実施され、家臣団の総入れ替えが行われた。顕著なところでは、石田三成とともに検地を主導した伊集院忠棟《ただむね》（幸侃《こうかん》）が大隅肝付郡約二万石から都城八万石に加増となったことである。対して都城にいた北郷時久は薩摩祁答院《けどういん》へ移る。忠棟以外の家臣団は石高減であった。これが歪みを生み、後の庄内の乱へと発展する。異動した家臣団は、異動先での城郭を利用し、新たに普請を加えるなど行い、城郭整備を行うものもあるが、**清色城**《きよしき》のように利用されないところもある。この時点で、それまであった大部分の城郭の機能は失っていったと考えられる。

【鹿児島城の築城】　慶長五年（一六〇〇）の関ヶ原の戦いでは、島津義弘・豊久《とよひさ》は西軍に与《くみ》し、敗戦側となったが、慶長七年に所領安堵となる。その頃には初代薩摩藩主となる島津家久によって戦国期の上山城跡を利用して鹿児島城が築かれているが、島津氏への戦後処理がある前から築城を開始していたことになる。鹿児島城は天守閣を持たない城で、現在の黎明《れいめい》館、県立図書館、市立美術館等の文化施設が並ぶ区画と詰城としての城山（上山城）区画からなる（詳細は「**鹿児島城**」の項）。その周辺に城下町が形成され、歴代藩主は海岸を埋め立て、城下町を流れる甲突川《こうつきがわ》の流れを移すなどして、城下町を拡大・整備していった。

【近世の城】 近世の薩摩藩は、薩摩・大隅・日向南部および琉球からなり、琉球を除く地域では、戦国期の地頭《じとう》制の流れを汲む外城《とじょう》制がしかれる（詳細は「薩摩藩の外城制と麓」の項）。元和一国一城令の発令後、鹿児島城以外の城を破却し、鹿児島城下に家臣団を集住させる必要があった。しかし、薩摩藩の場合は、外城地域の中核となる城を残し、半農半士の武士が居住し、麓が形成される。幕府巡見使からの詰問に対する返答は、九州の大半を支配した頃に多くの武士を召し抱えたため、地方にも武士を住まわせなければならず、シラス台地の城は、掘り崩すと周辺の田畑に土砂が流出してしまうために破却できないというものであった。実際に薩摩藩の場合は、半農半士であるが、武士階級の人数は、他藩が数%に対し、二〇%を超える。以降、中世城郭を残しながら地域支配が行われていく。中世城郭の発掘調査では近世の遺物も出土していることから、近世も何らかの利用はあったであろうと思われているが、まだ解明されていない。「郷絵図」を見ると、「御城」「～城」「城山」「古城」などと表記が使い分けされている。「城山」「古城」は絵図が描かれた当時は利用されていなかったと思われるが、「御城」「～城」とあるものは、絵図が描かれた当時も何らかの利用があったと考えられる。

●宮崎県名城マップ

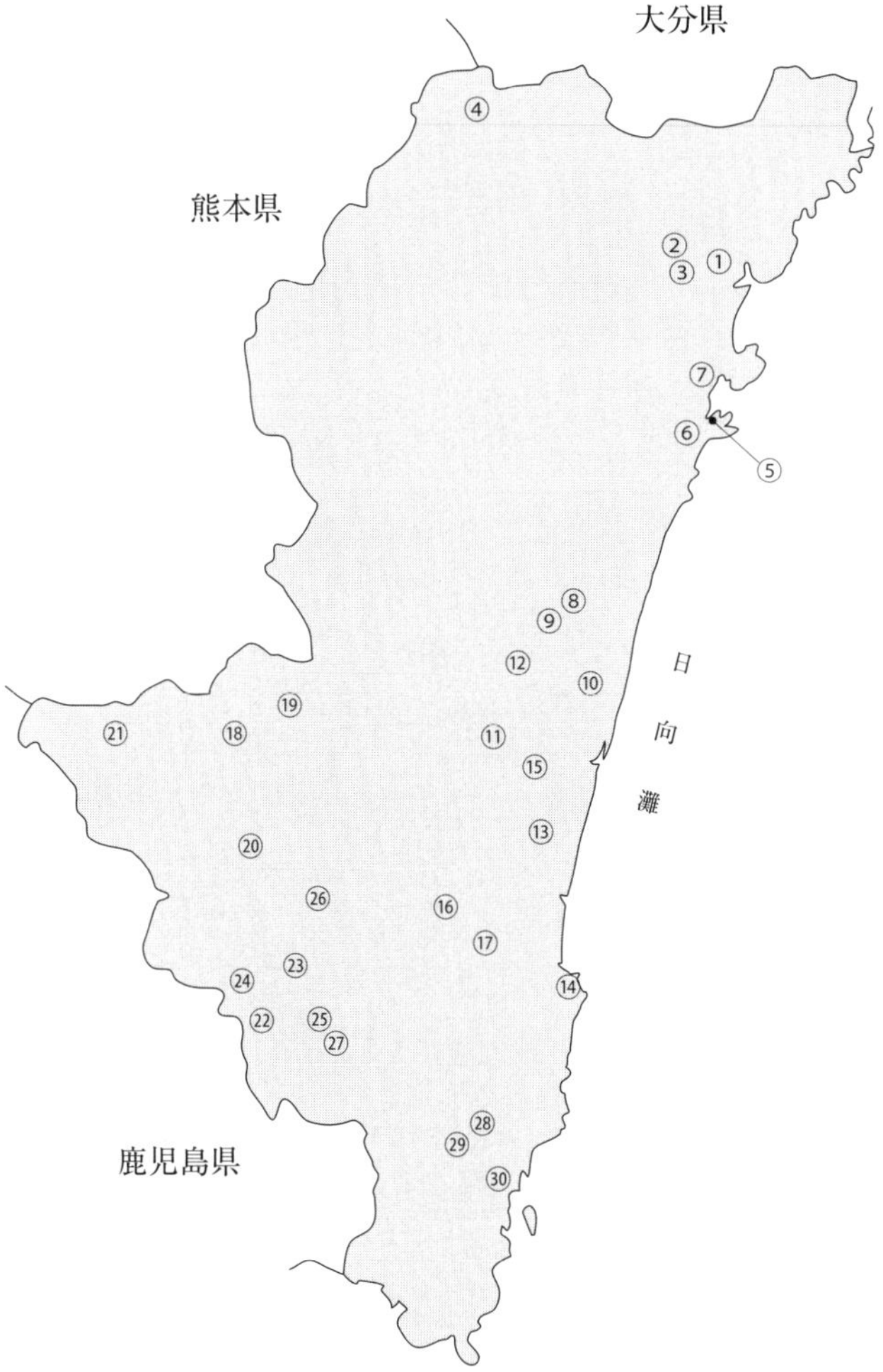

〈宮崎県〉

① 延岡城
② 松尾城
③ 西階城
④ 亀山城
⑤ 日知屋城
⑥ 塩見城
⑦ 門川城
⑧ 松山塁
⑨ 新納院高城
⑩ 高鍋城
⑪ 都於郡城
⑫ 穂北城
⑬ 宮崎城
⑭ 紫波洲崎城
⑮ 佐土原城
⑯ 穆佐城
⑰ 清武城
⑱ 小林城
⑲ 須木城
⑳ 高原城
㉑ 飯野城
㉒ 都　城
㉓ 森田陣
㉔ 新宮城
㉕ 三俣院高城
㉖ 木場城
㉗ 梶山城
㉘ 飫肥城
㉙ 酒谷城
㉚ 南郷城

●鹿児島県名城マップ

〈鹿児島県〉

㉛大口城（牛山城）
㉜出水城
㉝木牟礼城
㉞虎居城
㉟清色城
㊱碇山城
㊲鹿児島城
㊳内城（御内）
㊴清水城
㊵東福寺城
㊶串木野城
㊷知覧城
㊸頴娃城
㊹市来本城（市来鶴丸城）
㊺伊集院一宇治城
㊻伊作城（亀丸城）
㊼栗野城（松尾城）
㊽国分新城（舞鶴城）
㊾富隈城
㊿蒲生城
(51)岩剣城
(52)建昌城
(53)帖佐館
(54)加治木城・加治木館
(55)加瀬田ヶ城
(56)下伊倉城
(57)高山城
(58)平松城
(59)恒吉城
(60)志布志城
(61)赤尾木城
(62)楠川城
(63)与論城
(64)赤木名城

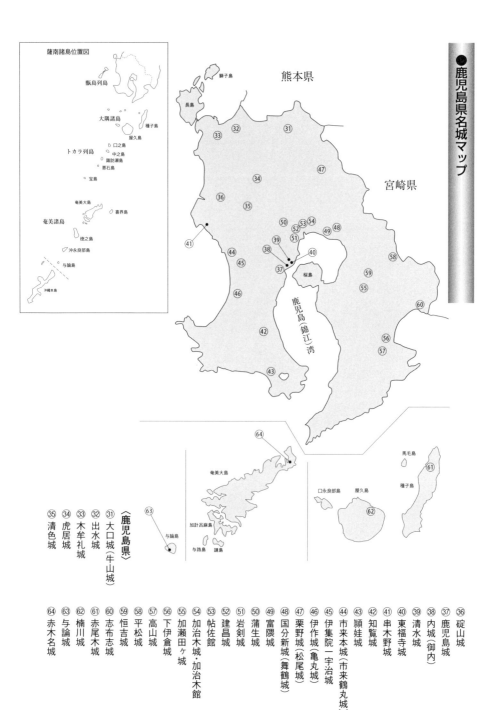

宮崎

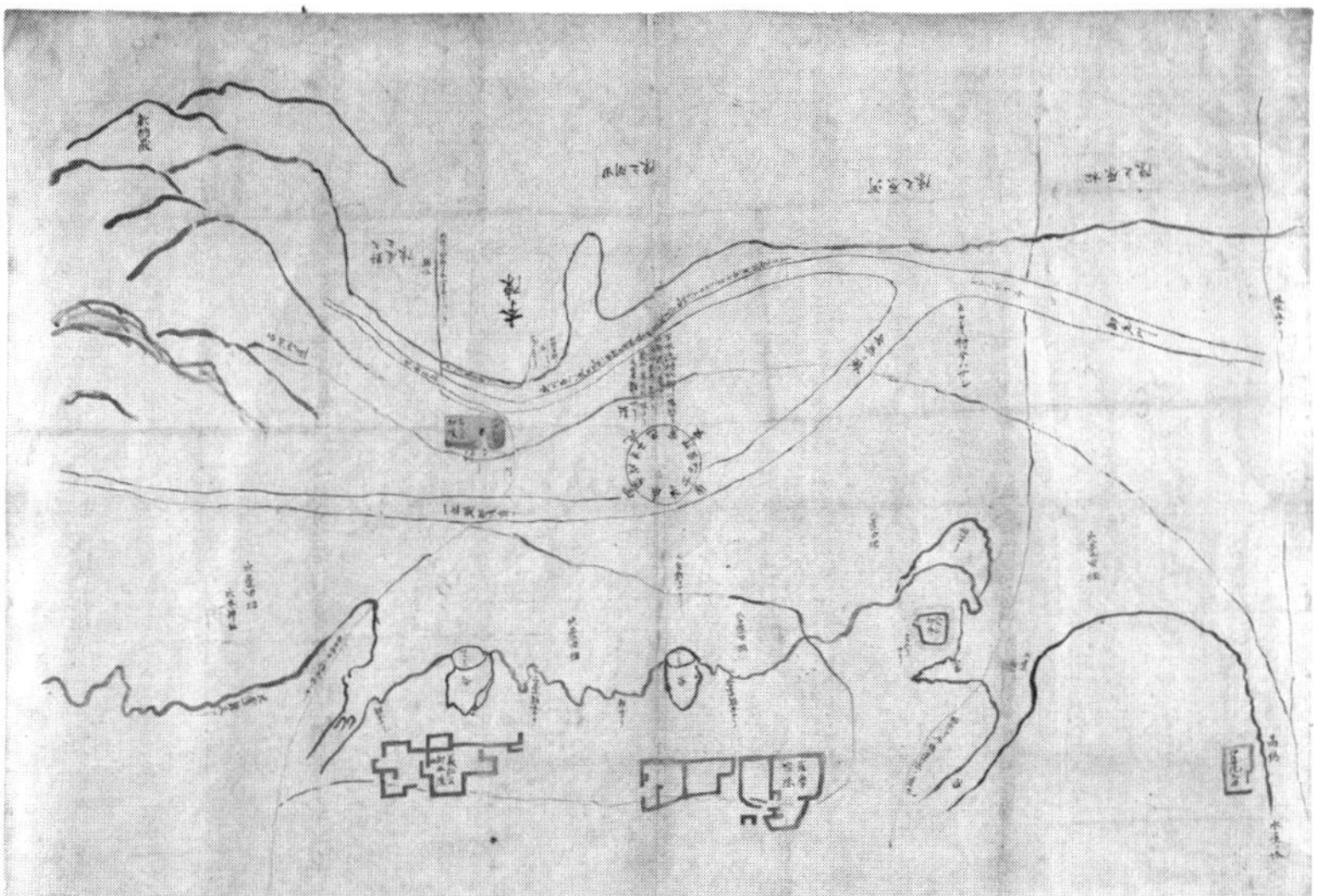

高城川合戦布陣図（文政３年書写の図．中央の新納院高城をはさんで，上方が大友氏，下方が島津氏の陣．高鍋町歴史総合資料館所蔵）

●県下唯一　総石垣の城

延《のべ》岡《おか》城《じょう》

〔延岡市史跡〕

〔所在地〕延岡市東本小路、天神小路
〔比　高〕五〇メートル
〔分　類〕平山城
〔年　代〕慶長八年（一六〇三）～明治四年（一八七一）
〔城　主〕高橋氏、有馬氏、三浦氏、牧野氏、内藤氏
〔交通アクセス〕ＪＲ日豊本線「延岡駅」から徒歩二五分。または、「延岡ＪＣＴ・ＩＣ」から車で約五分。

【藩主の変遷と城の整備】　天正十五年（一五八七）、豊臣秀吉の命により五万三〇〇〇石で縣《あがた》（延岡）に入封した高橋元《もと》種《たね》は松尾城に入った。元種は、豊臣秀吉の進める朝鮮侵攻のため、文禄慶長の役の全期間を通じて、終始、毛利吉成の指揮下のもと現地で戦っている。元種は慶長五年（一六〇〇）、関ヶ原の合戦で西軍方に属したが、東軍に転じたことから本領安堵となり領地没収を免れた。合戦後は、鉄砲の普及による近代的戦法に対応するため、石垣や水堀を主体とする近世式城郭の必要性を痛感し、慶長六～八年にかけて縣城（延岡城）を築城した。慶長十八年、罪人隠匿の理由で改易されている。

高橋氏が改易された後、肥前国日野江城（長崎県南島原市）から有馬直純《なおずみ》が、五万三〇〇〇石で入封した。有馬氏は直純、康純《やすずみ》、永純《ながずみ》と三代続く。明暦二年（一六五六）、康純が今山《いまやま》八幡宮に寄進した梵鐘に「日州延岡」の文字が刻まれている。これが延岡の名が見られる最古の史料となっており、この頃に延岡城と改名されたと考えられる。延岡城は、承応二年（一六五三）～明暦三年にかけて大修築が行われ、本丸東側に天守代用の三階櫓《やぐら》、本丸の桝形《ますがた》に二階門櫓などが完成している。しかし、天和二年（一六八二、天和三年の説あり）、本小路の武家屋敷からの火災により三階櫓などが焼失している。以後、城郭の復興は行われたが三階櫓は再建されなかった。元禄三年（一六九〇）、永純の時、藩領であった山陰《やまげ》・坪谷《つぼや》（宮崎県日向市）で、山陰百姓逃散一揆が起こり、

●—延岡城空撮（延岡市教育委員会提供）

元禄五年、無城地であった越後国糸魚川《いといがわ》（新潟県糸魚川市）に転封となった。

有馬氏が改易された後、日向国初の譜代大名として下野国壬生《みぶ》（栃木県壬生町）から三浦明敬《あきひろ》が二万三〇〇〇石で入封した。三浦氏は歴代延岡藩主の中で最小石高の大名であった。正徳二年（一七一二）、三河国刈谷《かりや》（愛知県刈谷市）へ転封となった。

その後を継いだ牧野氏は、三河国吉田（愛知県豊橋市）から延岡藩最大の八万石で入封した。牧野氏は成央《なりなか》、貞通《さだみち》の二代が続いた。寛延二年（一七四九）、貞通は京都所司代の要職につき、延享四年（一七四七）、僻遠《へきえん》の日向では不便なため常陸国笠間（茨城県笠間市）へ転封となった。これに伴い笠間の井上氏は陸奥国磐城平《いわきたいら》（福島県いわき市）へ、磐城平の内藤氏は日向国延岡へと三角転封が行われた。

内藤氏は七万石で入封し、政樹《まさき》、政陽《まさあき》、政脩《まさのぶ》、政韶《まさつぐ》、政《まさ》和《とも》、政順《まさより》、政義《まさよし》、政挙《まさたか》と八代にわたり明治の廃藩置県まで延岡を治めた。延岡藩最後の藩主政挙は、一一歳で家督を継いでいる。政挙は、元治元年（一八六四）、慶応二年（一八六六）に第一次、二次長州征伐へ参加している。慶応三年に、第一五代将軍徳川慶喜の大政奉還を受け、同年十二月、王政復古の大号令の後、慶応四年に鳥羽・伏見の戦いに出兵。徳川

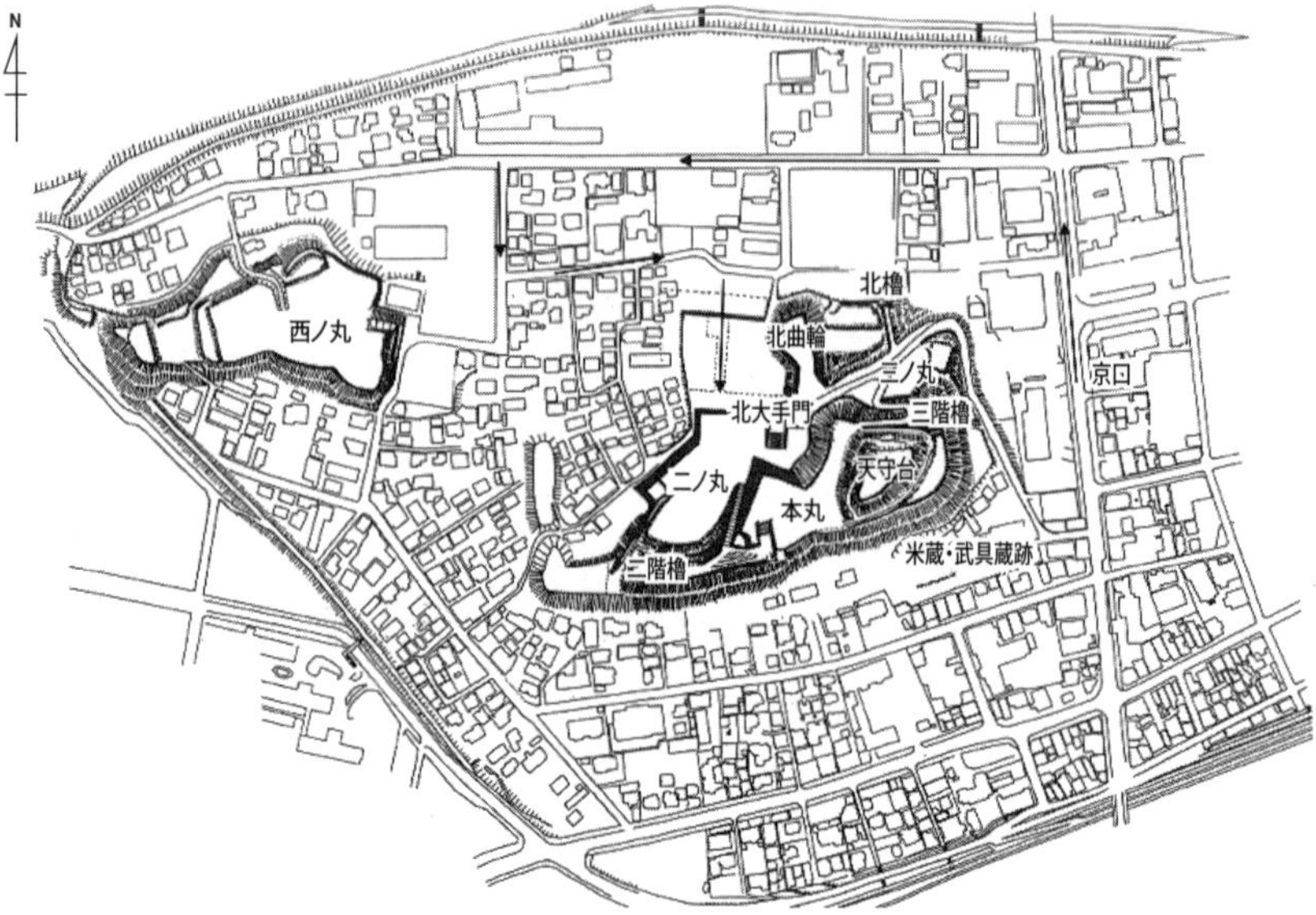

●―縄張図（『延岡城跡保存整備基本計画書』1997より）（作図：千田嘉博，一部加筆）

氏の命により京都郊外の野田口の守備にあたった。明治二年（一八六九）、版籍奉還によって延岡藩知事となったが、明治四年、廃藩置県により藩知事を免職している。延岡城は明治四年に「藩城ヲ廃シ薬園トナス」という記録が残っている。

【城の構造】　延岡城は市の中心を流れる五ヶ瀬川と大瀬川に挟まれた中州に位置し、標高約五三メートルの天然の要害を利用し築かれた平山城である。城は、主郭となる本城と、本城から西に約二五〇メートル離れた独立丘陵に西ノ丸（現「延岡城・内藤記念博物館」）を設け、二郭から構成される。城は南北を流れるこの二つの河川を天然の外堀とし、丘陵の東側に五ヶ瀬川から取水し築いた外堀や、丘陵裾にも五ヶ瀬川から取水した内堀を巡らせ防御性を高めている。二つの河川と、東側の外堀を境として東西に区画され、西側に本城・西ノ丸エリアとする城内とし、武家屋敷群を形成した。また外堀の東側に城下町を形成し、外堀に架かる京口門（橋）が城内への入口となっていた。現在、内・外堀は残っていないが、近年実施した発掘調査では、内・外堀が確認されている。

　本城は砂岩層で形成された岩盤で、その上部に石垣を築き巡らせ堅固な城としている。本城の上部から天守台、本丸、二ノ丸、三ノ丸の四区からなる。本城へのルートは、京口から城内に入り、南北に分かれるT字を北進し、西に折れ西ノ丸近くで南に折れ、さらに東へ折れ、本城から北へ突き出た曲輪《くるわ》（北曲輪）手前で南に折れ、北大手門へと続くのが主要なルートとなる。その間、いくつかの堀や門が存在していた。本城の東側は搦手《からめて》となり、南裾には米蔵や武具蔵が建ち並んでいた。

西ノ丸は、標高約一九メートルの低丘陵で、江戸期には藩主の御殿が建築されている。現在は一つの丘陵になっているが、江戸期の絵図では堀切《ほりきり》により四つの曲輪に分けられた様子がうかがえ、地形的に中世期に出城《でじろ》もしくは砦として機能していたものと推察される。博物館建設による発掘調査では、江戸期の御殿跡に繋がる遺構は確認されなかったが、鎌倉から室町時代にかけての土坑や遺物が数多く確認されている。そのうちの一つの土坑は室町時代の年代が得られ、土坑内からは性別不明の成人の左足脛骨や骨体上部が検出されており、戦死者の埋葬場所としていた可能性がある。

西ノ丸跡の記録としては、江戸後期に録された『国乗遺聞』に、「非常第廿一　横田外記殿中狼藉鷹屋豊前討留ル事」と記され、また、『信次力筆紀』には、「慶長十九年九月十七日夜、延岡御城中ニ横田外記狼藉イタシケル、（中略）直ニ御城ヨリ御下リ成サレ、城番曲輪ニ御移シ申ズ、其後西丸御居城御普請落成ノ上、御遷リ是アリケル（後略）」とある。このことから、慶長十九年に本城で狼藉があり、西ノ丸に御殿を建築し移り住んだことがうかがえる。このことから、西ノ丸に御殿が建築されたのは、江戸前期で延岡藩主有馬直純の時と推察され、その後も歴代藩主三浦氏・牧野氏・内藤氏の御殿となっている。

【多様な石垣構築技法】延岡城内の石垣は、石材の違い、積み方の違い、あるいは勾配（傾き）の違いなどによりさまざまな表情を持っている。石垣の石材は、主に花崗斑岩《かこうはんがん》、砂岩、阿蘇《あそ》溶結凝灰岩《ようけつぎょうかいがん》の三種類で、時代によって使用する石材が変化していると考えている。石材の加工は、野面石《のづらいし》のほか、矢で割った割石、割った後にノミにより石の表面をはつったもの（粗加工石《あらかこういし》）、さらに石全体をノミで丁寧にはつり、方形に形を整えたもの（精加工石《せいかこういし》：切石）がある。これらは構築された時期ごとの技術的な差異を示すものであるほか、城の表側・裏側の違いにより、施工を丁寧に行う場所、ある程度粗放に行う場所を区別して行われたことにも由来すると考えられる。

延岡城は、元種による始築期、康純による大改修期を経て、江戸中・後期から幕末まで随所で石垣の修復が行われており、これらの各時期における石垣構築技術の違いが石垣の表情に現れている。延岡城は、江戸時代を通じての石垣構築

●―延岡城　本丸石垣（千人殺し石垣）

技術の変遷を、一つの城でみることができる貴重な城跡であるといえる。

【石垣に残る刻印】　北大手門周辺石垣には石垣表面に各種の「刻印」が残っている。これらは有馬氏が携わった、元和六年（一六二〇）から寛永五年（一六二八）の徳川大坂城天下普請の有馬家普請丁場周辺でみられる刻印に類似点が多く、大坂城築城に関わった技術者が延岡城の北大手門周辺石垣の構築を行った可能性が考えられる。この時期は有馬氏が延岡城の大改修を行ったとされる時期よりも古く、有馬氏が延岡へ入封したすぐ後にも、北大手門周辺を改修したことが推察される。

一方で「千人殺し石垣」西面の下部や、二階櫓門跡にも一部同種の刻印がみられる箇所がある。千人殺し石垣や二階櫓門石垣は野面石《のづらいし》からなるその石垣構築技法から、築城期の構築と考えられており、刻印から想定される時期とは齟齬がある。このことは千人殺し石垣西面が部分的に積み直されている可能性も含んでおり、刻印の分布範囲について全面的で詳細な調査が今後必要である。

【築城期の石垣】　本丸北面・西面の高石垣（通称「千人殺し石垣」）は、隅角部最高で約一九メートル、北面は最長約四三メートル、西面は最長約六八メートルを測る、城内最大の石垣で、野面積みで

●—延岡城　二ノ丸北西石垣

築かれている。大小の野面石を中心に、当時（江戸時代初期）としては最新の技術であった、矢（クサビ）で割った割石も用いながら、さまざまな形状の石材を巧みに配置しながら布目崩し積み状に積み上げている。角石の下部三分の一は花崗斑岩の粗割石を主体とし、それより上部は砂岩（割石かは不明）を主体として積んでいる。角石は高さ・幅・控長は不揃いで、算木《さんぎ》積《づ》みは明瞭ではない。また隅脇石は築石であり発達はしていない。石垣の勾配は上部がやや起き上がる「反り」を有している。「反り」は、文禄年間から慶長年間初期（一五九二—九九年頃）、文禄・慶長の役に伴い朝鮮半島に築城された倭城《わじょう》や、加藤清正築城の熊本城などで出現し、関ヶ原の戦い後の全国における築城ラッシュに伴って、次第に各地で導入されていったと考えられるが、延岡城ではいち早く最先端の構築技術が用いられていたといえる。

二ノ丸北西面の石垣は、隅角部最高で約一一メートル、北西面最長約六四メートル、南西面は最長約二二メートルを測る。石垣下部から上方四分の三の位置付近までは勾配が非常に緩く、残りは「反り」が見られ急になる。隅角部の下二石は砂岩の粗割石、反り部分までは花崗斑岩の割石や野面石、反り部分は阿蘇溶結《ようけつ》凝灰岩《ぎょうかいがん》が用いられ算木積みとされている。千人殺し石垣の小型版の様相である。石垣上部の「反り」部分は、有馬期の改修による積み直し、若しくは櫓台構築による積み足しによるものと考えられる。北西面の石垣の築石は、櫓台部分を除きすべて砂岩の野面石で布目崩し積み状に積み上げている。

本丸から一段下がった西に延びる先端にある二階櫓台の石垣は、隅角部最高で約五・四メートル、北面最長約一〇・五メートル、東面は最長約五・五メートルを測る。角石は砂岩の割石や野面石で「ヤセ積み」に積んでいる。上部では「反り」を有している。東面築石に阿蘇溶結凝灰岩を用いていることから、上部は積直しの可能性がある。積み方は、大小の砂岩の野面石（割石は一石）を巧みに配置しながら積み上げている。石を割った際に残った「コブ」をそのまま残し積んでいるところが面白い。

本丸に至る二階櫓門跡の虎口《こぐち》に面した東面石垣は、南側の隅角部が崩落している。これは廃城令に伴い一部を破壊した可能性がある。残存部最高で約三・五メートル、延長約二六メートルを測る。築石は、大小の砂岩の野面石を用いており、割石は数石を数える程度。石垣面の北側では阿蘇溶結凝灰岩が用いられ、また、一石であるが刻印も確認されているので、部分的に積み直しが行われた可能性がある。

城の北側裾周りに突出する北櫓台は、隅角部最高で約二・五メートル、北面最長は約一〇メートルを測る。東面は南側が崩壊しており、約三・八メートルが残存している。角石は、上部二石が花崗斑岩の割石で、他は砂岩の野面石と割石で「ヤセ積み」に積まれている。築石は大小の砂岩の野面石で積まれ、割石は一石のみである。また、北櫓から三ノ丸へ続く登り石垣が確認されている。

高橋元種は、文禄・慶長の役に出兵したさいに毛利吉成や長宗我部元親らとともに「倭城」構築に携わり、そこから石垣構築技術を学び、延岡城に取り入れたと考えられる。

【参考文献】高瀬哲郎『先史学・考古学論究 熊本大学文学部考古学研究室創設二十周年記念論集』（一九九四）、宮崎県教育委員会『宮崎県中近世城館跡緊急分布調査報告書』（一九九八）、市川浩文『延岡城石垣の特徴について』（二〇一五）、市川浩文『城石垣を楽しむ—その美と伝統技術』（二〇一七）、延岡市教育委員会『延岡市文化財調査報告書第六一集』（二〇一九）、甲斐典明『延岡城址』（二〇二一）、『延岡史談会会報第三一号縣』（二〇二一）（高浦　哲）

●中世縣　土持氏一三二年の居城

松《まつ》尾《お》城《じょう》

〈所在地〉延岡市松山町
〈比　高〉四四メートル
〈分　類〉平山城
〈年　代〉文安三年（一四四六）～慶長八年（一六〇三）
〈城　主〉土持氏、大友氏、高橋氏
〈交通アクセス〉JR日豊本線「延岡駅」から宮崎交通バス高千穂線「松山」停留所下車、徒歩五分。または、「延岡JCT・IC」から車で約五分。

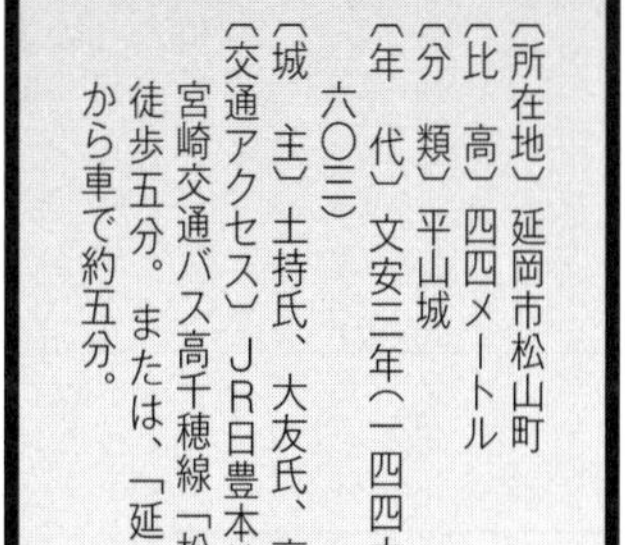

【城の歴史】　室町時代後期～江戸時代初期の延岡（当時は縣《あがた》）地域の拠点となった中世城郭。文安三年（一四四六）の土持宣綱《つちもちのぶつな》の築城とされるが、根拠となる一次史料はなく詳細は不明である。天正六年（一五七八）の豊後大友氏（大分県）による縣侵攻時の史料には、「土持要害松尾」などの記録が多く残されている。文安三年に完成し、西階城から移っている。土持宣綱以後、全繁《やすしげ》、常綱《つねつな》、親栄《ちかよし》、親佐《ちかすけ》、親成《ちかしげ》の六代一三二年間、縣土持氏の居城であった。

康正三年（一四五七）七月、縣土持氏と財部《たからべ》（高鍋町）土持氏の連合軍が都於郡《とのこおり》（西都市）の伊東祐尭《すけたか》に破れて財部土持氏が滅亡し、縣土持氏のみとなる。土持宣綱と次の土持全繁の名は、文明十四年（一四八二）に建立された、凝灰岩製の「土持卒塔婆《そとば》」（〈延岡市指定有形文化財〉延岡市吉野町）に刻まれている。

天正五年二月、土持親成が伊東氏配下米良氏の門川《かどがわ》城を攻撃したが、塩見城主右松《みぎまつ》氏、山陰《やまげ》城主米良《めら》氏、日智屋《ひちや》城主福永氏らが、門川城の米良氏を加勢したために敗れている。十一月には野尻城主の内通を受け、以後、各地の伊東氏配下の城主が相次いで島津義久《しまづよしひさ》に降っている。このため十二月には、伊東義祐《よしすけ》ら伊東氏一族は、大友氏を頼り豊後に移っている。

一方、天正六年一月、土持親成は新年挨拶のため土持相模《さがみの》守《かみ》を島津義久のもとに遣わしている。以後、縣土持氏は島津氏に服従し支配下となる。年明けからは、門川城主米良四郎右衛門尉、塩見城主右松四郎左衛門尉、山陰城主米良喜内らが、何度となく豊後の大友氏へ日向出動を要請している。縣を含む日向は、土持氏は薩摩の島津氏と、伊東氏は豊後の大友氏と手を結んで、衝突を繰り返しながらも均衡が保たれていたと考えられる。

天正六年四月、豊後栂牟礼《とがむれ》城（大分県佐伯市）城主で土持親成正室の兄、佐伯惟教《さえきこれのり》（宗天《そうてん》）を先鋒とする三～四万ともいわれる豊後大友氏（大友義統《よしむね》）軍が縣を攻撃する。土持軍はわずか一〇〇〇人余の兵力で、城内に立て籠もるが松尾城は落城した。

天正六年十一月、大友軍と島津軍による「高城・耳川《みみかわ》の戦い」が起こり、島津氏が勝利し、以後、島津義久配下の土持高信《たかのぶ》が縣の支配を回復し、松尾城に入封する。天正十二年十二月には、島津義久から「久」の一字を与えられ、土持高信は土持久綱《ひさつな》と改名している。天正十四年島津家の『天正十四年九州ノ太守ト称スル時之図』にも、「日向国人土持禅正忠久綱縣」と記されている。

天正十五年三月二十九日、豊臣秀長《とよとみひでなが》率いる豊臣軍が縣を攻撃。以後、縣を占領する。同年六月に、豊臣秀吉の九州国割で縣は豊前香春岳《かわらだけ》城（福岡県香春町）城主であった高橋元種が入封し縣を治める。

慶長六年（一六〇一）から慶長八年にかけて松尾城に代わる縣城（延岡城）を築城し移っている。その後の松尾城の様子は不明であるが、一七世紀後半に描かれたとされる「有馬家中延岡城下屋敷並絵図」に、松尾城地に代官所と記されており、重要な機能を有していたとものと考えられる。

【城の構造】 高平山《こびらやま》から南に派生して五ヶ瀬川に突き出た尾根の先端に位置しており、南の五ヶ瀬川、西の内山谷川、東の松山川を堀としている。

城の主体部は、曲輪《くるわ》（城内の平場）1～17の西区域と曲輪18～本東寺までの広大な東区域の二区画で構成されている。複雑な縄張の曲輪1～17で構成された「西区域」は、有事の際の詰め城となる「平山城」であり、曲輪18～本東寺の広大な「東区域」は、平時の生活空間である「屋敷地空間」と推定される。このように機能を分化した二つの区域からなる構造を持っている。

本東寺の南東に位置する永田神社の鎮座する丘陵は、もとは一つの丘陵であったと考えられるが、現在は大堀切《ほりきり》で分断されている。このためここは出城であったと考えられる。大堀切を通り西区画南裾に延びる街道は城下街道と呼ばれ、高千穂・熊本に至る現在の国道二一八号線に合流している。曲輪18から北に迂回し曲輪3・2の西を抜けて曲輪1に到る現

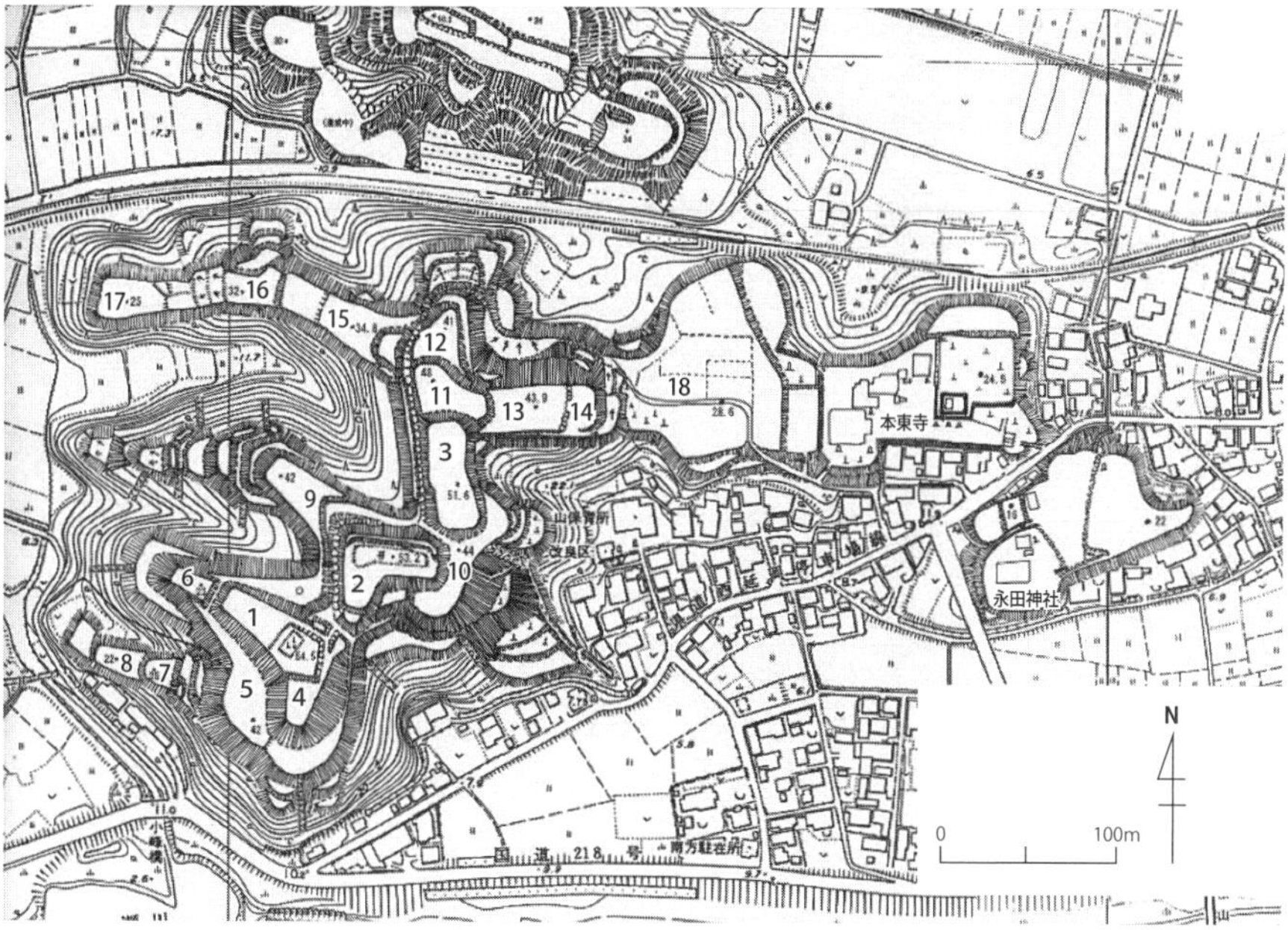

●—松尾城 縄張図（『中世の九州Ⅲ 戦国の城と館』2020より転載）（作図：甲斐典明）

●—松尾城 本丸

在の遊歩道は、昭和四十年代に造成された作業用通路が存在している。

主郭となる本丸（曲輪1）は標高五四・五メートル、比高は四四メートルを測る。曲輪1〜3は、敵への側面攻撃を仕掛けるために二つの大堀切（防御用の空堀）A・Bで区切って折れ（横矢《よこや》掛《が》かりという）を重ねている。曲輪2北端の土塁《どるい》は高さ約二メートル、長さ約五〇メートルを測り、延岡地域に現存する土塁では最大である。農地化された曲輪3と曲輪11の北端にも同様の土塁があったとされている。

曲輪1・2・3から西に展開する三本の尾根筋には、堀切、竪堀《たてぼり》、土塁（防御用の土手）を多用しており、複雑・機能的な普請（土木工事）を施している。本丸（曲輪1）と曲輪6に設けられた堀切も比高差が一〇メートルを超えており、西からの防御性を高める構造になっている。

さらに、城の北側には旧高千穂鉄道の敷設により丘陵が分断されているが、その北にも城郭と思われる曲輪などが存在

●—曲輪1・4と曲輪2を隔てる大堀切A

しており、松尾城の縄張はさらに広大になると考えられる。

天正六年四月の大友合戦後に島津支配下の縣国人となった土持久綱や、天正十四年に豊前の要衝香春岳城主時代に、九州侵攻を進める豊臣秀吉配下の毛利・小早川・吉川《きっかわ》・黒田軍との激戦を経験した高橋元種が、これらの経験から入封後に

●—曲輪2と曲輪3を隔てる大堀切B

●―大堀切（城下街道）

修築したと考えられる。現在の松尾城跡は土持氏時代に築かれた防御施設を活かしながら、高橋氏の山城築城技術が投入されていると考えられ、さらに機能の向上や増築されたものとみられる。このため松尾城は、延岡市の中世城郭の中では最も防御性の高い縄張となっている。

松尾城の曲輪7やその隣地において、平成九年（一九九七）に緊急治山事業（急傾斜対策工事）に伴い発掘調査を実施しており、幅約七㍍の堀切や排水遺構、礎石根固め石が確認されている。

【城に纏わる伝承】 城の東区域（曲輪18～本東寺まで）の南裾と東裾は、現在住宅地となっているが、「武人屋敷」という通称名が伝わっている。また、城の周囲にも「堀端《ほりばた》」「城ヶ峯」「おんばらでん」「馬場野」「代官屋敷」などの城郭関連地名が数多く伝承されている。

その他、松尾城は土持氏居城時代に石垣造りの城で、高橋氏が縣城（延岡城）の築城に際し、松尾城の石垣を運んで転用したとの伝承がある。しかし、これまでの松尾城縄張調査において石垣の痕跡などはなく、信憑性は乏しい。

【参考文献】 延岡市教育委員会『延岡市文化財調査報告書第一九集』（一九九八）、宮崎県教育委員会『宮崎県中近世城館跡緊急分布調査報告書』（一九九八）、甲斐典明「延岡周辺の城郭」『中世の九州Ⅲ　戦国の城と館』（高志書院、二〇二〇）

（高浦　哲）

●中世山城の遺構が残る

西《にし》階《しな》城《じょう》

〔所在地〕延岡市西階町
〔比　高〕三七メートル
〔分　類〕平山城
〔年　代〕正長二年（一四二九）〜文安三年（一四四六）
〔城　主〕土持氏
〔交通アクセス〕JR日豊本線「延岡駅」から宮崎交通バス九州保健福祉大線「西階陸上競技場前」停留所下車、徒歩五分。または、「延岡JCT・IC」から車で約五分。

【城の歴史】　室町時代中期の延岡（当時は縣《あがた》）地域の拠点と考えられる中世城郭。正長二年（一四二九）に土持全宣《やすのぶ》の築城とされるが、根拠となる一次史料はなく詳細は不明である。土持宣綱《のぶつな》が松尾城を築いて移る文安三年（一四四六）までのわずか一七年間、縣土持氏の居城であったとされるが、発掘調査で曲輪《くるわ》（城内の平場）14から一三世紀前半の備前焼水甕破片が出土しており、城そのものは前後の幅広い時期にわたって機能していたと考えられる。松尾城への移転後も「中の城」と呼ばれ、城は土持一族が管理したが、その後に中城《なかじょう》の姓を名乗ったとされる。

【城の構造】　西階城は城の西側を流れる五ヶ瀬川と南側に流れる大瀬川の分岐点に立地しており、城の東を南北に通じていた幹線を抑止する要衝に位置している。城の南裾には金堂《かなど》ヶ池《がいけ》が所在しており、池を囲むように丘陵が延び小曲輪群が配置されている。

城域は、本丸（曲輪1〜7）・二ノ丸（曲輪8）・三ノ丸（曲輪9〜13）からなる本城区域と、金堂ヶ池に突出する曲輪14〜19の出曲輪群、物見《ものみ》曲輪区域（曲輪20・21）となっている。さらに、龍仙寺《りゅうせんじ》のある北東の区域にも曲輪が残っており（曲輪22〜24）、龍仙寺に伝わる伝承によれば、ここは「北の城」と呼ばれていたとのことである。北の城は龍仙寺を主郭とし、南北に土橋《どばし》状に尾根が続いており、その両先端部に物見曲輪が配置されていたと考えられる。

北の西階中学校地に屋敷地が、本城区域北側の西階台・五ヶ瀬団地には馬場があり、東の城の東側には湿地帯が広がっていたとされる。

本丸の曲輪1は、標高五〇メートルほどの曲輪2～5で周囲の守りを固め、堀切《ほりきり》（防御のための空堀《からぼり》）を挟んで曲輪6が配置されている。曲輪6と8には大堀切が設けられ隔てられている。大堀切を隔てた二ノ丸（曲輪8）の東は、現在西階公園墓地となっているが、元は何段かの曲輪が構成されていたと推定される。三ノ丸中央の曲輪9はとても複雑な構造を残している。東の城は給水タンク建設による改変を受けているが、南北両端の物見曲輪23、24に連結する土橋状の尾根筋がよく残っている。

本城郭は、曲輪、土塁《どるい》（防御用の土手）、堀切、竪堀《たてぼり》などの構成要素がよく残る中世城跡であり、曲輪1からは北の松尾城を、曲輪20からは東の井上城を見渡すことができる。

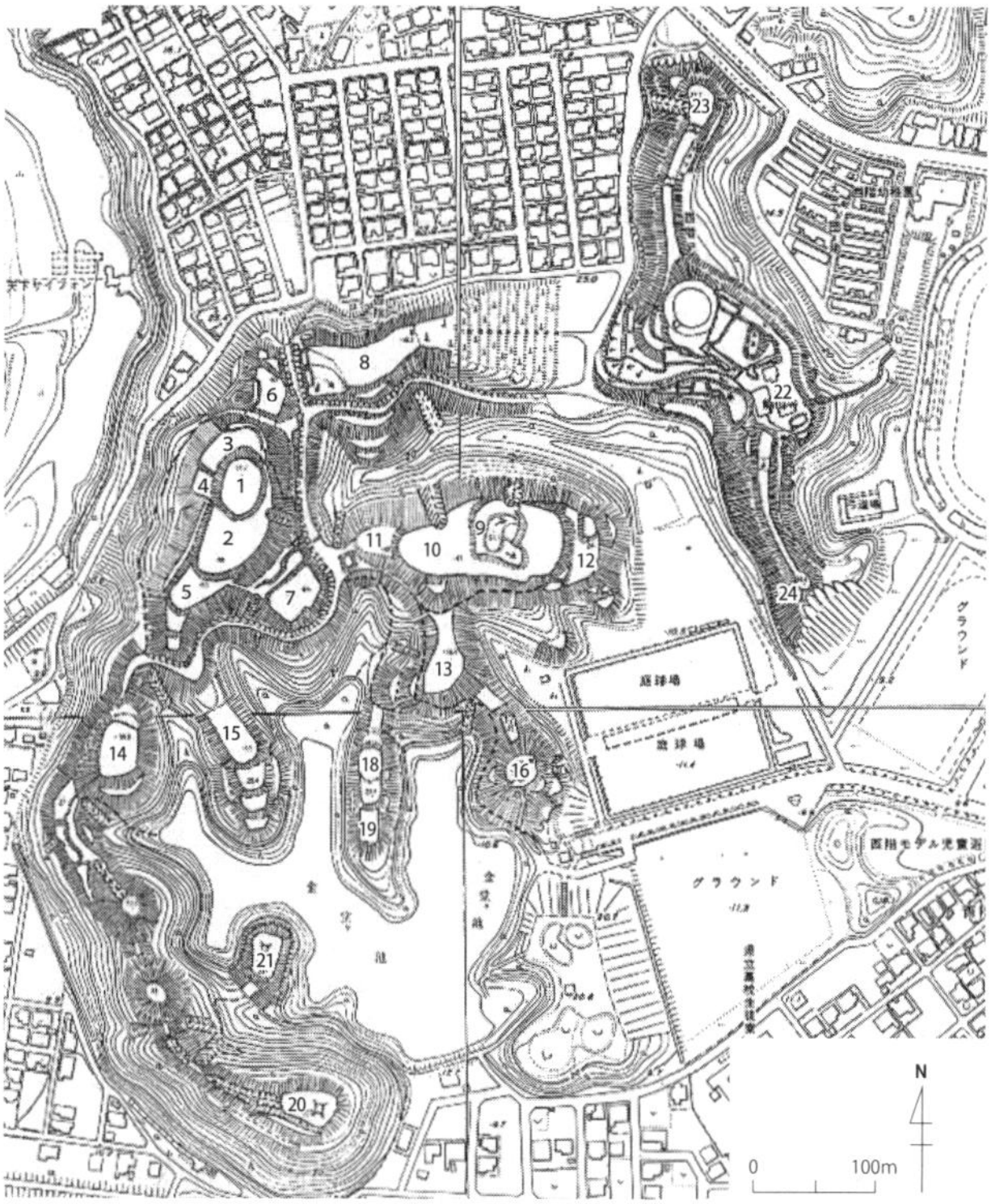

●—西階城 縄張図（『中世の九州Ⅲ 戦国の城と館』2020 より転載）
（作図：甲斐典明）

●—曲輪６と曲輪８を隔てる大堀切

【参考文献】延岡市教育委員会『延岡市文化財調査報告書第一二集』（一九九四）、宮崎県教育委員会『宮崎県中近世城館跡緊急分布調査報告書Ⅱ』（一九九九）、甲斐典明「延岡周辺の城郭」『中世の九州Ⅲ 戦国の城と館』（高志書院、二〇二〇）

（高浦　哲）

●急崖に守られた城

亀山城《かめやまじょう》

〔所在地〕高千穂町三田井
〔比　高〕二七メートル
〔分　類〕山城
〔年　代〕一六世紀代
〔城　主〕富高弥十郎長義
〔交通アクセス〕高千穂線は廃線。延岡市（国道二一八号線）から宮崎交通「高千穂バスセンター」停留所下車、車で一〇分。または、熊本空港からは特急バスで「高千穂バスセンター」へ行くことができる。

【高千穂郷の一拠点として】

高千穂《たかちほ》町の馬門交差点から岩戸方面へと北上し大野原地区に向かうと、岩戸川右岸に突出した特異な丘陵がみえてくる。亀山城跡、地名を冠し大野原城跡とも呼ばれる。周囲を阿蘇の火山活動が産み出した柱状《ちゅうじょう》節理《せつり》の断崖が取り巻き、草木繁茂するこの独立丘陵にその城は築かれた。最高標点三六二メートルの丘陵を占地するが、周辺は九州山地の急峻な山々に囲まれた高地であり、岩戸川沿いの段丘上に展開する平地以外、城跡が標高で勝る地形は視野に入らない。しかしながら、西を除く三方に断崖を有し、何人たりともその三方からは城に近づくことはできない。故に城地としては、西面の守備に全力を傾注できる好地である。西臼杵では五ヶ瀬町の川曲城跡が同様の地形を城地とするが、岩戸川の流域にはこのような地形はほかにみられない。

城跡がある高千穂町は、日之影町、五ヵ瀬町、諸塚村などを含む平安末期に成立した高千穂（高知尾）荘の中心である。戦国期にこの地を領した三田井《みたい》氏は、豊後の国司大神《おおが》朝臣良臣《よしおみ》の孫である大神大太《だいた》惟基《これもと》を祖とし、高千穂太郎政次《まさつぐ》に始まる高千穂氏の末裔である。向山の中山城を本城とし、最盛期には「高千穂四八塁」と呼ばれる支城を有した。大野原城はその中にあって、富高《とたか》弥十郎長義が守備した城であり、岩戸方面を抑える本城に次ぐ重要な拠点であった。戦国末期、三田井氏は島津氏に与するが、天正十五年（一五八七）に秀吉の前に島津氏が屈すると、高千穂の地は九州仕置により高橋元種が領するところとなる。ところがその宛行状に高千穂の記載がなく、旧領の安堵を主張する三田井氏との間で領有問題が生じ、高橋氏は三田井氏家臣を調略して高千穂に兵を進め、中山城そして亀山城といった主だった城を手中に収めた。以後、この地は高橋氏の治めるところとなった。

【侵入を拒む堅い守備】　岩戸川に突出したこの丘陵を城地とするには、西からの侵入を確実に阻止するために「首」と呼ばれる西へと連絡するも狭隘な地形の加工が重要な意味をもつ。直線距離で南北約一二〇《メートル》、東西約六〇《メートル》のこの首の部分に見られる連続する三条の空堀《からぼり》と大小の土塁《どるい》はその強い防備を誇示するものである。車両用の道路建設のため、中央部付近と道路の周辺は遺構が破壊されているが、南側は遺構が良好な状態で残存している。最も高い地点に位置する主郭と目される曲輪Ⅰには、西方向に三段、南北の隅角方向に向かって二段の曲輪が取り付く。また、北東と南東の両隅角には規模は異なるが外へと張り出す地形がある。標高を考えるとそれぞれの地点から周囲を見渡すことは難しいが、対岸の様子をつぶさに捉えることができ、櫓台《やぐらだい》的な性格を付加されていた場所である可能性がある。主郭には土塁などの施設は現状では認められないが、北西角にやや曖昧になってはいるものの枡形《ますがた》を呈す虎口《こぐち》が認められる。さらにもう一ヵ所、対角の位置にも入り口があるが、こちらは後世に改変されたものであろう。

　急崖上の限られた丘陵を巧みに城取りされ、詰めの城としての役目を全うした城跡の主郭には、落城四〇〇年碑と城跡の説明板が設置されており、地元の歴史を伝える遺構として大切に守られている。

【参考文献】『高千穂太平記』（青潮社、一九八七）、『宮崎県中近世城館跡緊急分布調査報告書Ⅰ〈地名表・分布地図編〉・Ⅱ〈詳説編〉』（宮崎県教育委員会、一九九八・一九九九）

（福田泰典）

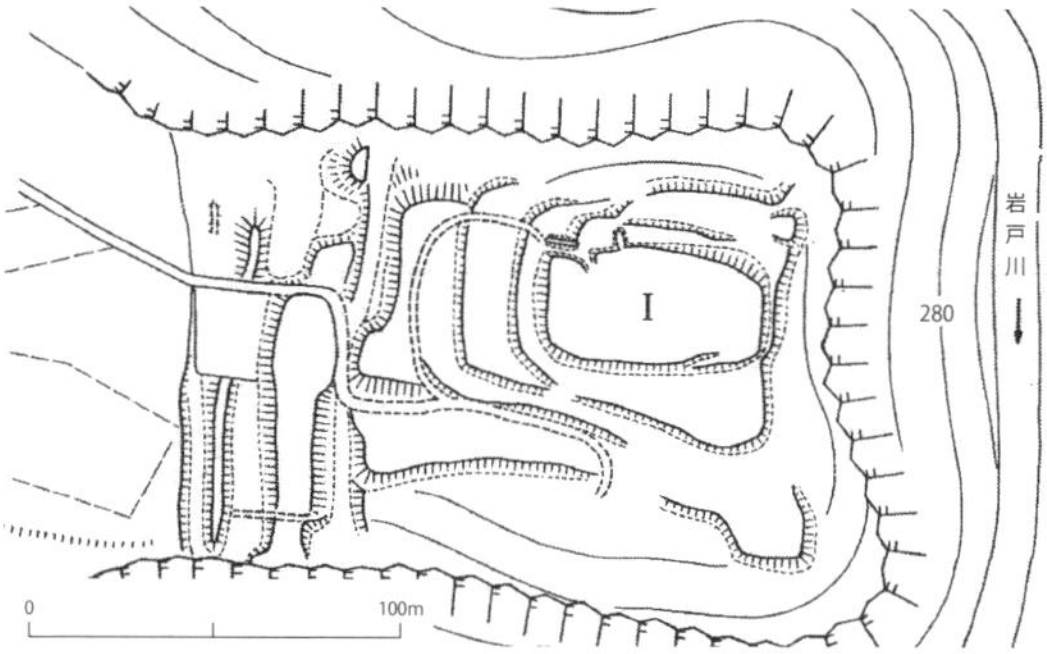

●—亀山城縄張図（宮崎県教育委員会『宮崎県中近世城館跡緊急分布調査報告書Ⅱ　詳説編』1999 より）

●—亀山城跡遠景

●日向灘に睨みをきかせる海城

日《ひ》知《ち》屋《や》城《じょう》

〔日向市史跡〕

〔所在地〕日向市大字日知屋字伊勢道
〔比　高〕二〇メートル
〔分　類〕海城
〔年　代〕一三～一七世紀
〔城　主〕土持氏、伊東氏、福永氏、氏本氏、井尻氏、高橋氏など
〔交通アクセス〕JR日豊本線「日向市駅」から車で一〇分。または、ぷらっとバス「大御神社」停留所下車。東九州自動車道「日向IC」から車で一〇分。

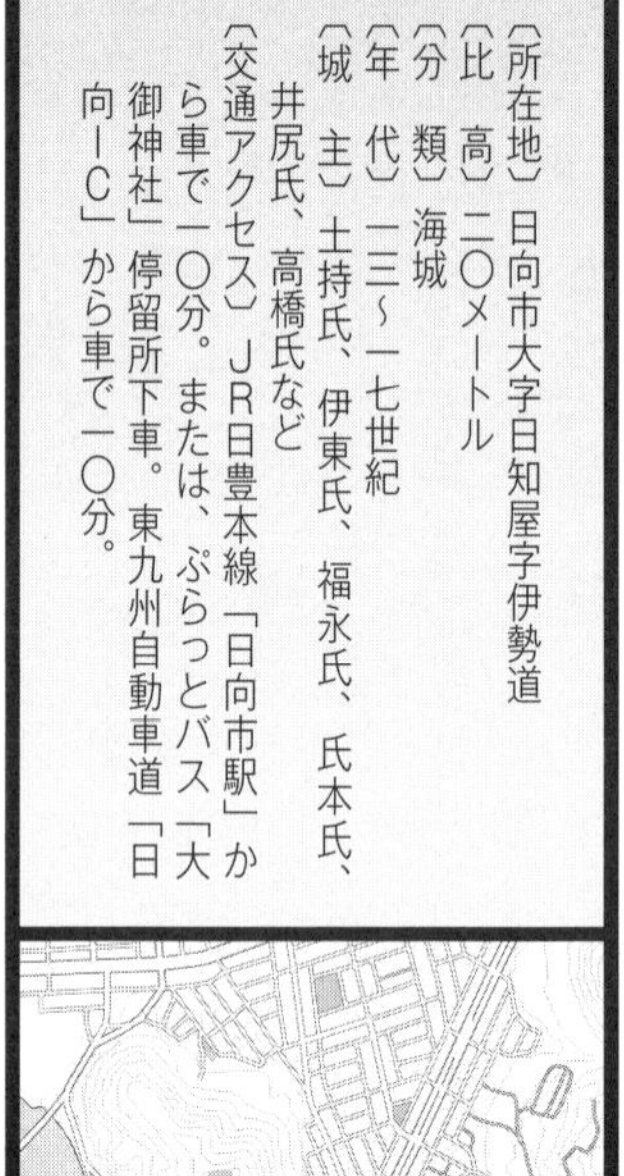

【城の立地】　日知屋城は、大分県中部から宮崎県北部の海岸に指定された日豊《にっぽう》海岸国定公園の中、白砂青松の美しい伊勢ケ浜南岸の岬に築かれている。日向《ひゅうが》灘に突き出たその外観から、船岡城の別名もある。山がちな日向北部の地勢にあって比較的広大な平野を形成する塩見《しおみ》川の河口北岸に近接し、遠浅の砂浜が続く日向灘の中で、深い入江を持つ屈指の良港として日明貿易の寄港地であった細島《ほそしま》も近く、海上・河川交通を掌握する適地である。現在は樹木に覆われているが、城として機能していた当時は南東方面に広がる日向灘を見渡せたはずであり、南方の耳《みみ》川河口にある良港で江戸時代には千石船で賑わった美々津《みみつ》に出入りする船の動きも容易に把握できたであろう。

【来歴と城主の変遷】　後述するように、日知屋城はその構造からみて築城時期が中世初期に遡るという見解があるが、城の所在する日向市大字日知屋は、建久八年（一一九七）に作成された「日向国図田帳《ずでんちょう》」記載の宇佐宮領富田《とんだ》荘または宇佐弥勒寺領塩見に含まれていたと想定されている。富田荘の地頭である「故勲藤原左衛門尉」は鎌倉幕府の御家人である工藤祐経《すけつね》とする説が有力で、その子の伊東祐時《すけとき》が地頭職《じとうしき》を安堵され、祐時の庶子である祐景《すけかげ》が下向して在地の経営を担ったと考えられている。一方、塩見の地頭は「土持《つちもち》太郎信綱《のぶつな》」であり、日向国在地の御家人であった。そのため、築城者を明らかにし得ないが、伊東氏（あるいはその流れをくむ門川《かどがわ》氏、日知屋氏）または土持氏の可能性がある。

後世の編纂物ではあるが、伊東氏の由緒を記した家記である『日向記』によると、康正二年（一四五六）に伊東氏と土持氏の合戦が起こり（小浪《こなみ》川の戦い）、敗れた土持氏が長禄元年（一四五七）に伊東氏へ譲った一〇ヵ所の城の中に塩見城・門川城とともに日知屋城も含まれており、これ以降は伊東氏の支配領域における北方防衛の拠点として位置づけられていた。同じく『日向記』には文明十八年（一四八六）に伊東氏六代祐国《すけくに》の弟である祐邑《すけむら》が日知屋城において謀殺されたとあり、祐邑の魂が怨霊となって害をなしたので、それを鎮めるために行った神事である的祈念《まときねん》祭は現在も細島で継承されている。

俗にいう「伊東四八城」は、『日向記』の「分国中城主揃事」にもとづいており、永禄十二年（一五六九）の伊東義祐による飫肥《おび》攻略から数年間の状況を記したものと推定されているが、日知屋城の城主として福永新十郎や氏本駿河守の名がみえる。また、日知屋城は塩見城・門川城とあわせて「三《さん》城《じょう》」と呼ばれるが、この表記は戦国時代末期頃の史料にみられるため、少なくともその頃には三つの城が連携して機能していた。天正五年（一五七七）、島津氏の侵攻により伊東氏は日向国を放棄して豊後国へと落ち延びていったが、三城の伊東氏旧臣は島津氏と大友氏の勢力圏の境界として微妙な立場にあった。天正六年、大友義統《よしむね》は日向への侵攻にあたって、海賊衆である薬師寺兵庫守を日知屋に在陣させている。大友氏は同年の高城《たかじょう》・耳川《みみかわ》の戦いで島津氏に敗北し、日知屋城は島津氏の勢力下に入り井尻伊賀守祐貞《すけさだ》が在城したが、豊臣氏の九州平定後は高橋氏が領有し、延岡藩領となった。通説では元和元年（一六一五）のいわゆる「一国一城令」により廃されたと考えられているが、それ以前に廃城となっていた可能性も指摘されている。

時代は下り、大正十三年（一九二四）に遊歩道が敷設されたほか、昭和四十年代頃には近世城郭や庭園を意識した公園整備が進められ、各所に石垣や東屋《あずまや》が造られた。

【城の構造】 城域は南北が約一二〇メートル、東西が約二五〇メートルにわたり、東西の両端部は堀切《ほりきり》により遮断されている。唯一陸側と繋がる西端部の堀切は、それほど大規模ではないが溶結《ようけつ》凝灰岩《ぎょうかいがん》の露頭部分を掘削しており、多大な労力を要したことは想像に難くない。城内の最高所でも標高は約三七メートルに過ぎないが、海上に向かって突き出した位置にあるため、樹木の切れ間からは日向灘の海原を望むことができる。北東の海側に向かって開くU字形の尾根を階段状に造成して曲輪《くるわ》を配置しており、尾根に守られた懐部分（図中の5）が主郭であったと考えられる。その特徴的な構造から馬蹄形《ばていけい》城郭と評価

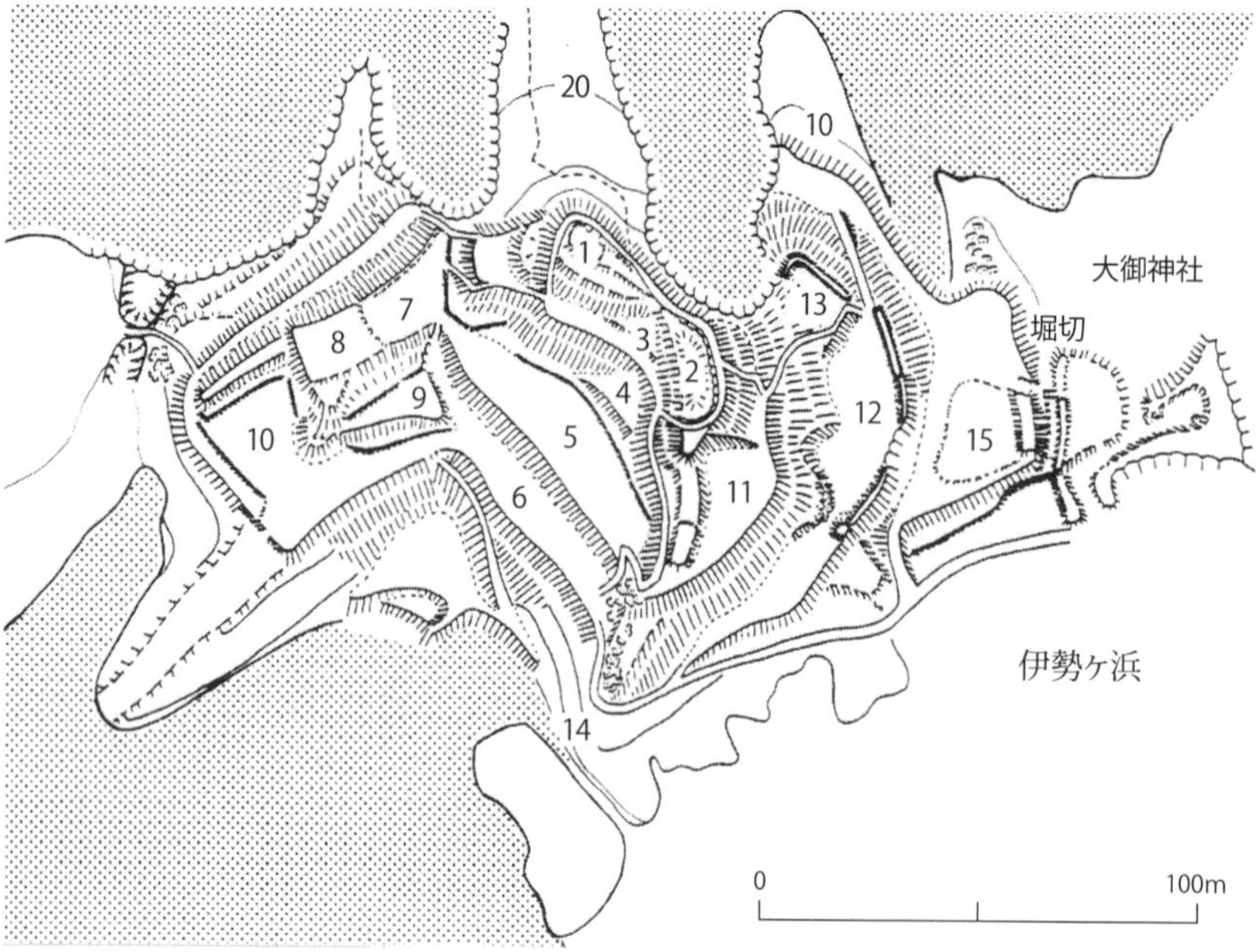

●—日知屋城縄張図（作図：千田嘉博，宮崎県教育委員会 1999 にキャプション加筆）

されており、類似する大瓜《おおうり》城（宮城県）や駿河丸《するがまる》城（広島県）とともに、築城が中世初期に遡る可能性が指摘されている。全体的に土壌が薄く、溶結凝灰岩が各所に顔を出していることもあり、造成には不十分な面も多く見受けられるが、それでも尾根の西側に位置する曲輪（同12）には虎口《こぐち》が設けられ、主郭の東側に位置する曲輪（同10）には南縁の高い土塁《どるい》がよく残っている。伊勢ヶ浜に近い入口から城域の北側を巡る遊歩道を進むと、板碑《いたび》・五輪塔など七三基からなる石塔群が目に入るが、これらは昭和四十年代の区画整理事業に伴い日知屋地区の墓地から移設されたものである。

【発掘調査の成果】 平成二年（一九九〇）には、城本来の遺構について残存状況を確認するための確認調査が実施され、多くの知見が得られた。青磁・白磁など中国産の陶磁器類も出土し、一五世紀から一六世紀頃の製品が主体をなすが、尾根筋を境として東にある主郭などの曲輪では、一三世紀から一四世紀頃の比較的古手の陶磁器類がみられる一方で、西にある曲輪では一六世紀後半頃から増加する青花《せいか》（染付《そめつけ》）の粗製品が多数を占めることから、東側の曲輪群が早い段階に整備され、西側の曲輪群は後に追加された可能性が指摘されている。いくつかの曲輪では野営炉《やえいろ》と推測される集石《しゅうせき》遺構が発見され、主郭では地表下数十センチにおいて焼土《しょうど》と炭化物の層が見られ、そこから出土した一六世紀後半頃の陶磁器類には二次的な加熱により表面が発泡したものが含まれるなど、当時の日知屋城を巡る緊迫した状況が目に浮かぶようである。

【来訪時の注意点など】 日向市街地からも近く、また入口付近に伊勢ヶ浜海浜公園の駐車場があるほか、近隣には伊勢ヶ浜海水浴場など無料で利用できる駐車場がいくつかあり、訪れやすい城である。

【参考文献】 日向市教育委員会『日知屋城跡』（一九九三）、宮崎県教育委員会『宮崎県中近世城館跡緊急分布調査報告書Ⅱ』詳説編（一九九九）、日向市『日向市史』資料編（二〇〇九）、日向市『日向市史』通史編（二〇一〇）、若山浩章「塩見城の歴史的位置」『塩見城跡』（宮崎県埋蔵文化財センター、二〇一二）、新名一仁「戦国期の九州南部」『戦国の城と館』（高志書院、二〇二〇）

（堀田孝博）

●―馬蹄形の尾根にいだかれた主郭

●―尾根西側の曲輪に設けられた虎口

●発掘調査で判明した曲輪の大改修

塩《しお》見《み》城《じょう》

〈所在地〉日向市大字塩見字古城内・蔵ノ後・上ノ坊・東ケ迫
〈比　高〉六〇メートル
〈分　類〉山城
〈年　代〉一四～一七世紀
〈城　主〉土持氏、右松氏、吉利氏、高橋氏
〈交通アクセス〉JR日豊本線「日向市駅」から車で一〇分。または、ぶらっとバス「水月寺」停留所下車。東九州自動車道「日向IC」から車で一五分。

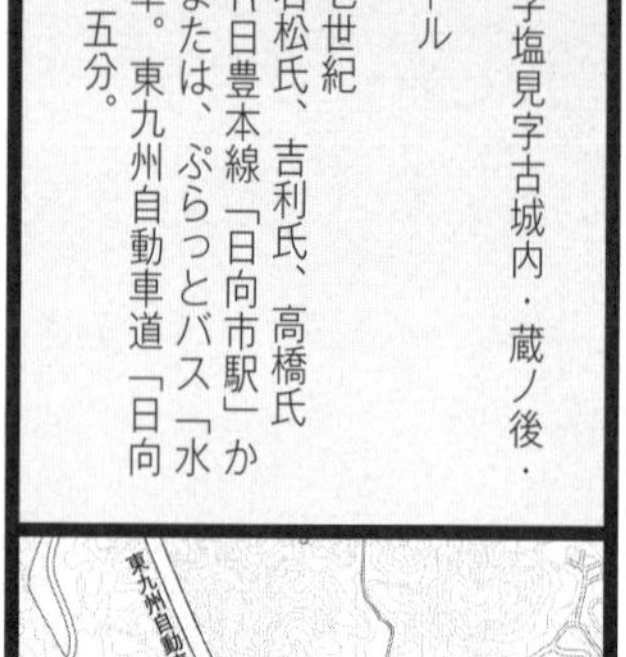

【城の立地】　塩見城は、九州山地に源流を発する塩見川が、下流域の沖積平野へと流れ込む入口部分に築かれている。北側の戸高《とだか》山から延びてきた丘陵の南端部に立地し、塩見川を眼下に望む位置にある。対岸には比良《ひら》山があり、これら二つの丘陵に挟まれて隘路《あいろ》となったところを塩見川とともに国道三二七号線が抜けていくが、この道は日向《ひゅうが》の入郷《いりごう》地区（日向市東郷《とうごう》町、東臼杵郡美郷《みさと》町）を経由して九州山地に入り、高千穂や阿蘇にも繋がる主要交通路となっている。また塩見から北方にある本谷《ほんたに》を経て、門川《かどがわ》へと至る間道もあり、北に向かう交通の要所でもあった。塩見城の対岸には「瀬ノ口」の字名が残り、そこから上流は浅瀬であったと考えられている。そして、城の東方には「新財市《しんざいち》」や「古市ヶ原《ふるちがはる》」など、中世の市に由来すると推定される地名も認められ、さらに東方にある日向灘屈指の良港である細島《ほそしま》も視界におさめる位置にある。こうした点から、塩見城は陸路と河川、さらには海上を接続する交通・流通を掌握する絶好の位置にあることがわかる。

【来歴と城主の変遷】　城の所在する日向市大字塩見は、建久八年（一一九七）に作成された『日向国図田帳《ずでんちょう》』記載の宇佐弥勒寺領塩見にあたり、地頭は「土持《つちもち》太郎信綱《のぶつな》」であった。城の西方に残る字「中村」に所在する浄土真宗正法《しょうほう》寺の住職を代々務める細川氏の系図に「塩見之城」とあり、これを塩見城に先立つ城館とする見解がある。「塩見之城」の候補としては、正法寺の南に隣接する栗尾《くりお》神社や字「中村」の北

●—塩見城（手前左）から南東の沖積平野を望む（宮崎県埋蔵文化財センター提供）

西に位置する高平《たかひら》城などがあるほか、後述する塩見城跡の発掘調査でも一一世紀後半〜一二世紀前半に位置づけられる白磁が出土しており、現時点では確定しがたい。いずれにしても字「中村」一帯が弥勒寺領塩見の中心であり、ここに荘園の経営拠点が設置された可能性は高い。

塩見城は南北朝期に土持氏により築城されたと伝わるが、詳細な経緯は不明と言わざるを得ない。土持氏が伊東氏に塩見城を譲った長禄元年（一四五七）以降は、門川城・日知屋城とともに伊東氏の支配領域における北方防衛の拠点となり、戦国時代末期頃には俗にいう「伊東四八城」に含まれるほか、塩見城・門川城・日知屋城をあわせて「三城《さんじょう》」と呼び、一体的に捉えられていた（「伊東四八城」「三城」については日知屋城の頁も参照されたい）。伊東氏の由緒を記した『日向記』によれば、永禄年間頃には右松《みぎまつ》四郎左衛門尉が城主であった。伊東氏の没落後、天正六年（一五七八）の高城《たかじょう》・耳《みみ》川《かわ》の戦いをへて島津氏の勢力下にあっては、吉利忠澄《よしとしただすみ》が塩見地頭として在城し、三城の統括的役割を果たした。豊臣氏の九州平定後は高橋氏が領有し、延岡藩領となった。通説では元和元年（一六一五）のいわゆる「一国一城令」により廃されたと考えられている。

【城の構造】　後世の地形改変などにより、城域の規模を明ら

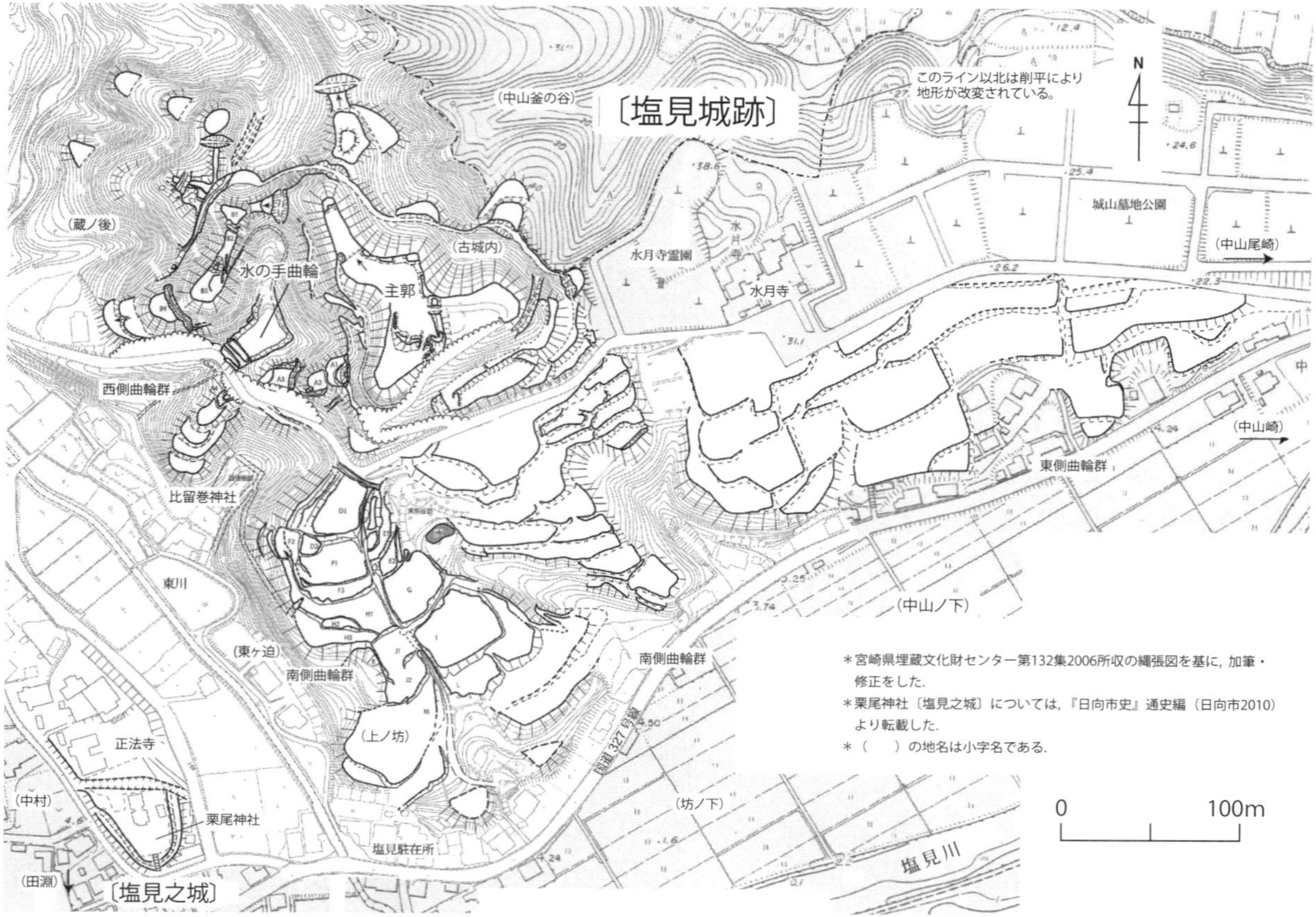

＊宮崎県埋蔵文化財センター第132集2006所収の縄張図を基に，加筆・修正をした．
＊栗尾神社〔塩見之城〕については，『日向市史』通史編（日向市2010）より転載した．
＊（　）の地名は小字名である．

●—塩見城縄張図（宮崎県埋蔵文化財センター 2012 を一部改変）

かにしがたいが、南北は約五〇〇メートル、東西は現在の日向市営城山墓園入口付近を東端と仮定するならば約六〇〇メートルにわたり、三城の中では最も広大である。標高約七〇メートルの不整な三角形状の平坦面を主郭とし、その周囲に派生する尾根を階段状に削平して曲輪《くるわ》を造り出している。主郭の西側に位置する

●—石積や堀を伴う水の手曲輪（宮崎県埋蔵文化財センター提供）

曲輪群では現況においても横堀などの痕跡が比較的明瞭に確認できていたが、南側から東側にかけては、広範囲に階段状の造成がなされているものの、墓地や果樹園として利用されていることもあり、城域に含まれるか判断が難しいところがあった。平成十七年（二〇〇五）～二十一年にかけて実施された東九州自動車道建設に伴う発掘調査では、西側～南側曲輪群の大半が全面調査の対象となり、後述するように中世城郭関連の遺構が多く残っていることが判明した。発掘調査と並行して詳細な踏査も行われ、東側の階段状造成についても城に関連すると推定されるに至った。

　主郭は公園化されており、記念碑や東屋《あずまや》が設置されるなど改変が著しいが、中心部をコの字状に取り巻く土塁《どるい》が残っている。土塁も後世の改変を受けているが、南側に虎口《こぐち》が認められ、その左右では部分的に土塁の幅が広がり、外方に張り出すようになっていることから、櫓台《やぐらだい》であった可能性が指摘されている。また、北西方向に延びた突端もやや高まっており、ここも櫓台と考えられている。土塁で囲まれた範囲内には天文十九年（一五五〇）銘の五輪塔を含む一八基の石塔群があるが、これらは国道三二七号線の拡幅に伴い、字「中村」の観音堂近くから移設されたものである。現在、主郭の東側には曹洞宗水月《すいげつ》寺が隣接しているが、水月寺は明治

四十四年（一九一二）に当地へ移転しており、それ以前は長禄元年の開基と伝わる曹洞宗光厳寺《こうごん》があった。水月寺墓地および山門前には天文～元亀年間の五輪塔・板碑《いたび》・六地蔵幢《とう》など四九基が残存しており、光厳寺に関連するものであろう。一方、水月寺の東側に隣接する城山墓園内にも板碑など一八基があるが、これらは先述した観音堂付近などから移設されたものである。

【発掘調査の成果】　西側～南側曲輪群を対象として行われた発掘調査は、総面積二万五二五〇平方㍍《メートル》に及んだ。最古の遺物は一一世紀後半～一二世紀前半に属するが、曲輪群における建物配置など城としての構造が明確になるのは一四世紀後半頃のことである。一五世紀中頃から末頃にかけて南側曲輪群の中央を貫く城道が新設され、その両側は階段状に連なる曲輪内に多数の建物が並ぶ屋敷地として整備された。また、主郭の周辺を円環状に取り巻くように堀切《ほりきり》・横堀《よこぼり》・帯《おび》曲輪などが掘削され、主郭を防御する内郭と屋敷地などからなる外郭とに二分化し、東側の光厳寺も城域に内包していた可能性がある。一六世紀中葉頃には一部の堀切を埋めるなどして曲輪面の拡張が行われ、西側曲輪群内の谷部にある水の手《みずのて》曲輪には石積や堀で防護された井戸が設置された。一六世紀末頃になると、水の手曲輪の石積にスロープが付加され、新たな城道として整備されたようである。これらの曲輪群は、調査後の工事によって姿を消してしまったが、中世城郭における大改修の過程が把握できる貴重な事例となった。

【来訪時の注意点など】　城内を東西に抜ける日向市道から分岐したコンクリート舗装の道路が主郭まで通るが、急傾斜であり通行には十分な注意が必要である。付近に駐車場がなく道路の幅も狭いので、駐車場所には注意されたい。

【参考文献】　宮崎県教育委員会『宮崎県中近世城館跡緊急分布調査報告書Ⅱ』詳説編（一九九九）、日向市『日向市史』資料編（二〇〇九）、日向市『日向市史』通史編（二〇一〇）、宮崎県埋蔵文化財センター『塩見城跡』（二〇一二）、新名一仁「戦国期の九州南部」『九州の中世Ⅲ　戦国の城と館』（高志書院、二〇二〇）

（堀田孝博）

●コンパクトながらも往時の姿を残す

門《かど》川《がわ》城《じょう》

〈門川町史跡〉

〈所在地〉門川町門川尾末
〈比　高〉二〇メートル
〈分　類〉平山城
〈年　代〉一五～一七世紀
〈城　主〉土持氏、米良氏、伊地知氏
〈交通アクセス〉JR日豊本線「門川駅」から車で一〇分。東九州自動車道「門川IC」または「門川南スマートIC」から車で一〇分。

【城の立地】　門川城は別名狗山《いぬやま》城ともいい、五十鈴《いすず》川の下流域北岸にある独立丘陵西端部に立地する。城内の最高所は標高二九メートルであるが、独立丘陵自体の最高所は標高約九四メートルであり、かなり低い場所を選定している。ただし、丘陵と繋がる東端部に堀切《ほりきり》を設けることで独立性を確保し、北・西・南の三方は、現在は水田に取り囲まれている。五十鈴川が沖積平野へ流れ込む入口部分に近く、眼前の隘路《あいろ》となったところを五十鈴川と国道三八八号線が抜けていく状況は、塩見城の立地と酷似する。国道三八八号線は入郷《いりごう》地区（日向市東郷《とうごう》町、東臼杵郡美郷《みさと》町）をへて九州山地に入り、高千穂や阿蘇にも繋がる主要交通路であった。あたかも東に広がる沖積地側への眺望を犠牲にして、沿岸部と内陸部を結ぶ交通を抑えることを優先したようであるが、東側の丘陵が字「城屋敷」であることから、城域がさらに東へ広がっていた可能性も指摘されている。

【来歴と城主の変遷】　現在の門川町域は、建久八年（一一九七）に作成された『日向国図田帳《ずでんちょう》』記載の宇佐宮領富田《とんだ》荘に含まれていたと考えられる。富田荘の地頭である「故勲藤原左衛門尉」は鎌倉幕府の御家人である工藤祐経《すけつね》とする説が有力で、その子の伊東祐時《すけとき》が地頭職《じとうしき》を安堵され、祐時の庶子である祐景《すけかげ》が下向して在地の経営を担った。祐景は「門川殿」とも呼ばれ、門川を拠点としていた可能性がある。

　門川城については、文明年間の築城とする伝承がある一方で、伊東氏の由緒を記した『日向記《ひゅうがき》』には、土持《つちもち》氏が長禄元年（一四五七）に門川城を伊東氏へ譲ったとする記述もあり、築城の時期や経緯は明らかではない。伊東氏の領有後は、塩見城・日知屋城とともに支配領域における北方防衛の拠点となったが、天文四年（一五三五）には、伊東氏の家督相続を

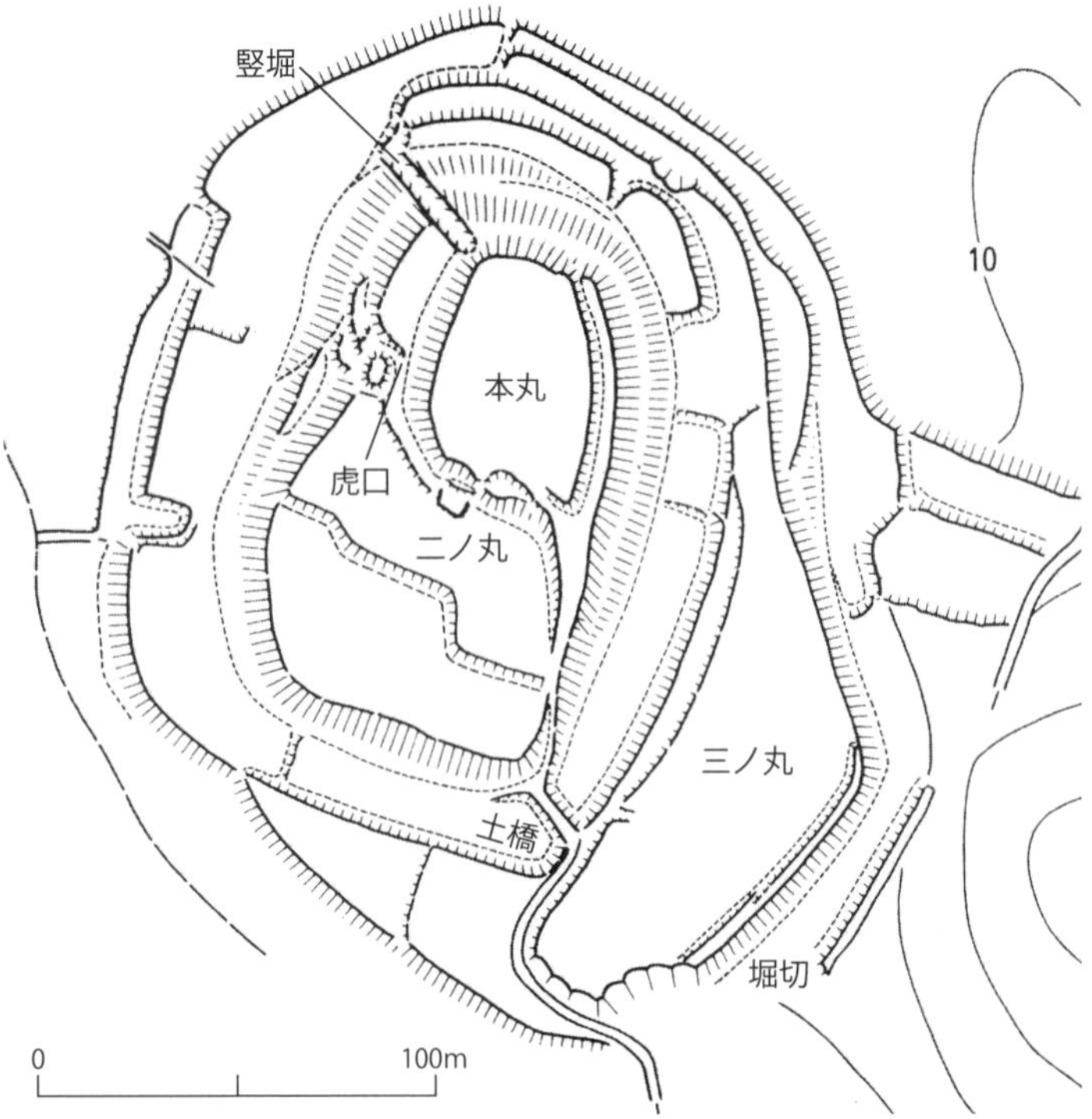

●—門川城縄張図（作図：千田嘉博，宮崎県教育委員会 1999 にキャプション追加）

巡る混乱の中、門川城主が縣《あがた》（現在の延岡市一帯）の兵を城内に引き入れるという事件の舞台となった。戦国時代末期頃には俗にいう「伊東四八城」に含まれるほか、門川城・塩見城・日知屋城をあわせて「三城《さんじょう》」と呼び、一体的に捉えられていた（「伊東四八城」「三城」については日知屋城の頁も参照されたい）。『日向記』によれば、永禄年間（一五五八―七〇）頃には米良《めら》四郎右衛門尉が城主であった。伊東氏の没落後、天正六年（一五七八）の高城《たかじょう》・耳川《みみかわ》の戦いを経て島津氏の勢力下にあっては、伊地知《いじち》丹後守重政が地頭として在城したが、豊臣氏の九州平定後は高橋氏が領有し、延岡藩領となった。通説では元和元年（一六一五）のいわゆる「一国一城令」により廃されたと考えられている。

【城の構造】　城域は南北が約二五〇《メートル》、東西が約二〇〇《メートル》で、それほど大きな城ではないが、構造はやや複雑で当時の造作をよく残している。丘陵に続く東側尾根を堀切で遮断し、「三ノ丸」の堀切に面した縁辺には土塁《どるい》を設ける。最高所の「本丸（主郭）」および南に隣接する「二ノ丸」を取り巻くように横堀と帯曲輪が巡り、横堀には「二ノ丸」と「三ノ丸」とを接続する土橋《どばし》が造り出されている。「本丸」の北西には一条の竪堀《たてぼり》が走り、その南側の

●―横堀に設けられた土橋

帯曲輪には虎口《こぐち》が設置されているが、いずれも残存良好である。先述した天文四年の反乱鎮圧のため伊東氏の軍勢が押し寄せたが、『日向記』には「其城麓依難所其功《なんしょにより》ナシカタシ」とあり、これに基づくならば、比較的小規模な城郭ながら堅固な守りを誇ったことになる。その一因として、周囲の水田部分が当時は水をたたえた池であったか、泥濘《ぬかり》田であったのではないかとの見方がある。

【来訪時の注意点など】 門川町の市街地から近く訪れやすいが、付近に駐車場がなく道路の幅も狭いので、駐車場所には注意されたい。

【参考文献】 門川町『門川町史』(一九七四)、宮崎県教育委員会『宮崎県中近世城館跡緊急分布調査報告書Ⅱ』詳説編(一九九九)、若山浩章「塩見城の歴史的位置」『塩見城跡』(宮崎県埋蔵文化財センター、二〇一二)

(堀田孝博)

松《まつ》山《やま》塁《るい》

●高城合戦における高城攻略の拠点地

〔所在地〕川南町川南
〔比　高〕約六〇メートル
〔分　類〕山城
〔年　代〕一六世紀第４四半期
〔城　主〕佐伯宗天、豊臣秀長
〔交通アクセス〕ＪＲ日豊本線「高鍋駅」下車、宮崎交通バス「木城温泉館湯らら」行で二五分、「木城温泉館湯らら」停留所下車、徒歩三〇分。

【城の特徴】　小丸《おまる》川の支流である切原《きりばる》川左岸の南に突き出た台地上に立地し、高城から東に直線距離で約六〇〇メートル離れており、日向官道を挟んだところにある。

この塁は大規模な堀で三つの郭で構成され、二重に並行した形状の空堀《からぼり》であり、穂北城（宮崎県西都市）と共通し、土《ど》塁《るい》は三メートルを越える大規模なものであり、攻撃用拠点としての陣というより、一つの山城に匹敵する規模を有するものと考えられる。

また、現状では主郭部は独立する郭が三つ存在するが、これらは、南九州独自の群郭《ぐんかく》型の城郭のスタイルとみるか、主・副郭並立の規範的平面プランとして評価をするかは今後検討していくべき課題である。

そしてこの陣が位置する地形は高城と同様、舌状の台地末端であるので、台地側の守りは比較的甘くなっているが、東側より北側に延びる地蔵谷には、要所に階段状構造があり、侵入し難い状況になっている。また近くにある小丸川の支流である切原川を水濠に見立てており、防御的様相を果たしているのも特色である。

【天正六年の戦い】　天正六年（一五七八）十月に高城の攻撃を開始した大友側の軍勢は、高城に近い川南台地の南端に、松山塁のほか、野久尾、松山、田間、河原、松原の陣を築いて山田新介有信《ありのぶ》が守る高城を攻撃する拠点とした。そのなかで松山塁は本陣としての機能を有し、佐伯宗天《さえきそうてん》（惟教《これのり》）を大将とする本隊が駐屯した。

松山塁は、高城とは約六〇〇㍍離れた距離で、大友氏はここに日本初めての大砲を据え付けた。大友宗麟は、これを「国崩し」と名付けたもので、一六世紀に利用された原始的な後装砲である。しかし、実際には射程距離の都合で高城には届かなかったといわれている。

そして、十月十一日に島津氏と大友氏は戦端を開き、翌日が総力戦となった。戦いの緒戦は大友氏が優勢であったが、後に島津氏が逆転をし、大友氏の軍勢は総崩れになり、佐伯宗天やその他の武将は多く討ち死した。多くの将兵は小丸川の深渕「ダケキガ淵」に飲み込まれ、水死した。松山塁は本陣の役割を果たしたが、敗軍の拠点となったのである。

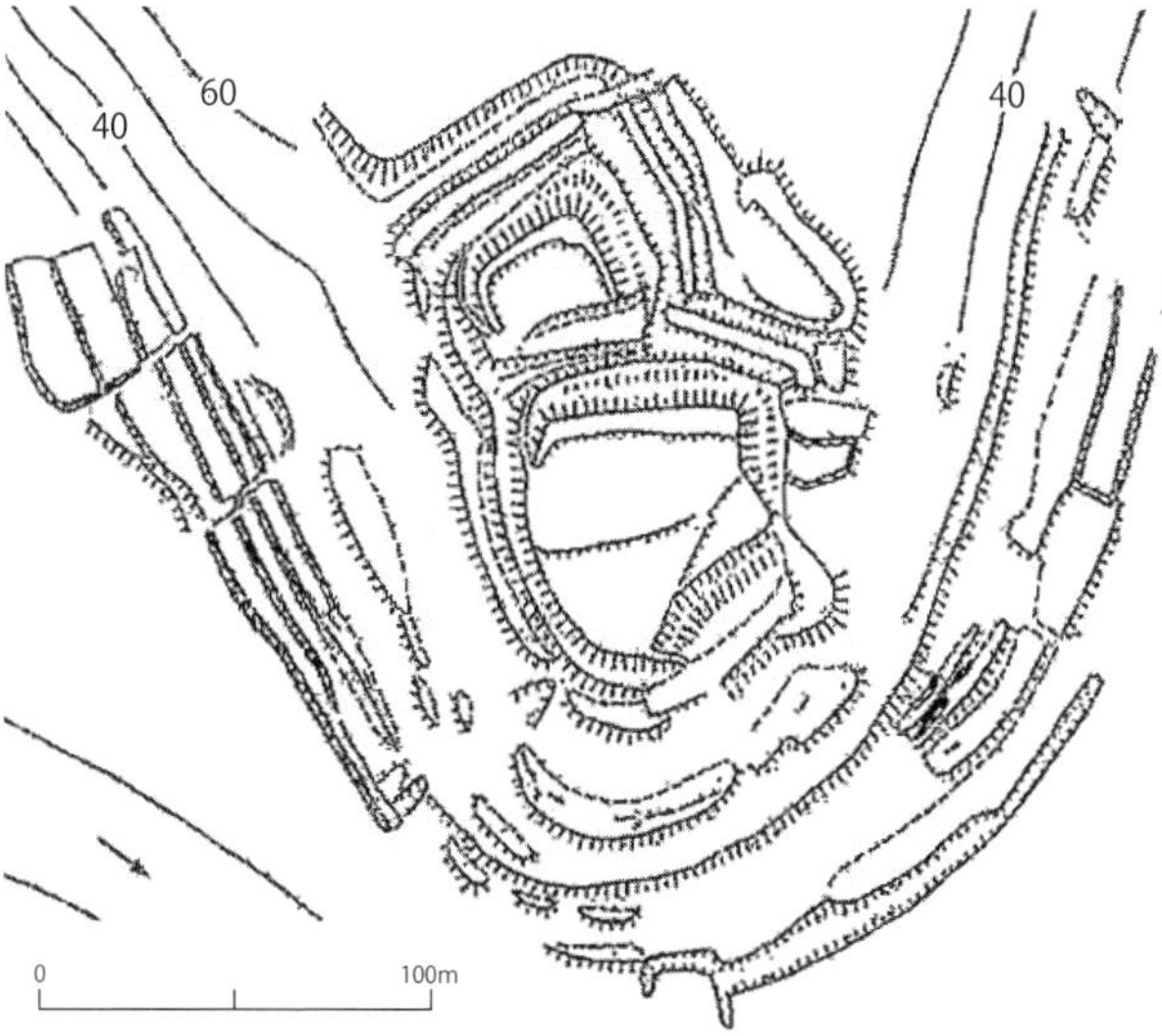

●―松山塁縄張図（『「長岡京市古文化論叢」Ⅱ　中山修一先生喜寿記念事業会』1992より）（作図：島岡 武）

【天正十五年の戦い】　天正十五年四月六日、豊臣秀吉の弟である秀長率いる軍勢は高城・財部《たからべ》に進撃し、松山塁を高城攻撃の拠点とした。一方、高城は天正六年の戦いと同様に山田新介有信が守将として、防衛を固めていた。

島津義久は豊臣秀長の家臣、宮部継潤《みやべけいじゅん》が陣取る根白《ねじろ》坂に夜襲を仕掛けたが、豊臣側の実力の高さに圧倒され、約三〇〇名が戦死した。五月八日、義久は薩摩国の泰平寺にて秀吉に直接面会をし、降伏の意を表し、戦いは終結を迎えることになった。松山塁は、この戦いにおいて豊臣側の勝ち戦の拠点として評価することができる。

【参考文献】　宮崎県教育委員会『宮崎県中近世城館跡緊急分布調査報告書』Ⅰ・Ⅱ（一九九八）、島岡武「「高城の戦い」について―高城と松山陣を中心に―」『長岡京古文化論叢Ⅱ』（中山修一先生喜寿記念事業会）、石川正樹「松山塁―高城攻略の拠点―」『高鍋史友会報』第四八号（二〇一三）、岡寺良『九州戦国城郭史　大名・国衆たちの築城記』（吉川弘文館、二〇二一）

（白岩　修）

●高城合戦の舞台である中世山城

新《にい》納《ろ》院《いん》高《たか》城《じょう》

〔木城町史跡〕

〔所在地〕木城町大字高城
〔比　高〕約六〇メートル
〔分　類〕山城
〔年　代〕一四世紀第４四半期～一六世紀第４四半期
〔城　主〕山田信介有信
〔交通アクセス〕ＪＲ日豊本線「高鍋駅」下車、宮崎交通バス木城行「役場前」停留所下車、徒歩一〇分。

【天正六年の第一次高城合戦】　天正六年（一五七八）に起きた薩摩国の島津義久《よしひさ》率いる軍勢と豊後国の大友宗麟《おおともそうりん》が率いる軍勢の戦いは、第一次高城合戦と呼ばれている。この第一次高城合戦については、『日向記』に詳しく記されている。第一次高城合戦は、九州の北部一帯を支配していた豊後国の大友氏と南九州地方において急速に力をつけてきた島津氏とが争った戦いで、天正六年四月十三日大友宗麟は息子である義統《よしむね》を総大将とし、豊後国（大分県）から日向国（宮崎県）へ侵攻開始。先鋒　佐伯宗天《さえきそうてん》、志賀親教《ちかのり》ら軍勢は約三万。島津氏に寝返った土持氏の縣《あがた》の松尾城（延岡市）を攻撃。激戦の末、勝利。島津氏が領有していた塩見・日知屋《ひちや》・門川《かどかわ》の日向三城も攻め落とす。

天正六年七月六日、伊東氏の旧臣らが石城（宮崎県児湯《こゆ》郡木城《きじょう》町）に立て籠もり、以前の勢力を復活しようとした。島津義久は、島津忠長《ただなが》、伊集院忠棟《いじゅういんただむね》を大将として、石城を攻撃したが多数の犠牲を被った。そして、同年九月十五日に島津以久《ゆきひさ》を大将に、伊集院忠棟、上井《うわい》覚兼《かくけん》（さとかね）を副将として、再攻撃をかけた。城の周囲に陣を構え、攻撃を仕掛け、ついに石城側は降伏し、城主である長倉勘解由左ェ門《かげゆざえもん》が和睦を申し入れ、戦いが終結した。

その後、大友氏は、臼杵統景《うすきむねかげ》、田北鎮周《しげかね》、佐伯宗天らが率いる軍勢が豊後国から南下し、高城に対峙する台地にそれぞれ陣を構えて、高城に攻撃を行うことになった。

大友宗麟は延岡の無鹿《むしか》で足を止め、その采配を田原紹忍《たわらしょうにん》に一任し、野久尾陣に田原紹忍、惣陣に佐伯宗天、田間陣に臼杵統景、河原陣に田北鎮周がそれぞれ陣を構え、高城を取り囲んだ。しかし、大友側の陣営は、決戦の前に軍議を開き、慎重派と即戦派に分かれ、軍勢としての足並みは非常にばらつきが目立つ様相であった。

一方、島津側は、義久が鹿児島から佐土原《さどわら》に着き、義弘は紙屋を経て都於郡《とのこおり》に入り、以久は財部《たからべ》に着陣し、体制が整った。高城川右岸台地に到着し、島津義久は根白坂《ねじろざか》に、義弘・以久がそれぞれ陣を構え、決戦の準備を整え大友側の軍勢と対峙することになった。

高城は、城主の山田信介有信をはじめ、五〇〇余りで守っていたが、島津家久らが城に入り、一五〇〇余りで守りを厳しくした。

初戦は、大友側が圧倒的に優勢であったものの、島津軍が小部隊で大部隊に勝利する戦法である釣《つ》り野伏《のぶせ》の戦いを駆使し、大友勢は四方八方に敗走した。この背景には、大友側の惣陣、河原陣、野久尾陣が互いに往来も途絶え、指揮の統一が薄れている状態にあることを知った島津側による作戦談合の成果が功を奏したと考えられる。追撃は耳川《みみかわ》（宮崎県日向市）付近まで続き、大友勢は重臣の過半を含む多数の戦死者を遺棄して潰走し大友方最大の野戦兵力は消滅した。

結果、この勝利を機に、島津氏の勢力は拡大し、九州全域における勢力分布図は大きく変わることになった。

【天正十五年の第二次高城合戦】 天正六年の第一次高城合戦で勝利を収めた島津氏は、九州地方全域に勢力を伸ばしていくが、敗北を喫した大友氏の主である大友宗麟は島津の攻勢を自力で鎮めるのは困難と感じ、全国制覇を目前とした豊臣秀吉に救援を求めた。

秀吉は、九州征伐を視野に入れ、仙石秀久を軍監に長宗《ちょうそ》我部《かべ》元親《もとちか》・信親《のぶちか》父子、十河存保《そごうまさやす》らの四国勢約六〇〇〇余りを豊後国に派遣し、さらに黒田孝高《よしたか》を軍監として毛利輝元《てるもと》、吉《きっ》川元春《かわもとはる》、小早川隆景《こばやかわたかかげ》の中国の毛利勢を豊前に上陸させた。豊後国にてこの四国勢と島津家久の軍勢により繰り広げられた戦いが天正十四年の戸次川《へつぎがわ》の戦いである。この戦いで四国勢は島津側に大敗を喫し、その結果、秀吉は自ら九州に出陣することを決意し、自身は肥後口に、異父弟の豊臣秀長を日向口に遣わすことになる。

秀長は黒田孝高、蜂須賀《はちすか》家政《いえまさ》、尾藤《びとう》知定《ともさだ》らを先鋒とし、伊東祐兵《すけたけ》、佐伯惟定《これさだ》を郷導《きょうどう》とし、長宗我部元親、野島元吉および大友の水軍五〇〇〇余りを沿岸の警備に当たらせ、毛利、吉川、小早川、宇喜多、宮部らの諸隊を率いて日向に入る。

そして秀長は戦場を高城の地と定め、高城・財部の間に五一ヵ所の陣を築き、攻撃を仕掛けた。そして島津側の攻撃を先読みして、薩摩国からの軍勢派遣の地であった都於郡城から高城の援路遮断の為、宮部継潤《けいじゅん》を根白坂に、同東方高地に黒田孝高、同西方高地に尾藤知定、中野方面に蜂須賀家政らを配し、盤石の態勢で島津側を迎え撃つことになる。

島津義久は、都於郡において薩隅二州の兵を集めていたが、高城側からの救援の要請が強く、危機を救うために都於郡を出発した。これが天正十五年の第二次高城合戦で、豊臣秀長率いる約一〇万の軍勢と争う戦いであり、この戦いで高城は秀長率いる軍勢に取り囲まれ、陥落する前に島津氏の主である島津義久が豊臣秀吉に降伏を申し入れ、争いが終結する。

【城の構造】 高城は、小丸川《おまる》とその支流である切原川《きりばる》に挟まれた東西方向に細長く延びる標高約六〇《メートル》の丘陵上にある。また、その城域は、南北約二〇〇《メートル》、東西約七五〇《メートル》におよぶ。丘陵の東端に主郭と考えられる曲輪Aがあり、主郭の周囲に数段の帯曲輪《おびくるわ》Cが巡っている。

主郭の西側には、二ノ丸と考えられる曲輪Bがある。現在は公園の駐車場となっており、城域の中央部に造成された町道により、当時の形状は著しく破壊されているものの、西側に土塁《どるい》の痕跡は残存している。その下には犬走り状の通路的な機能を果たすと思われる平坦な地形を一部確認することができる。

そして、二ノ丸の南側には曲輪Dがあり、この南東側にはやや狭小な曲輪Eがある。曲輪Dの南側には土塁が残り、一段下の曲輪Eの向こうには土塁の端部を通路として利用していた痕跡がある。これらの曲輪群と丘陵基部の間には七本の堀切《ほりきり》があり、城跡の正面が西を向いていたことを示す。大手筋の通路を堀切で切断していた痕跡も以前は確認できたが、災害などの影響がみられ、現在は確認し難い状況である。

このようにこの高城は後世の開発による改変や自然災害などの部分的な破壊にさらされながらも、中世城郭として評価することができる。

なお、城内における発掘調査は、平成三年(一九九一)度に公園整備の一環としてメロディ時計台の建設に伴い、主郭にあたる曲輪Aの一部である約一〇〇平方《メートル》の範囲の発掘調査を実施した。その結果、竪穴状遺構、柱穴、石列、スロープ状遺構などが検出された。石列は、ほぼ一列に並んだ状態で、石の規模は五〇〜六〇《センチ》前後もしくは三〇〜四〇《センチ》前後の組み合わせで隙間を埋めるように約一五《センチ》の礫《れき》を使用していた。なお、この石列については、遺物は土師質の土器の

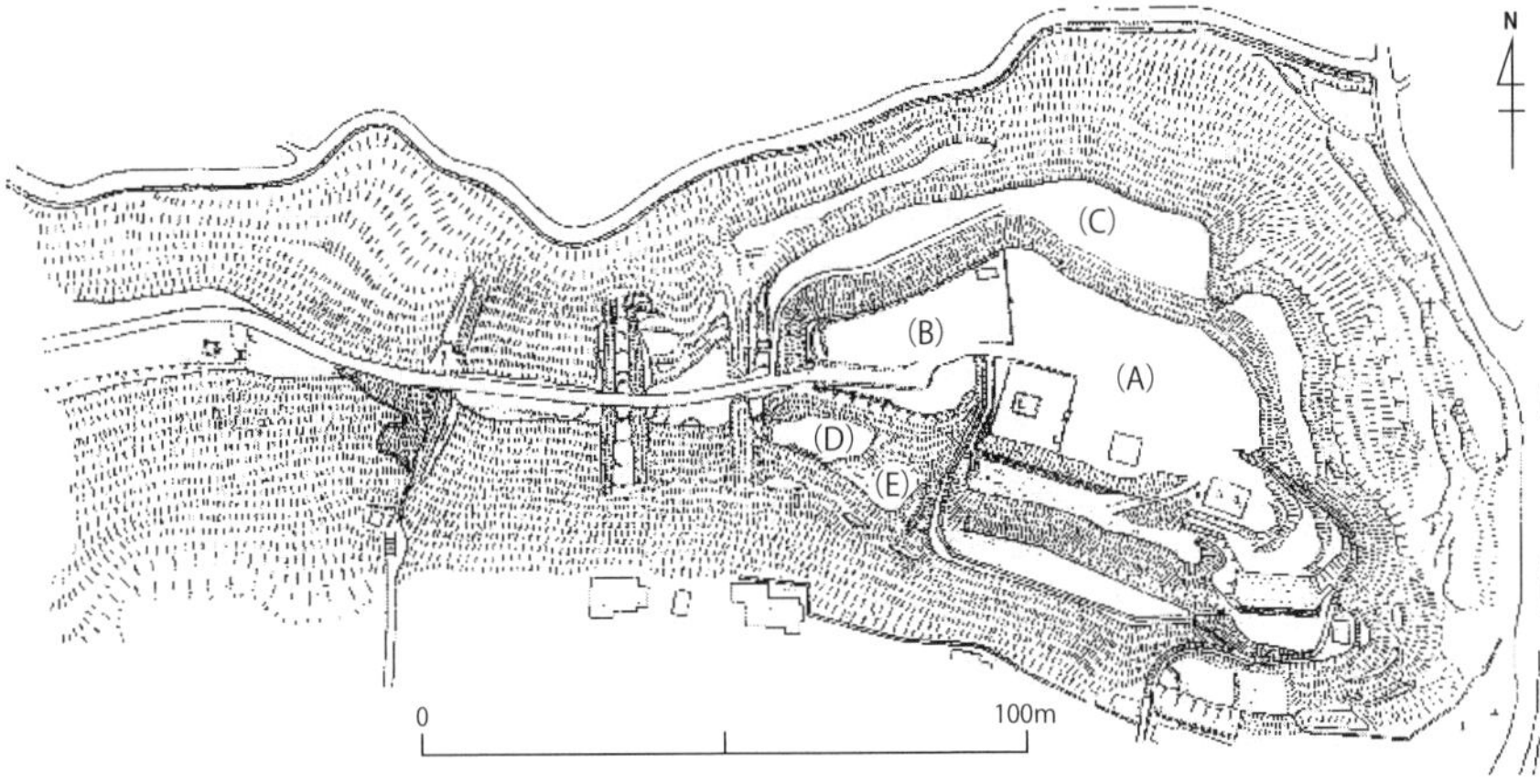

●―高城縄張図（『町内遺跡発掘調査Ⅱ』2006より）（作図：木城町教育委員会）

杯・皿・小皿、青磁の椀（一部底部外面に「吉」の朱文字が明記されている）と皿、白磁片・備前系陶器、常滑《とこなめ》壺片、土錐などが出土している。なお、これらの遺物は客土からの出土がほとんどで層位的な判断は困難である。

　また、平成十九年度には、公園整備に伴う試掘確認調査として、曲輪Aの一部にトレンチを二本設定した。その結果、遺物や遺構は確認できなかったが、客土の中に土師器《はじき》や陶器の破片が流入していた。

【参考文献】木城町教育委員会『高城跡』（一九九四）、宮崎県教育委員会『宮崎県中近世城館跡緊急分布調査報告書』Ⅰ・Ⅱ（一九九八）、木城町教育委員会『町内遺跡発掘調査Ⅱ』（二〇〇六）、歴史群像シリーズ特別編集『戦国九州三国志』（二〇〇八）、山内正徳『高城戦記　九州の関ヶ原はどのように戦われたか』みやざき文庫五四（鉱脈社、二〇〇八）、白岩修「高城合戦の城郭群」『九州の中世Ⅲ　戦国の城と館』（高志書院、二〇二〇）、木城町教育委員会『高城合戦～二度にわたる合戦はどのように戦われたか』（鉱脈社、二〇二二）

（白岩　修）

お城アラカルト

高城合戦の陣跡

白岩　修

【はじめに】「陣」とは、城郭関連遺構のなかでも重要なものであり、単に城郭の評価だけでなく、相対する敵方はもちろん味方側の付城として拠点的役割を果たす場合もある。すなわち、城郭を俯瞰的に評価する際において、対となる陣跡との関連性も学術的に重要な基準となりうる。

ここでは、九州を代表する中世期の合戦として高く評価されている高城合戦の陣跡を中心に紹介し、その価値の一端に触れてみたい。

【高城合戦とは】元亀三年（一五七二）にあった木崎原《きさきばる》の戦い（宮崎県えびの市）において、島津義弘率いる軍勢に伊東義《よし》祐《すけ》が敗れた後、島津義久の家臣である山田新介有信が高城城主となった。

その後、天正年間（一五七三―九二）の九州全域の状況は、北部一帯を豊後国の大友氏が手中に収め、南九州においては薩摩国の島津氏が急速に力をつけてきた。そして、先述した木崎原の戦いで敗北を喫した伊東義祐が大友氏に助けを求め、大友宗麟《そうりん》が高城を攻めに来たのが、天正六年（一五七八）、第一次高城合戦である。この戦いの結果、島津側が勝利を収め、大友側は豊後国まで撤退をすることになる。

この合戦で大友氏に勝利した島津氏はその後、水俣城の相《さ》良《が》義《よし》陽《ひ》、そして島原半島の龍造寺《りゅうぞうじ》隆信《たかのぶ》を次々に撃破し、九州地方全域に勢力を伸ばしていくが、大友宗麟が救援を求めた豊臣秀吉が九州方面に自ら軍勢を率いて攻撃を開始し、日向国には、弟である秀長が一〇万の軍勢を率いて攻撃を開始し、島津氏は取り囲まれた高城を救援するために、豊臣軍と争うことになる。それが天正十五年の第二次高城合戦である。この戦いでは豊臣側の軍勢に島津側が徹底的に抗戦したものの、圧倒的な軍事力のレベルの差に圧倒され、島津義久が豊臣秀吉に直接、降伏を申し入れ、戦いに終止符が打たれることになった。

以上のようにこの二度に渡り高城を軸として行われた合戦を高城合戦と言う。

【関連陣跡】　高城の位置や縄張については本編を参照いただくとして、ここでは関連陣跡についてみていこう。

①石城

築造の時期は南北朝期とされており、その末期には土持《つちもち》氏の支配を受けていたが、伊東氏に敗れた後は日向四十八城の一つとして存在していた。また元亀三年の木崎原の戦いで島津氏に敗北を喫した伊東氏の旧臣が天正六年にこの城に立て籠もり、勢力挽回のために徹底抗戦を行った。三日に及ぶ激戦の後、島津氏によって滅ぼされ、その流れに応じて同年の第一次高城合戦に繋がっていくことになる。

この石城は、木城町の中心を流れる小丸《おまる》川上流の蛇行する川に向かって突出する丘陵上の防御に適した場所にある山城である。標高は一〇五メートル、東西二〇〇メートル、南北三五〇メートルの規模を持つが、城域内に文豪武者小路実篤により理想郷「日向新しき村」が大正七年（一九一八）に創設されており、遺構の残りは芳しくない。

しかし、主郭にあたる部分の西側にて空堀《からぼり》の痕跡を一部確認している。これは小丸川を挟んだ丘陵上に構える敵方の攻撃に備えるために造成したものと考えられる。また、丘陵上にも人工的な様相を呈する数段の平坦面があり、今後の調査の進展によりその形状がさらに理解を深めることができるものと考えられる。

②根白坂古戦場跡

小丸川を挟んだ高城の対岸に位置する陣跡である。天正十五年の第二次高城合戦の時、島津氏は財部《たからべ》城（現在の高鍋城）にて軍議を行い、都於郡《とのこおり》城（宮崎県西都市）から約二〇キロ離れた高城に軍勢を派遣する方針を取っていた。

しかし、豊臣秀吉の弟、秀長はその派遣を遮断するため、台地上に根白坂《ねじろさか》陣を築き、家臣である宮部継潤《みやべけいじゅん》を配置して戦いに備えた。これが第二次高城合戦に繋がっていくのである。

この陣で宮部継潤はあらかじめ多数の人夫を使い、深さ二間（約三・六メートル）、幅三間（約五・四メートル）ほどの堀を広げ、土塁《どるい》を設け柵を構え、鉄砲隊を組織し、厳重な体制で島津側の夜襲を迎え撃つことになる。ここで実力の違いを知った島津側は撤退をし、高城が陥落をする前に島津義久は豊臣秀吉に直接和睦を申し入れ、降伏をし、戦いに終止符が打たれることになった。

陣の現況については、詳細な調査は実施していないが、現地を踏査した限りでは、曲輪、土塁、堀などの遺構が明瞭に観察することができた。今後の調査研究の実施によって、そ

●―高城と松山之陣の遠景

の現況をよりリアルに確認することが考えられる。

　また、この陣跡では、二度の合戦のうち、第一次高城合戦では、島津義久が高城の後詰としての役割を果したことが考えられ、同じ陣跡で目的を逆とする意味合いが大変興味深い役割を持つ陣跡である。今後の調査研究に向けて大きな課題をもつ陣跡である。

③島津以久《ゆきひさ》陣跡

　島津以久は義久の従兄弟にあたり、第一次高城合戦では、島津方を勝利に導く重要な働きをした。後に初代佐土原《さどわら》藩主となることで知られた武将である。

　陣跡は、老瀬坂上第二遺跡として、高鍋町教育委員会が主体となり、平成二年度に発掘調査が実施された。空堀と土塁で囲まれた遺構が検出され、その形状が文政三年（一八二〇）に書写されたといわれる「高城川の戦い布陣図」に描かれている「以久公陣跡」に形状が酷似しているのが特色である。

　しかし、当遺構が「島津以久陣」と比定することが妥当であるか、また、大友氏との争乱に際して築かれたものであるかは検討を要する。

【まとめ】　以上のように高城合戦に関する陣跡について簡単に紹介をした。この合戦の中心である高城を軸とし、これらの陣跡は災害もしくは開発行為の影響を多少は受けているものの、現在もその景観を維持しているのが、大きな特色である。

　特に高城とその周囲の陣跡による景観は、九州を代表する合戦の緊迫感のイメージを現在にもそのまま残しており、その様子はまさに合戦の様子を語っているといっても差し支えない。そして、高城本体と相対する陣跡のオリジナルな痕跡を残していることが、当時の合戦のストーリーをリアルに考察することに繋がると考えられる。そこから中世城郭の価値づけを図るための調査研究を進め、九州地方における戦国時代の様相をより鮮明に理解することが大きな課題である。

●中世山城から近世城郭に造りかえられた城

高《たか》鍋《なべ》城《じょう》

〔高鍋町史跡〕

〔所在地〕高鍋町大字南高鍋
〔比　高〕約六八メートル
〔分　類〕平山城
〔年　代〕斉衡年間（八五四〜五七）〜明治初期
〔城　主〕財部土持氏、伊東氏、島津氏、秋月氏
〔交通アクセス〕ＪＲ日豊本線「高鍋駅」下車、宮崎交通バスで「舞鶴公園前」停留所下車。

【城の立地】　高鍋城は町の西側に広がる丘陵の東端部に築かれた城である。城域の東側には塩田《しおた》川、南側には宮田《みやた》川が流れ、水堀とともに防御線としての役割を担っていたと考えられる。最も高い地点は標高七三・六メートルをはかる。古くは「財《たから》部城《べじょう》」と呼ばれ、後に「高鍋城」と改められる。城のある地形が鶴の羽ばたく地形に似ていることから通称「舞鶴城《まいづるじょう》」と呼ばれる。県内で唯一、水をたたえる城堀が残る城跡である。昭和十四年（一九三九）に国指定の風致地区、同五十二年に町指定史跡となり、翌五十三年には日向百景の一つに指定された。

【城の成り立ちと城主の変遷】　築城については、神亀四年（七二七）柏木左衛門尉によるものとする説もあるが、同地の領有関係や、高鍋藩が貞享四年（一六八七）に作成した寺社帳に土持《つちもち》玄蕃允《げんばのじょう》田部《たべ》直綱《なおつな》が応安五年（一三七二）当時の財部城主であったとの記録が残る点などから、文徳天皇斉衡（八五四―五七）の頃に土持氏の居城となり、以降約六〇〇年間にわたり、代々土持氏が居城したとされる。その後、財部土持氏は長禄元年（一四五七）伊東氏に亡ぼされ、伊東氏家臣の落合民部少輔が財部の地頭職をたまわった。落合氏は天正五年（一五七七）まで一二〇年間、地頭を世襲し財部城に居城したが、同年十二月に伊東氏が島津氏に追われ、大友氏を頼り豊後に逃れると、島津氏は財部城に川上忠智《ただとも》を置いて固く守らせた。天正六年に大友氏の日向侵攻を撃破した後は、財部城の地頭は鎌田政心にかわり、以後一〇年間は島津

氏の支配下にあった。そして豊臣秀吉の九州平定後、天正十五年筑前の秋月氏が移封され、以後秋月氏の居城となる。

【財部城から高鍋城へ】 財部が高鍋と改められたのは、第三代藩主秋月種信《たねのぶ》の時代である。九州平定（天正十五年）後、豊臣秀吉から初代藩主となる秋月種長《たねなが》へ宛行《あてが》われた「知行宛行朱印状」には、財部城ではなく高鍋城と記されている。財部がなまって高鍋となったと考えられているが、知行宛行状に高鍋城と記された経緯については、詳細は明らかではない。しかしこのことを受け、三代種信が城の修築および城主となる許可を幕府に願い出た際、財部を高鍋と改めたい旨も願い出たものと考えられる。そして寛文九年（一六六九）に城の修築ならびに城主となることが許可され、財部が高鍋に改められたことが複数の文献に記録されている。

【城の構造】 現在、本丸や二の丸・三の丸と呼ばれている部分は近世以降の姿であり、中世城郭としての中心はより西側にある。最高所は二八《メートル》×二〇《メートル》程度の小規模な曲輪《くるわ》で、下段北側と南側に比較的面積の広い曲輪が配置される。北側の曲輪には太鼓櫓《たいこやぐら》が建てられていたとの記録もあり、現地には土塁《どるい》も残る。南側の曲輪は詰《つめ》の丸と呼ばれ、三階櫓が建てられたとされる曲輪である。詰の丸の南斜面を支える高石垣は下から見上げると圧巻で、ここがかつて城であったことを静かに語りかける。全体的に地形に即した形で曲輪を配置し、個々の曲輪の面積が比較的広いことが読み取れる。北側中腹と南西側中腹には帯《おび》曲輪や腰《こし》曲輪が目立ち、北側中腹については竪堀《たてぼり》もみられる。近世に入ると西端に城域を独立させるための大規模な堀切《ほりきり》を設け、中腹の広い曲輪を本丸として政庁や奥御殿を置き、近世城郭化が進められることとな

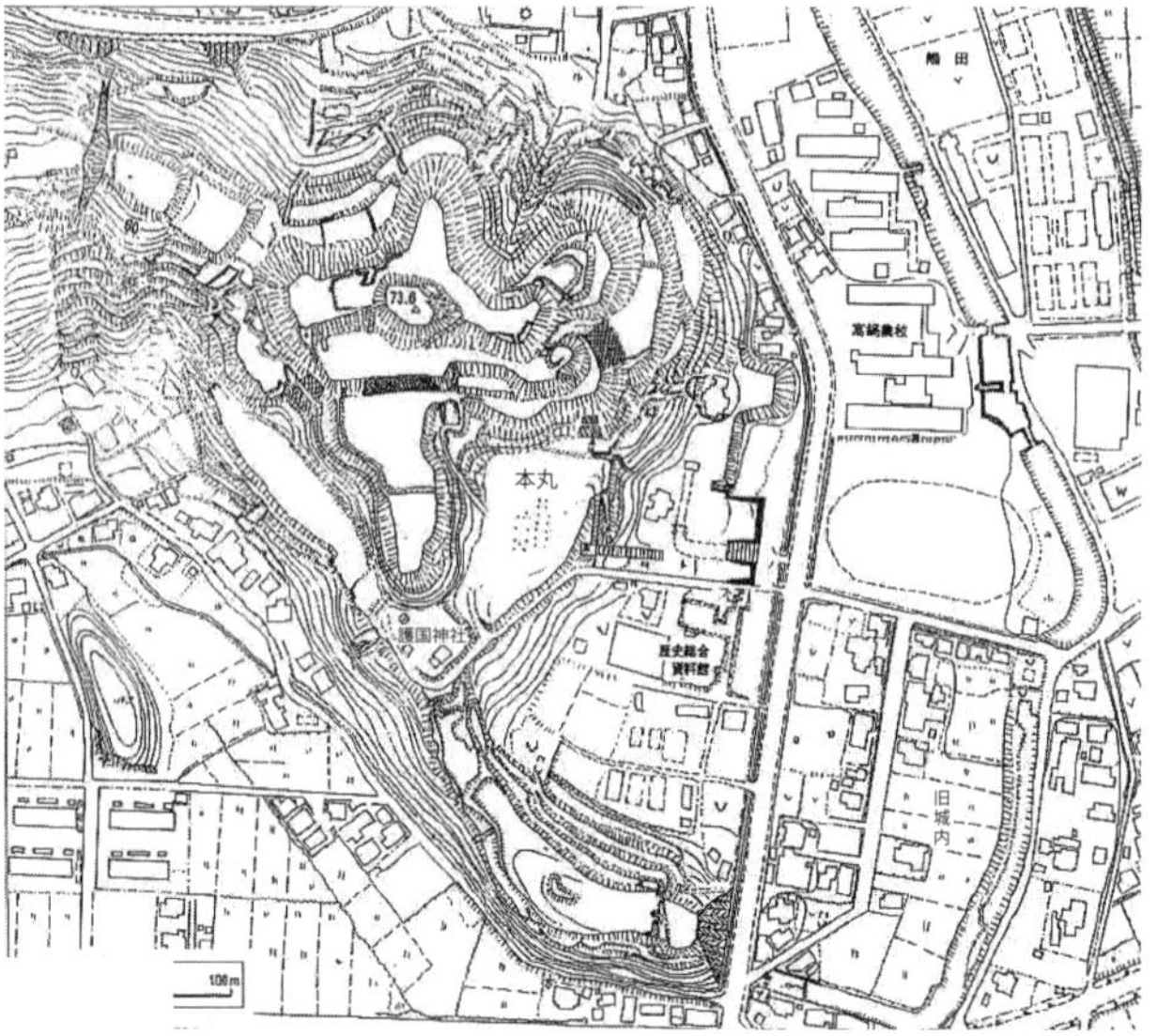

●—高鍋城縄張図（作図：八巻孝夫,『宮崎県中近世城館跡緊急分布調査報告書Ⅱ 詳説編』より転載）

●―詰の丸の南斜面を支える高石垣

●―大手門跡

る。

【主要施設・堀と門】　城の東正面の防備のため、堀を弧形に巡らせ、北西の端に島田門、南西の端に蓑崎《みのさき》門を置いた。全長五三〇メートル、幅は広い所で二四メートル、狭い所で一一・三メートルである。堀の外側は平らな芝生の土手とし、内側には土塁を築いて瓦葺の白壁の築地塀があったと記録に残る。現在も水をたたえる水堀である。門については、現在門跡が残るのみであるが、城門と城内門があり、城門は東正面の大手門、北入口の島田門、南入口の蓑崎門の三門があった。大手門は大手橋を渡った内側にあり、門内に牢も備えた番所があったとされる。島田門、蓑崎門ともに同名の橋の内側にあった門である。三門とも二層の櫓門であったと記録が残る。城内門には岩坂門と長峰門の二門があった。岩坂門は二の丸入口の門で、石垣と石段は現在も残る。長峰門は本丸入口の門で、当時の門扉の基礎石が現地に残って

●―岩坂門跡と現存する石垣と石段

いる。

【城の修築】　天正十五年に秋月氏が移封された当時、財部城はまだ山城の状態であった。秋月氏は当初、櫛間《くしま》城（串間市）を居城としていたが、慶長九年（一六〇四）に初代種長が財部城に移り、以来江戸時代を通して居城としていく。その中で山城から近世城郭へと整備されていく画期は、大きく分けて二期ある。第一期は初代種長の時代（慶長年間〈一五九六―一六一五〉）、第二期は三代種信の時代（延宝年間〈一六七三―八一〉）である。第一期の慶長年間の修築は、応急処置的な補修工事に留まり、本格的な改修は第二期の延宝年間に行われた。

　初代種長は、慶長五年に関ヶ原から戻り、一〇日間財部に滞在し、櫓などの普請を命じる。慶長十二年には城域西側の大規模な「野首《のくび》の堀切」の工事に取り掛かる。財部城は西から東に細長く延びる丘陵の先端部に位置しており、城郭を孤立させるため一〇〇メートルほどの間を高さ三、四〇メートルの土砂を取り除いて堀切を築き、野首番所を設けた。慶長十四年には最高所から十数メートル下の詰の丸に三階櫓を建てたと記録に残る。

　三代種信の時代には、寛文九年に財部城の修築を幕府に願い出て許可され、財部を高鍋と改めるとともに、本格的な城の改修に取り組んだ。寛文十年に二の丸の正門である杉ノ本門（後に岩坂門と改名）の石壁の普請に始まり、寛文十三年正月からは本格的な修築を堀から始め、二月には堀の内側の土塁までできあがったとされる。延宝二年（一六七四）二階建ての大手門が建ち、続いて島田門、蓑崎門の普請も始まり、翌年に完成。延宝四年には本丸に藩主の居宅を建て、延宝六年に本丸入口の二階建て櫓門（矢倉門、後に長峰門と改名）の普請を開始し、同年に完成する。寛文十三年正月の城堀の掘削から始められた本格的な改修は、延宝六年の櫓門（矢倉門）の落成により完成し、近世城郭化された。

【三階櫓の発掘調査】　慶長十四年に詰の丸に建てられたとされる三階櫓の正確な位置やその規模を確認するため、平成二年（一九九〇）に発掘調査が行われている。結果的には、櫓の正確な位置や規模について断定しうる結果は得られなかったものの、礎石や詰の丸の南側を支える高石垣に並行する石列、瓦溜の検出など貴重な資料が得られている。軒平瓦《のきひらがわら》や軒丸瓦を含め八〇〇点を超える瓦片が出土しており、瓦葺の建物が存在していた可能性が示された。

【その他の施設】〔**政庁と奥御殿**〕本丸にあったとされ、政庁には藩士の集まる大広間や藩主が藩臣と対面する御書院、そのほか家老所・奉行所・大目付所・用人詰所があったと記録されている。

〔**神社と寺院**〕初代種長が高鍋城に移封された際、城の安泰と領内の繁栄のために城の内外に神社や寺院を建立した。城の北側に秋月八幡宮や白山宮を祭り、二代種春《たねはる》の代に秋月八幡宮と対峙する形で城の南側に天神宮を祭った。そのほか勧請《かんじょう》の年月は不明であるが熊野神社や城主大明神、財部大明神などの諸神社がある。寺院としては、城の南側、天神宮の西に松尾山地福寺があったとされ、現在古井戸が残っているのは地福寺のものと考えられる。

●—三階櫓が建てられたとされる詰の丸

〔**太鼓櫓**〕詰の丸の北側の曲輪にあったとされる。太鼓櫓には大太鼓があり時刻を知らせていた。藩史には時報の点鼓方法についての記録が残り、それによると子午《ねうま》（午前〇時と午後〇時）九つ、丑未《うしひつじ》（午前二時と午後二時）八つ、寅申《とらさる》（午前四時と午後四時）七つ、卯酉《うとり》（午前六時と午後六時）六つ、辰《たつ》戌《いぬ》（午前八時と午後八時）五つ、巳亥《みい》（午前一〇時と午後一〇時）四つという具合に太鼓がたたかれ、広く時刻を知らせていたという。

〔**朱印蔵**〕二の丸にあったとされ、元禄七年（一六九四）四月十九日「御朱印蔵出来」との記録が残る。蔵の面積は一五坪（約五〇平米）で南向きの土蔵であったと記されている。御朱印とは将軍の朱印を捺してある文書で朱印状といい、最も大切な文書であった。朱印状を保管するために造られたのが朱印蔵である。その他の貴重な文書類や軍用金なども保管され、常に番人が付いていたとされる。

〔**籾倉**〕籾倉《もみぐら》は城の北入口の島田門の東に堀に添って建てられていた。西南戦争の際、官軍に心を寄せていた秋月種節《たねよ》や黒水長慥《くろみずちょうぞう》ら九名がこの籾倉を仮牢として押し込められたという歴史がある。その後、官軍に助けられた者の一人である

●—朱印蔵跡

黒水長慥が乱後、籾倉の払い下げを受けて自宅に移築した。現在も黒水家住宅（島田門の北西、黒谷地区に所在、町指定有形文化財）に残る。

〔藩校明倫堂〕現在の高鍋農業高校のグラウンドの北西隅にあった藩校である。五代種弘《たねひろ》の時にここに学問武芸の稽古所を置き、七代種茂《たねしげ》の時に同地に藩の学校を創設して明倫堂《めいりんどう》と名づけ、多くの人材を輩出した。

【城の修理】延宝六年の城の完成後、二百数十年の間に大小さまざまな修理が行われた。記録のある主要なものとして、元禄十一年の大地震では大手門東側の石垣・大手橋はじめ城内各所が崩壊したが、幕府の修復許可が出たのは翌年であった。本丸入口の矢倉門を長峰門、二の丸入口の杉ノ本門を岩坂門と改めたのはこのときである。宝永四年（一七〇七）には大風雨により城山が崩れ、大広間や勝手などが破損し、同年地震による被害も大きく大修理が行われた。享保十九年（一七三四）夏の大風雨では前代未聞の災害が起こり、城山が幅約九二メートル、高さ約四〇メートルの規模で崩壊し、本丸の主要な建物が残らず崩れ、死者・負傷者もあったという。明和六年（一七六九）の大地震では本丸御殿や城の外輪の築地塀が残らず崩れ、岩坂門も潰れて石垣も大破したため、大修理が行われた。こうした記録にみられるように、幾度となく自然災害に見舞われながらも繰り返し修理が行われたことにより、現在の城跡の姿が残されているのである。

【公園化のあゆみ】舞鶴公園として親しまれている高鍋城跡の公園化は、昭和三十九年度に町が立てた「都市公園化事業五箇年計画」に始まる。破損箇所の復旧や花木の補植、児童遊園施設の整備や休憩所など諸施設を増設し、城跡公園として整備を進めるとともに、標柱や説明板を立て史跡の普及に努めた。昭和五十五年度からは城跡復元五か年計画事業が進められ、高鍋町歴史総合資料館も昭和六十一年に開館した。当館には高鍋藩に関係する歴史資料が数多く収蔵・展示されている。

【参考文献】高鍋町『高鍋町史』（一九八七）、山本格『町内遺跡発掘調査報告書　老瀬坂上第2遺跡　高鍋城跡』高鍋町文化財調査報告書第六集（一九九二）、和田理啓・森田利枝『高鍋城三ノ丸跡』宮崎県埋蔵文化財センター発掘調査報告書第一八六集（二〇〇九）

（亀元由佳）

●日向伊東氏が築いた南九州屈指の山城

都《と》於《の》郡《こおり》城《じょう》

〔国史跡〕

〔所在地〕西都市大字鹿野田・大字荒武
〔比　高〕約九〇メートル（沖積地から）
〔分　類〕山城
〔年　代〕一四世紀～一七世紀
〔城　主〕日向伊東氏、島津氏（鎌田政近）
〔交通アクセス〕宮崎交通西都バスセンターからコミュニティバス長薗行「池の端」停留所下車、徒歩一〇分。

【城の位置】　都於郡城は、宮崎県中央部に位置する西都市の南部にあり、標高一〇四㍍の都於郡台地北西端に築かれた山城である。北と西側は、急峻な段丘崖となっており、その裾部にあたる平地には、九州山地から三財川《さんざいがわ》が流れて自然の外堀の役割を果たしている。都於郡城と西側平野部との比高差は約九〇㍍を測り、自然の要害地形である。三財川を前に都於郡城を望むと川に浮かぶ舟の様に見えるということから浮舟城という呼称がある。城の南・東側は河岸段丘が連なり、緩やかに傾斜して沖積平野に至る。

　都於郡城は、五つの曲輪《くるわ》で形成されている。自然の丘陵を利用したもので、南北約二六〇㍍、東西約四〇〇㍍の規模である。

　さらに、主郭以外に都於郡台地の東から南寄りに出城や寺院を配置し、広域で都於郡城の守りを固めている。

【日向伊東氏と都於郡城】　都於郡城は、南北朝期から戦国期にかけて、日向国一円に勢力を誇った伊東氏の本拠地として築城された山城である。

　伊東氏は、伊豆国の有力武士であったが、『日向記』によると、建久元年（一一九〇）に、日向国地頭職《じとうしき》を拝領したことから日向国との関係が生じる。鎌倉時代は、庶家が日向の所領に下向し、支配を展開していた。

　伊東惣領家の下向は、『日向記』巻二「依西国宮方蜂起祐《すけ》持《もち》日向下向事」によれば、建武二年（一三三五）頃の伊東祐持の代であったとされる。この時、日向国都於郡を拝領した

●—都於郡城跡遠景（南から）（西都市教育委員会提供）

とあり、都於郡城を拠点と定めたものと考えられる。

『日向記』巻三「祐重《すけしげ》改氏祐《うじすけ》付都於郡迁居事」によると二代目の祐重（氏祐）により、城の大規模な整備が行われたとされ、現存する都於郡城の原型にあたるものと考えられる。祐重の日向下向は貞和四年（一三四八）とされる。

日向伊東氏は南北朝期〜室町期にかけて都於郡城を本城として日向中央部に勢力を拡大し、同じく日向国に進出を図った島津氏と衝突することとなる。

その後、都於郡一〇代当主義祐《よしすけ》が永禄十一年（一五六八）に島津方の要衝である飫肥《おび》城を攻略して日向国の主要部を掌握し、日向伊東氏史上最大規模の領国を形成した。伊東義祐が、居城を佐土原城に移した時期もあるが、一一代義益《よします》は都於郡城を本拠としている。

伊東義祐は引き続き、島津氏との合戦を展開したが、元亀三年（一五七二）に木崎原《きさきばる》合戦で島津氏に敗れたことで凋落する。家臣に離反者が相次ぎ、日向中央部に進出する島津氏に対抗することができず、天正五年（一五七七）都於郡城・佐土原城を退去し、豊後国の大友氏を頼って日向国を脱出した。

この後、都於郡は島津氏が領するものとなり、都於郡城には家臣の鎌田政近《かまたまさちか》が入り統治した。

都於郡城は、江戸幕府成立後、元和元年（一六一五）の一国一城令によって廃城になる。ただし、佐土原藩発足後は、領域支配の一拠点として利用された。

【都於郡城の縄張】 当城は、いわゆる群郭式（南九州型）の縄張で、大きく五つの曲輪と十数ヵ所の腰《こし》曲輪や帯《おび》曲輪などからなる。主要な曲輪は空堀《からぼり》によって独立している。

調査歴としては、西都市教育委員会により、昭和六十二年（一九八七）度、平成十三年（二〇〇一）度から平成二十四年度にかけて曲輪を中心に確認調査が実施された。

都於郡城の東寄りに位置するのが本丸とされ、南北約一三〇メートル、東西約九〇メートルの規模は、曲輪の中で最大である。確認調査では、多くの柱穴や土坑《どこう》を確認しているが、建物跡を特定することはできていない。北側に虎口《こぐち》とみられる遺構が検出されており、南側が大手口とされていることから搦手口《からめてぐち》的なもので、奥ノ城との連絡に用いられたものと考えられる。

曲輪北側から西側には、高さ一メートルほどの土塁《どるい》が残り、急峻な切岸《きりぎし》を形成する。本丸は、現在、園路で北側と南側に分かれており、発掘調査によって、北側の曲輪では、現地表面から約〇・四メートルで地山が検出されるが、南側の曲輪では、約二メートルで地山が検出され、かなり大規模な盛土造成を行っている

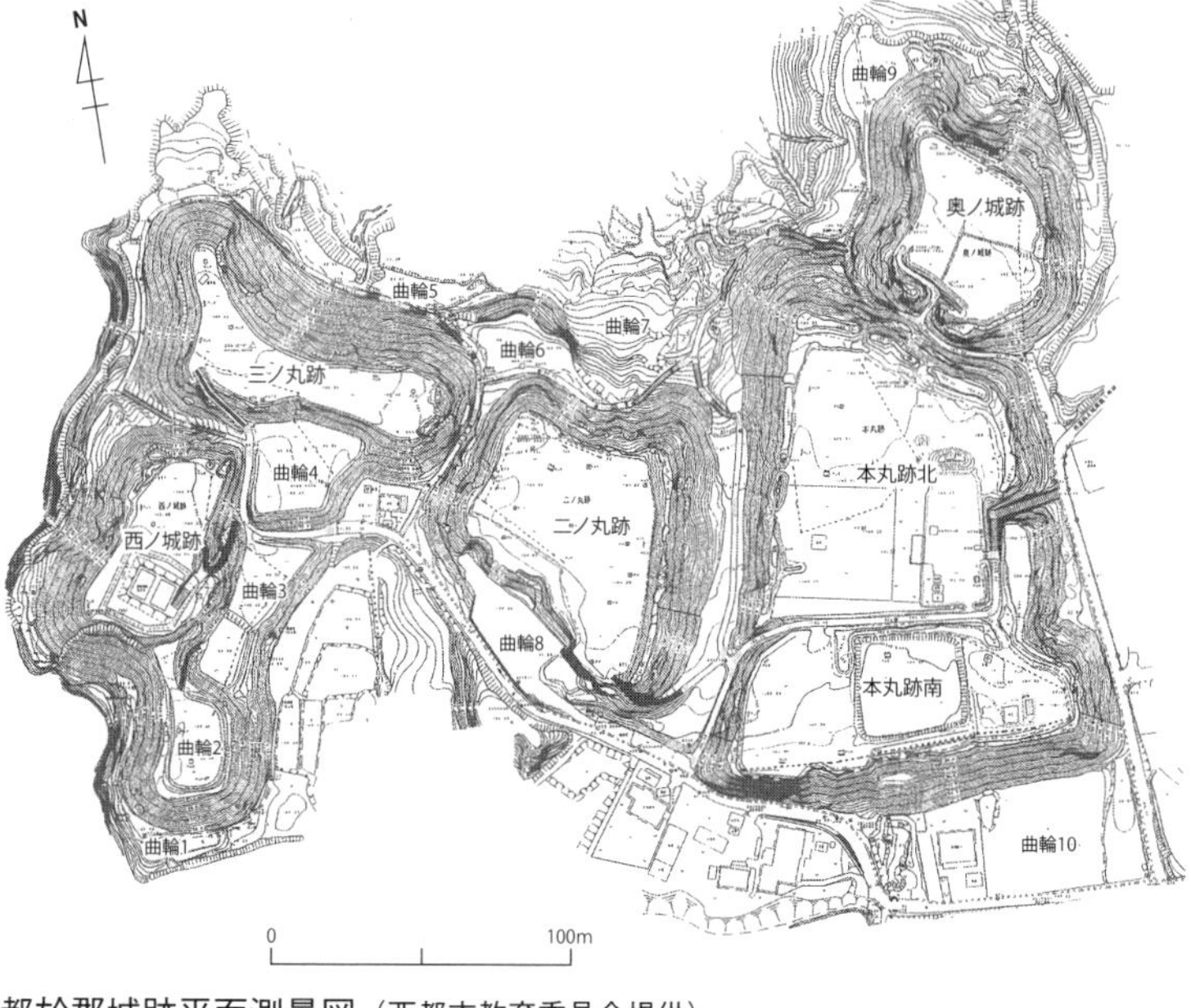

●—都於郡城跡平面測量図（西都市教育委員会提供）

ことが報告されている。

北側に東西方向の空堀を挟んで所在するのが、奥ノ城である。五城郭の東北端にあり、東側の監視機能があったものとみられる。東側には、都於郡城を北側に下る奈良瀬坂があり、重要な交通路であった。南北約六五メートル、東西約五〇メートルで、北側が張り出した楕円形を呈す。東〜北側にかけて土塁が残っている。東側には南北の空堀を挟んで曲輪が所在する。北西には法面の裾に曲輪9が所在し、奥ノ城の北側の防衛機能を補強している。

虎口は、現在の通路と同じ箇所と考えられ、南側の西寄りから登るようになっている。この虎口は、唯一、曲輪に登ったところで壁にあたってT字路となる形を採用している。

本丸の西側に南北方向の大きな空堀を挟んで所在するのが二ノ丸である。南北約四〇メートル、東西約三三メートルの南東が突出する方形を呈し、東側と北側に土塁が残る。東は高さ二・五〜三・六メートルの強固な土塁で、北は高さ〇・九メートルの小規模な土塁である。南側に曲輪8とした腰曲輪をもつ。北側には、曲輪6と曲輪7が配置される。

発掘調査によって、南側の中央と東寄りに二つの虎口が検出された。また、曲輪平坦面には、多数の柱穴が検出されており、掘方が重複していることが確認されている。掘立柱《ほったてばしら》建物が一棟検出されているが、さらに多くの建物が建て替えを繰り返しているものと想定される。

二ノ丸の西側に南北方向の空堀を隔てて所在するのが三ノ丸である。標高一〇四・六メートルで五城郭の最高所であり、城の西北端に位置し、南北が約一〇メートル、東西が約四五メートルの横長の平坦面を呈す。西端が北に一五メートルほど張り出しており、西北方面を見渡すことができ眺望に優れる。南側の東寄りには、一段下がって曲輪4が続く。北側の法面下東寄りには、曲輪5・曲輪6が備えられる。二ノ丸と三ノ丸の間の空堀は、北側の崖を下る谷の坂という通路につながっていたといわれ、これらはその通路に対する守備を担った曲輪と考えられる。

本丸や二ノ丸などとは異なり、柱穴などの痕跡は少なく建物などは検出されていない。虎口は南側の西端で、曲輪4から登る階段が設置してある箇所とみられる。曲輪4は虎口の前面に配置された防御施設と位置づけられる。三ノ丸の地山は曲輪の西寄りで現地表面から約〇・一メートル、東寄りで約〇・四メートルの深さで検出されるが、中央部では、一・一〜一・〇メートルと深くなっている。つまり、中央部を盛土して東西に長い曲輪を造成したことが確認されている。

三ノ丸の南に東西方向の空堀を隔てて所在するのが西ノ城である。斥候《ものみ》城とも呼ばれていたと伝えられる。南北が約五

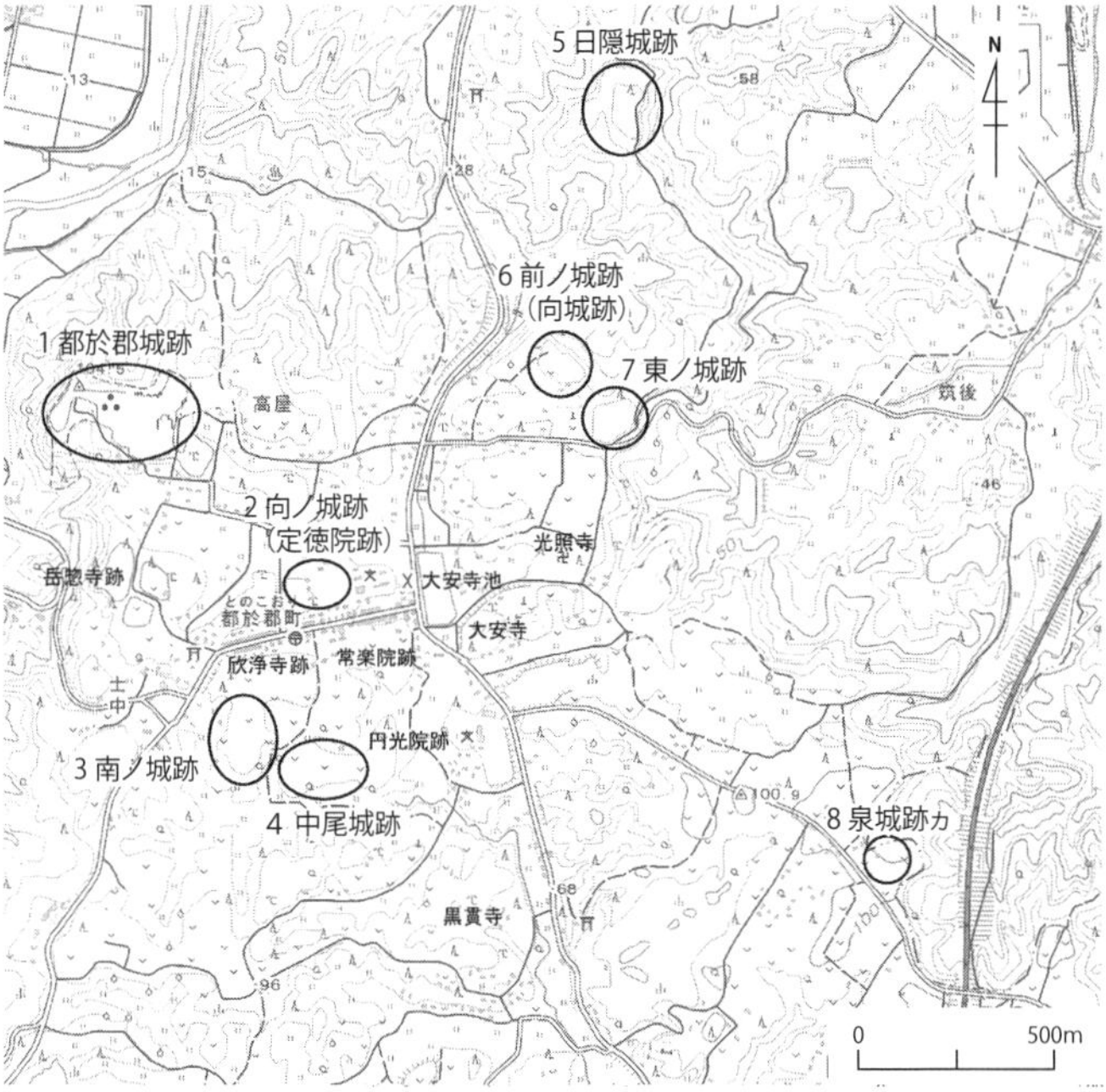

●—都於郡城（五城郭）周辺の城館跡位置図（三木 靖 1992 を参照して作成）

五メートル、東西が約一五メートルで、長方形の平坦面である。現在の通路が東北側から登るように設置されているが、東側との連絡を考えるとこれが当時の虎口であったと想定される。南と西は急峻な崖であり、遠方まで見渡せるのが特徴である。南側には曲輪2と曲輪1が二段続き、西ノ城の南側の守りを補強している。東側には一段下って曲輪3があり、東側の防衛を担ったものである。

西ノ城には西都市の上水道貯水槽が設置されており、一部攪乱されている。

ところで、都於郡城の五つの曲輪を隔てる空堀に注目すると、本丸—奥ノ城間と二ノ丸—三ノ丸間の空堀底部幅は一・五メートル〜一・七メートルであるが、本丸—二ノ丸間の底部幅は約一二メートルを測り、最も大きな空堀を掘削している。ただし、発掘調査の結果、実際の底部は、さらに三〜四メートル深いことが判明しており、法面の崩落や後世に人為的に埋められた可能性がある。当時の状況をよく残しているのは、二ノ丸—三ノ丸間や本丸—奥ノ城間の空堀とみられる。

それぞれの曲輪では、近世以降の改変を受けているが、中世南九州の山城の特徴をよく残している。

【周辺の城館群】　都於郡城主体部である五城郭の周辺には、特に台地平坦面が続く東側と南側は防衛機能が弱いことから、城館や寺院が配置されている。

三木靖によると七ヵ所が指摘されている（上段図）。その内、2向ノ城・4中尾城・8泉城については、西都市《さいと》教育委員会の遺跡詳細分布地図では、城跡と位置づけられていない。ただし、いずれも寺院跡や交通の要衝に位置する。

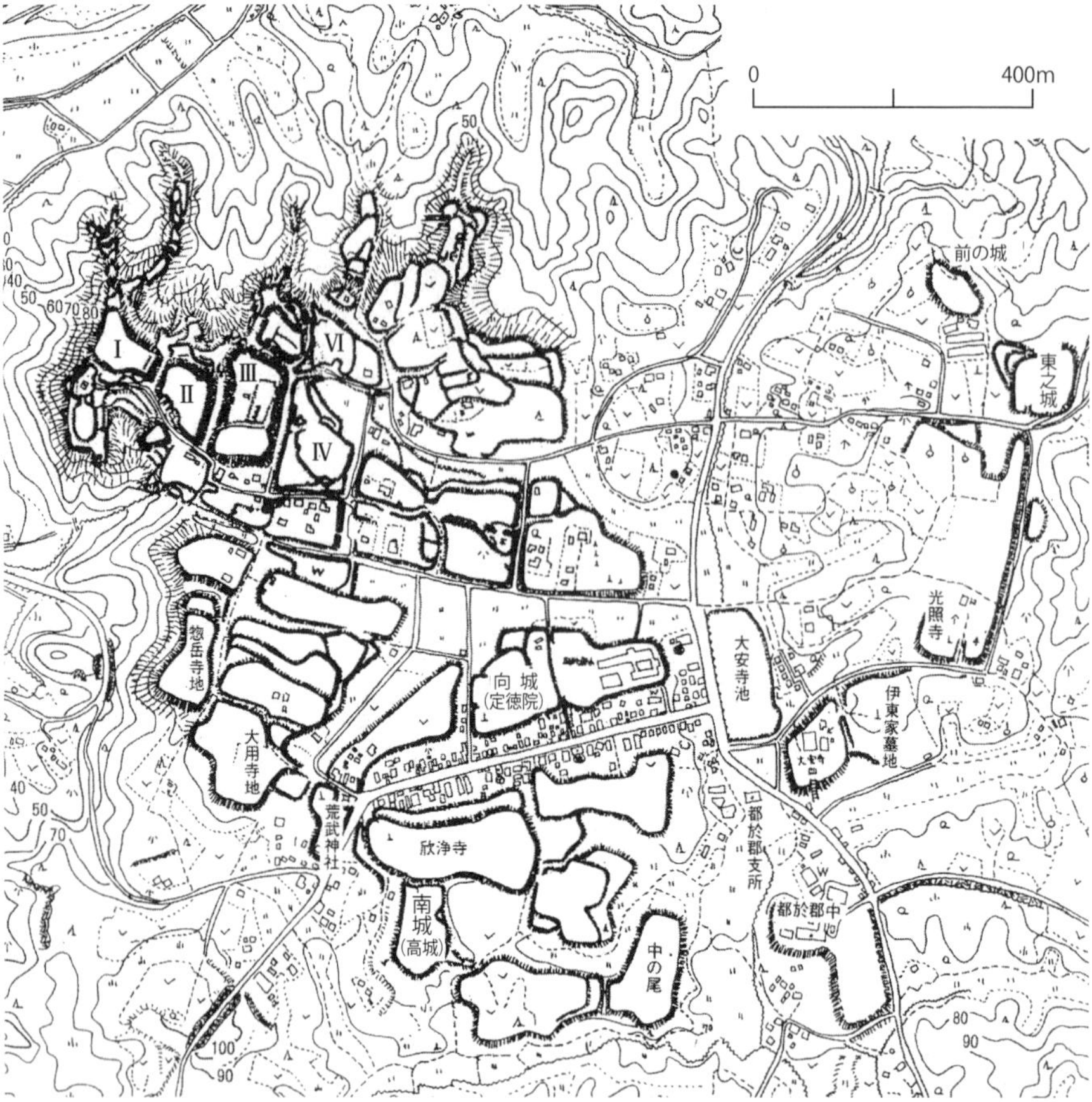

●—都於郡城跡・周辺城館の縄張図（『図説 中世城郭事典 3』1987 より転載）（作図：八巻孝夫）

この中で、2向ノ城（向江ノ城）は、南北五〇メートル、東西六〇メートルの平坦面で、急峻な切岸を備えず山城というよりは居館の様相を呈す。五代伊東祐尭《すけたか》により定徳院という寺院が建立されたので、遺跡としては定徳院跡として把握されている。ただし、小字名が「向之城」であることや、都於郡城の向いに所在する城という意味からすると、この平坦面が城跡として合致する。地形から実際の範囲は東側に広がるものとみられる。

3南ノ城は、南向きの台地の先端に位置し、南北約一一〇メートル、東西約七〇メートルの平坦面である。西方から登る荒武坂と南方から登る薩摩口という通路を監視できる。北側には欣浄寺跡があり、空堀で隔てられているが、元は一体の台地であったとみられる。

4中尾城は、南北約八〇メートル、東西約二二〇メートルの長方形と北東寄りに約六〇メートル四方の正方形の平坦面からなる。ただし、東寄りは空堀を挟んで、永禄十二年（一五六九）に没した、伊東義益の菩提寺である円光院の寺域となっている。

5日隠城は、標高九二㍍の丘の頂上で、南北約二〇㍍、東西約三〇㍍の平坦面が認められる。北から東の眺望に優れている。都於郡城からは約一・四㌔で、最も離れた城である。地形的には北東の最前線の監視を務めたものであろう。

6前ノ城は北向きの台地の先端部で、北西から南東で約七〇㍍、幅約五〇㍍の平坦面で、北・東・西は急な崖で、南はやや緩やかな崖である。虎口は南側とされる。都於郡台地に北から登る鹿発坂《ろっはつさか》への監視や守備が役割と考えられる。この城は近代に向ノ城と呼ばれる様になったが、前述したように「向之城」の小字名は定徳院跡の位置なので、本来は北側の備えとして前ノ城という呼称が適当と考える。

7東ノ城は、北東に向いた台地の先端で、南北約七〇㍍、東西約八〇㍍の方形の平坦面で、その北から東には土塁が残る。北側の崖下には、幅一五㍍ほどの平坦面が二段備えられる。虎口は南側の西寄りとみられる。都於郡城の東の守備を担ったもので、東側から都於郡台地に登る永坂を監視する砦であったと考えられる。

8泉城推定地は、北東を向いた台地の先端部に位置する平坦面で、遺構としての城跡を示すものはなく、遺跡として把握されているものではない。ただし、佐土原城と都於郡台地を結ぶ通路を監視することができ、都於郡城の南東を守備する役割を担った出城があった場所と推測されている。

このように当時は、都於郡城を中心に台地全体に防御施設を配置した、南九州屈指の城構えを誇っていたと考えられる。

【参考文献】八巻孝夫「都於郡城」『図説中世城郭事典　三』（新人物往来社、一九八七）、三木靖「Ⅳ　都於郡城主体部としての浮舟城」『甦る日向国都於郡城―都於郡城跡調査報告書―』（財団法人観光資源保護財団、一九九二）、若山浩章「都於郡城跡覚書」『南九州城郭研究　二号』（南九州城郭談話会、二〇〇〇）、蓑方政幾編「国指定史跡都於郡城跡―保存整備報告書・発掘調査報告書―」『西都市埋蔵文化財発掘調査報告書第六七集』（西都市教育委員会、二〇一五）

（津曲大祐）

穂《ほ》北《きた》城《じょう》

●台地縁辺に施された巧みな縄張

〔所在地〕西都市穂北字谷ノ前
〔比　高〕三五メートル
〔分　類〕山城
〔年　代〕一五世紀初頭〜一六世紀
〔城　主〕長倉洞雲斎、平田宗張
〔交通アクセス〕九州自動車道「西都ＩＣ」から県道三一三号を経て約五分。

【城　地】　宮崎平野を貫流する二大河川の一つである一ツ瀬川左岸、標高一二五メートル前後の台地端部に穂北城跡はある。城地は茶臼原《ちゃうすばる》台地の北西端部に位置し、城跡からは川を挟んだ対岸に穂北の街並みを、そしてその向こうには国の特別史跡である西都原《さいとばる》古墳群を視野に収める。一ツ瀬川流域には、穂北城跡の城地と同じように、広大で起伏が少なく、縁辺部から裾野にかけて急崖を呈する台地が広がっており、西都原古墳群を筆頭に数多くの古墳が集中する地域でもある。

　このような台地端部を城地とした穂北城跡の城取りは、その地形的特徴から、堀切《ほりきり》により城地を台地から切り離すとともに、台地縁辺から裾部までの急崖を防御の面で有効に取り込む縄張となっている。穂北城跡はこれに加え、東西に深い谷地形を擁することも城地選定上の大きな理由になったことは想像に難くない。また、一ツ瀬川右岸流域のこのような地形は、台地の裾野からさほど距離を経ずして川岸に至ることから、水運にも利があったと考えられる。この流域で台地端部に城地を求めた事例は、穂北城跡の東側、直線距離で南東約一・六キロに位置する千田《ちだ》城跡があるほか、その先の下流域にも有峯城跡などの城郭遺構が点在している。

【築城の時期】　穂北城跡の築城時期は詳らかではないが、西都市の中心部にある稚児殿ヶ池は、穂北城主であった壱岐《いき》加賀守義道《よしみち》の申し出で普請が始まったと伝えられている。農民の窮地を救うための築堤工事であったが、作業は難航し人柱を立ててようやく竣工した。その時期は正長元年（一四二八）

とされており、これに従えば一五世紀初めの伊東祐立《すけはる》の時代の所産となる。このほかにも『日向記』や『西藩野史』などにも穂北城跡の記事があり、一五世紀の初頭には城構えが整っていたと考えられる。

【城の構造】　明治初年に平部《ひらべ》嶠南《きょうなん》が編纂した『日向地誌』の穂北城跡の記述に、「南ハ穂北川ニ臨ミ断崖二〇餘丈東北ハ谿谷ヲ帯ヒ唯北一隅平原ニ接ス」とある。現状で確認できる城地の地形的特徴を極めて端的に表現した記述である。

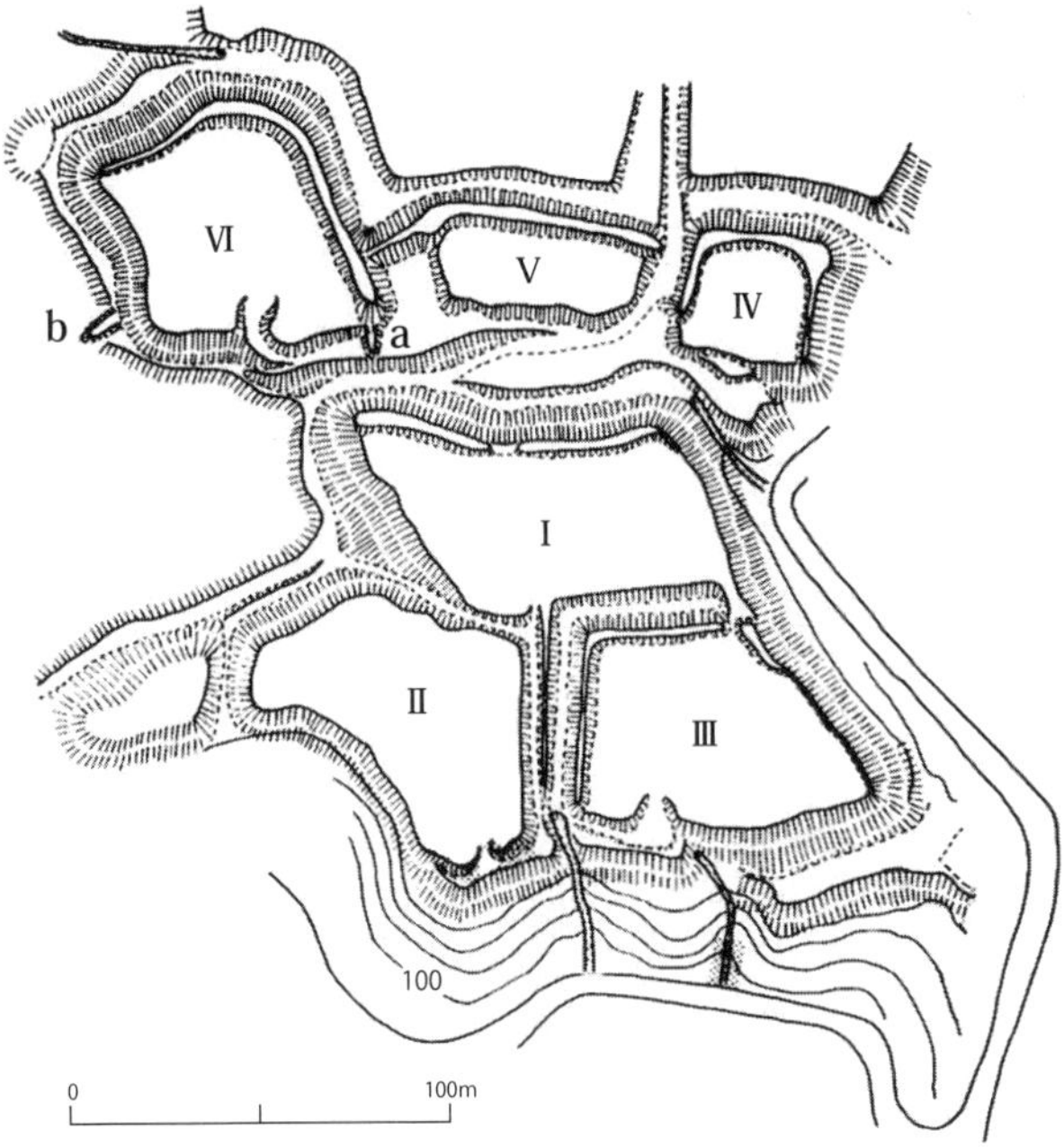

●—穂北城跡縄張図（『穂北城跡』1992より）

城跡は、南九州特有の入戸火砕流（シラス）の堆積により形成されたシラス台地の分布域ではなく宮崎層群に由来する段丘礫層で構成されているが、いわゆる南九州の群郭式《ぐんかくしき》城郭の好例である。さほど大きなレベル差のない六つの曲輪《くるわ》から構成され、三つの曲輪には榎ノ木城、中ノ城、東ノ城などの呼称が付され、今に伝わっている。

台地と城を切り離す東西の境界ラインとなる堀切《ほりきり》ａと堀切ｂ以南を城域とし、独立した空間を創出している。

北面には三つの曲輪が東西に並列し、先述の二つの堀切とともに北方向からの外敵の侵入に対し堅固な守りをみせる。台地上の北方向から主郭と目される曲輪Ⅰに至るルートとしては、曲輪Ⅳと曲輪Ⅴとの間の直線的に南進する堀底道をまず通過せねばならず、ここが大手と考えられる。

曲輪Ⅱを除く残る五つの曲輪には良好な状態で土塁《どるい》が残存している。東西に並列する曲輪Ⅳ・Ⅴ・Ⅵの土塁は、北面に対する強い防御を誇示するかのように防衛ラインを形成している。曲輪Ⅳの鎹《かすがい》状の土塁の北東隅角には、上端平坦面を広めに作出しており、櫓《やぐら》などの性格を有する施設が設置されていた可能性も指摘できる。このように良好な状態で残存す

●—曲輪Ⅲと曲輪Ⅵの間の堀切　比高差がある急峻な切岸で曲輪を堅守

る土塁の中でも、曲輪Ⅲの土塁は前面の並列する三つの曲輪に守備された位置にあるにも関わらず、急峻な切岸《きりぎし》に土塁の高さが相まって、堀底道からかなりの比高差を生み出している。北面からの侵入に対し、曲輪Ⅲの前面を通過し南に折れ、曲輪Ⅱとの間の緩やかに登る堀底道に到達することを許すことは、主郭と目される曲輪Ⅰの攻守というこの城における最終局面への入り口を意味する。この曲輪Ⅲに配された東西一直線の堅固な土塁は、北面への睨みを利かせるとともに、この城の堅固な守りを象徴する存在である。このほか、曲輪Ⅵの切岸裾部の南側両端部にある突出した小規模な土塁状の遺構aとbにも着目したい。aについては曲輪Ⅵの虎口《こぐち》へのルートを狭隘なものに、bは曲輪ⅤとⅥの切岸裾部を西へと伝って曲輪Ⅲに至る経路を断つ役割を意図して設けられたものと考えられる。同じように主郭への連絡ルートを遮断する意図をもって設けられたと考えられる遺構として、曲輪Ⅲと曲輪Ⅳ間の斜面に竪堀《たてぼり》状の遺構も確認できる。

最後に穂北城跡の特筆される遺構として、曲輪ⅠとⅡの間の南北方向に走る二重の堀の存在を忘れてはならない。曲輪Ⅱ側の堀は、曲輪Ⅲとの間から延長してきた堀底道であり、曲輪Ⅰ側の堀は曲輪の北端から西端にかけて設けられた土塁がある切岸の裾部に掘り込まれている。また、二つの曲輪間にはそれぞれの堀を分離するように細長く作出された土塁状の高まりが認められる特異な構造となっている。並走する二条の堀であるが、曲輪Ⅰ側の空堀がより深くなっており、土塁による堅固な守備も見られることから、曲輪Ⅰを主郭とみる根拠となる。また、曲輪Ⅰと曲輪Ⅱの虎口は曲輪の南側に開口しており、この二条の空堀《からぼり》の南端を通ってそれぞれの虎口に至る。曲輪Ⅰの土塁

●—曲輪Ⅱの現況

●—穂北城跡出土遺物（宮崎県埋蔵文化財センター所蔵）

は、曲輪Ⅲとの連絡を目的に北東端部の一部が開口し、その先に土橋《どばし》を設けている。

【発掘調査と縄張調査の連携】　平成元年（一九八九）に県道杉安・高鍋線の道路改良工事が計画されたが、その路線上に穂北城跡の南東端部が位置することから記録保存の措置として発掘調査が実施された。当時、宮崎県教育庁文化課の主査として調査を担当することになった北郷泰道《ほんごうひろみち》は、発掘調査と並行して城全体の踏査を実施し、穂北城跡がほぼ完全な形で中世城郭としての全容を今に留めていることを確認した。北郷はその結果を得て、城跡の全体構造を明らかにするため、城域の全面測量を実施するとともに、県内ではまだ前例がなかった縄張調査を試み、試行錯誤の末に、掲載している縄張図を完成させた。この取組こそが、縄張調査の成果を発掘調査にも有効活用した城館調査の宮崎県における初例となった。この取組で得られた調査手法と縄張調査の重要性は、その後平成五年度から開始された宮崎県城館跡緊急分布調査に生かされ、城館遺構の発掘調査に際して事前に踏査を実施し、必要に応じて縄張図を作成する調査手法が本県において定着していく。この点において、穂北城跡発掘調査における北郷泰道の先駆的な取組は高く評価されるものである。

発掘調査の結果、曲輪Ⅱの南端部付近の限られた面積の範囲において多数の柱穴や土坑が確認されたが、掘立柱《ほったてばしら》建物跡などの明確な遺構は調査範囲内では確認されていない。

遺物としては、一五世紀から一六世紀代の年代観を示す青磁、青花《せいか》、備前擂鉢《すりばち》、古銭などの遺物が出土している。このほか特筆すべき遺物として、印刻文を内面と見込みに施す三彩盤もある。これらの遺物の帰属年代は、文献史料に穂北城跡が散見される時期とも整合しており、それの存続時期を支持する出土状況となっている。

県央部を貫流する一ツ瀬川流域に展開する「原」と呼ばれる台地の端部を巧みに城取りした穂北城。宮崎県内で確認できる南九州の群郭式城郭の好例として、またその北限を示す一つの遺構として、後世に守り伝えていかなければならない城跡である。

【参考文献】宮崎県教育委員会『穂北城跡』（一九九二）

（福田泰典）

●『上井覚兼日記』の舞台

宮《みや》崎《ざき》城《じょう》

〔所在地〕宮崎市池内町・大字上北方
〔比　高〕約七〇メートル
〔分　類〕山城
〔年　代〕一四世紀前半～元和元年（一六一五）
〔城　主〕上井覚兼、権藤種盛
〔交通アクセス〕ＪＲ日豊本線「宮崎駅」下車、宮崎交通バス古賀総合病院方面「池内」停留所下車、西方へ徒歩五分。

【戦国期末、ある日の宮崎城】　天正十二年（一五八四）七月十七日、宮崎城主（島津氏の宮崎地頭）上井覚兼《うわいさとかね（かくけん）》は、配下の衆中《しゅうじゅう》（島津家直臣の武士団）を動員して城内の弓場普請を行った。作業を終えたのち、衆中たちは当時流行りの蹴鞠《けまり》をして楽しもうと主郭にある覚兼屋敷の庭に集まってきたが、あいにくの雨となった。そこで覚兼は風呂（蒸し風呂）の準備をして衆中たちに入らせ、その無聊《ぶりょう》を慰めた。

これは島津家文書の一部として重要文化財に指定されている『上井覚兼日記』の一節である。九州一円を席巻する勢いで伸張する戦国大名島津家の老中《ろうじゅう》上井覚兼の日記は、当時の政治、軍事的動向の詳細はもとより、地方における武家社会の教養、文化に至るまで多岐にわたる内容を持ち、戦国期研究の一級史料として高く評価されている。

冒頭に紹介したのは、今日の我々が当該期にイメージする華々しい合戦などではなく、一見平凡にも思える平時の一日である。しかしこの記事より、戦国大名直臣の武士たち自らが城内の土木作業にあたる場合があったことがわかり、それは宮崎城が老中上井覚兼の私的な所有物ではなく、島津氏による地域支配の拠点として、いわば公的な存在であったことを示している。くわえて、レクリエーションのため老中の屋敷に集まる武士たちと、彼らに対して細やかな気遣いをみせる覚兼という、両者の人間関係をうかがい知ることもできる。

今日の私たちに戦国武士のリアルな姿を伝える『上井覚兼

●—宮崎城全景（北東より）（宮崎市教育委員会提供）

日記』の舞台、それが宮崎城である。

【宮崎城の歴史】 宮崎城は、沿岸部に広がる宮崎平野の南半中央に位置する、中世から近世初頭の山城である。標高約九〇メートルの丘陵を城地とし、眼下には九州第二の流域面積を持つ大淀川が流れ、海岸部までを一望できる位置にある。

一四世紀前半、南北朝争乱初期の『土持宣栄軍忠状』に記された「宮崎池内《いけうち》城」が宮崎城と思われ、史料上に確認される日向国最古の城のひとつである。室町期の一五世紀半ばに宮崎平野の制圧を進める伊東氏の領有となり、以降約一三〇年間、伊東氏勢力下の城であった。戦国期には、のちに伊東四八城と呼ばれる最大版図を築いた当主義祐《よしすけ》が数年間在城しており、伊東氏の最重要拠点のひとつに位置付けられていた。戦国期末に日向国は島津氏の支配するところとなり、天正八年（一五八〇）からの七年間、宮崎地頭を兼務する島津家老中上井覚兼の居城となった。天正十五年、豊臣秀吉の九州平定により高橋氏ついで有馬氏領延岡（縣《あがた》）の支城となるが、元和元年（一六一五）の一国一城令で廃城となった。

なお明治期に県庁が置かれたことで県名となった「宮崎」という地名は、もともと現在の宮崎市池内町、下北方《しもきたかた》町を中心とする一帯を指し、その宮崎の中世における支配拠点が宮崎城であった。

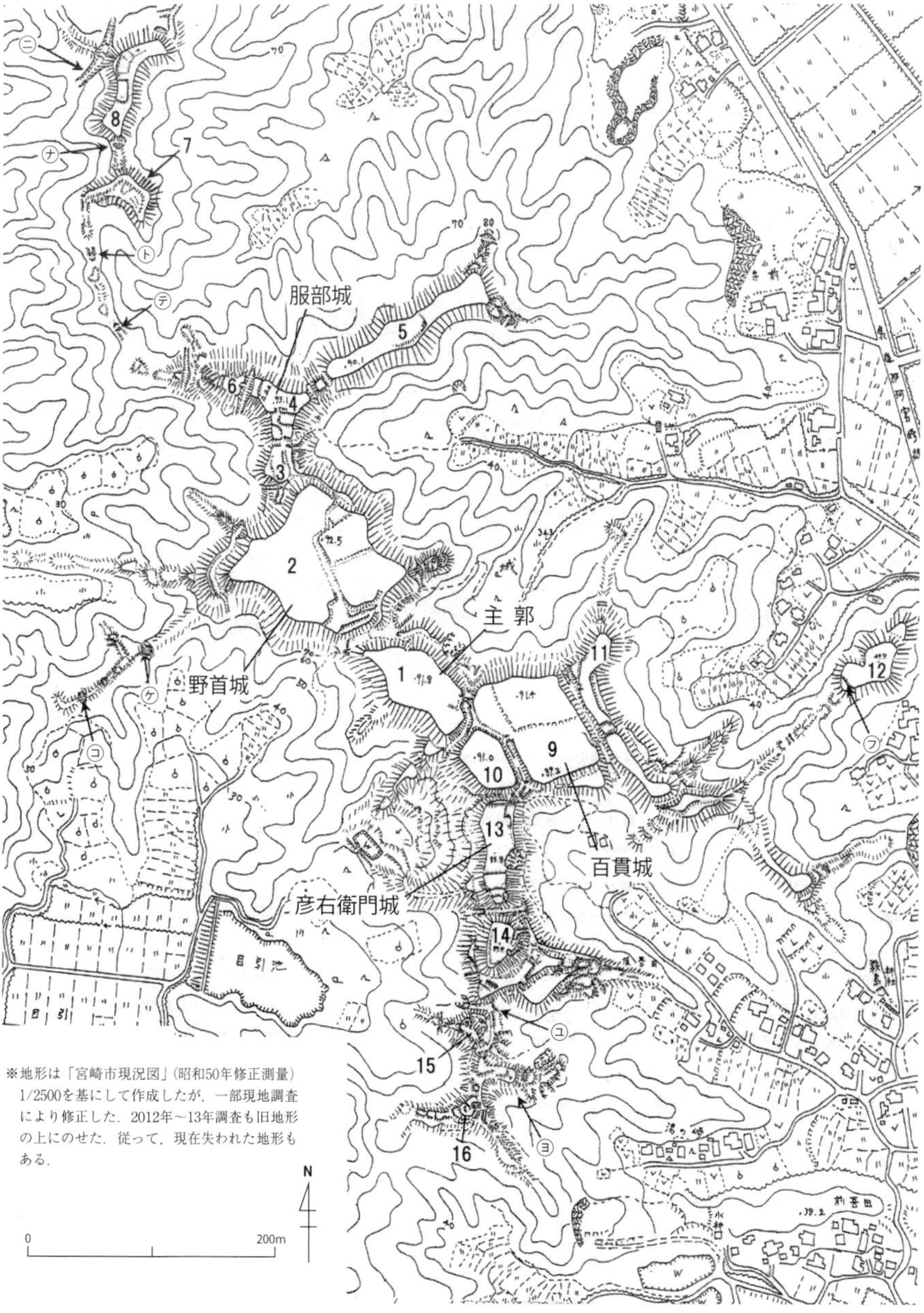

※地形は「宮崎市現況図」(昭和50年修正測量)1/2500を基にして作成したが，一部現地調査により修正した．2012年～13年調査も旧地形の上にのせた．従って，現在失われた地形もある．

●—宮崎城縄張図（作図：八巻孝夫）（『中世城郭研究』27 2013より．キャプション加筆）

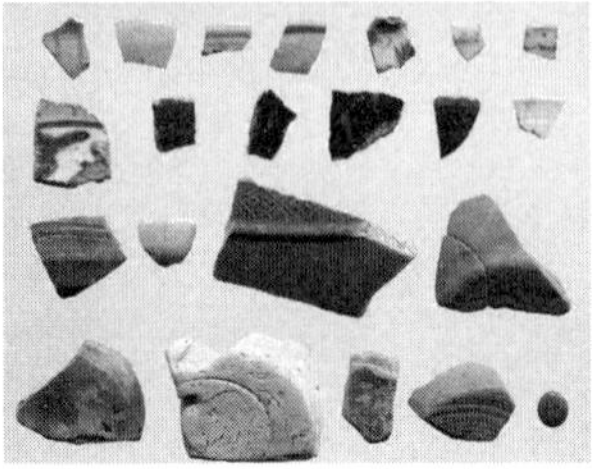

●—上：主郭の発掘調査，下左：出土遺物，下右：華南彩魚形水滴（宮崎市教育委員会 2020 より）

【宮崎城の縄張】 南北に延びる丘陵上につくられた宮崎城は、主郭（曲輪1）、百貫城《ひゃっかんじょう》（曲輪9・10の伝承名）、野首城《のくび》（曲輪2の伝承名）、服部城《はっとり》（曲輪4の伝承名）、彦右衛門城《ひこえもん》（曲輪13の伝承名）という五つの曲輪《くるわ》を主要部とする。各曲輪の「～城」という呼称は、南九州の中世山城に特徴的な曲輪名である。

主郭の面積は三六〇〇平方メートルであるが、隣接する百貫城、野首城はそれぞれ八〇〇〇平方メートル、九七〇〇平方メートルと、主郭の倍を優に超える広大な面積を持つ。加えて主郭は標高九一・五メートルであるが、百貫城、野首城はそれぞれ九二・五メートル、九二・八メートルで、主郭よりもむしろわずかに高い。一見して主郭の優位性が見出し難い並列式の縄張は、南九州の群郭式《ぐんかくしき》城郭に見られる特徴である。

先の『上井覚兼日記』中で「内城」と呼ばれる主郭は、曲輪列の中央に位置し、内部に区画が見られない単郭の曲輪である。主郭への出入口は南東部にあるスロープ状の虎口《こぐち》で、進入方向左手に主郭から平坦面が張り出し、曲輪内から横矢《よこや》が掛かる構造となっている。なお現在は、曲輪北側に設置された簡易な階段から主郭に登ることもできるが、これは後世のもので、北側からのアクセスは主郭裾の帯《おび》曲輪を東に回り込み、先の南東部の虎口から入るのが本来のルートであった。『上井覚兼日記』からは、主郭の覚兼屋敷に併設して「拙者風呂（私之風呂）」や「茶湯之座」、毘沙門堂などがあったことがわかる。また天正十一年閏正月に、覚兼は一〇日ほどかけて木や石の配置に工夫を凝らした庭づくりを行っている。この庭ではたびたび若衆中たちが集まって、蹴鞠を楽しんだ。

主郭の前後を挟むように配置された百貫城、野首城は、小規模な堀や段差によって曲輪内が細かく分けられている。

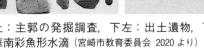

●—百貫城の虎口（『上井覚兼日記』の和田口に比定．大手か）
（宮崎市教育委員会 2020 より）

『上井覚兼日記』より、宮崎地頭上井覚兼配下の宮崎衆中は、「城内之衆中」と「麓之衆中」に分かれていたことが知れるが、百貫城、野首城内の複数の区画ひとつひとつが、城内に居住する上級武士たちの屋敷地と考えられる。平成二十九（二〇一七）・三十年度に宮崎市教育委員会が実施したトレンチ調査では、主郭、百貫城、野首城のいずれでも掘立柱《ほったてばしら》建物の柱穴が高密度で分布するとともに、陶磁器や土師器《はじき》など多くの日常雑器や碁石などが出土しており、これらの曲輪が居住空間として日常的に機能していたことを示している（宮崎市教育委員会、二〇二〇）。

また主郭の北に隣接する野首城の北端と、南に隣接する百貫城の南端に構えられた虎口が、日常的な空間である三つの曲輪への南北双方の出入口となっている。特に百貫城の虎口は、城内で唯一土塁《どるい》を外に張り出させた外桝形《そとますがた》を志向したつくりで、ここに入る登城路は城麓南東の池内町字後《うしろ》吾田《わだ》から延びている。『上井覚兼日記』に記された「和田口《わだぐち》」に比定され、宮崎城の大手口と考えられる。

和田口の虎口を挟んで百貫城の南に隣接する彦右衛門城は、面積一八〇〇平方メートルの南北に長い曲輪で、百貫城との間の堀切に面して土塁を構えている。さらに曲輪の南端は櫓《やぐら》台《だい》となっており、その先は城内最大規模の堀切《ほりきり》となる。トレンチ調査によると、曲輪面は礫層との境に近い高さで形成されており、掘立柱建物などの建築には不向きであったろうと思われる。かつ遺物の出土もごくわずかで、先の三つの曲輪と比べて日常的な生活が営まれていた雰囲気があまり感じられない。宮崎城主要部の南端にあって城内最大の堀切に面し、曲輪の南北に土塁と櫓台を構えたその構造から、非常時にその機能を発揮する、防御に特化した曲輪と考えられる。

●—服部城に建つ宮崎城落城戦慰霊の記念碑

同じく野首城の北に位置する服部城も、面積八七〇平方メートルと小規模な曲輪ながら、北西の大型の堀切に面して櫓台を構える。彦右衛門城と同じく、主要部の北端に配置された防御に特化した曲輪と評価される。

以上に見た宮崎城の縄張は、南九州の群郭式城郭の範疇でとらえられるが、各曲輪の機能分化が明瞭である。中央に主郭があり、その前後に上級武士の屋敷地、さらにその外側に防御に特化した曲輪を置いた、計画的な曲輪配置である。

また宮崎城は宮崎層群と呼ばれる岩盤層を山体の主としており、シラス台地に占地するものが多い典型的な南九州の群郭式城郭とは異なる。ただし宮崎城を取り巻く礫層と岩盤層による急峻な崖面は、シラスを垂直に近く削り込んだ切岸《きりぎし》と同等の防御機能が期待でき、その意味では宮崎城も典型的な南九州の大型拠点城郭といえる。

【関ヶ原の合戦と宮崎城】　慶長五年（一六〇〇）九月晦日《みそか》の夜、延岡高橋氏の支城宮崎城に飫肥《おび》伊東氏の軍勢が攻めかかった。飛地領宮崎唯一の城であった宮崎城には即時の援軍など望むべくもなく、翌十月一日明け方に落城、城代権藤種盛《たねもり》も戦死した。これは九月十五日の関ヶ原の合戦に連動したもので、東軍方伊東氏と西軍方高橋氏の戦いであった。しかし実のところ、美濃大垣城（岐阜県）に籠城していた高橋元種《もとたね》は、関ヶ原の本戦数日後に東軍への寝返りを果たしていた。つまり宮崎城落城時点で双方とも東軍方だったのであり、結果的には同士討ちであった。この宮崎城落城の悲劇は地元で大切に語り継がれ、この戦で亡くなった人々を慰めるために建立された「宮崎城三百五十年祭記念碑」「宮崎城四百年記念碑」が服部城（曲輪4）に建てられている。

【参考文献】　東京大学史料編纂所『大日本古記録　上井覚兼日記』上・中・下（一九五四・一九五五・一九五七）、千田嘉博「戦国期の城下町構造と基層信仰　上井覚兼の宮崎城下町を事例に」『国立歴史民俗博物館研究報告』一一二（二〇〇四）、八巻孝夫「日向国・宮崎城の基礎研究」『中世城郭研究』二七（二〇一三）、宮崎市教育委員会『宮崎城跡』（二〇二〇）

（竹中克繁）

お城アラカルト

『上井覚兼日記』にみる宮崎の城

新名一仁

『上井《うわい》覚兼《かくけん》日記《にっき》』（以下『日記』と略す）は、戦国島津家の重臣上井伊勢守覚兼（一五四五—八九）の日記である。覚兼の自筆原本は島津家文書の一部として、東京大学史料編纂所蔵であり、国の重要文化財に指定されている。『大日本古記録 上井覚兼日記』（全三冊、岩波書店、一九五五～五七年）として全文翻刻されている。

現存するのは、天正二年（一五七四）八月から同四年九月、天正十年十一月四日から同十四年十月十五日までである。前半の天正二～四年、上井覚兼は太守（薩摩・大隅・日向三ヵ国守護、島津本宗家当主）島津義久の側近である「奏者《そうじゃ》」の地位にあり、薩摩国永吉《ながよし》地頭を兼務していた。天正六年十一月、高城《たかじょう》・耳川《みみかわ》合戦で島津勢が大友勢に勝利して、日向国全域を掌握すると、旧伊東領の各地に島津家一族・家臣が配置され、天正八年八月、老中《ろうじゅう》に昇格していた上井覚兼は、日向国海江田《かえだ》八〇町（宮崎市加江田・折生迫・青島）を給与されるとともに、宮崎地頭となり、宮崎城（宮崎市池内町・大字上北方）を居城とした。『日記』の内容は、日常の生活などの自らの行動を記録するほか、老中・地頭としての職務に関する内容、軍事・政治上知り得た情報など多岐にわたり、当然、居城とした宮崎城をはじめとして日向国内外の城について記述がみえる。

天正八年八月、島津義久は三人の弟ら諸将とともに大軍勢で、伊東氏の支城高原《たかはる》城（宮崎県高原町西麓）を包囲しており、従軍した覚兼は『日記』で詳細に記している。高原城周辺に向陣を築いた島津勢は、まず「高原下栫《かこい》」を破却・放火した結果、伊東側は「内城計にて漸々格護」する状態になったという。この時点で伊東側が各曲輪をどう呼んでいたかは不明だが、覚兼は城の中核を「内城」と呼び、その外側の防御施設を「下栫」と区別している。この戦いは、島津側は圧倒的な兵力で包囲し、伊東側の後詰《ごづ》めも来なかったため、本格的な城攻めに至ることなく和睦が成立して、八月二十三日に開城している。

　高原開城により、その北西に位置する堺目の要衝三之山城（小林市真方）の伊東勢も、翌日退去する。二十八日、島津義久ら諸将は三之山《みつのやま》城に入り、「泰平之関《とき》」という勝利を祝う儀式を行う。その場所を『日記』は、「三之山内城御庭二太（義久）守様御しょうき（床几）に御座候」と記しており、恐らく城主の居住空間であったであろう中核的曲輪を「内城」と呼んでいる。

　上井覚兼とその家族が居住していたのは、宮崎城と紫波洲《しわす》崎《ざき》城（宮崎市折生迫）である。覚兼は自らが居住する宮崎城山上の曲輪を、やはり「内城」と呼んでいる。そこには主たる建物（主殿カ）と、私的空間とみられる「奥座」があり（天正十一年二月十四日条）、天正十一年四月から五月にかけて、城内に「毘沙門《びしゃもん》堂」を建立し、これに隣接して「茶湯座」（茶室）も建設されている。さらに、風呂好きの覚兼は、同年正月三十日、城内に「風呂」を造りはじめ、二月までに完成させている。この時期の老中・地頭の居城にどのような建物があったのかがうかがえ、興味深い。

　覚兼の両親・祖母は、紫波洲崎城に居住しており、覚兼は室や息子を連れてたびたび訪れている。城内には「内城」・「中城」といった区別があり、前者は両親、後者は祖母の居住空間であり、「中城」は祖母の代名詞ともなっている。これらの曲輪ではたびたび饗宴が行われており、それなりの建造物があったのだろう。


【参考文献】千田嘉博「戦国期の城下町構造と基層信仰—上井覚兼の宮崎城下町を事例に—」『国立歴史民俗博物館研究報告』一一二（二〇〇四）、新名一仁「『上井覚兼日記』にみる土木事業—城郭普請を中心に」『戦国大名の土木事業　中世日本の「インフラ」整備』（戎光祥出版、二〇一八）

●日記から山城の構造に迫る

紫波洲崎城《しわすざきじょう》

〈所在地〉宮崎市青島六丁目
〈比　高〉約六〇メートル
〈分　類〉山城
〈年　代〉一五世紀半ば～元和元年（一六一五）
〈城　主〉長井式部少輔、上井恭安齋
〈交通アクセス〉ＪＲ日南線「折生迫駅」下車、東方徒歩一五分の白浜キャンプ場入口から登坂。

【観光地にたたずむ古城】　宮崎平野の南端に位置する青島《あおしま》（宮崎市）とその周辺のエリアは、海水浴場やサーフスポット、海岸部の奇観鬼の洗濯板など、南国宮崎のイメージを形成している観光地である。青島の島中にある青島神社の参道に立ち南を望むと、白い仏舎利塔《ぶっしゃりとう》の建つ岬が目に入る。この岬が紫波洲崎城である。

　青島と紫波洲崎城との間にある青島港は、中近世には折《お》生迫《りゅうざこ》港と呼ばれた良港であった。この小湾の出入口を押さえる位置にある紫波洲崎城は、海城と表現されることもある。

【城の歴史】　紫波洲崎城の記録上の初出は、室町期の一五世紀半ばである。文安元年（一四四四）から都於郡《とのこおり》城（西都《さいと》市）の伊東氏が宮崎平野南部の制圧を開始するが、伊東氏の家譜『日向記』によると、この時「加江田《かえだ》紫波洲崎」の長井式部《ながいしきぶ》少輔《しょうゆう》に対して、伊東氏配下の長井美作守《みまさかのかみ》が「同名のよしみで自分に城を明け渡して欲しい」との交渉を行っている。式部少輔は「太刀ノツカニテ渡スヘシ」と開城を拒むが、最後には説得に応じて城を明け渡した。文明十二年（一四八〇）に島津《しまづ》氏側の日高氏が紫波洲崎城を攻略するが、その翌日には伊東氏が攻め寄せ、日高氏は城に火をかけて撤退した。

　以降戦国期に至るまで、紫波洲崎城は伊東氏が領有し続けたようである。永禄十一年（一五六八）に実現した中世伊東氏の最大版図は「伊東四八城」と呼ばれているが、紫波洲崎城もそのひとつに名を連ねている。

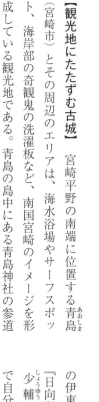

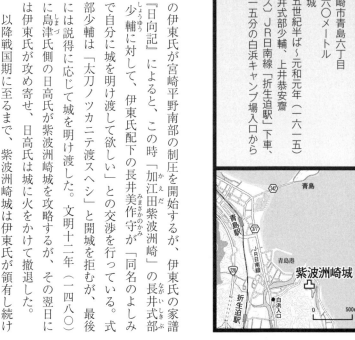

●—紫波洲崎城遠景（南東より）

戦国期末、伊東氏に代わり日向国を支配することとなった島津氏は、天正八年（一五八〇）に『上井覚兼《うわいかくけん》日記』で知られる老中《ろうじゅう》上井覚兼《さとかね》を宮崎城（宮崎市）に配置した。それとともに覚兼の領地として紫波洲崎城周辺の加江田八〇町が与えられ、以降、紫波洲崎城には覚兼の父母や祖母が居住した。

天正十五年の豊臣秀吉の九州平定により、紫波洲崎城は近世飫肥《おび》藩領に含まれることとなる。元和元年（一六一五）の一国一城令で廃城となるが、以降も飫肥藩の主要港湾のひとつとして、紫波洲崎には浦地頭が置かれた。

【城の縄張】 紫波洲崎城は、北東に延びて海に突き出す標高六五㍍の丘陵に占地する。

日向灘（太平洋）に臨む景勝の地であるため、公園化を望む声が早くからあったようで、大正四年（一九一五）に弘法大師八八ヵ所の石仏を城内各所に設置するとともに、当時「馬乗馬場」と呼ばれていた頂部に遊具が設置された。昭和五年（一九三〇）には山腹に九八本の桜が植樹され、その後の昭和四十四年に仏舎利塔とテレビ中継局が頂部に建設された（『郷土誌青島』）。

主郭と目される曲輪《くるわ》1は、海に面した城域東側にあり、現在は上面が舗装されて都市公園「城山公園」になっている。東西七〇㍍強、南北二〇㍍前後の横長の空間を基調とし、その三方に突出部が取り付いた不定形な平面形である。往時は堀や段差で分割されていたものが、近代以降に大きく改変されている可能性が高い。なお幕末の飫肥藩家老平部《ひらべ》嶠南《きょうなん》が明治十七年（一八八四）に完成させた『日向地誌』の紫波洲崎城の項には、「本城東西四十二間南北十二間」と記されており、一間を一・八㍍前後とすると「東西約七六㍍、南北約二二㍍」ということになり、曲輪1の基調となる部分の規模に近い。

曲輪2は、曲輪1と3の間の大規模な空堀《からぼり》のような空間であるが、曲輪1との間に小規模な堀を設けた一定の面積を持つ平坦面であり、曲輪とみてよいと思われる。西側には土塁《どるい》状の高まりがあり、曲輪3、曲輪4へと続くスロープとなっている。土塁が通路を兼ねて複数の曲輪をつなぐという構造の山城は他にもあると思われるが、紫波洲崎城の場合は、大正期に山を切り開いて八八ヵ所の巡拝道を作ったとされており（『郷土誌青島』）、城本来の構造かどうか慎重に検討する必要がある。

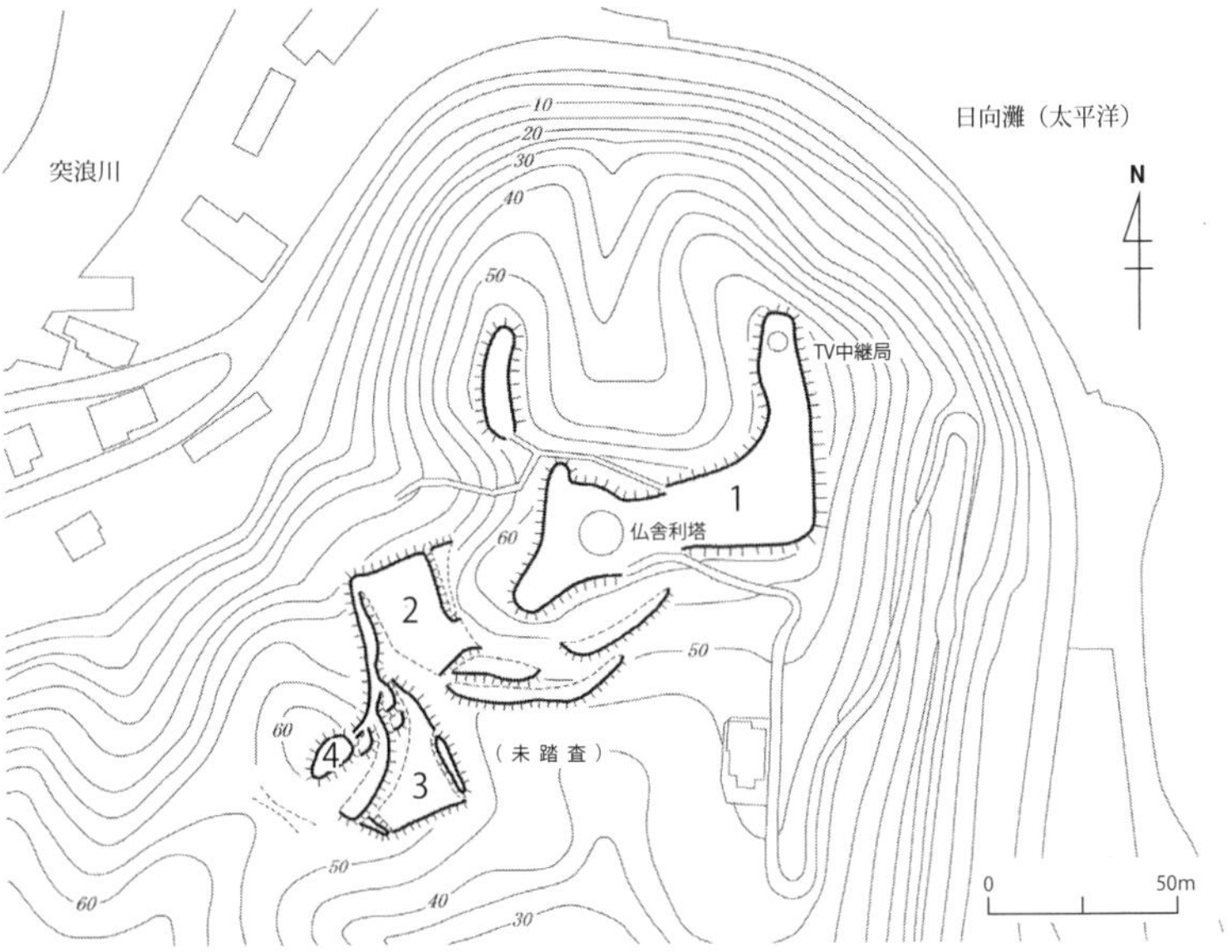

●—紫波洲崎城縄張図（作図：竹中克繁）

曲輪3は、曲輪2の南に一段高く設けられた平面三角形状の曲輪で、東西それぞれに土塁を持つ。西側の土塁は、後述の曲輪4から続く大型の堀切《ほりきり》とセットになって、城域の境を形成している。一方、東側の土塁は城南の迫に面しているが、この迫に対しては、対岸に曲輪2から派生した複数の帯曲輪も設けられている。縄張の中で強く意識されていたことがうかがえ、この迫こそが大手口ではないかと考えられる。

曲輪4は、曲輪1とほぼ同高の極めて狭小な曲輪である。南西は大型の堀切となり、その先に遺構はない。城域を区切る堀切に面した、櫓台《やぐらだい》のようなものと考えられる。

なお城内数ヵ所の曲輪斜面に石積《いしづみ》が認められるが、南九州の山城で同様な例は少なく、近代以降の石積である可能性を疑う必要がある。

【『上井覚兼日記』にみる紫波洲崎城】　戦国期末の天正八年、紫波洲崎城は島津家老中上井覚兼の領有となった。覚兼は父母、祖母のいる紫波洲崎城を頻繁に訪れており、『上井覚兼日記』には多くの記事がある。

覚兼は「紫波洲崎城内廻候て見申、普請（土木工事）之儀等申付候」（天正十三年八月十八日）、「折宇迫（折生迫）湊之口之普請申付候也」（同十二年五月二十二日）と、城内や隣接する港の工事、整備を指示している。

日記に記された曲輪名としては、「内城」と「中城（中之城）」がある。また「恭安御館」という語も登場するが、恭安とは覚兼の父恭安斎《きょうあんさい》のことである。

内城は、鹿児島県鹿児島市にある島津氏本城の名称でもあるが、南九州の城郭では主郭を意味する。先に見た縄張図では曲輪1に比定されよう。覚兼は「此晩、（中略）内城へ留候て、心静ニ恭安御物語承候也」（同十一年八月十三日）と、曲輪1で親子水入らずの時を過ごすこともあった。先の「恭安御館」も、曲輪1にあったとみられる。

中城は、南九州で普遍的にみられる曲輪名であるが、この曲輪に居住する覚兼祖母の呼称ともなっており、覚兼は紫波洲崎城に来る度に祖母中城に招かれて饗応を受けている。縄張図上、各曲輪の中間に配置された曲輪2が、「中」と呼ばれるに適した曲輪であるようにもみえる。しかし両側の曲輪1と曲輪3から見下ろされることとなるその位置は、時に覚兼が父恭安斎への挨拶を後回しにするほど敬った祖母の居所としては違和感がある（同十二年五月十七日）。それよりも、両側に土塁を構えた曲輪3こそ主郭に次いで格式が高く、中城と比定するにふさわしく思われる。

さらに城内には茶室や風呂があった。天正十三年十一月五日に覚兼は番匠（大工）を呼び、自らが場所を選んで茶室を作らせている。風呂（蒸し風呂）については「本田治部少輔殿被来候（中略）風呂焼せ候て会《え》尺《しゃく》申候」（同十二年六月九日）と、客人への饗応の一環としても用いられた。

興味深いのは「弓場之上之風呂焼せられ候由、恭安斎被仰候間参候」（同十二年五月十八日）との記事である。父恭安斎が準備をして覚兼を招いていることから、風呂は曲輪1にあったと思われるが、くわえてその下の空間に弓場があるという位置関係もわかる。この弓場、つまりは弓矢の練習場が城内にあったとすれば、曲輪1の下に位置する曲輪2に比定されよう。なお曲輪2の規模は長軸三〇メートル強で、現在の弓道に定められている近的の距離に近い。

【参考文献】東京大学史料編纂所『大日本古記録 上井覚兼日記』上・中・下（岩波書店、一九五四・一九五五・一九五七）、宮崎市青島地区公民館『郷土誌青島』（一九七〇）、宮崎県教育庁文化課「紫波洲崎城」『宮崎県中近世城館跡緊急分布調査報告書 Ⅱ』（宮崎県教育委員会、一九九九）

（竹中克繁）

●南九州唯一の天守を持つ城

佐《さ》土《ど》原《わら》城《じょう》

〔国史跡〕

〔所在地〕宮崎市佐土原町上田島
〔比　高〕約五〇メートル（山城部）
〔分　類〕山城、平城
〔年　代〕一五世紀前半～明治三年
〔城　主〕伊東義祐、島津家久、島津豊久
〔交通アクセス〕JR日豊本線「宮崎駅」下車、宮崎交通で西都バスセンター・西都原考古博物館行「交流センター前」停留所、下車すぐ。

【城の歴史】　佐土原城は近世佐土原藩三万石の本城であるが、もともとは伊東氏の庶流田嶋《たじま》氏が室町期の一五世紀前半に築城したとされる中世の山城であった。

宮崎県の中部を東流する一ツ瀬《ひとつせ》川の右岸、河口より七キロに位置するその立地は、想定される古代官道沿いであり、近世には複数の街道が佐土原城下で交錯することから、古くより交通の要衝であったと想像される。

幕末まで続くその歴史の中で、特に戦国期後半から織豊期前半にかけての歴代城主は、南九州の戦国時代を彩ったまさにそうそうたる顔ぶれの大名、武将たちである。一五世紀半ば以降は、直線距離三・五キロに位置する都於郡《とのこおり》城（西都市）を本拠とする伊東本家勢力下の城であったが、永禄十一年（一五六八）に後世「伊東四八城」と呼ばれる伊東氏の最大版図を実現した三位《さんみ》入道義祐《よしすけ》は、佐土原城を隠居城とした。義祐のお膝元として佐土原城下も大いに栄えたが、伊東氏は島津《しまづ》氏の攻勢に押されるようになり、天正五年（一五七七）に義祐は豊後の大友《おおとも》氏を頼って落ち延びることとなった。同六年の新納院高城《にいろいんたかじょう》（木城《きじょう》町）を巡る大友氏との戦いを経て、日向国は島津氏が支配するところとなり、佐土原は島津義久《よしひさ》の末弟家久《いえひさ》の私領となった。翌七年に佐土原城に入った家久は、同十二年の沖田畷《おきたなわて》の戦いや十四年の戸次《へつぎ》川の戦いで名を馳せた。しかし天正十五年の豊臣秀吉の九州平定に島津氏は降伏し、直後に家久は死亡する。家久の跡を継いだ豊久《とよひさ》は、豊臣政権より佐土原領を安堵され、鹿児島の島津本家から独立した一個の豊臣大名として位置付けられることとなった。しかし慶長五年（一六〇〇）の関ヶ原合戦において、豊久は西軍方についた本家島津勢とともに戦い、「島津の退《の》き口《ぐち》」で壮絶な戦死を遂げた。

関ヶ原後、佐土原領は一時徳川家派遣の代官支配となるが、同八年に家康は島津家中の有力一門であった島津以久《ゆきひさ》を佐土原に封じ、近世佐土原藩が成立した。二代忠興《ただおき》時の寛永二年（一六二五）にそれまでの山城から麓の平地に城郭機能を移転させ、これが江戸時代を通じての佐土原城となった。

明治三年（一八七〇）、佐土原藩知事島津忠寛《ただひろ》は明治政府に佐土原城の廃城願を提出し、四〇〇年以上に渡ったその歴史に幕を閉じた。

【城の構成】　国指定史跡佐土原城跡は、最高点標高約七〇《メートル》の山城部と、比高差五〇《メートル》ほどの麓に広がる平城部から構成されている。

平城部は近世佐土原藩の本城で、『日向国佐土原城図』では藩主御殿をはじめとする各役所などの藩庁部分は「二丸」、その東側に展開する武家屋敷の並んだ区画は「三丸」と表記されている。現在、二ノ丸の藩主御殿跡地には歴史資料館「鶴松館《かくしょうかん》」があり、周辺は指定史跡として地下に遺構が保存されている。現在は住宅街となっている三ノ丸部分の北東に位置する大手口（追手口）は小学校となっており、周辺の区画には横矢掛や外堀の名残が見られる。なお小学校敷地は文政八年（一八二五）に設立された藩校学習館《がくしゅうかん》の跡でもある。また三ノ丸では、他の絵図で家老の佐土原渋谷氏邸とさ

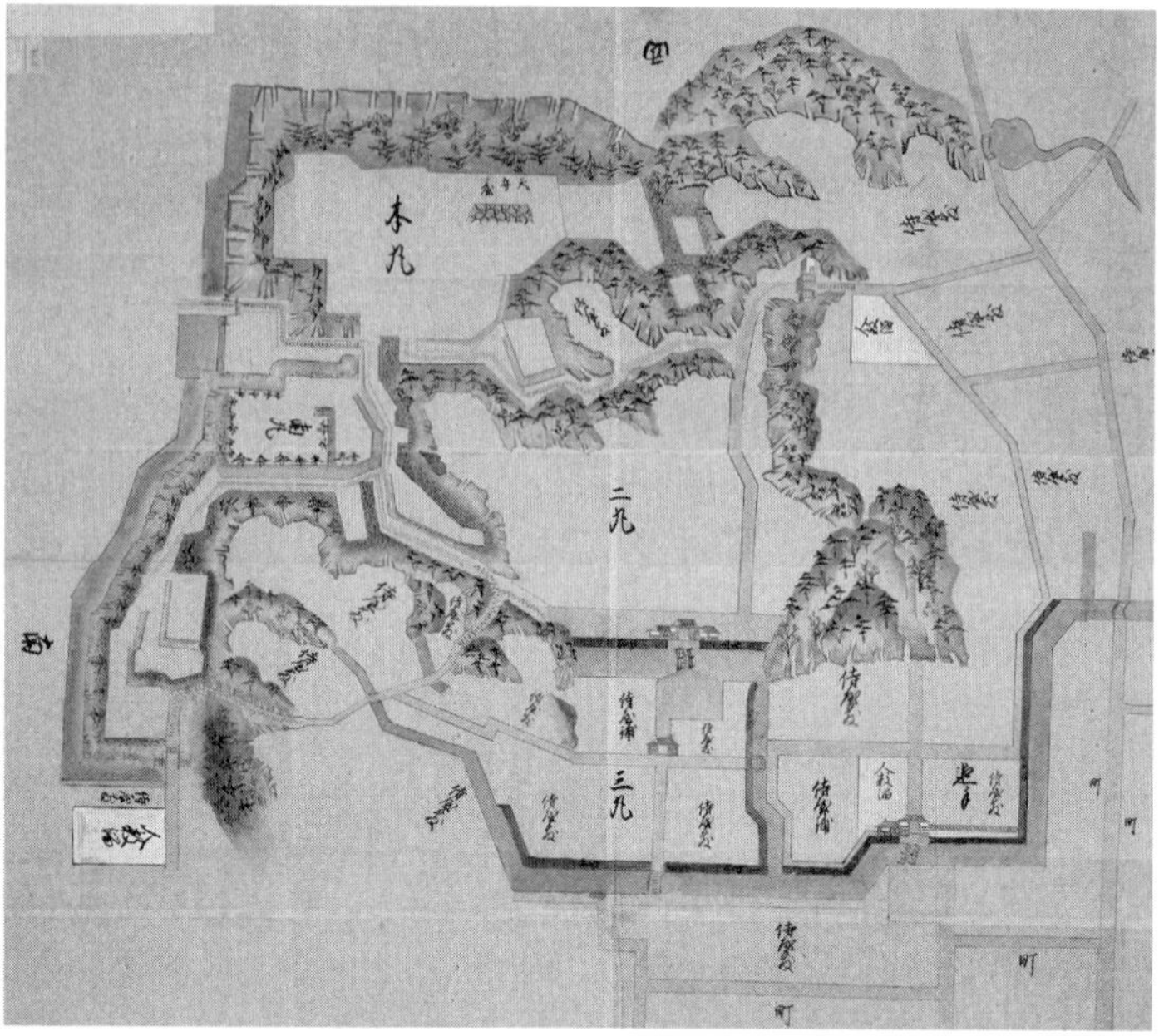

●―『日向国佐土原城図』（国立国会図書館蔵）（近世佐土原城．右が北．）

れている地点で発掘調査が実施されており、屋敷跡や池、井戸、厠《かわや》などの遺構や、肥前・関西・薩摩産の陶磁器をはじめとする豊富な遺物が出土している（宮崎市教育委員会、二〇一六）。特に「渋谷」と墨書された木札が出土したことは、古絵図という史料と考古学的な発掘調査の成果が整合した好例といえる。

●―山城部の大手口

　江戸時代の佐土原城は以上の二ノ丸、三ノ丸部分であるが、肝心の本丸はどこであろうか。それは二ノ丸の背後にそびえる、中世以来の山城の頂上部分である。先述のとおり、寛永二年に城郭機能を麓に移転させたことで山城部は廃止されていたが、その後の絵図面や家譜類でも一貫して、その時点では機能していない山城頂部が佐土原城の本丸と呼称され続けていた。

【山城部の縄張】　一五世紀前半の築城から寛永二年の麓への移転まで使用されていた山城部は、泥岩と砂岩の互層である宮崎層群の岩盤を山体の主とする丘陵である。手の平状に広がる四本の尾根上に八つの主要な曲輪《くるわ》が点在し、四本の登城路・城内道が各曲輪を線的に結んでいる。登城路三筋には大《おお》手《て》道（追手道）、中《なか》ノ道、搦手《からめて》道の伝承名があり、特に大手道は長二〇〇メートルにわたって尾根筋を縦に断ち割ってつくられ、あたかも延々と続く堀底道のような特異な景観を作り出している。同様の構造は搦手道にもみられ、佐土原城の大きな特徴のひとつといえる。

　派生する尾根の基部に位置する曲輪Ⅰは、曲輪面の標高六九・五メートルで城内最高所を占める山城部の主郭である。そこから〇・五メートルほど下がって北に隣接する曲輪Ⅱには、城内で唯一の石垣による構造物、天守台がある。一九世紀前半成立の家譜『旧事集書』では、曲輪Ⅰを「本丸」、曲輪Ⅱを「殿司《でんし》丸」とし、それぞれを別個の曲輪として記述しているが、前項で触れた『日向国佐土原城図』では、曲輪ⅠとⅡを一連の曲輪として描き、本丸としている。なお「殿司」という語は、「天守」が転じたものと思われる。

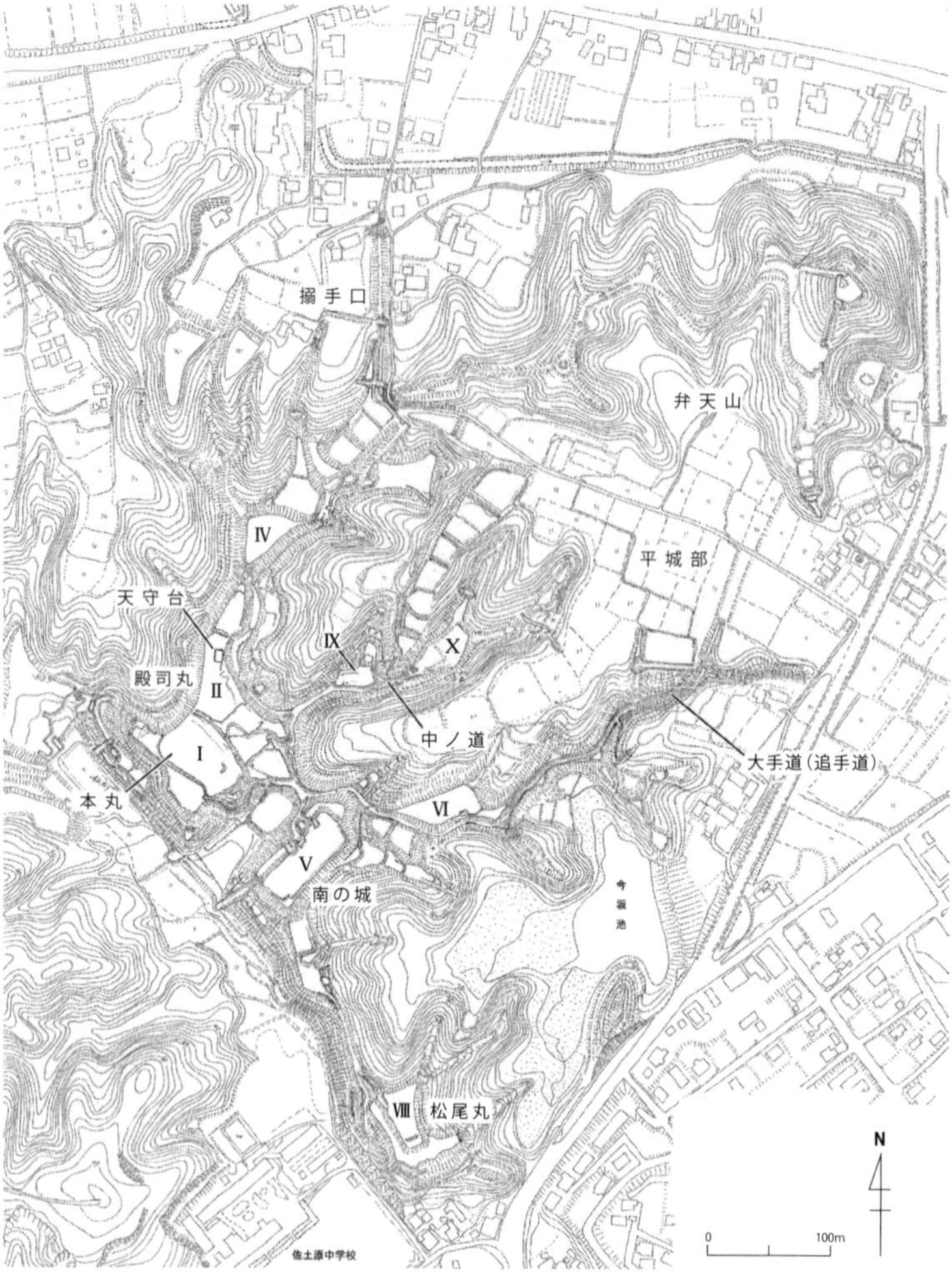

●—佐土原城縄張図（『佐土原町の中・近世城館』〈佐土原町教育委員会 2005, 作図：八巻孝夫〉より転載, キャプション加筆）

曲輪ⅠとⅡの間は、西側が土橋《どばし》状となって連結する。現在、本丸エリアに入るには曲輪Ⅰの南側に進入する桝形《ますがた》状のルートと、曲輪Ⅱの北側に直線的に進入するルートの二つがあるが、後者は後世のものと考えられる。曲輪Ⅰ・Ⅱ間の土橋状部分の東側はスロープ状に下り、数段の平坦面を経て城内の道すべてが結節する地点へと至る。これが本丸エリアに入るための本来の虎口《こぐち》と考えられ、曲輪Ⅰはこの空間に面して土塁を構えている。

曲輪Ⅰの南東に位置する標高六八《メートル》の曲輪Ⅴは長方形状

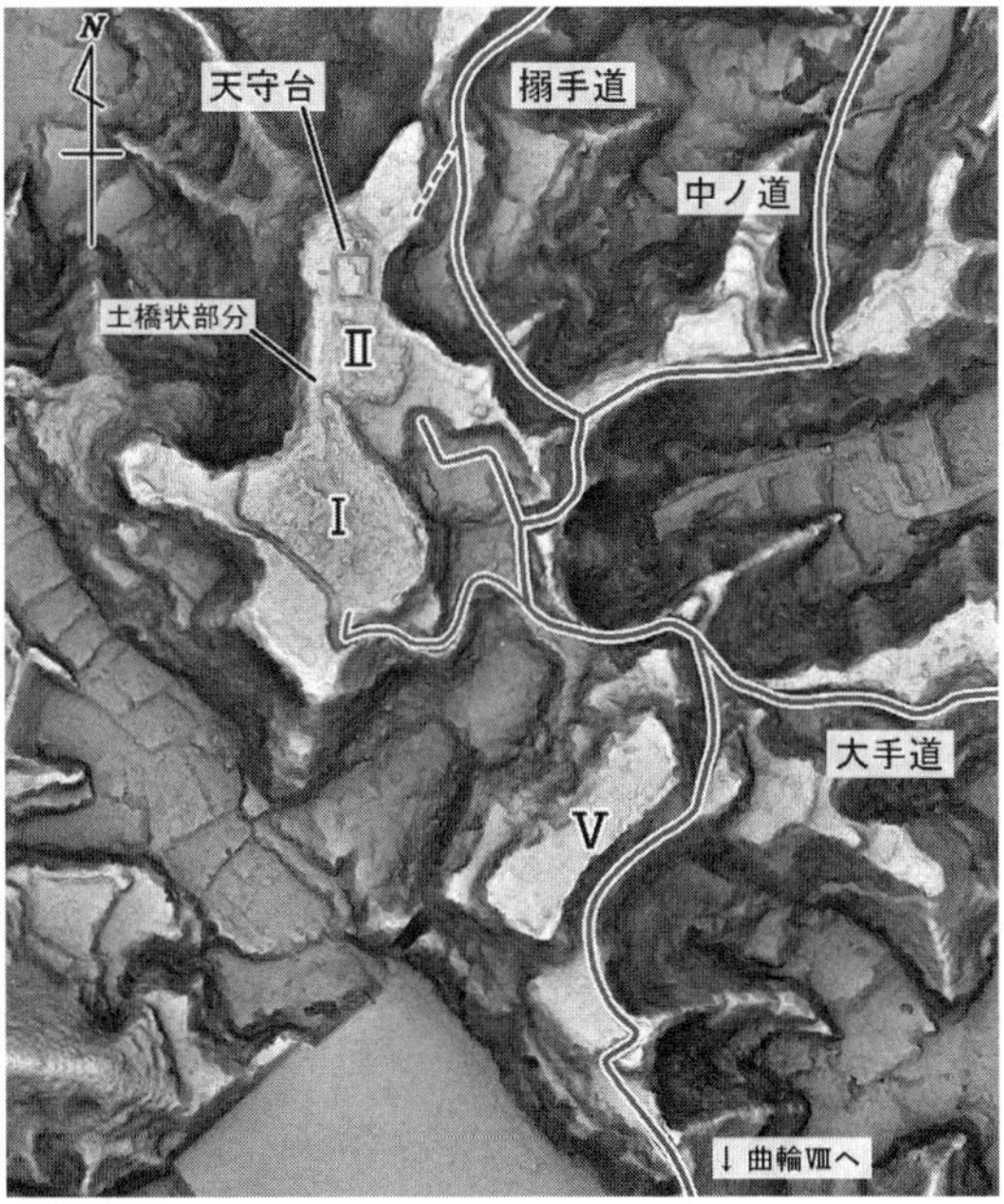

●—佐土原城航空レーザ測量図（宮崎市教育委員会提供．文字，登城路加筆）

に整えられた曲輪で、本丸エリアとは反対側の尾根続きに面した東から南側にかけて土塁《どるい》を巡らせている。「南《みなみ》の城」「南之丸」の伝承名を持ち、家譜類では近世佐土原藩二代忠興がこの曲輪を居所としたとされる。

曲輪Ⅴから南に派生する尾根の先端には、クランク状に二折れした城内道をへて、標高五八㍍の曲輪Ⅷがある。その先は巨大な空堀となる城域南端の曲輪で、「松尾《まつお》丸」の伝承名を持つ。近世の文献では、室町期前半に築城された当初の佐土原城とはすなわちこの松尾丸のことであり、その後、城域が丘陵内部へ拡大していったとされる（末永、二〇一一）。しかし現時点で確認できる縄張では、北に派生して曲輪Ⅴへと至る尾根続きの部分を堀切《ほりきり》や土塁で遮断した形跡がなく、曲輪Ⅷ単体で山城として機能していたとは考えにくい。

以上の主要部の北には、近世に藩庁となった低地（平城部）をはさんで、搦手口から東へ派生する尾根があり、弁天山《べんてんやま》と呼ばれている。城域の北を扼《やく》するこの山には、数ヵ所に堀切が設けられているが、一定の広さを持った平坦面は構築されていない。戦闘時の要害機能のみに特化し、恒常的な居住には適さないその構造は、古い段階の山城であるようにみえる。この弁天山こそが、築城時の佐土原城であった可能性も十分に考えられる。

【南九州唯一の天守】　織豊期に天守を持つ城が全国に林立する中、南九州諸大名のほとんどは天守を導入しなかった。その南九州で唯一、天守を建てた城が佐土原城である。

殿司丸と呼ばれた山城部の曲輪Ⅱに、南北一二・八㍍、東西一一・〇㍍の方形に巡る天守台の石垣根石列が現存している。家譜『御家記』によると、天守構築は二代藩主島津忠興時の慶長十六・十七年とされ（佐土原町教育委員会、二〇〇五）、石垣の構築技術、出土した瓦の年代観からも矛盾はな

●―天守台現況（宮崎市教育委員会提供）

い（宮崎市教育委員会文化財課、二〇一九）。

　天守台は曲輪Ⅱの東側に位置するが、曲輪斜面には天守という高層建築の荷重を受け止めるための石垣が導入されていないため、曲輪塁線から内側に三メートルほど引いて構築されている。縄張上は、有事の際に城内に攻め込んできた敵を優位に攻撃しうる配置とはいい難いが、その一方で城東の城下や飫肥《おび》街道《かいどう》からの視認性を強く意識した位置、構造といえる。

　天守の構築は、側室の子忠興が弱冠一三歳で二代藩主となった直後のことである。家譜類には初代以久の嫡孫と後継を巡る争いがあったことをうかがわせる記事があり、忠興の正統性を疑問視する声も存在したのではないかと想像される。そのようななか、戦闘時の機能よりも平時における城外へのアピールに重きを置いて建てられた佐土原城天守は、新藩主の権威付けを目的としたものだったのではないかと思われる。

【参考文献】　佐土原町教育委員会『佐土原町の中・近世城館』（二〇〇五）、末永和孝『佐土原城』（鉱脈社、二〇一一）、宮崎市教育委員会『佐土原城跡第六次発掘調査』（二〇一六）、宮崎市教育委員会文化財課「佐土原城跡天守台の再調査」『織豊城郭』一九（織豊期城郭研究会、二〇一九）

（竹中克繁）

●日向国中世動乱の中心

穆《む》佐《かさ》城《じょう》

〔国史跡〕

〔所在地〕宮崎市高岡町小山田
〔比　高〕約五〇メートル
〔分　類〕平山城
〔年　代〕建武三年（一三三六）～元和元年（一六一五）
〔城　主〕畠山直顕、島津久豊
〔交通アクセス〕JR日豊本線「宮崎駅」から宮崎交通バス尾頭方面「穆佐小前」停留所下車、西へ徒歩五分。

【城の概要】　宮崎の難読地名として挙げられることの多い〝穆佐（むかさ）〟は、宮崎市高岡《たかおか》町の市街地とは大淀《おおよど》川を挟んだ対岸の、同町小山田《おやまだ》などを指す広域地域名である。平安時代の『和名抄』にも記された地名で、「向洲」あるいは「向狭」に好字をあてたものとされる。

　穆佐城は、麓からの比高差五〇㍍弱のシラス性丘陵を山城とした南九州の群郭式《ぐんかくしき》城郭で、宮崎平野の南西、平野部と丘陵地帯とのはざまに位置する。古くより大規模荘園が開発されていた内陸の都城《みやこのじょう》盆地へと至るルート上にあって、平野部側からの玄関口ともいえる位置を占め、かつ城の北方七〇〇㍍には外海へとつながる大淀川が東流しており、まさしく水運と陸運の結節点を押さえた城である。

県内の中世山城の中でも、特に南北朝初期から室町期前半にかけての史料に恵まれていることが大きな特徴である。南北朝期には日向国における室町幕府の拠点として、室町期前半には守護大名島津《しまづ》氏と国人勢力伊東氏が何度も争奪戦を繰り返した城として、中世日向国の政治、軍事的動乱の中心といえる存在であった。

【城の歴史】　一四世紀の前半、南北朝争乱初期の『土持宣栄軍忠状』が穆佐城に関する記録の初出であるが、その中の「同（建武三年正月）十・十一日、（南朝方の肝付《きもつき》氏らが）寄来穆佐城」という記事は、日向国の城で「○○城」という固有名が史料で確認される最古の例である（三木靖、教示）。

　同史料によると、建武二年（一三三五）十二月に足利尊氏《あしかがたかうじ》

●―穆佐城全景（写真中央．右上は大淀川）（宮崎市教育委員会提供）

の正室領である島津荘《しまづのしょう》穆佐院の政所《まんどころ》を南朝方の地方勢力が占拠したが、同月末に北朝方の大塚土持《おおつかつちもち》氏が奪回した。さらに翌三年正月に、再度押し寄せた南朝方を「穆佐城」で撃退したと記されている。武装勢力が立て籠もることによって、荘園の役所が「城」となった例であるが、この時点の穆佐院政所・穆佐城が、現在国指定史跡となっている中世山城の穆佐城跡と同一かどうかは不明である。

同年三月、足利尊氏の命で下向した国大将畠山直顕《はたけやまただあき》（義顕《よしあき》）は穆佐城を本拠とし、都城盆地の肝付氏ら、南朝方制圧の任にあたった。直顕は貞和元年（一三四五）に日向国守護となるが、『太平記』では延文年間（一三五六―六一）に肥後から遠征してきた南朝方の菊池武光《きくちたけみつ》に敗れ、落去したとされる。なお同書での表記は「六笠城」である。この後は、九州探題今川了俊《いまがわりょうしゅん》の一族である同播磨守が穆佐城に入り、国大将として活動した（『日向記』）。

応永三年（一三九六）に今川氏が退去すると、鹿児島の島津元久《もとひさ》が宮崎平野進出の足掛かりとして穆佐城を押さえた。元久は当初伊集院《いじゅういん》氏を配置したが、数年後にはこれに替えてのちに島津氏八代当主となる異母弟の久豊《ひさとよ》を穆佐城に入れた。しかし久豊が無断で日向国の国人伊東氏の娘を娶ったことで両者の仲は悪化し、一時は元久自ら伊東氏の本拠である都於郡《とのこおり》城（西都市《さいと》）近くまで出陣する事態となった（新名、二〇一四）。なお応永十年には久豊と伊東氏娘との間に、のちの島津氏九代忠国《ただくに》が穆佐城内の「坪之城」と呼ばれる曲輪で誕生したとされる（『近郷穆佐倉岡綾高城山之口勝岡野尻須木由緒』）。

同十八年に元久が没すると、久豊は鹿児島で行われていた葬儀に乗り込み、元久が生前に定めた後継者から位牌を奪って強引に島津家の家督を継承した（『山田聖栄自記』）。その後一〇年に渡り、薩摩国（鹿児島県）を中心に反久豊勢力との間で争乱状態となるが、その混乱に乗じて久豊の義理の兄弟にあたる伊東祐立《すけはる》が、同十九年に穆佐城を攻め落とした。内乱を制して名実ともに島津家当主としての地位を確立した久豊は、同三十年頃に再度宮崎平野へ進攻するが、その際「殊先日穆佐ニ而恥をかゝせられ候事共生々世々無念之至候」（『山田聖栄自記』）と、かつて居城の穆佐城が自らの留守中に落とされたことへのこだわりを見せている。久豊は同三十一年に没したが、一〇年後の永享六年（一四三四）、跡を継いだ忠国によって穆佐城は島津氏領に復した（新名前掲）。

●—穆佐城跡Ａ地区

しかし文安二年（一四四五）、穆佐城は伊東祐立の孫である祐尭《すけたか》によって、再度攻め落とされることとなる。祐尭はこののち宮崎平野全域を制圧して伊東氏中興の祖と称され、以降一三〇年間、穆佐城は伊東氏勢力下の城となった。

伊東氏領有期の穆佐城については、詳細のわかる史料に乏しい。ただ戦国期の天文九年（一五四〇）、伊東氏の穆佐地頭である長倉上総介《ながくらかずさのすけ》が弟能登守《のとのかみ》とともに反乱を起こし、伊東義祐《よしすけ》によって鎮圧されている（長倉能登守の乱）。この事件では飫肥《おび》（日南市《にちなん》）の島津豊州家が長倉兄弟の援軍として宮崎平野に軍勢を派遣したが、のちにこれが義祐による飫肥進攻の口実となった。永禄十一年（一五六八）の飫肥攻略によって実現した伊東氏の最大版図は伊東四八城と呼ばれ、穆佐城

●—B地区とC地区の間の堀切（空堀）

もそのひとつに数えられている。

　九州の戦国期も終わりに近い天正五年（一五七七）、義祐は島津氏の攻勢に押されて豊後に落ち、穆佐城を含む日向国は島津氏の支配するところとなった。新たに穆佐地頭となった島津庶子家の樺山忠助《かばやまただすけ》は、「代々忠節を尽くしてきた家柄であるからこそ穆佐高城を拝領した」と自記に記している（『樺山紹剣自記』）。

　天正十五年に島津氏は豊臣秀吉に屈するが、穆佐を含む日向国南西部は引き続き島津氏領として認められた。織豊期の穆佐城は、天正十七年に忠助の子規久《のりひさ》が穆佐地頭となり（『樺山紹剣自記』）、規久が文禄・慶長の役で没した後は、島津家老中となった平田増宗《ひらたますむね》、続いて軍配者として名高い川田義朗《かわだよしあき》の養子国鏡《くにあき》へと交替した。慶長五年（一六〇〇）の関ヶ原合戦時、日向国内で軍事行動を起こした飫肥伊東氏が二度にわたって穆佐城に攻め寄せたが、川田国鏡により撃退された。なお『上井覚兼日記』により、島津氏の城では城内に居住した上級武士「城内之衆中《しゅうじゅう》」の存在が知られているが、近世後期の文献が記すところでは、廃城以前の穆佐城には地頭国鏡以下二五人の武士が屋敷を構えていたという（『近郷穆佐倉岡綾高城山之口勝岡野尻須木由緒』）。

　元和元年（一六一五）の一国一城令で廃城となり、三〇〇年近く第一線の中世山城であり続けた歴史に幕を閉じる。以降は周辺に散在する集落地の集合体である穆佐麓《ふもと》が、鹿児島藩の外城《とじょう》のひとつとして近世末まで存続した。

【城の縄張】　穆佐城は南九州に特徴的な群郭式城郭に分類されるが、他の典型例に多いシラス台地ではなく、細長く伸びたシラス性丘陵に占地している。

　城域は東西六〇〇メートル近くに及ぶが、最大で上端幅四〇メートル、現況での深さ一三メートルの大規模な堀切《ほりきり》（空堀《からぼり》）三本によって丘陵を四つの区画に分断し、各区画内には細かな堀や段差を入れることによって計二八の曲輪《くるわ》をつくり出している。これら四つの区画を便宜上A～D地区と呼称しているが、それぞれ

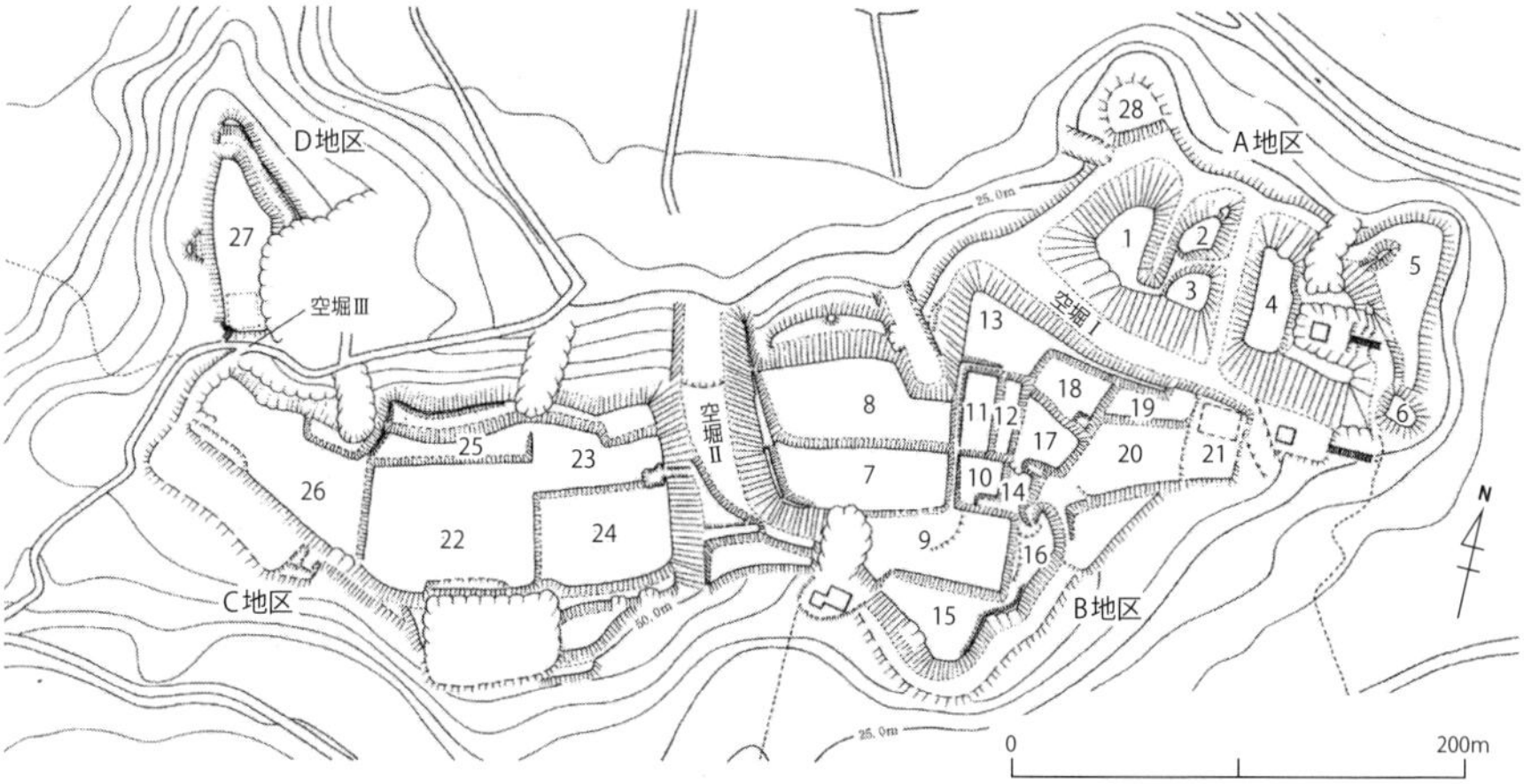

●―穆佐城縄張図（作図：千田嘉博）（『史跡穆佐城跡Ⅱ』より．初出は千田 1992）

の最高所はA地区四八メートル、B地区五五メートル、C地区五八メートル、D地区五〇メートルと顕著な高低差はなく、群郭式城郭の特徴である並列的な配置といえる。しかしそれぞれに特徴的な構造を持ち、明瞭な機能分化を復元できる（千田、一九九二）。

東端のA地区は縦横に入った細かな空堀に区画された小規模な曲輪の集合体であり、西端のD地区は比較的小規模な単郭の曲輪で、ともに城外に面して要害機能を発揮する軍事的性格に特化した地区と考えられる。

この両地区に挟まれた内側にB・C地区が位置するが、うちC地区は、内部が一メートルほどのわずかな段差をもって区画された五つの曲輪で構成される。高低差や土塁《どるい》の有無によって突出した優位性の見出される曲輪はなく、城内に居住した上級武士たちの屋敷地と考えられる。

一方、B地区はその両側を空堀と土塁のセットで堅固に守られ、穆佐城の中枢地区と位置付けられる。B地区内の最高所は曲輪7であるが、約三メートルの段差をもって隣接する曲輪8と土塁を共有し、かつ両者の面積はほぼ同程度であることから、上下二段に分かれるこの二つの曲輪が一連となって穆佐城の主郭として機能したと考えられる。

B地区内には他に一三の曲輪があり、主郭を頂点に数メートルの段差をもって雛壇《ひなだん》状に展開する。これらは高低差によって明らかに主郭より下位に位置付けられており、C地区と同じく上級武士の屋敷地として機能したのではないかと考えられる（宮崎市教育委員会、二〇二〇）。

以上をまとめると、城域の中央に位置する主郭（B地区曲輪7・8）の両脇に上級武士の屋敷地（B地区の主郭以外の曲

●—悟性寺跡の島津久豊拝所

輪およびC地区）があり、さらにその外側に防御機能に特化した曲輪群（AおよびD地区）を置くという極めて計画的な曲輪配置であり、政治、居住、軍事の機能分化が明確な縄張といえる。

【現在の穆佐城跡】　穆佐城跡では、史跡整備にともなう発掘調査が平成一五年度より継続的に行われており、伊東氏から島津氏へと交替した戦国期末に、主郭内の導線が大きくつくり変えられたことなどが明らかとなっている。麓には穆佐城跡ガイダンス施設があり、一四世紀後半から一七世紀前半までの陶磁器類をはじめ、多彩な出土遺物を展示している。

　また城内には、室町期前半の城主島津久豊が勧請したとされる稲荷神社が曲輪4の東側にあり（『三国名勝図会』）、曲輪20と21の間には島津氏九代忠国の誕生杉がある。

　城跡の北方六〇〇メートルには、地頭川田国鏡をはじめ穆佐郷士の墓が並ぶ悟性寺《ごしょうじ》跡がある。『本藩地理拾遺集』によると、安永三年（一七七四）に金鈴と香炉を副葬した髑髏《どくろ》の入った大甕が境内で発掘された。調査に赴いた鹿児島藩の役人は、島津氏八代久豊の墓が悟性寺にあるといい伝えられてきたことを土地の古老から聞き取った。そののち同所には久豊の拝所が建てられ、現在は「島津久豊の墓」として宮崎市指定文化財になっている。

【参考文献】千田嘉博「特稿 穆佐城址について」『高岡町遺跡詳細分布調査報告書』（高岡町教委、一九九二）、島田正浩「中世城館「穆佐城」について」『宮崎県史研究 八』（宮崎県、一九九四）、宮崎市教育委員会『史跡 穆佐城跡Ⅰ』（二〇一三）、新名一仁『日向国山東河南の攻防』（鉱脈社、二〇一四）、福嶋一恵「史料紹介「近郷穆佐倉岡綾高城山之口勝岡野尻須木由緒」」『宮崎市歴史資料館研究紀要 七』（宮崎文化振興協会、二〇一六）、宮崎市教育委員会『史跡 穆佐城跡Ⅱ』（二〇一六）、宮崎市教育委員会『宮崎城跡』（二〇二〇）

（竹中克繁）

●戦国期終焉の悲話を伝える城跡

清《きよ》武《たけ》城《じょう》

〈所在地〉宮崎市清武町加納甲
〈比　高〉六一メートル
〈分　類〉山城
〈年　代〉一四〜一六世紀
〈城　主〉稲津重政、河崎駿河守
〈交通アクセス〉ＪＲ日豊本線「加納駅」下車、徒歩三〇分。宮崎市街から車で二〇分。

【城地と盛衰】　清武城跡は宮崎市清武町の北部、清武川左岸の最高標点約八六メートルの台地丘陵を占地する。眼下には清武川が東流し、南の防衛ラインとする。東には日向灘を望み、その海岸線から西に連なる鰐塚《わにつか》山塊は飫肥《おび》がある日南市域との分水嶺となる。北から南にかけて広がるこの開けた眺望は城地選定の重要な要素のひとつであったことが容易く推察でき、その視野には中世日向にあってその名がたびたび散見される曽井城跡、宮崎城跡、紫波洲崎《しわすざき》城跡など大小の城跡を収める。一方、西から北は城地から続く台地丘陵が連なり眺望は開けず、大小の解析谷に起因する迫田が数多く見られる複雑な地形を呈している。

城跡があるこの地域には、長門本平家物語に見える船引（曳）、かなわ（加納に比定）といった古い地名が残る。また、城地からほど近い船引集落の西端に位置する五反畑遺跡Ａ地区からは、清武町教育委員会による発掘調査で県内では官衙関連もしくはそれに類する遺跡でのみ数点が確認されている長沙窯《ちょうさよう》の水注（底部片）が出土している。このように考えると、水運かつ防衛ラインとしての河川の存在、古くからの主要交通路、そして南側の開けた眺望など、この地は城地として選定される多くの理由を備えている。

築城の時期は詳らかではないが、延文六年（一三六一）に土持時栄《つちもちときひで》に対し発給された一色範親《いっしきのりちか》感状に「曽井城」とともに「清瀧城」の文字がみえ、南北朝期の一四世紀中頃までには城構えが整っていたことは確実である。清武氏については、門川氏の祖となった祐景《すけかげ》五代の孫である祐行《すけゆき》を祖とする。町内には今でも清瀧橋など「清瀧」の名を冠するものがあり大切に守り伝えられている。

清武氏は伊東氏と島津氏の日向国の覇権を巡る争いの中で協調と対立を繰り返しながらこの地を治めてきたが、文安年間（一四四四―四九）に加納、船引といった始祖伝来の死守してきた知行の地が伊東祐尭《すけたか》の手中に収まるに至り、伊東氏の家臣団に名を連ねることになる。その後、伊東氏の敗走により日向国を掌握した島津氏の領有するところとなるが、九州国分で伊東氏が飫肥《おび》入城を果たし、清武の地をふたたび領有するに至り、川崎駿河守祐長が清武地頭として城を預かった。その後、伊東祐兵に重用された稲津掃部助重政《いなづかもんのすけしげまさ》が清武地頭となるが、後述する宮崎合戦の責めを受け失脚し、ふたたび川崎駿河守祐長が清武地頭として城を預かり、元和元年（一六一五）の一国一城令をもって城としての終焉を迎えた。

【城の構造】 城跡は宮崎自動車道建設に伴い城域の一部で発掘調査が実施され、記録保存の後に往時の姿が部分的に失われた。しかしながら、後世の耕作などによる地形改変を考慮しても城跡の全容を推察するに足る良好な遺構が残存しているといえる。

清武城の構造的な特徴として、主郭である曲輪《くるわ》Ⅰから反時計周りに大きく弧を描くように連続して配置された曲輪群の存在があげられる。階段状に配置された曲輪で、個々の曲輪が一定の面積を有している。個々の曲輪において土塁《どるい》などの顕著な防御施設は現況では確認できないが、曲輪Ⅴから西方向に張り出した丘陵尾根には腰《こし》曲輪が認められる。この腰曲輪は、対峙する弥勒寺跡がある丘陵尾根の平場と呼応し、西から城の北面裾部を伝っての侵入を抑える意図が汲み取れる。また、曲輪Ⅶと曲輪Ⅷの西側斜面には大小の平場が取り付き守備を固めている。これらの連続する曲輪群の最下段には、曲輪Ⅸ・Ⅹ・Ⅺが位置する。曲輪ⅧとⅨの間には大規模な空堀《からぼり》aが存在する。この空堀aは最大幅が上端で二〇《メートル》を超えるもので、現認できる空堀の中で最大である。現在、堀底は生活道として改変利用されているが、往時も主要な城道として機能していたと考えられる。この空堀aを隔てた東側に位置する曲輪Ⅸ・Ⅹ・Ⅺは、宮崎自動車道の建設により曲輪の大半が記録保存の後に失われたが、旧地形を都市計画図や航空写真をもとに確認すると、空堀bの端部の延長方向に空堀がさらに延伸していたことや、曲輪Ⅺの東端部に谷地形が存在していたことがわかる。また、旧地形図や航空写真をもとに考えると、反対側の東端部にも曲輪Ⅺに食い込むような形の堀跡もしくは虎口《こぐち》状の遺構が認められることから、空堀bは曲輪Ⅸと X を完全に分断せず、三つの曲輪が本来一体のもので、中央付近で連絡していたものともみて取れる。後世の地形改変も否定できず推論の域を超えないが、可能性として指摘しておく。

発掘調査の対象となったこの三つの曲輪からは、区画を示すと考えられる石列状の遺構や城の存続時期と整合する貿易

●—清武城跡縄張図（『宮崎県中近世城館跡緊急分布調査報告書 2』）
（作図：八巻孝夫）

●—清武城遠景

●—主郭の石碑と六地蔵幢

●—登能山　伊東氏関連石塔群

陶磁などが確認されている。これらの事実から空堀aの東側に位置するこれら三つの曲輪群には、求心的に連続する主郭までの一連の曲輪群の最前線としての守備とともに、一定の面積を有することから居住空間の性格も帯びた曲輪であったと考えられる。また、東端部に存在した清武川方向へと下る谷地形は、曲輪Ⅺ南側のシラスの急崖裾部を通って谷の開放部から北へと切り込む道路として利用されていたことも確認できている。曲輪Ⅺの東側に位置する丘陵には配水池があるが、ここが荒武（山）城と呼ばれていたこと、その西に「スイコ門」と呼ばれた城戸と考えられる施設が存在したことがわかっており、城域の東端と考えられている（秋成、二〇一八）。

城の北から東には、弥勒寺跡、観音寺跡、中山寺跡、南光院跡の四つの寺院跡が確認されている。このうち最も西に位置する弥勒寺は、先述のとおり曲輪Ⅳと連携し、次いで伊東祐尭公墓がある登能山の北西に観音寺、主郭に最も近い位置に配された城の鬼門方向に当たる中山寺と並ぶ。残る南光院は城域からは少し距離があるが、東端の守備を固める役割を付加されていたと考えられる。これら四つの寺院を東西ほぼ一直線に配することで北面の守備を固めていたと考えてよいであろう。また、このほかにも稲津掃部助重政墓が位置する丘陵、「台丸」の呼称が残る丘陵、登能山など各所に一定面積を有する削平面が認められ、北面の厳重な守備固めをそこにみることができる。

加工が容易な反面、曲輪の端部では恒常的に崩落が進行する南九州特有のシラス台地に占地した清武城。広大な面積の曲輪を求心性も意図して巧みに配置するともに、大規模な空堀を配し、崩落により生じた急崖をも積極的に防備に取り込む構造は地質的特性を最大限に生かした城の姿を今に伝えている。

●—稲津掃部助重政の墓

【稲津重政の悲哀】 主郭から北東に約四〇〇メートルの丘陵に稲津掃部助重政の墓がある。若くして伊東祐兵《すけたけ（たか）》の小姓となりその才能を認められ、朝鮮出兵にも供奉した。帰参後は清武地頭に取り立てられ清武城を預かるなど、その権勢他を圧するものがあった。そのような中、慶長五年（一六〇〇）の関ヶ原の戦いにおいて、東軍と西軍に国が二分した際、掃部助は祐兵に従い大坂にあったが、東軍方の黒田如水《くろだじょすい》と気脈を通じ、延岡藩の高橋元種《たかはしもとたね》の重臣であった権藤種盛《ごんどうたねもり》が城代として守備する宮崎城を陥れた。ところがこの時、西軍方に与していた高橋氏は、この時点ですでに東軍方に寝返っており、東軍両雄の同士討ちの形となった。常日頃から掃部助が重用されることを疎ましく思っていた飫肥藩の重臣らは、伏見城修復の奉行を任ぜられ京に赴いた掃部助の留守中に談義し、これまでの掃部助の不義七ヵ条を藩主祐慶《すけのり》に申し立て切腹の沙汰を引き出した。納得できない掃部助は我が身の潔白と理不尽な沙汰に服せず清武城に籠城したが、誅伐の兵を差し向けられこの城で夫人らとともに自害した。墓石には掃部助夫妻とともに殉死した五名の名も共に刻まれており、戦国の悲運の武将にまつわる悲話を今に伝えている。

【参考文献】『城内遺跡　九州縦貫自動車道埋蔵文化財調査報告書(3)』（宮崎県教育委員会、一九七九）、『日向地誌』（平部嶠南、一九八一復刻）、『宮崎県中近世城館跡緊急分布調査　詳説編』（宮崎県教育委員会、一九九九）、『清武町史』（清武町教育委員会、二〇〇〇）、『みやざき民俗第七〇号』（宮崎民俗学会、二〇一八）

（福田泰典）

●戦国島津氏の猛攻をしのいだ城

小《こ》林《ばやし》城《じょう》

〔所在地〕小林市真方字下ノ馬場
〔比　高〕約三〇メートル
〔分　類〕山城
〔年　代〕一六世紀代
〔城　主〕米良筑後守重方、平良彦十郎遠江守ほか
〔交通アクセス〕JR吉都線「小林駅」下車、北口から国道二六五号線を北方向に徒歩約二五分で城の麓。

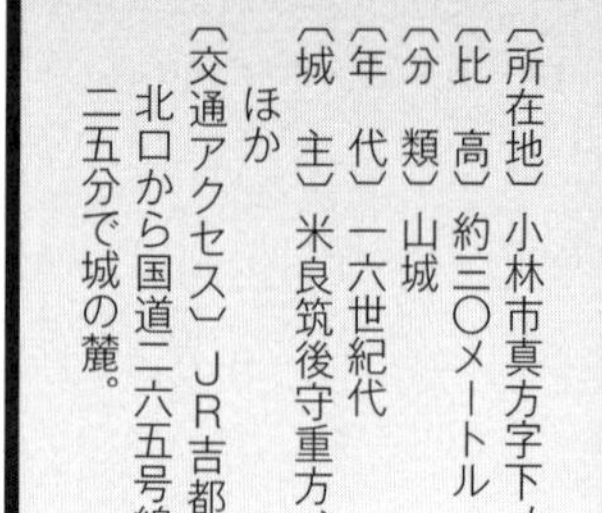

【小林城の位置】　小林城は、宮崎県西部にある小林市真方《まがた》地区の国道二六五号線沿いに位置する、標高二二三メートルの独立した小丘に築かれた山城である。

小林城と集落の比高差は約三〇メートルを測り、丘の西・北・東の三方に石氷川《いしごおり》が流れて自然の外堀、東方・南方は絶壁で天然の要害となっている。近世期には、近くに地頭仮屋《じとうかりや》が置かれ、周辺集落には薩摩藩の外城《とじょう》制度の名残と考えられる「上ノ馬場」「下ノ馬場」「向江馬場」の地名が今でも残されている。

【三山城からの移転】　かつてこの地の中心となる城として、小林市中心部より南西方向一キロの地点に三山城《みつやま》があった。『三国名勝図会』や『小林誌』によると、三山城は平安時代の末期、宝光院《ほうこういん》の住職吉富氏が比叡山延暦寺の明雲僧正を迎えるために築城したと記され、別名を吉富城という。

古くは真幸院《まさきいん》の院司日下部《くさかべ》氏の管理下にあったが、のち北原氏の城となり、小林は真幸院北原氏の勢力下であった。一三代北原兼守は永禄四年（一五六一）この三山城で没したとされている（異説もある）。兼守没後、義父であった伊東義祐《よしすけ》は、北原氏の跡目争いに介入する形で北原氏の領地であった小林・えびの・栗野・横川・高原を奪取。これに対し北原兼親は島津氏・北郷《ほんごう》氏・相良氏の協力を得て、永禄五年に旧領を奪還するも、同六年に密かに同盟を結んでいた伊東義祐と相良氏の連合軍に敗れ、ふたたび領土を奪い返されることとなる。中世期において小林が三ツ山と呼ばれたのは、この城

の名に由来する。その後北原氏は島津氏を頼るも衰退していき、永禄七年にはえびのは島津氏、小林は伊東氏の領地となり両氏の全面戦争は激化していく。

伊東義祐は、永禄九年に対島津攻略の要として真方に小林城を築き、米良《めら》筑後守重方《しげかた》を城主とした。

【小林城の戦い】 永禄九年の島津氏による城攻めについて、各古文書や文献において「三山」および「三山城」と記載されているが、文章中の地名や兵配置の位置関係などから現在では、この戦は小林市真方の小林城での戦であったと解釈されている。『小林市史第一巻』によると、島津氏は永禄六年に三山城を攻め伊東軍は敗れた。そこで、西方島津氏に対し要害のよい新しい城の築城を企て、小林城を築城したとある。

永禄九年に伊東氏は、小林城を拠点として飯野城攻略を計るが、逆に島津氏はこの城を先制攻撃し、大軍を擁して小林城を取り囲んだ。『小林市史第一巻』によると、長男である島津義久《よしひさ》が首将となり小林城北西側の花立口に陣を構え、二男義弘《よしひろ》は城北東側の水の手から、三男歳久《としひさ》は城西側の大手口から攻め、対する伊東軍は籠城作戦をとったとある。戦いは非常に激しく両軍とも多くの死傷者が出たとされる。それでも島津軍は、攻め続け後は本丸を残すのみというところまで攻め込んだが、そこへ伊東軍の援軍が須木から到着し、小林城の北東にある稲荷山に陣を敷いて島津軍を攻め立てたため、形勢が逆転した。島津軍の死傷者が増え、さらには島津義弘も援軍からの攻撃で負傷したため、小林城は落城せず島

●—永禄九年の小林城の戦い推定配置図（小林市都市計画図を使用，小林市史第1巻を基に筆者作成）

津軍は撤退を余儀なくされた。

　このときの様子を『維新公御自記』にて島津義弘は「自分が傷を負ったので軍士等は大いに驚き、本陣に引き退いた。そのため勝利を得られなかった。腹立たしいことこの上もなかったが、まずは薩摩・大隅の軍勢は皆帰国させることになった。」と記している。

　この戦後、小林の中心は細野の三山城から真方の小林城へ

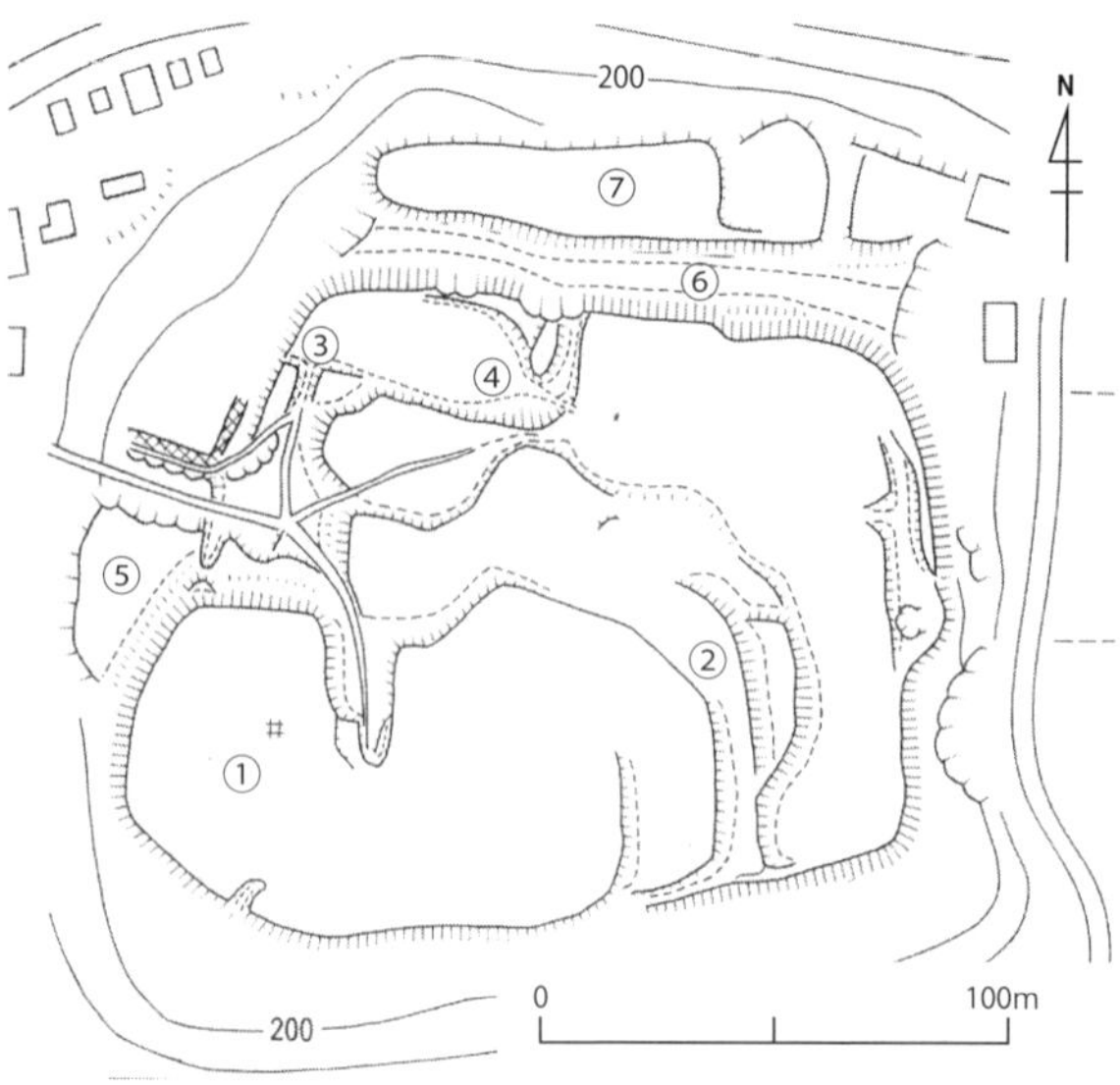

●—小林城縄張図（原図作成：北郷泰道，宮崎県教育委員会1999より転載加筆）

と移ったとされる。

【小林城の縄張図】　城のある丘自体は、東西約二五〇《メートル》、南北約二〇〇《メートル》の広さしかなく、そのなかに曲輪《くるわ》・土橋《どばし》・堀・土塁《どるい》などが備わった非常にコンパクトな山城である。小丘ながらも西・北・東の三方を石氷川が流れ、『日向地誌』『三国名勝図会』によると南側には池があったと記されており、まさしく要害の地であったことがうかがえる。城の西側が大手口、北東側が水ノ手とされ、当時天然の堀の役割を担ったと思われる石氷川に架かる橋にも大手橋と水ノ手橋の名が付いている。大手橋から現在残る城の丘陵までの間は、人家が広がり改変されているが、城跡内は樹木が生い茂る城山公園となっている。小林城域内では、これまで発掘調査は行われていない。

　城は大きく二区画に分かれ、南西部にある一番の高所①が主郭と考えられ、東西約一〇〇《メートル》、南北約六〇《メートル》を測る。主郭の南西側は絶壁となり、この縁には小規模ながら土塁が確認でき、一部竪堀《たてぼり》も確認できる。北東側には帯《おび》曲輪②が段状に巡り、多いところで四段ほど確認できる。この区画の西側下段、主郭の北側下では土橋③や虎口《こぐち》④が確認でき、さらに主郭から北西側下段には腰曲輪⑤が存在し、大手口からの侵入に備えた防御機能と考えられる。また『旧記雑録後編　箕

輪伊賀自記』には、小林城の戦いの様子を記した中に「金吾（歳久）ノ手ハ二重城戸ヘ詰入テ散々ニ相戦ウ」との記載があり、小林城が二重城戸であったことがうかがえる。この区画の北側には幅約二〇メートル、長さ約一二〇メートルを測る深い空堀《からぼり》⑥があり、その空堀を越えた北側には第二の区画⑦がある。小林城の戦いのさいには、水の手側に陣を敷いた島津義弘は、二の丸まで攻め入ったとの記述もあることから、位置的にもこの区画まで攻め落とされたと推察できる。

●―小林城（西側大手口から）

●―小林城内部

【その後の小林城】 小林城の戦いにて島津三兄弟の猛攻をしのぎきり、勢いに乗る伊東氏であったが、元亀三年（一五七二）の木《き》崎原《さきばる》の戦いに敗れ、その勢力は衰退していく。木崎原の戦い後も小林城は伊東氏の領有するところであったが、天正四年（一五七六）に島津氏が総力を挙げて高原城を攻略したことで、伊東氏は小林城、須木城などから撤退し、この地域は島津氏の領有となった。『上井《うわい》覚兼日記《かくけんにっき》』によれば、伊東氏が小林城を捨て開城したのは、天正四年八月二十四日のことで、その翌日には島津義弘は入城し、義久を迎え入れる準備をしたとある。

島津領となった後、小林城より南西約四〇〇メートルのところに地頭仮屋が置かれ、この地の治所となり土地の呼び名も真幸院の三山から薩摩藩小林郷へと代わり近世期を迎える。小林城は、元和元年（一六一五）の一国一城令により廃城となる。

【参考文献】小林市『小林市史　第一巻』（一九六五）、宮崎県『宮崎県史　通史編　中世』（一九九八）、宮崎県教育委員会『宮崎県中近世城館跡緊急分布調査報告書Ⅱ』（一九九九）、小林市『小林市史　第三巻　戦後編』（二〇〇〇）

（井上誠二）

●石積みの土塁が残る
須《す》木《き》城《じょう》

〔所在地〕小林市須木下田字唐池
〔比　高〕三五メートル
〔分　類〕山城
〔年　代〕一四～一六世紀代
〔城　主〕米良氏一族ほか
〔交通アクセス〕JR吉都線「小林駅」下車、北口から国道二六五号線を小林市コミュニティバス上九瀬線「麓」バス停留所下車、徒歩一〇分。

【城の位置】　須木城は、宮崎県西部にある小林市の北部、熊本県境に程近い須木地区に位置する、標高四〇七メートルの丘に築かれた山城である。この須木地区は大部分が山岳でそのほとんどが林野で占められ、現在は城の東側にダムができたため地形がわかりにくくなっているが、ダムができる以前の地形は城がある丘陵を取り囲むように本庄川が流れており、西・北・東が自然の堀（川）に囲まれた天然の要害であった。

【城の由来】　築城の年代は不明であるが、南北朝時代に都《みやこの》城《じょう》盆地で勢力を振っていた肝付兼重《きもつきかねしげ》が南北朝争乱時（一三三九―四〇）に三股院《みまたいん》（月山日和城）から逃げて来て、立て籠もったと記録があり、築城はそれ以前と考えられる。永禄年間（一五五八―七〇）の伊東氏全盛期には伊東四八城のひとつとして挙げられている。

【城の縄張】　城は規模の大きな空堀《からぼり》によって独立した四区画から成り、その内三区画には「肥田木城」、「庚申《こうしん》（荒神）城」、「松尾城」の名称があり、「須木城」の名はそれらの総称である。『三国名勝図会』や『日向地誌』には「松尾城」として記載されている。標高では「松尾城」がもっとも高所に位置し、三段余りの曲輪《くるわ》をへて石積み土塁《どるい》によって区分けされた主郭部分に達する。八巻孝夫は、もっとも広く一部石垣（ここでいう石積み土塁のこと）がみられる「松尾城」は居住地としての城、北端の「肥田木城」は、高さや防御の厳重さから詰めの曲輪であったと想定している。これら四区画では比較的良好な状態で土塁が確認でき、なかでも松尾城では土塁の表面に板状の石が水平に積まれていることが確認されている。「肥田木城」は須木城の中でも北側の川に接する曲輪で開けた西側に向けて中腹に腰曲輪を備えている。「庚申城」と南側の第四の区画の間は約一二〇メートルにわたり堀で断絶されており、その縁には土塁が備えられていることから、高い防御機能を備えていたと考えられる。

【確認調査】 確認調査は、平成三年（一九九一）度に松尾城の一角に鐘撞《かねつ》き堂を建設する計画があり、須木村教育委員会によって実施されている。調査は松尾城の主郭部分周辺のトレンチ調査であったが、土塁の盛土状況や斜面を造成により平坦部としている状況など城の構築に伴う遺構が確認されている。なかでも主郭部分北側の土塁については、表面に板状の石が水平に積まれていることが確認され、その左右についてもボーリングにより石の存在が確認されている。

【主な城主】 須木城の城主としてあげられるのが、南北朝時代よりこの地を治めてきた米良《めら》氏一族であるが、そのなかでも米良筑後守重方《しげかた》は、永禄期（一五五八―七〇）にこの地を領有していた伊東氏の家臣として小林城の戦いや飫肥《おび》での戦

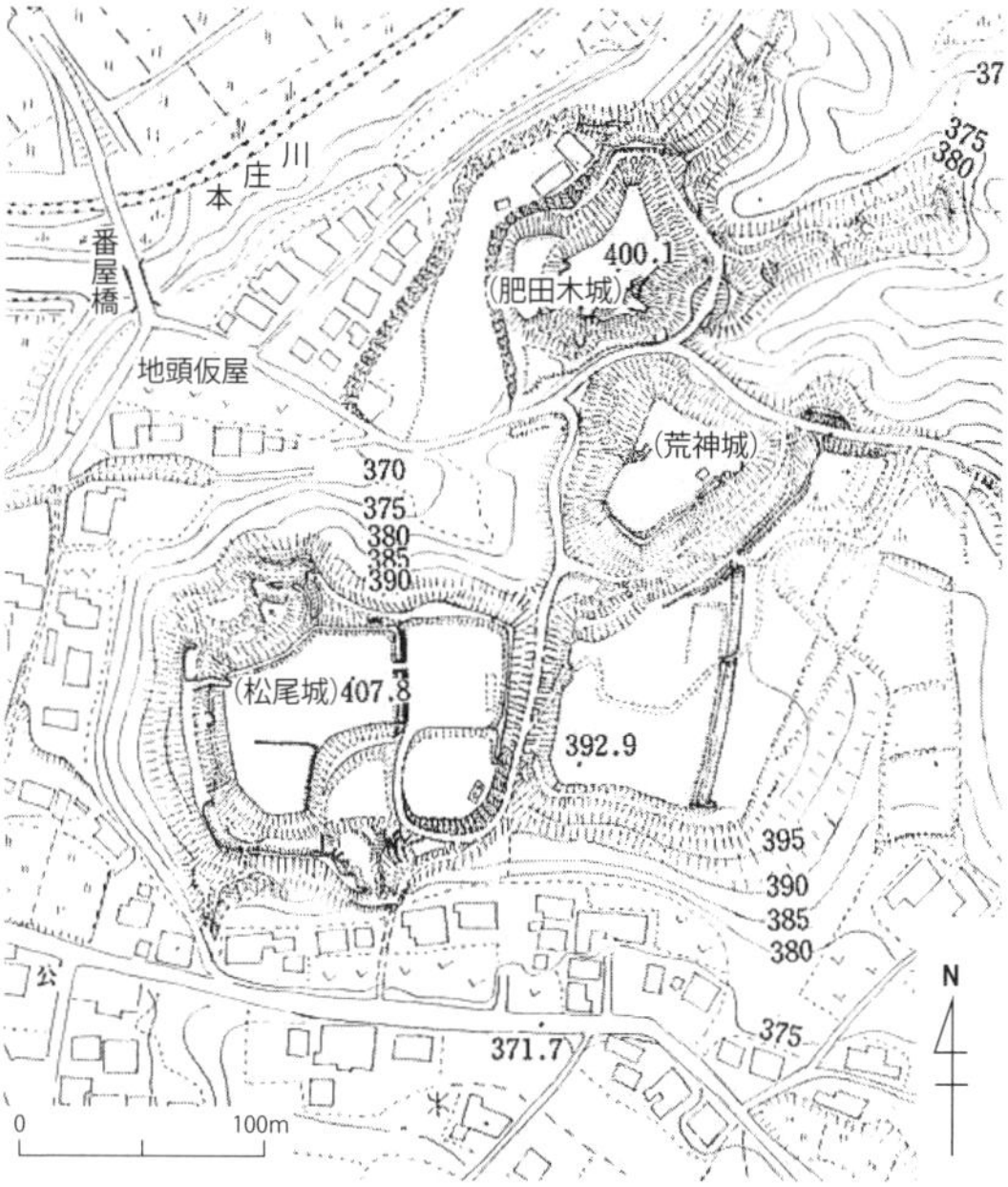

●—須木城縄張図（『須木村史』1994）（作図：八巻孝夫）

●—主郭を区分けする石垣

●—石積みの土塁

●—米良筑後守重方の墓（一麟寺跡）

いにおいて戦功をあげたとされる知勇兼備の将である。須木城だけでなく小林城も任されていたが、元亀三年（一五七二）の木崎原《きさきばる》の戦いにて戦死した。その際、米良筑後守重方の首は島津義弘《よしひろ》の首実検の後、首桶に収められ米良家の菩提寺であった須木地区の一麟寺に葬られたとされている。現在でも米良筑後守重方の墓が須木城より西に約五〇〇㍍のところにある一麟寺跡に残されている。

『日向地誌』によると、墓石は三層からなり、正面には「天龍玖虎」の文字が刻まれているとあるが、現存する墓石の中にそれを確認できるものはない。ただ五輪塔の中央に「龍室玖虎」と刻まれた墓があり、現在はそれを米良筑後守重方の墓として祀っている。また米良筑後守の首が収められていたとされる首桶が小林市教育委員会に保管されている。首桶は、直径二五㌢、高さ二〇㌢の蓋付きの筒型で、檜の薄板を曲げて桜の皮で留めてあり、実に丁寧な作りのものである。首桶は、現在須木総合ふるさとセンターにて展示されている。

●—首桶

（小林市教育委員会提供）

●—首桶（内部）

【参考文献】須木村「須木村史」（一九九四）、須木村教育委員会「須木城跡」（『須木村遺跡詳細分布調査報告書』一九九四）、宮崎県教育委員会「宮崎県中近世城館跡緊急分布調査報告書Ⅱ」（一九九九）

（井上誠二）

●島津氏日向侵攻の契機となった城

高《たか》原《はる》城《じょう》

〔所在地〕高原町大字西麓
〔比　高〕四〇メートル
〔分　類〕平山城
〔年　代〕一六世紀〜一七世紀初頭か
〔城　主〕島津氏、北原氏、伊東氏、伊東勘解由、上原尚近
〔交通アクセス〕ＪＲ吉都線「高原駅」徒歩二〇分。

【立　地】高原城は、霧島火山群の東麓、大淀川水系である辻の堂川の南側にあるシラス台地上の突端に位置している。周囲は標高約二〇〇《メートル》の台地と、標高差約四〇《メートル》の谷の入り組んだ崖状地形であり、北側は辻の堂川に合流する天付川が流れる自然の要害となっている。独立した曲輪《くるわ》群が群集する台地立地型の城郭の典型例の一つとされている。

【歴　史】高原城は松ヶ城とも呼ばれ、永禄年間（一五五八—一五七〇）に島津家家臣である梅北掃部《かもん》が築造したといわれている。その後伊東義祐《よしすけ》の領地となり、伊東四八城の一つに数えられた。天正三年（一五七五）の木崎原の合戦で伊東氏に勝利した島津氏は伊東氏追討のため、高原城に焦点を定めた。伊東氏は一族の伊東勘解由《かげゆ》を城主に据えて城の防備を固めたが、翌天正四年には島津氏が高原城を攻略し、四日間で伊東方を降伏させた。高原落城後は、周辺の城（高崎・三山・内木場・岩牟礼・須木・須師原・奈崎）も次々と落城することとなった。天正五年野尻城攻略の拠点としても使用された。その後は、天正六年に高城（宮崎県木城町）麓での戦いでわずかに登場するのみである。次に高原城が文献に記載されるのは西南戦争において西郷軍が中九州から敗走する過程である。

【高原城攻めの契機】高原城は元来、飯野から野尻、宮崎を結ぶ街道からは外れており、実際、永禄九年（一五六六）に島津氏が進軍したのは小林城であった。木崎原の戦いにより伊東氏が大敗したものの領域の変更はなく、島津氏は、当時

伊東氏領であった小林城へと勢力を延ばすため、伊東氏が守る高原城への進軍を決め、作戦を展開した。島津氏は最高決定権を有していた儀式「御籤《みくじ》」を従来の大隅正八幡宮（現鹿児島神宮）から霧島社で行うほど霧島信仰に力を入れていた。また宮崎県、鹿児島県境付近に位置する霧島火山群付近は、その地勢から前線基地に適していたため、その麓に位置する高原城は日向・大隅両国の侵攻における要衝となっていたことが、高原城攻めが行われた要因と考えられる。

【高原城落ち、戦闘の経過】　高原城攻めの詳細については、『上井《うわい》覚兼《かくけん》日記』などに記されている。島津氏は、高原城攻略のため、まずは大口衆や粟野衆、また高原の地勢に詳しい地元の有力者らを偵察に差し向け、周辺の調査を行った。また霧島社で高原城攻めが祈願内容と思われる神楽《かぐら》を挙行する、「御籤」を引くなど、綿密な準備を行っていた。一方、島津氏の高原城攻めに内応し、王子六所権現社（現王子神社）の宮司が密かに島津氏の戦勝祈願を行い、竹崎（現都城市高崎町）の城主が薩摩に上り、高原城への急襲と城攻めの手引き役を買って出ていた。このような入念な準備を終え、八月十六日鹿児島で三献の儀を執り行った後、島津義久は兵五万の大軍勢を率いて出陣した。八月十七日には庄内の北郷《ほんごう》時久・忠虎も兵一万を率いて出陣している。八月十八日、飯野城で島津義弘と合流した後、義弘は一足先に高原に向かい出陣した。翌八月十九日、島津家久《いえひさ》・忠長《ただなが》を大将とし、島津義久も兵を率いて出陣した。島津軍は高原城外の「耳付尾」に到着、別軍であった義久の従兄弟・征久も霧島越えで「高原表之廣野原」に到着した。当初この日城攻めは行わない命令が出されていたが、城を補強する外郭である下栫《しもがこい》に火矢が放たれたことから戦いが開始された。島津軍は南東〜東側の下栫、南側の地蔵院口、小川路口（南東〜西側か）を攻めたが、伊東方の兵は約一〇〇〇と島津方が圧倒的な兵力差にも関わらず、本城（上城）は落とせなかった。そこで島津氏は城の水路を絶ち、使者を送り開城交渉を行った。野尻城の伊東軍は猿瀬川を渡り、陣を構えていたが救援は叶わず、伊東方は八月二十三日に開城し、野尻城へ撤退した。

地勢上日向国侵攻および領域防衛の要衝であること、先立つ小林城での戦いで敗退していたこと、また当時伊東氏の勢力内であった高原城領域で多くの内応が起きるほど伊東氏の勢力が衰えていたことなど、島津氏にとって高原城攻めは負けることが許されない戦いであった。入念な準備を行って戦闘に臨んだもの、当初予定していた「日没まで」の落城が叶わず、水の手を止め開城交渉を行うことでそれを達成した。ほとんど戦闘も行われず高原城が開城されたことにより、

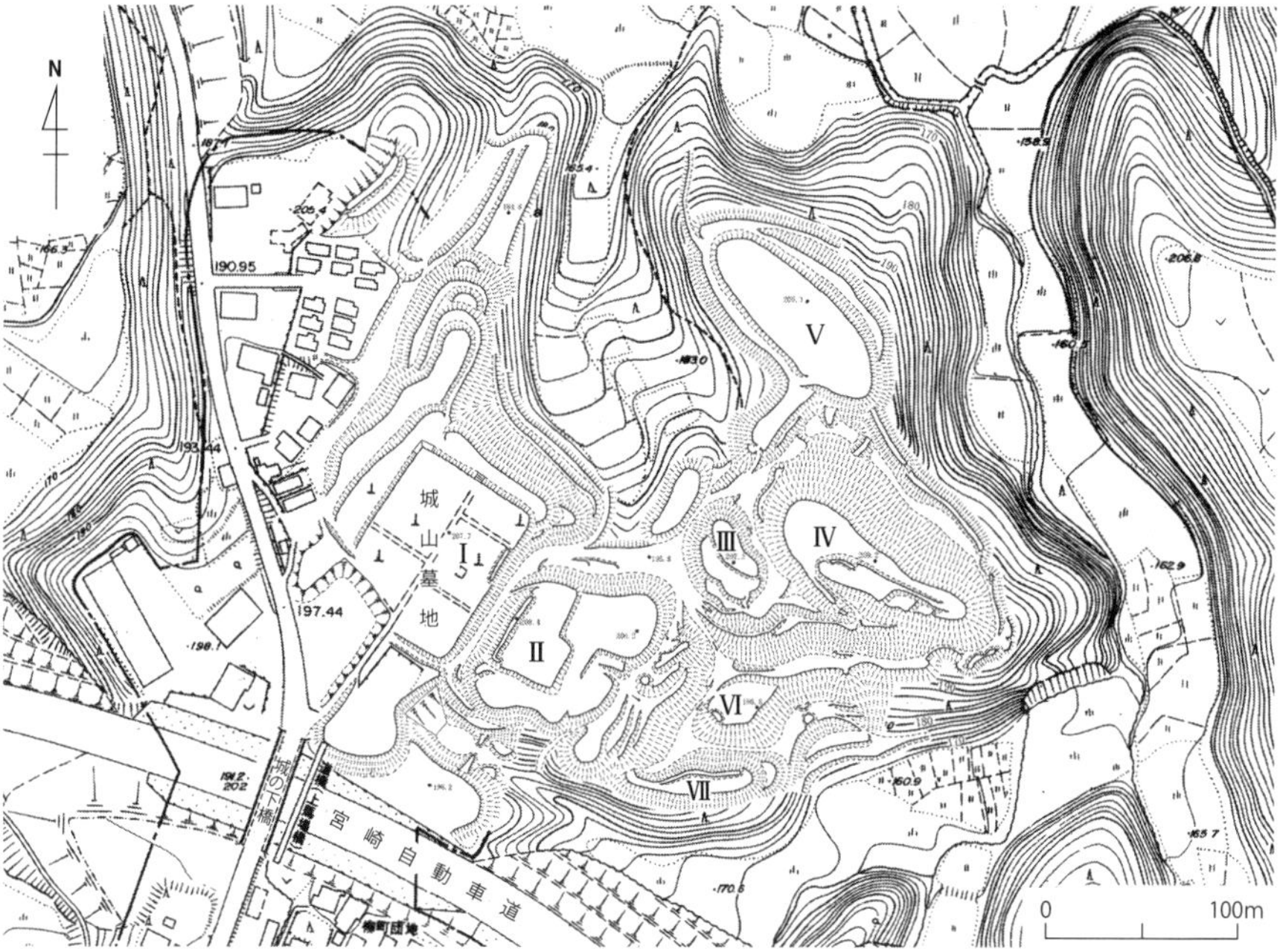

●—高原城跡縄張図（『高原町文化財調査報告書 第8集』）（作図：大學康宏，文字は執筆者加筆）

伊東方の士気が低下し、周辺の城も次々と落城した。その後島津氏は上原尚近を高原城に置き、調略を進めて野尻城を攻略した。一方で霧島における伊東氏一掃の作戦も進めていた。その後は佐土原《さどわら》城・都於郡《とのこおり》城へと次々と入城を果たす。

このように高原城落城後、伊東氏の勢力は後退したことから、高原城落城が島津氏日向侵攻の直接的契機となっており、高原城の戦略的価値が高かったことを物語っている。

【高原城の縄張】 高原城においては、現在までに発掘調査は実施されていないが、縄張調査によって曲輪や土塁《どるい》、堀、虎《こ》口《ぐち》などが残存していることがわかっている。なお現在主郭と思われる位置には墓地が作られている。高原城は、台地の北側突端部に築かれた上城と、その南北に延びた大規模な帯《おび》曲輪である下栫の、二地区で構成されている。上城は、曲輪は五ヵ所存在し、①方形を主体とするもの（Ⅰ・Ⅱ）、②楕円形など不定形のもの（Ⅲ〜Ⅴ）がある。①の曲輪にはそれぞれ同じような方形の区画の段差がある。それに対し、②では不定形の段差である。Ⅰが主郭部分と考えられるが、Ⅳ・Ⅴのほうが三〜四メートル高所にある。曲輪の形状の違いは、造成時期および用途性格の違いで、時期は高原城攻めの前後、西南戦争の際と推測されている。特に方形曲輪は城攻め以降の、地頭仮屋などの行政区としての遺構と考えられる。Ⅰ〜Ⅴの

●—主郭推定部分　南西から（高原町役場提供）

曲輪の周囲に小規模な曲輪・帯曲輪などが多数確認されているが、そのほとんどはⅡ～Ⅳの間に集中している。城の大手口は、この曲輪群が多い東側に存在するという伝承があり、縄張調査によって、土塁を伴った明確な門跡が発見され、その周囲には曲輪や見張り台、武者溜《むしゃだ》まりなどの多数の防護施設が確認されたことから、この道が大手門である可能性があることがわかった。城への道筋は、この大手道と、その南側の谷地形状の道で、後者の道にも防護施設と思われる土塁が複数確認されている。その他、地蔵院口と伝えられる台地状地形も残存しているが、後世の造成により不明瞭になっている。一部造成されているものの、高原城域全体としては従来の南を除く三方向の険しい崖と幾重にも深い谷や河川が存在する地形は良好に残存しており、当時の姿を伝える貴重な城跡といえる。

【参考文献】高原町『高原町史』（一九八四）、宮崎県教育庁文化課『宮崎県中近世城館跡緊急分布調査報告書 Ⅱ』（一九九九）、大學康宏「高原城跡の縄張り調査」『町内遺跡Ⅰ』高原町文化財調査報告書　第八集（二〇〇二）、大學康宏「高原を〝さるく〟～史跡編～」『教育委員会広報紙　友遊』（二〇〇七）、新名一仁「戦国期の南部九州」『九州の中世Ⅲ　戦国の城と館』（高志書院、二〇二〇）、森田清美「神楽による霧島神への立願と戦勝祝い」『島津氏と霧島修験』（鉱脈社、二〇二〇）、新名一仁『「不屈の両殿」島津義久・義弘』（KADOKAWA、二〇二一）

（玉谷鮎美）

●島津義弘青壮年期の拠点

飯《いい》野《の》城《じょう》

〔えびの市史跡〕

〔所在地〕えびの市大字原田字城内
〔比　高〕五〇メートル
〔分　類〕山城
〔年　代〕一四〜一六世紀
〔城　主〕北原氏〜島津義弘
〔交通アクセス〕国道二二一号線上り「飯野」下車、一〇分。または九州縦貫自動車道「えびのIC」から車で一〇分（六キロ）。

【立　地】 九州山地と霧島山系に囲まれた宮崎県えびの市は、東西一六キロの狭長な盆地で、三四万年前の加久藤《かくとう》カルデラが地形の成り立ちである。盆地を望む丘陵や台地の突端には四〇カ所以上の山城が点在し、交通の要衝と肥沃な土地の覇権が争われた。

飯野城は、えびの市の東部、盆地中央を西流する川内川《せんだいがわ》の右岸の高位段丘に立地し、狭長な盆地の東半分を眺望できる。亀《き》城または鶴亀城ともいわれたらしい。谷を挟んだ西側には長徳庵《ちょうとくあん》（一六世紀代か）、東側は金丸《かねまる》城（飯野城の出城と推定されている）、北側（背後）は急峻な九州山地と鉄鉱石・山砂鉄《やまさてつ》を産出する鉄山がある。南西部直下には川内川が蛇行し、急崖な要衝となっている。一五〜一六世紀、南側の氾濫原には衆中屋敷が配置され、南東の低位段丘〜氾濫原《はんらんげん》にかけての六ヘクタールは長善寺《ちょうぜんじ》や清涼院《せいりょういん》・宗江院《そうこういん》・明吉《あきよし》庵《あん》・知足庵《ちそくあん》・慈眼院《じげんいん》・大徳軒《だいとくけん》といった寺院や居館で埋めつくされた。真南の対岸には地頭仮屋と鍛冶屋屋敷のほか、神社や衆中屋敷群・町人街の城下町が一キロほど整備されていたようである。

西一キロには、熊本県人吉市（相良《さがら》氏）へ抜ける「高野越《たかのごえ》」が、東二キロには「鉄山越《てつやまごえ》」という中世の林道が通り、北からの相良氏と東からの伊東氏を重視する位置にある。

【城の沿革】 江戸時代後期に薩摩藩が編集した地誌である『三国名勝図会』に、島津忠久が入府した一二世紀末頃、日下部《くさかべ》氏が郡司として真幸院《まさきいん》を治め、飯野城に居城したとあることが郷土史家では通説となっている。しかしこの内容は『三国名勝図会』に初見するもので、同書に多く見られる由緒の古さを誇ったもののひとつであろう。史実としては、日下部氏が居城した証拠はない。

郡司の館は麓に構えたはずである。

真幸院における北原氏は、康永四年（一三四五）に北原兼命《かねのぶ》が真幸院収納使として初見する（『相良家文書』）。飯野城の史料上の初見は「文明六年（一四七四）三州処々領主記」（『都城島津家文書』）に記された「北原持城、飯野」である。この頃には、臨時の砦としての外観が備わっていたと考えられる。北原氏は真幸院を中心とする有力な国衆であったが、永禄五年（一五六二）北原兼守《かねもり》の早世を機に起こった一族の内紛に伊東・島津・相良各氏が介入し、勢力を衰退させる。島津貴久ははじめ北原兼親を擁立したが、永禄七年兼親を薩摩国伊集院（鹿児島県日置市）に移封した。

同年、代わって飯野城には貴久二男の島津忠平（義弘）が入り、本格的な山城として整備したと思われる。以後、天正十八年（一五九〇）に大隅国栗野城（鹿児島県湧水町）へ移るまでの二六年間、義弘は飯野城を居城にして各地の戦いに出陣した。元亀三年（一五七二）、伊東氏が真幸院を平定しようと加久藤城（えびの市小田）を攻めるが飯野城南西の木崎原《きさきばる》に後退。ここに飯野城から義弘が進撃し、島津・伊東の決戦の場となって島津軍が勝利した。こののち島津氏は勢力を拡大し、義弘らは九州平定をめざして進軍する。

しかし天正十五年、豊臣政権による九州進攻に島津軍は敗北した。島津義弘は二男・久保《ひさやす》を人質に差し出して帰順し、秀吉から大隅国を与えられた。同年の豊臣秀吉の朱印状の中に「右之飯野城ニ付真幸郡又一郎（島津久保）ニ可取之候事」（『都城島津家文書』）とあり、飯野城が秀吉の側に仕える久保に与えられたことがわかる。義弘は飯野城を拠点とし続けたが、豊臣政権からの指示により天正十八年に城を出て栗野城へ移った。飯野城は元和の一国一城令（一六一五）を待たずに廃城となっているが、一七世紀後半までの陶磁器が出土している。

【縄張】 本来ならば平坦面は郭Ⅰ・Ⅱ……と仮称するであろうが『元禄縄引帳』（一六九八）にも記されている近世の名称で呼ぶ。従来、飯野城跡へは、県道から川内川を越えてすぐに北側の市道へ入り、亀城橋へ行く市道を通る。近年、この市道拡幅工事（東側溝と高さ一メートルの土手を削平する）があり、土手の断ち割り試掘や工事立会の結果、近代以降の盛土（人頭大の砂礫＋砂質土）であることが判明し、近世までは亀城二〇号橋から南へ延びる道がメイン通りと思われる。南縁中央部の大手門（位置は不詳）から北へ一四〇メートル登り、南西方向に高位段丘礫層とシラスの壁沿いを九〇メートル登り、直角に西へ、さらに北へ曲がると東側に虎口《こぐち》がある。ここが東西九〇メートル・南北三〇〜南北七五メートルの本丸である。公園として造成されるまでは東側が二〇〜三〇センチ高かったので、区割りがあったようだ。南東部に虎口と土塁《どるい》状の高まりがある。本丸と二〇メートル隔てた東側には射場があり、その東には三之丸が、北側には二之丸がある。詳細は不明であるが二之丸は東西二〇〇メートルもある。その南には三之丸があり、南端部には物見《ものみ》郭がある。本丸の南端にも物見郭があるが、川内川の氾濫によって一〇メートル以上崩落流出しているらしい。段丘砂礫の下はシラス（三万年前）であることから崩れやすい土壌に立地している。これら主要な郭以外にも、南縁に小郭が多く配置され、土塁や竪堀《たてぼり》・切岸《きりぎし》も点在している。

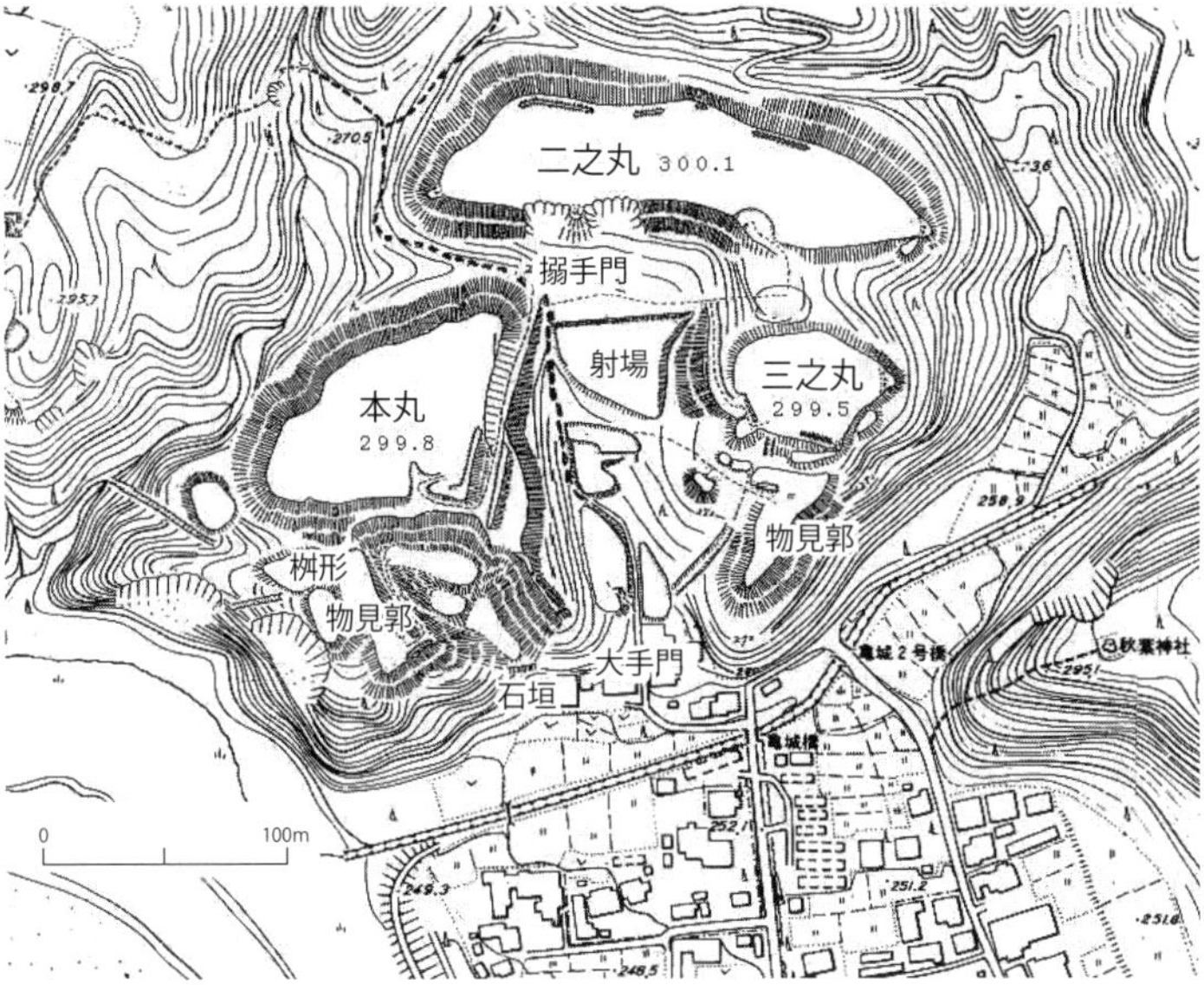

●―飯野城縄張図（『えびの市の城館跡』2008）（作図：市田政瑠・市田寛幸）

大手門の西南五〇メートルには、野面積《のづらづみ》の石垣が長さ七・六メートル残っており、西端部は高さ一メートル、中央部で五メートル（石材一四〜一五段）、東端で高さ三メートル（石材三段）を測る。石材は、長さ三〇〜六〇センチ、幅三〇〜四〇センチ、最大八〇×四〇センチほどの自然石もしくは角礫で、間詰石《まづめいし》は顕著でないが崩落部や足元には拳大ないし二個分ほどの円礫が転がっている。

古老の話では、河川の井堰の建設や住宅の石垣建設のために相当量の石材を取り出したらしく、旧状は不明である。また、明治期の廃仏毀釈によって古文書や古絵図の多くが失われた結果、資料は限られ、発掘調査も皆無に等しいので、実態は不明に近い。直近まで太陽光発電パネルが設置されているが見学できる。

【発掘調査】 本丸で二カ所の調査経歴がある。平成九年（一九九七）の第一次調査は、虎口《こぐち》付近の阿舎《あずまや》建設に伴う二四平方メートルで直径二〇〜六〇センチ・深さ五〇〜一〇〇センチの柱穴を四〇基ほど検出し、一五〜一六世紀代の輸入陶磁器などが出土した。

平成十五年（二〇〇三）の第二次調査は、その北側に舞台を建設する計画に伴い三七平方メートルを調査し、幅八〇センチ・深さ一メートル前後の礎板石を据えた柱穴二基分と五基分の布掘りが一間（一・八メートル）間隔に並列する建物を含むさまざまな大きさの柱穴五〇基あまりを検出した。建物は数度の建替があり、同類タイプのものは一・六キロ

●—石垣（谷からの侵入を防ぐためか）

南の田之上城《たのうえじょう》跡から検出しており、盆地東部の双璧であったことは疑いない。出土遺物としては、土師質《はじしつ》土器や灯明皿《とうみょうざら》のほか、青磁・白磁・青花《せいか》・褐釉《かつゆう》陶器などの輸入陶磁器、金銅装飾金具、炭化籾塊、茶臼など、一四世紀後半〜一六世紀末を主とするさまざまな物がある。

【飯野城の周辺】　加久藤城は、島津義弘の入城後に中城と新城が増設された。西には近世の肥後街道、東には球磨《くま》街道があり、盆地中央に立地しており、盆地の西端から東端付近まで広範囲に眺望できる。義弘は夫人を加久藤城に住まわせ、道のり四キロを馬で走り往来していた。飯野城の搦手《からめて》から西の斜面を掛け上がり、長《ちょう》徳庵《とくあん》を過ぎて野谷筋《のたにすじ》を通って台地縁辺の宮之城《みやのじょう》出城・掃部城《かもんじょう》出城・小城出城を通り北西方向へ下って加久藤城へ掛け上がるルートである。そのルート上の稲荷下遺跡（えびの市坂元）では、幅八・八メートル、深さ一・三メートルに掘り込まれ、路面幅五・八四メートル、南側に側溝を有する道路跡を検出した。出土遺物から、戦国期に掘削され埋没しつつも明治時代まで使われていたことが判明した。北端部付近（現在、えびの市美化センター入口）の古道は「殿道《とのみち》」と呼ばれていた。

【参考文献】宮崎県『宮崎県史通史編　中世』（一九八八）、えびの市教育委員会『えびの市の城館跡』（二〇〇六）、新名一仁『「不屈の両殿」島津義久・義弘』角川新書（二〇二一）

（中野和浩）

●都城盆地の拠点城郭

都《みやこの》城《じょう》

〔都城市史跡（本丸のみ）〕

〔所在地〕都城市都島町ほか
〔比　高〕約二〇メートル
〔分　類〕山城
〔年　代〕一四世紀第4四半期～一六世紀第1四半期
〔城主〕北郷（都城島津）氏・伊集院氏
〔交通アクセス〕JR日豊本線「西都城駅」から徒歩二〇分。

【城の歴史】　築城は永和元年（一三七五）と伝承され、廃城は元和元年（一六一五）である。長禄三年（一四五九）から文明八年（一四七六）の守護直轄、文禄四年（一五九五）から慶長五年（一六〇〇）の伊集院《いじゅういん》氏在城期間を除けば、基本的には島津氏の庶子家（四代忠宗《ただむね》の六男の資忠《すけただ》を祖）で、都城盆地を中心に活動した北郷《ほんごう》（都城島津）氏が居城とした。

築城の契機は、永和元年、在地領主宮丸氏が継嗣不在のため、外孫の北郷義久《よしひさ》（初代資忠の子）に所領と居城を譲与し、その地に義久が城を築いたことと伝えられる（『庄内地理志』）。当時は室町幕府の九州探題今川了俊《いまがわりょうしゅん》と守護家島津氏、北郷氏、国人らが離合集散と抗争を繰り返していた時期にあたる。都城周辺の合戦としては、永和三年の都城西方の本之原《もとのばる》・蓑原《みのばる》における今川氏と北郷氏との戦いの記録が残る（『旧記雑録』）。今川氏との抗争が終結した応永二年（一三九五）以降しばらくは、北郷氏・樺山《かばやま》氏・和田氏・高木《たかぎ》氏によって盆地の統治が保たれていたが、一五世紀前半の島津本家の内紛や大覚寺義昭事件、国一揆、伊東氏の侵攻などによる支配体制の動揺から、長禄三年、都城は守護である島津本家の直轄となり、北郷氏は盆地北西部の安永城に移った（「文明六年三州処々領主記」『都城島津家史料』）。その後、文明八年に都城に戻った北郷氏は、島津本家をめぐる内紛のなかで領域支配を確立していく一方で、宮崎平野部から内陸部を目指す伊東氏の勢力拡大に直面する。伊東氏との抗争では、永正十七年（一五二〇）と大永二年（一五二二）に本之原にて合戦がなされている（『日向記』）。またこの時期、都城島津家第八代の北郷忠相《ただすけ》によって、新城・池之上城・中尾城・小城が整備され、城域拡大が図られたと伝えられる（『庄内地理志』）。

一六世紀後半、伊東氏との戦いをへて都城盆地での権力を確立した北郷氏は、島津本家とともに北部九州へと攻めのぼり、天正十五年（一五八七）の豊臣秀吉の九州平定に対しては、北郷氏は島津方の主戦派であり、都城盆地の諸城を固めている（『旧記雑録』）。文禄四年、北郷氏は祁答院《けどういん》へ所領替えとなり、島津宗家の重臣でありながら豊臣政権とのパイプ役を果たした伊集院忠棟《ただむね》が鹿屋城から都城に入ることとなった。この時期に取添が整備されたと伝えられる（『庄内地理志』）。

慶長四年（一五九九）、豊臣秀吉の死後、京都伏見にて島津本家の忠恒《ただつね》が伊集院忠棟を殺害した（『旧記雑録』）。この事件が発端となり、忠棟の嫡子忠真《ただざね》が本城の都城を中心に、盆地とその周辺の一二支城（財部《たからべ》・安永《やすなが》・野々三谷《ののみたに》・山田・志和《しわ》池《ち》・高城・山之口・勝岡・梶山・梅北・末吉・恒吉）を固め、島津氏と対抗した（「庄内の乱」）。戦闘は恒吉城・山田城・志和池城などを主戦場とし、徳川家康の介入と九州諸大名の来援を経て、両者の和睦、伊集院氏の下城をもって終結した。

慶長五年からは、都城に戻った北郷氏の居城となるが、元和元年の一国一城令によって廃城となった。歴史的にみると、都城盆地における最重要拠点であると同時に、島津氏の日向国への進出拠点となった城郭である。

【城の構造】　都城は、都城盆地の南西部に広がる成層シラス台地（蓑原台地）の東端部に立地し、大淀川の左岸に位置している。最も盆地中央付近に位置する城郭のひとつであり、盆地底に突き出すような形の台地の先端部に形成される。自然の谷地形と人工的な空堀《からぼり》、水路で台地面を分割し各曲輪《くるわ》を独立させた「群郭式《ぐんかくしき》城郭」であり、大淀川に面して、本丸から北・西・南へ、三日月状に城域を展開させる。ほぼ同一な標高（一六〇メートル前後）の一一の曲輪からなり、城域は約二九万平方メートル、城内への出入りには西（中尾口・大手、鷹尾口）、北（弓場田口・搦手《からめて》）、東（来住口）、南（大岩田口）の五ヵ所を設けている。

大淀川の氾濫原《はんらんげん》面を含む台地崖下の沖積低地面や台地を浸食した谷底と台地上面との比高差は約二〇メートルを測るが、台地上面の中での比高差はあまり顕著ではなく、ほぼ平坦である。

八巻孝夫による縄張調査では、曲輪を①「川沿いの台地グループ」（本丸・西城・中之城・外城・小城）、②「台地続きグ

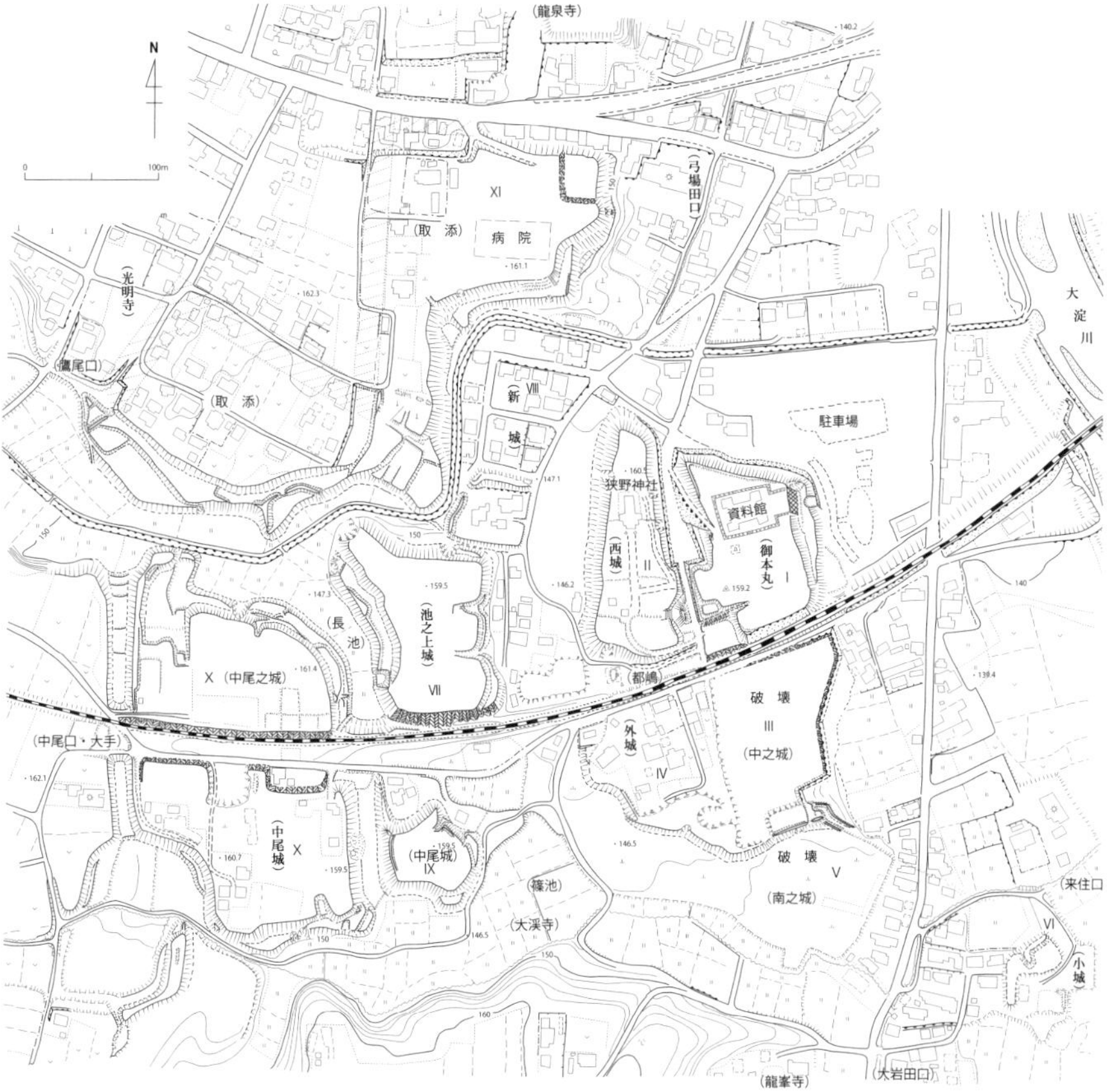

●―都城縄張図（八巻孝夫作成原図を，都城市教育委員会がデジタルトレース）

ループ」（池之上城・中尾城・中尾之城）、③「台地縁グループ」（取添）に分類し、独立台地を利用した①の形成から、空堀を利用した台地からの切断による②の構築、屋敷地確保を目的とした③の設定からなる城郭形成過程を想定した。また、都城島津家の古絵図と現地の遺構が極めてよく一致する点、虎口《こぐち》の残存状況が非常に良好な点を評価している。なお、昭和二十二年（一九四七）の空中写真でも絵図とほぼ同様な地形が観察できる。現在、破壊された中之城、南之城以外は、宅地化などの影響を受けつつも、良好な残存状況を保っている。

川沿いの台地グループ（「本丸」・「西城」・「中之城」・「外城」・「南之城」）は、大淀川を背後にした独立台地を空堀《からぼり》で区画して形成された曲輪群であり、築城にあたって最初に構築された曲輪群と伝えられる。古絵図には、各曲輪の虎口を長軸に沿って台地を東西に分割する直線的な空堀「馬乗馬場」に面して配置する様相がみてとれ、その空堀を通路として共有する中核的な曲輪群（主郭グループ）と理解できる。

なお、これらの曲輪群の中央に位置する都島は、現状径約一二《メートル》、高さ約二《メートル》の塚であり、古絵図には樹木の茂る塚として描写される。主郭グループへの西側からの唯一の進入路にあたり、土塁《どるい》で通路を狭めて横矢掛《よこやがか》りを配置するなど、非常に防御性が高い区域である。『庄内地理志』には、神武天皇御所跡に築かれた塚で「宮古嶋」と称したこと、城名の由来であること、最初期段階の大手であり、最大城域における中心にあたることなどが記録される。都城跡において防御的・精神的に最重要な区域であったことがうかがえる。

本丸・中之城の発掘調査では、大規模な箱堀《はこぼり》状の道路遺構による区画と多数の建物跡が検出されている。本丸の調査では、一四世紀〜一七世紀前半の時期幅の中で四つの時期区分が想定され、箱掘状通路の付け替えによる建物配置の変化が指摘される。伊集院氏在城時にあたる四期には「五七桐」紋の瓦の出土や東側の虎口の封鎖と西側虎口へ一本化がみられ、豊臣政権や「庄内の乱」との関係が想定される。また、華南彩釉陶器《かなんさいゆうとうき》など非常に質の高い遺物や茶道具などが多量に出土する点も特筆される。

台地続きグループ（「池之上城」・「新城」・「中尾・中尾之城」）は、流路と空堀によって、台地端を台地から切断して構築された曲輪群であり、戦国期の増築と伝えられる。先述した、川沿いの台地グループでは手狭になったためと、中核グループを包むような形の台地（新城など）を残しておくのが不安になったため、そこに築城することにより、この問題の解決をはかったものと理解される。

池之上城・新城は直線的な流路、中尾・中尾之城は大規模な空堀で台地から切断され、池之上城と中尾之城の間は、谷地形の封鎖による形成と思われる「長池」で隔てられる。

古絵図には、池之上城には長大な坂虎口とそれを登りきった所の桝形《ますがた》が描かれ、長池に面して大規模な土塁と横堀が配置されている。中尾城は、元来、一つの曲輪だったものを空堀によって三分割したとみられ、「中尾城」・「中尾之城」と少しずつ異なる名称が記載されている。

池之上城の確認調査では、多数の建物跡や道路状遺構、土留めの石組みなどが確認され、古絵図に符号する虎口からのびる箱堀状の道路状遺構の付け替えによる三回以上の区画変更とそれに連動する建物配置の変化が想定されている。遺物は一五世紀後半〜一七世紀初頭を中心として、鉄釉龍貼付《てつゆうりゅうはりつけ》文壺《もんつぼ》など、非常に質の高い遺物が多量に出土している。西側の横堀・土塁に設定したトレンチでは、切土塁《きりどるい》である点、空堀底面がシラス層（曲輪面との比高差約一一メートル）に達する点が確認され、その埋土からは崩落と補修が繰り返された状況が推測されている。

「中尾之城」の確認調査では、中世の柱穴や箱堀状の通路遺構が検出されている。大規模な空堀に設定したトレンチでは、底面がシラス層（曲輪面との比高差約七・五メートル）に達する点、複数回以上の掘り直しが想定され、空堀に沿った土塁に設定したトレンチでは、盛土塁である点、桜島文明軽石（一四七〇年代）以降の形成である点が確認されている。遺物は一六世紀代が主体となり、本丸や池之上城より遅れる。

都城は切り立つ崖面というシラス台地の特性に立脚した城郭であるが、空堀のm調査では崩落と再構築の繰り返しが推測され、城郭の維持・管理の困難さも浮かび上がる。

台地縁グループ（「取添」）は、台地縁を直線的で大規模な空堀と土塁で切り離した曲輪であり、伊集院氏在城時の構築とされる。古絵図には、南北の方形区画を中央の細長い区画でつないだクランク状の平面形に描かれ、北区画と中央区画は二重の土塁と空堀で防御される。南区画は東西方向にのびる直線的な空堀で台地縁部と台地内部とに二分される。この空堀は鷹尾口から城内へと続く通路となっており、通路に面して各区画の虎口が構築されている。北区画の発掘調査では、一三世紀から一六世紀にかけての溝状遺構・道路状遺構・柱穴・土坑などが検出され、本丸を中心とした求心構造に連関しない一四世紀後半と、城郭に取り込まれる一五～一六世紀代との差異が指摘される。また、西側空堀の確認調査では、深さ四メートル以上の大規模な空堀が確認されている。南区画での確認調査では、全体を数メートル地下げしたのち、区画割りの溝状遺構や建物などを配置している様相、現在も残る土塁が地下げ時に削り残された切土塁であることなどが確認されている。遺物は中尾之城と同様に一六世紀代が主体となる。

古絵図をみると、本丸東側の低地面には、南北方向に走行する直線的な道路「犬之馬場」が描かれ、それに沿って家臣名が記される。確認調査では造成土層とその上に形成された「犬之馬場」と推定される道路状遺構、屋敷地との関連が考えられる竈《かまど》状遺構と護岸的役割の想定される軽石集積遺構が検出されたほか、自然科学分析より道路遺構構築以前は水田耕作がなされていた可能性が指摘されている。

「取添」・「犬之馬場」は伊集院氏在城時以降の構築とされる。発掘調査では当該期の遺構も多く確認されるが、大規模な堀や造成など、事業が大規模化していく様相は特筆すべき点と考えられる。

大手口にあたる「中尾口」の城外隣接地（八幡城遺跡）で

●—都城跡全景（南東上空から）（都城市教育委員会提供）

の発掘調査では、東西方向にのびる比較的大規模な道路状遺構が検出された。『庄内地理志』に記載されている、城の西に広がる町場へ続く道の可能性もある。多数の柱穴・竪穴状遺構、溝状遺構なども確認されたほか、城内と同様の遺物組成がみてとれ、城外の屋敷地もしくは町場の存在がうかがえる。

【参考文献】『都城・中之城跡』（都城市文化財調査報告書第三集、都城市教育委員会、一九八三）、八巻孝夫「都之城について　縄張検討による現状把握」（『平成二年度遺跡発掘調査概報』都城市文化財調査報告書第一三集、都城市教育委員会、一九九二）、『都之城跡（主郭部）』（都城市文化財調査報告書第一三集、都城市教育委員会、一九九二）、『都之城取添遺跡』（都城市文化財調査報告書第一五集、都城市教育委員会、一九九二）、桒畑光博「都之城の城域について」（『宮崎県中近世城館跡緊急分布調査報告書Ⅱ』詳説編、宮崎県教育委員会、一九九九）、『都城市史』史料編、近世3（都城市、二〇〇三）、『都城市史』通史編、中世・近世（都城市、二〇〇五）、『都城市史』資料編、考古（都城市、二〇〇六）、『八幡城遺跡』（都城市文化財調査報告書第九一集、都城市教育委員会、二〇〇九）、『池之上城跡』（都城市文化財調査報告書第九九集、都城市教育委員会、二〇一〇）、『都城跡：池之上城跡・中尾之城跡・取添』（都城市文化財調査報告書第一三九集、都城市教育委員会、二〇一九）、『都城市内遺跡一二』（都城市文化財調査報告書第一四一集、都城市教育委員会、二〇一九）、桒畑光博・近沢恒典「都城跡　島津氏の日向国進出の拠点」（『戦国の城と館』九州の中世Ⅲ、高志書院、二〇二〇）

（桒畑光博）

●関ヶ原の戦いの前年に構築された全国最大規模の陣

森《もり》田《た》陣《じん》

〔所在地〕都城市野々美谷町
〔比　高〕約二五メートル
〔分　類〕陣城
〔年　代〕一六世紀第4四半期
〔城　主〕島津忠恒（家久）
〔交通アクセス〕ＪＲ吉都線「谷頭駅」下車、東へ徒歩約五〇分。

【陣の歴史】　関ヶ原の戦いの前年、慶長四年（一五九九）に起こった「庄内《しょうない》の乱」において、伊集院忠真《いじゅういんただざね》の本城である都城《みやこのじょう》と並んで重要拠点とされた志和池城《しわちじょう》の攻囲戦のために築かれた大規模な陣である（『庄内地理志』〈『都城島津家文書』〉）。

以下、『旧記雑録』などに基づいて乱の経過を追ってみる。慶長四年三月、伏見において、都城領主であった伊集院忠棟《ただむね》が島津本家の忠恒《ただつね》（後の家久）によって殺害された。その直後から、都城一帯は、忠恒方によって交通路が封鎖され、忠棟の子の忠真に対し、居城である都城からの下城勧告がなされたが、忠真は都城に籠城し、領内の一二の外城を整備して抗戦の態勢をとった。四月になると合戦が始まり、六月二十二日には、恒吉城で大規模な戦闘が行われ忠真方はこれをなんとか食い止めたが、忠恒方の力攻めによって六月二十三日、山田城が落城している。七月に入ると力攻めではなく忠真方の諸城を包囲し、いわゆる兵糧攻めに転換して、封鎖を一層強化した。十月二日には忠恒が庄内に着陣し、志和池城と野々三谷城の間の台地縁部において、本陣としての森田陣が整備された。この陣はしだいに拡張され、志和池城の西側外郭まで包囲を狭めた「北郷《ほんごう》陣」が構築され、志和池城から谷を挟んだ北東の天神ヶ尾の台地上にも陣が置かれた。

忠真方と忠恒方の間では、断続的に攻防戦が行われたが、戦況は一進一退の様相を呈していた。十二月四日、忠恒方によって志和池城眼下を流れる大淀川の上・下流の二ヵ所に網が張られて舟運を断たれ、網と陣所の間には間垣《まがき》を設けて包囲を万全なものにされると、志和池城側では兵糧の欠乏が目立ちはじめ、底をつくのは時間の問題となった。こうした事態を打開するため、慶長五年一月四日、忠真方では志和池城衆が森田陣を襲撃するも忠恒方によって撃退され、志和池城の情勢はいよいよ切迫することになった。それでもなお一ヵ月もちこたえたが、二月五日に志和池城内から忠恒方に対して下城の申し入れがなされた。拠点城郭であった志和池城の開城を受けて、忠真方の外城六ヵ所も三月はじめには次々と陥落し、忠真方の軍事的敗北は明らかとなった。そして三月十日には忠真は起請文を提出して謝罪するとともに、本城である都城を明け渡し、約一年におよんだ「庄内の乱」は終結した。

【陣の構造】　志和池城を挟んで構築された全体は、長軸二〇〇〇メートルを超える範囲に及び、全国的にみても最大規模の陣城遺跡といえる。千田嘉博は、現地踏査と都城島津家が作成した『森田御陣諸絵図』を照らし合わせ、現状で確認可能な遺構に加え、現在は埋没してしまい地表面では観察できないものを、絵図によって補って縄張図を作成している。

台地が東西方向から北に方向転換した隅角に配置された本陣は、土砂採取によって約四分の一が失われている。注目すべきは本陣北側の複雑に屈曲させた堀の遺構である。鍵の手に堀を折り曲げることで死角のない塁線をつくり出しており、この遺構は絵図とも一致する。他の陣に比べ防御を厳重にしたものとみられる。

絵図によれば、本陣から西側に出るための出入り口には四角い馬出《うまだし》が構築されていたようである。防御と出撃性に優れた出入り口であるこのタイプの出入り口は、畿内の織豊政権の拠点城郭の影響を受けたもので、これまでの南九州の城づくりの技法にはなかったものである。本陣北側の島津家家老の「長寿院（盛淳）陣」にも同様の施設があったようだ。

本陣西側の「入来院又六殿陣（重時陣）」は、堀の一部が観察される。「長寿院陣（豊久陣）」の北側に展開した「諸軍勢陣」および「嶋津中務殿陣」では、東側の台地端部に沿って延びた通路と区画をかねた堀の一部が確認できる。大きな谷を挟んで台地崖線が東に向きを変えたところが「北郷陣」であり、本来は志和池城の西側外郭と推定されるエリアを切り取ったものと推定される。絵図によれば、現況とは異なり、谷の幅は狭く、両岸をつなぐ土橋《どばし》があったようだが、実際には曲輪《くるわ》面と同じ高さで土橋があったとは考えられず、谷を下りた中にこうした施設があったと推測されている。絵図にも描かれた櫓台《やぐらだい》を北郷陣の南西に確認できる。北郷陣

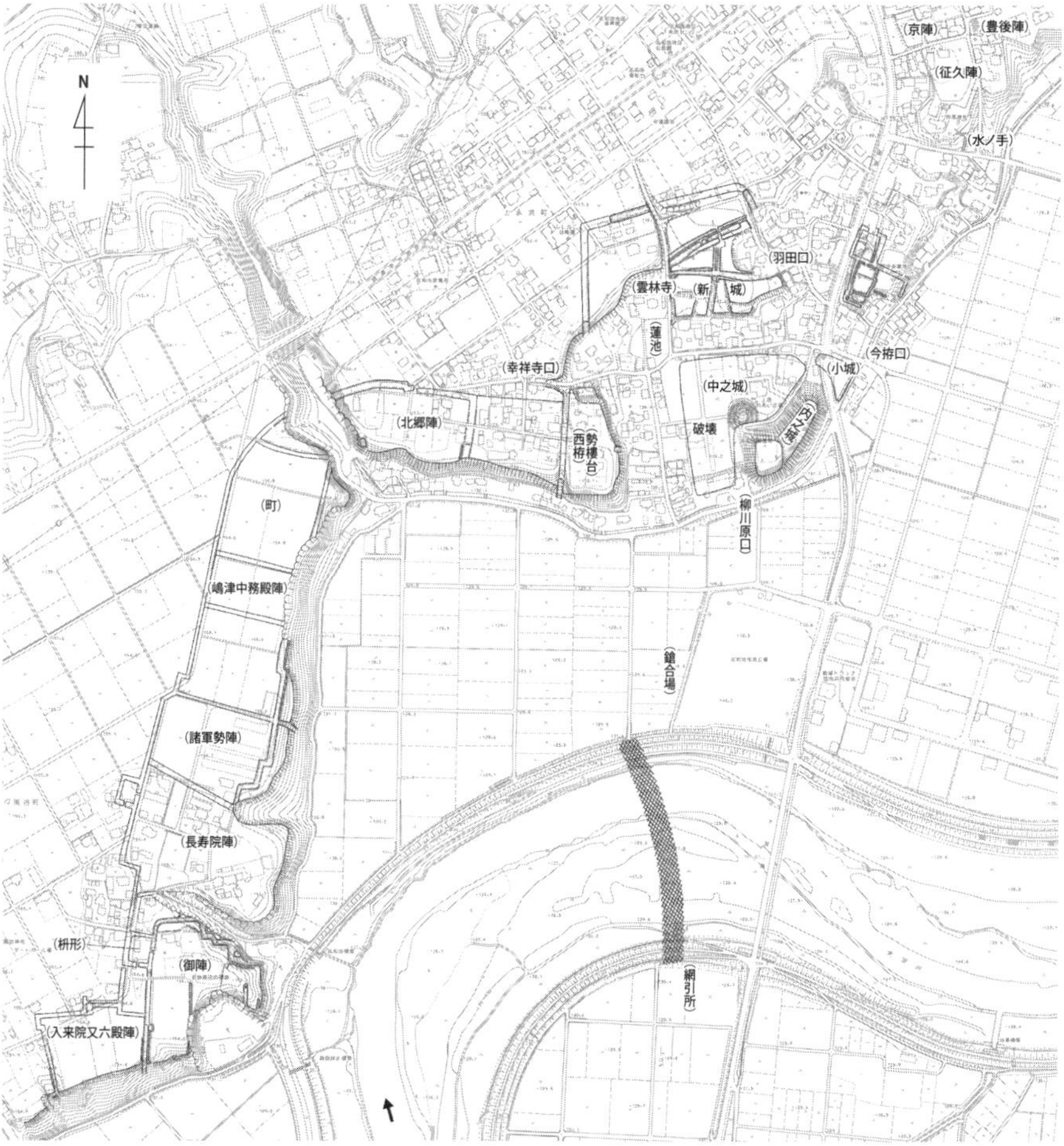

●—森田陣周辺図（栗畑光博・千田嘉博踏査，千田作成原図を都城市教育委員会がデジタルトレース）

の北側および東側の堀は地割に残る。北郷陣東の堀から西栫《にしかこい》までの空間は、西栫が落城してからは「勢楼番」の控えの陣所として使用されたようである。志和池城北東の天神ヶ尾にも土塁《どるい》と堀に守られた陣所（「京陣」、「豊後陣」、「嶋津右馬頭殿陣（以久陣）」に相当）が残る。現在、神社、宅地となっている。

【参考文献】重永卓爾「伊集院忠真発給文書に見る庄内事変の一齣」（『南九州文化』第一八号、一九八四）、山本博文『島津義弘の賭け』（読売新聞社、一九九七）、米澤英昭「森田御陣諸絵図」（『歴史資料館蔵品選集』、都城市教育委員会、一九九八）、『都城市史』通史編、中世・近世（都城市、二〇〇五）、『都城市史』資料編、考古（都城市、二〇〇六）、千田嘉博「森田陣跡」（『【新版】都城市の中世城』都城市文化財調査報告書第一四〇集、都城市教育委員会、二〇一九）

（栗畑光博）

●都城盆地唯一の現存する館城

新宮城《しんぐうじょう》

〔所在地〕都城市横市町
〔比　高〕約二五メートル
〔分　類〕山城
〔年　代〕一四世紀第2四半期～一六世紀？
〔城　主〕肝付兼重与党
〔交通アクセス〕ＪＲ日豊本線「都城駅」下車、高崎観光バス「横市」下車、徒歩一五分。

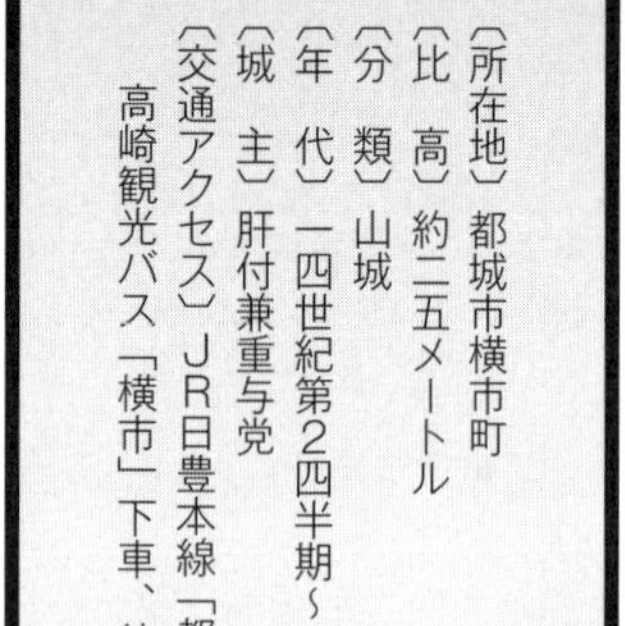

【城の歴史】　建武四年（一三三七）の「建部清道軍忠状」（『祢寝文書』）によれば、建武三年十二月六日、肝付兼重《きもつきかねしげ》以下が立て籠もっていた同城を北朝方である畠山直顕勢の建部清道が攻略したことがわかる。文献史料では南北朝期時代以降の動向がつかめないが、『庄内地理志』巻七〇の中に、「新宮城跡の図」という絵図があり、近世に入っても、城との認識があったようである。

【城の構造】　現在、丘陵の北部と南部に明瞭な城郭遺構をみることができ、先述した絵図の「古城」と「小城」にそれぞれ該当する。北部の古城は主郭とみられる曲輪《くるわ》の周りに幅十数メートルの空堀《からぼり》が構築され、その東側には土塁《どるい》を備えた出入口が設けられ堀底が通路としての機能を兼ねていたと推定される。

一方の南部の小城は北側と東側に二重の空堀がめぐっている。その中央に位置する曲輪は三方を土塁で囲まれており、絵図には「新宮権現」の社が記載されている。またさらにその南端には、堀底に侵入した敵の側面を攻撃するための「横矢」の折れが確認されている。この遺構について千田嘉博は、戦国時代と想定される高度な防御技術をうかがうことができるとし、この城は館と城の中間的な「館城」のプランを基本としながら、要害機能を発揮できるよう、よく工夫されていると評価している。

城の西側眼下の沖積段丘面において実施された畑田《はただ》遺跡の発掘調査では、一三世紀中頃から一四世紀後半の貿易陶磁器や国産陶器をはじめ、土師器《はじき》類が多量に出土しており、先述した南北朝時代に城が機能していた際に投棄されたものと推定されている。なお、同遺跡の出土品の中には、一六世紀代の青花磁器なども散見されるので、先述した戦国時代の特徴をもつと指摘される遺構の存在を裏付けている。

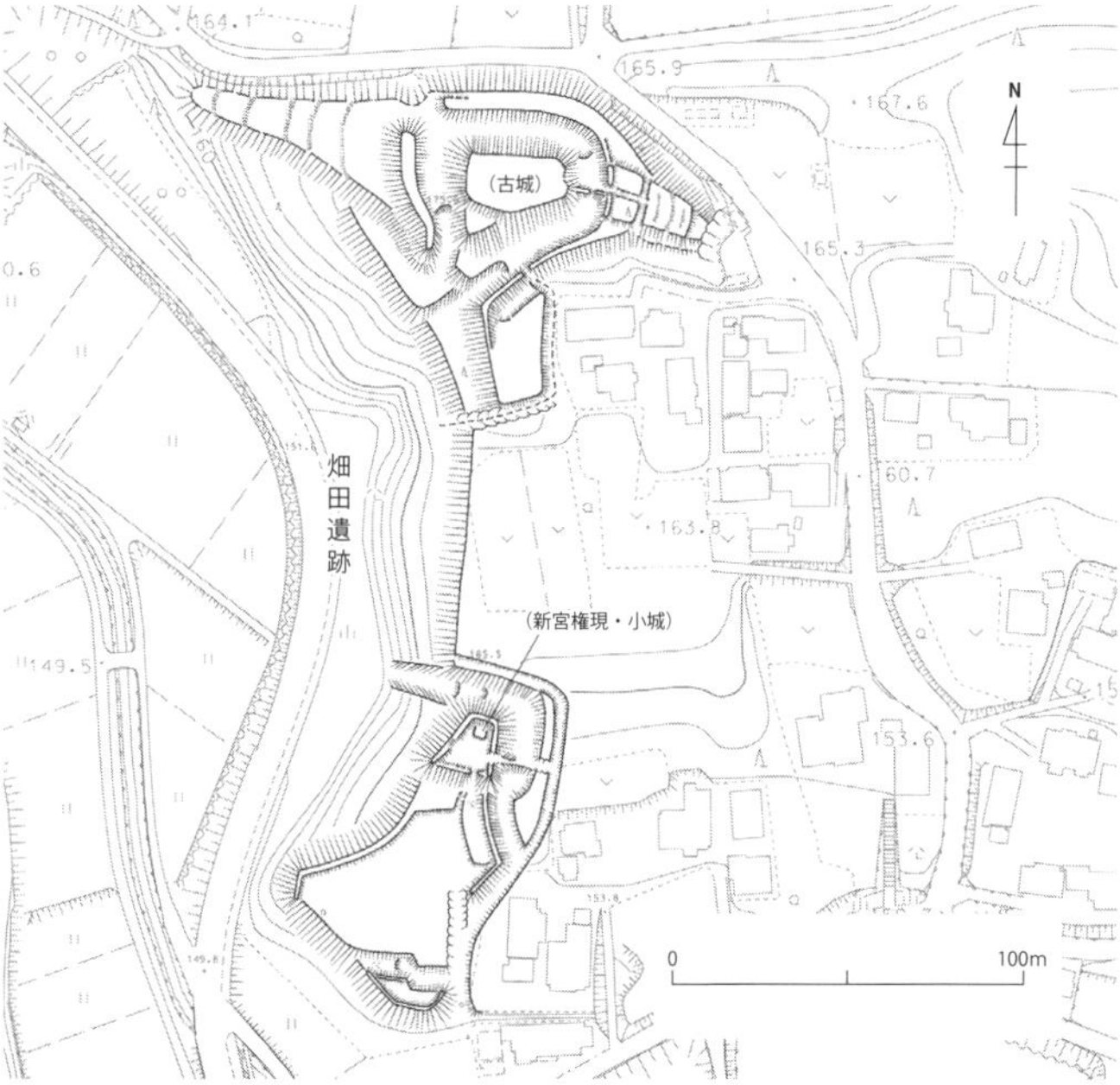

●—新宮城縄張図（桒畑光博・千田嘉博踏査，千田作成原図を都城市教育委員会がデジタルトレース）

●—新宮城跡（南から）

【参考文献】『畑田遺跡』（宮崎県埋蔵文化財センター発掘調査報告書第六三集、宮崎県埋蔵文化財センター二〇〇二）、『都城市史』通史編、中世・近世（都城市、二〇〇五）、千田嘉博「新宮城跡」【新版】都城市の中世城館』（都城市文化財調査報告書第一四〇集、都城市教育委員会、二〇一九）

（桒畑光博）

●都城盆地の北の要の城

三《み》俣《また》院《いん》高《たか》城《じょう》

〔都城市史跡〕（池ノ上・内ノ城のみ）

〔所在地〕都城市高城町
〔比　高〕約一〇メートル
〔分　類〕山城
〔年　代〕一四世紀第3四半期～一七世紀第1四半期
〔城　主〕肝付兼重、北郷氏、伊東氏、伊集院氏
〔交通アクセス〕JR日豊本線「都城駅」下車、高崎観光バス「高城上町」停留所下車、徒歩五分。

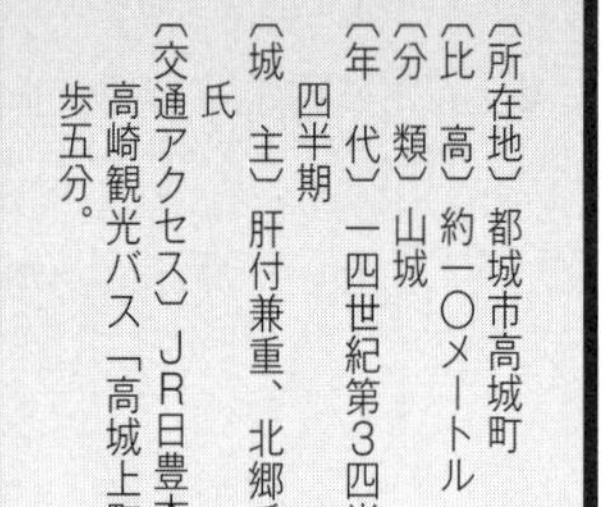

【城の歴史】　日向三高城のひとつであり（他の二城は、穆佐院高城と新納院高城）、南北朝時代に南朝方として活躍した大隅国の肝属《きもつき》郡の国人、肝付兼重《きもつきかねしげ》が築城したと伝わり、建武四年（一三三七）一月十日の「建部清種軍忠状」（『池端文書』）にみえる「兼重城郭」を指すという説が主流であるが、異論もある。

　暦応二年（一三三九）八月二十七日、北朝方の畠山直顕《ただあき》勢の攻撃を受けて高城は陥落する（「建部清道軍忠状写」『禰寝《ねじめ》文書』）。永和二・三年（一三七六・一三七七）には九州探題今川了俊《りょうしゅん》の子息である満範《みつのり》が島津氏攻略の拠点とした。応永元年（一三九四）以前に、和田氏が拠点としていたとみられる（『山田聖栄自記』）が、その後は日向・大隅・薩摩国守護である島津本家直轄地になったと考えられ、亨徳二年（一四五三）四月に島津忠国《ただくに》の命で島津庶子家の北郷持久《ほんごうもちひさ》が配置され（「新編島津氏世録支流系図」『都城島津家文書』）、その後、新納《にいろ》越後守（忠泰）が入部している（「文明六年三州処々領主記」『都城島津家文書』）。当城が所在する三俣院は、明応四年（一四九五）十一月に島津忠昌《ただまさ》が伊東氏と和睦した際に伊東氏へ譲渡され（『日向記』）、以降、この城も伊東三俣院八城（梶山・勝岡・野々美谷・下ノ城・松尾・山之口・高城・小山）のひとつとして重要拠点とされた。その後、三俣院回復に北郷氏が乗り出し、激しい攻防の末、城主の寝返りにより高城は北郷氏が手中に収めた（『日向記』）。天文七年（一五三八）には、嫡子忠親《ただちか》に都城を譲った北郷忠相《ただすけ》が高城を本拠としたようだ

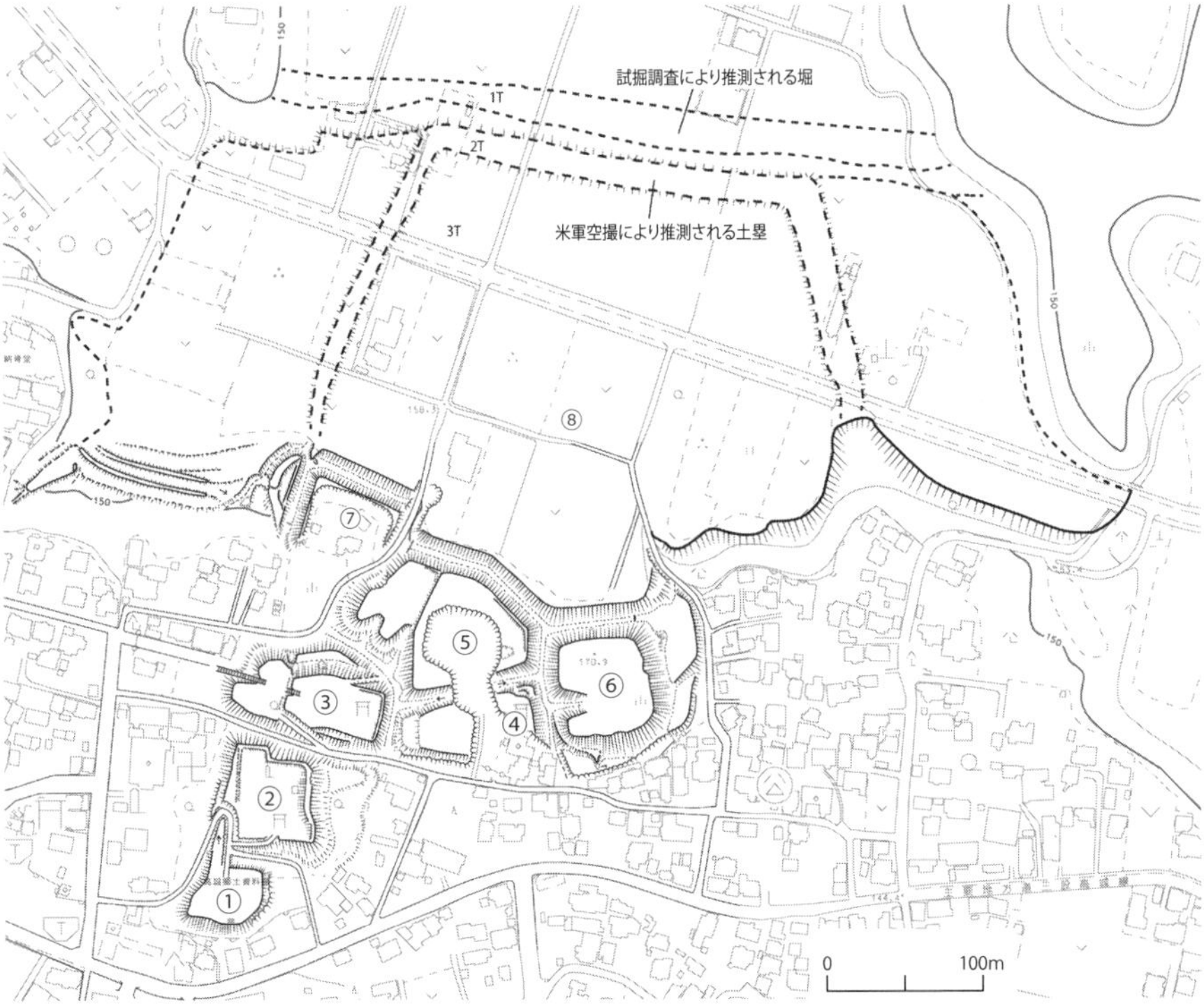

●—三俣院高城周辺図（縄張図は村田修三の原図を一部改変加筆して都城教育委員会がデジタルトレース）

『庄内平治記』）。豊臣秀吉による九州平定後の文禄四年（一五九五）に北郷氏が北薩地方の祁答院《けどういん》に転封されると、伊集院氏の持城となる（「豊臣秀吉朱印知行方目録」（『島津家文書』））。慶長四年（一五九九）の「庄内の乱」においては、伊集院方の十二外城のひとつとして機能していたが、同五年三月一日に落城した後はふたたび北郷氏のものとなり、元和元年（一六一五）の一国一城令により廃城となった。

【城の構造】 高城町市街地北部の台地の標高一五七～一六一メートルに立地する南九州型城郭の典型例である。寛政十年（一七九八）の『日和城郭絵図写』によれば、「池ノ上」・「内ノ城」・「真城」・「本城」・「中ノ城」・「樽原」・「桶広」・「取添」の八つの曲輪《くるわ》からなっていたことがわかる。『御道中記』には「一説に月山日和城と云ふ。総周廻八百廿七間」とあり、「小城八有り」と記されている。

地形に応じて台地の先端から順に切り取って曲輪にしていく築城がなされたとみられ、先の古絵図による曲輪名称を用いて表記すると、「池ノ上（①）」・「内ノ城（②）」・「真城（③）」の主郭群と「本城（④）」・「中ノ城（⑤）」・「楢原（⑥）」・「桶広（⑦）」・「取添（⑧）」

●—三俣院高城航空写真（米軍撮影 USA-R200-380 の一部）

の後方郭群に二大別できる。「内ノ城（②）」・「真城（③）」・「中ノ城（⑤）」の土塁《どるい》はいずれも曲輪の北ないし東側に明瞭である。「内ノ城（②）」の北西隅角は桝形《ますがた》状の張出《はりだし》が認められ、戦国時代末期の改修の痕跡と指摘されている。堀の規模は幅二〇メートル以上、深さ一五メートル以上と大規模である。空堀《からぼり》はいずれも堀底道として利用されたとみられるが、曲輪間を通る堀は単純に縦横に交差せず防御面で工夫がこらされている。

平成二十九年（二〇一七）に実施された、「取添（⑧）」（社《やしろ》ケ原《がはら》遺跡）の確認調査により、大規模な空堀の一部が検出された。この成果に昭和二十二年（一九四七）の米軍の空中写真を照らしあわせると、「コ」字状に空堀を巡らせた曲輪が復元され、先述した寛政十年の古絵図に描かれている「取添」と平面形が一致する。このような直線的で大規模な曲輪構造は、都城や山田城などの外郭プランとも共通するものであり、一六世紀末の「庄内の乱」の際に防衛線を強化した伊集院氏によるものと推察される。

【参考文献】村田修三「高城」『図説中世城郭事典』3（新人物往来社、一九八七）、『宮崎県中近世城館緊急分布調査報告書Ⅱ、詳説編』（宮崎県教育委員会一九九三）、村田修三「高城（月山日和城）の縄張りの特徴」『宮崎県地方史研究紀要』第二〇輯（一九九四）、『都城市史』通史編、中世・近世（都城市、二〇〇五）、『都城市内遺跡8』（都城市文化財調査報告書第一一九集、都城市教育委員会、二〇一五）、『【新版】都城市の中世城館』（都城市文化財調査報告書第一四〇集、都城市教育委員会、二〇一九）

（桒畑光博）

●都城盆地内唯一の畝状竪堀をもつ城

木《こ》場《ば》城《じょう》

〔所在地〕都城市高崎町縄瀬
〔比　高〕約一一〇メートル
〔分　類〕山城
〔年　代〕一六世紀第4四半期
〔城　主〕伊東氏
〔交通アクセス〕JR吉都線「高崎新田駅」下車、徒歩約六〇分。

【城の歴史】　築城時期は定かではないが、『日向地誌』では、「木場砦」と記載され、元亀二年（一五七一）に伊東義祐《よしすけ》が一族の伊東加賀守を配置したとされている。また、『三国名勝図会』には、「樋渡村にあり、野岡なり、陣営の跡とみえたり」と記されている。

【城の構造】　大淀川《おおよどがわ》左岸の山頂部に位置している。主郭部と目される最高所の標高は二六三・四《メートル》で、城域は南北約三五〇《メートル》、東西約三〇〇《メートル》を測る。最高所からは、大淀川方面が一望でき、都城島津家が寛政四年（一七九二）に完成させた観音瀬水路《かんのんぜすいろ》を見下ろすことができる、南へ続く尾根には堀切《ほりきり》が確認できるほか、斜面には竪堀《たてぼり》が設けられており、特筆すべきは北東斜面に構築された畝状空堀群《うねじょうからぼりぐん》である。南九州ではここと恒吉《つねよし》城（鹿児島県曽於《そお》市大隅町）の二ヵ所でしか確認されていない。

この空堀群の試掘調査では、埋土上部に、享保元〜二年（一七一六—一七）に霧島火山新燃岳《しんもえだけ》から噴出した軽石の堆積が確認されており、一八世紀以前の構築が確実である。また、主郭部北側の曲輪《くるわ》の虎口《こぐち》は、T字状の平面形を呈するとされる。

【参考文献】八巻孝夫「南九州の畝状空堀群の城」『中世城郭研究三』（一九八九）、高崎町教育委員会「木場城跡」『高崎町文化財調査報告書　第二集』（一九九〇）、宮崎県教育委員会『宮崎県中近世城館跡緊急分布調査報告書Ⅱ、詳説編』（一九九九）、都城市教育委員会『【新版】都城市の中世城館』（都城市文化財調査報告書

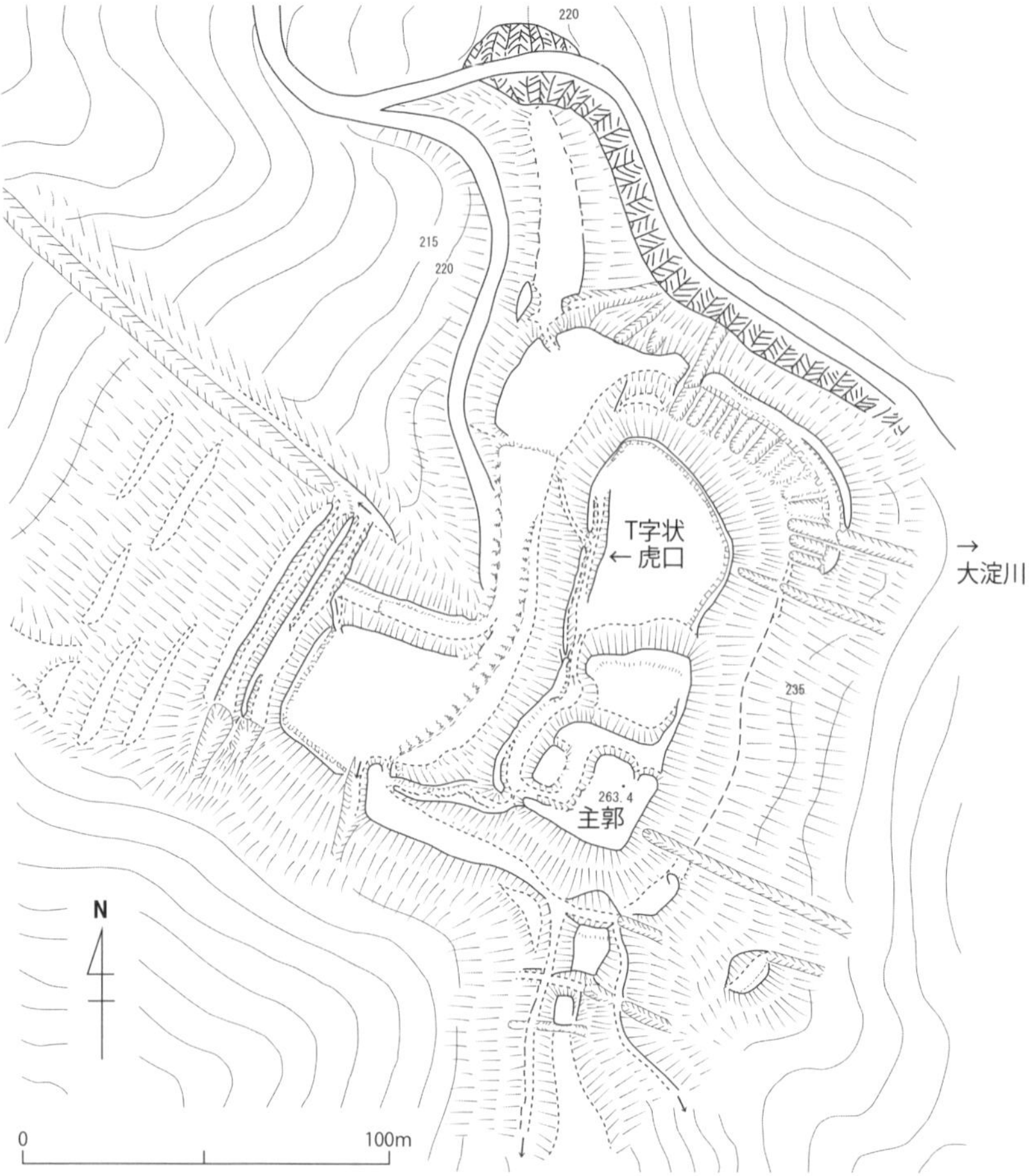

●―木場城縄張図（八巻孝夫作成原図を都城市教育委員会がデジタルトレース）

●―木場城跡主郭（西から）

第一四〇集、二〇一九）

（桒畑光博）

●都城盆地東部の拠点山城

梶《かじ》山《やま》城《じょう》

〔所在地〕三股町大字長田
〔比　高〕四〇メートル
〔分　類〕山城
〔年　代〕築城一四世紀中～後期、廃城一六一五年
〔城　主〕樺山氏・伊東氏・北郷氏
〔交通アクセス〕ＪＲ日豊本線「三股駅」下車、徒歩四〇分。

【概　要】　梶山城跡は、都城《みやこのじょう》盆地の東端に位置し、標高約二四〇㍍の台地上に築かれている。城跡の南面に広がる集落との比高差は四〇～五〇㍍で、集落の南に県道三三号線が走り、さらに南に沖水川《おきみずがわ》が流れている。城と河川の間の空間が広く、集落形成が可能であり、水運という観点からも拠点として最適といえる。梶山・長田地域の東方は鰐塚《わにつか》山系が広がり、飫肥《おび》（日南市）との境界に位置している。

【築城とその後の変遷】　梶山城の築城時期は、その築城者とされる樺山《かばやま》氏の家譜類によれば、正平七年（一三五二、北朝文和元年）との伝承がある。樺山氏は島津氏の一族で、島津宗家四代忠宗《ただむね》の五男資久《すけひさ》が三股町《みまたちょう》樺山の地名を取り、樺山を名乗ったとされる。島津宗家の庶子家として分出した樺山氏は、室町期には有力な「御一家」として成長する。樺山氏祖の資久が、いつ樺山を領有したかは不明であるが、日向国との関わりでいえば、観応《かんのう》期（一三五〇～五二）に幕府から発給された宛行状《あてがい》が挙げられる。宛行われた所領は、日向国臼杵《うすき》院地頭職上椙左馬助跡（一三五一）、宮崎郡内戸次《べっき》丹後守跡（一三五二）といった宮崎平野以北の地域であり、樺山を含む島津荘内における宛行状は確認されていない。ただ、樺山氏が家譜類で梶山城築城を設定した年代は、前出の宛行状が発給された時期と重なるものであり、樺山氏は当該期を日向国進出の契機と認識していたのであろう。

　実際には、一三五〇年代前半に樺山氏が樺山に入部し、梶山城を築くことは困難であったと推察される。この時期の日

向国は、観応《かんのう》の擾乱《じょうらん》後に九州に下向した足利直冬《ただふゆ》（尊氏の実子、のちに直義の養子）の影響力が強く、直冬方の守護畠山直顕《ただあき》の支配下にあった。樺山資久が三股町樺山に入部し、樺山城（現在上米公園）を築き、梶山城に移ることは現実的に困難であろう。この時期に梶山城の原型を築き得るのは在地の有力氏族と思われ、直冬方に協力していた三俣院《みまたいん》の有力者であった和田・高木氏（史料上では三俣両人）が挙げられる。島津宗家が日向国南部に進出する一三六〇年代以降に、樺山・北郷《ほんごう》両氏も庄内（都城盆地）進出を果たし、その過程で、和田・高木氏は島津方へ転じたようである。樺山氏は高木氏と、北郷氏は和田氏と婚姻関係を結び、四氏による庄内支配が展開され、三俣両人の島津与党化が図られていった。梶山城は、庄内東部の三俣院支配の拠点として改修されていったのであろう。

【南北朝合一後の梶山城】　明徳三年（一三九二）、南北朝の合一が成立するが、応永元年（一三九四）、梶山城において島津氏と肥後の相良《さがら》氏で軍事衝突が起こっている。このとき、島津宗家七代元久は日向国守護に補任されており、庄内進出を本格化させていた。一方、相良氏は庄内支配の拠点として野々三谷《ののみたに》城を押さえており、日向山東《さんとう》（宮崎平野、鰐塚山系より東の意）にあった今川貞兼《さだかね》と連携して庄内に進攻してきた。『山田聖栄自記』などによれば、和田・高木氏が守る梶山城も攻撃され、北郷家二代義久は実子の北郷久秀・忠通兄弟を派遣したが、兄弟は戦死し、城将の和田正覚（北郷義久の舅）は高城に退却するという苦戦を強いられた。最終的には相良氏の野々三谷城を攻略し、島津宗家は野々三谷城とその周辺所領を樺山家二代音久《おとひさ》（北郷家からの養子）に宛行い、樺山氏は野々三谷を本拠とし、都城盆地北部から宮崎平野南部にかけて影響力を及ぼす氏族へと成長していった。なお、戦死した北郷兄弟の供養墓（五輪塔、大昌寺跡）は、梶山城跡の南西麓に現存し、町指定文化財となっている。

応永期（一三九四～一四二八）以降の日向国は、島津氏と宮崎平野で勢力を拡大していた伊東氏と、真幸《まさき》（えびの市・小林市）の北原氏との三者による争奪の地となった。三俣院進出を果たした伊東氏は、梶山城とともに勝岡城も支配下に置き、庄内八城を形成した（勝岡城跡は梶山城跡の西方約三キロ）。伊東氏の家譜である『日向記』によれば、永正十七年（一五二〇）に伊東家臣荒武藤兵衛尉に勝岡城の整備を命じており、梶山を本陣のひとつにして、北郷氏を追い詰めつつあった。伊東氏の庄内進出は大永年間（一五二一～二八）をピークとし、天文年間（一五三二～五五）には北郷氏が反攻に転じ、北郷家八代忠相《ただすけ》によって都城盆地は統一された。忠相は都城を中心に、それを取り巻くように一二の城を整備した。これが「庄内十二外城《とじょう》」の原型であり、東方面の防衛拠点のひとつとなったのが梶山城であった。文禄四年（一五九五）には、北郷氏は祁答院《けどういん》へ移封され、伊集院氏が八万石の所領高にて都城へ配置された。

【庄内の乱と梶山城】 慶長四年（一五九九）三月九日、伏見の島津邸において島津忠恒《ただつね》（のちの初代藩主家久）が島津家家老の伊集院忠棟《ただむね》（幸侃《こうかん》）を殺害するという事件が起こった。殺害の理由は諸説あって明らかではないが、この事件が庄内の乱の引き金になったとされている。都城にあった忠真《ただざね》（忠棟の子息）に殺害の一報が届いたのは三月下旬であった。忠真は直ちに一二の城（安永《やすなが》・野々三谷・山田・志和池《しわち》・高城・山之口・勝岡・梶山・梅北・財部・末吉・恒吉《つねよし》）の修築に取り掛かり、居城都城に籠もり、抗戦の構えを取った。島津氏と伊集院氏によるこの戦いは庄内（都城盆地）を舞台にしたことから「庄内の乱」と呼ばれ、乱の終息は約一年後のことであった。庄内の乱は都城盆地の西側を中心に展開されたこともあって、その東側に位置する梶山城や勝岡城では戦闘は起こらなかった。ただ、都城盆地北西部の重要拠点であった野々三谷城・志和池城の戦闘には援軍として梶山・勝岡衆も参戦し、島津方を悩ませた。外城の個別考証に加えて、外城同士の連携という視点も必要であろう。なお、梶山城跡は、庄内の乱時に修築された姿に近いと評価されている。

庄内の乱後には、北郷家がふたたび都城領へ復帰し、領域の規模は縮小したものの、江戸期をとおして廃藩置県まで都城領主として存在した。その領域を支配するために整備されたのが五口《いつくち》六《む》外城《とじょう》であった。五口六外城とは、都城の領主館（都城市役所付近）とその麓を中心に、五つの口（弓場田・来住・大岩田・中尾・鷹尾）で囲み、その外側を六つの外城（安永・山田・志和池・野々三谷・梅北・梶山）で囲み、各地に地頭を置いて支配させるというものであった。庄内十二外城の発展形態ともいえる戦時体制を含んでいたが、山城はほとんど修築されず、時代の経過とともに領内の行政単位として機能し、整備されていった。城については、元和元年（一六一五）の一国一城令により廃城となったものの、領域支配の象徴として破却されなかった可能性が高く、修復を繰り返しながら現代に伝え残されたと思われる。

【絵図と縄張図】 絵図は都城島津家伝来史料で、三図とも江戸後期の作である。「梶山城之図写」（Ⓐ図とする）は、奥地部に付箋《ふせん》があり、絵図写し取りの由来が記載されている。概略は、財部家で代々伝えてきた図を当地の噯《あつかい》（郷村の行政責任者）である榎田秀延にも写し置いてほしいというもので

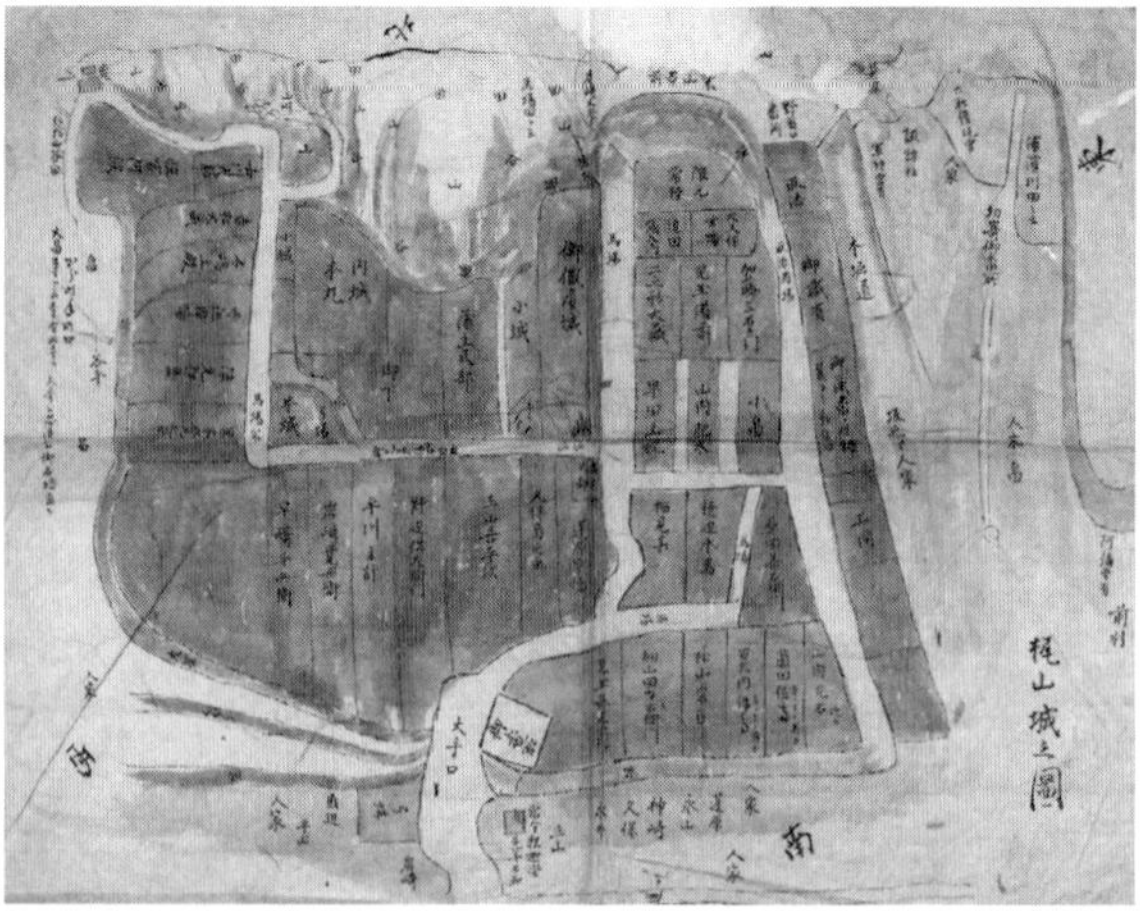

●—梶山城之図写（都城島津邸所蔵）：Ⓐ図

ある。付箋には、文政九年（一八二六）とあり、その時期は『庄内地理志』編さんの終末期に該当する。『庄内地理志』は江戸後期に都城島津家が約三〇年かけて独自で作成した地誌であり、一一二巻と拾遺一巻の全一一三巻（一〇三巻分が現存）から成り、領内各地に残る古文書・古記録・系図・社寺縁起・棟札・石塔なども調査の対象とした。この史料調査の段階で収集されたものがⒶ図であろう。Ⓐ図の原図作成時期については、付箋に「此図、財部六右衛門七五歳の時、嫡子助左衛門へ申し置き」との記載があり、六右衛門は新磯《にいそ》神社社殿造立の加勢衆（『庄内地理志』巻一〇〇）に名前がみえ、年

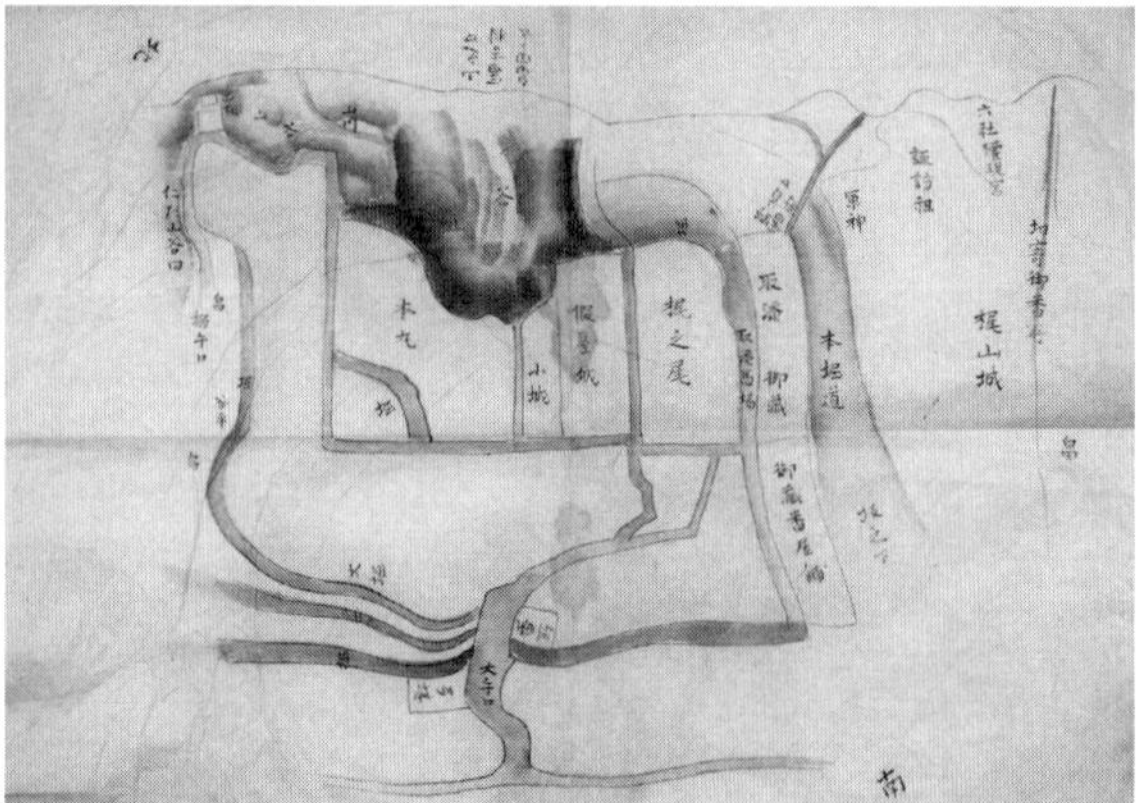

●—梶山城図（都城島津邸所蔵）：Ⓑ図

代は寛永二十年（一六四三）とある。Ⓐ図の原図作成時期は、少なくとも江戸初期であろう。また、いつ頃の梶山城の姿かについては、北郷家の都城領への復帰後と想定され、慶長期（一五九六―一六一五）の中頃ではなかろうか。

「梶山城図」（Ⓑ図とする）については、Ⓐ図と比較すると、曲輪《くるわ》・堀・馬場などの輪郭がほぼ一致し、曲輪配置の把握が容易で、本丸・仮屋城・梶之尾・取添の四つの曲輪が確認できる。絵図左上（北）にある出丸《でまる》の表記箇所は、縄張図における左上の張り出し部である。梶之尾と取添の間にある取添馬場は縄張図の東側を大きく囲む横堀であろう。取添は伊集

院氏領有時に新設した曲輪とされる。取添東の本堀道は都城市山之口町境につながる旧道かもしれないが、取添自体が破壊されており、不詳である。また、縄張図では右上へも張り出しがみられ、その北東部付近の先にも堀切《ほりきり》が確認されているが、絵図にはみえず、梶山城に伴う遺構かは検証が必要である。鹿児島藩では、江戸初期に九ヵ所の陸地番所が設置され、梶山はその内の一ヵ所で、周辺には辺路番所が設置された。『庄内地理志』巻一〇〇掲載の寛文十三年（一六七三）の役所日記の写では、本道（梶山街道）以外の間道について、八ヵ所ほど「堀切召置、時々修甫」、五ヵ所ほど「新造堀切」との記述がある。その中に「諏訪之尾」という地名がみえ、これはⒶ図右上の諏訪社付近であろう（梶山城の東方）。江戸時代の梶山・長田地域は飫肥《おび》との藩境に位置しており、人々の往来や物資の流通は厳重に取り締まっていた。前述のとおり、通行可能な場所については堀切などの措置を施しており、梶山城跡に伴う遺構との区別化が課題である。

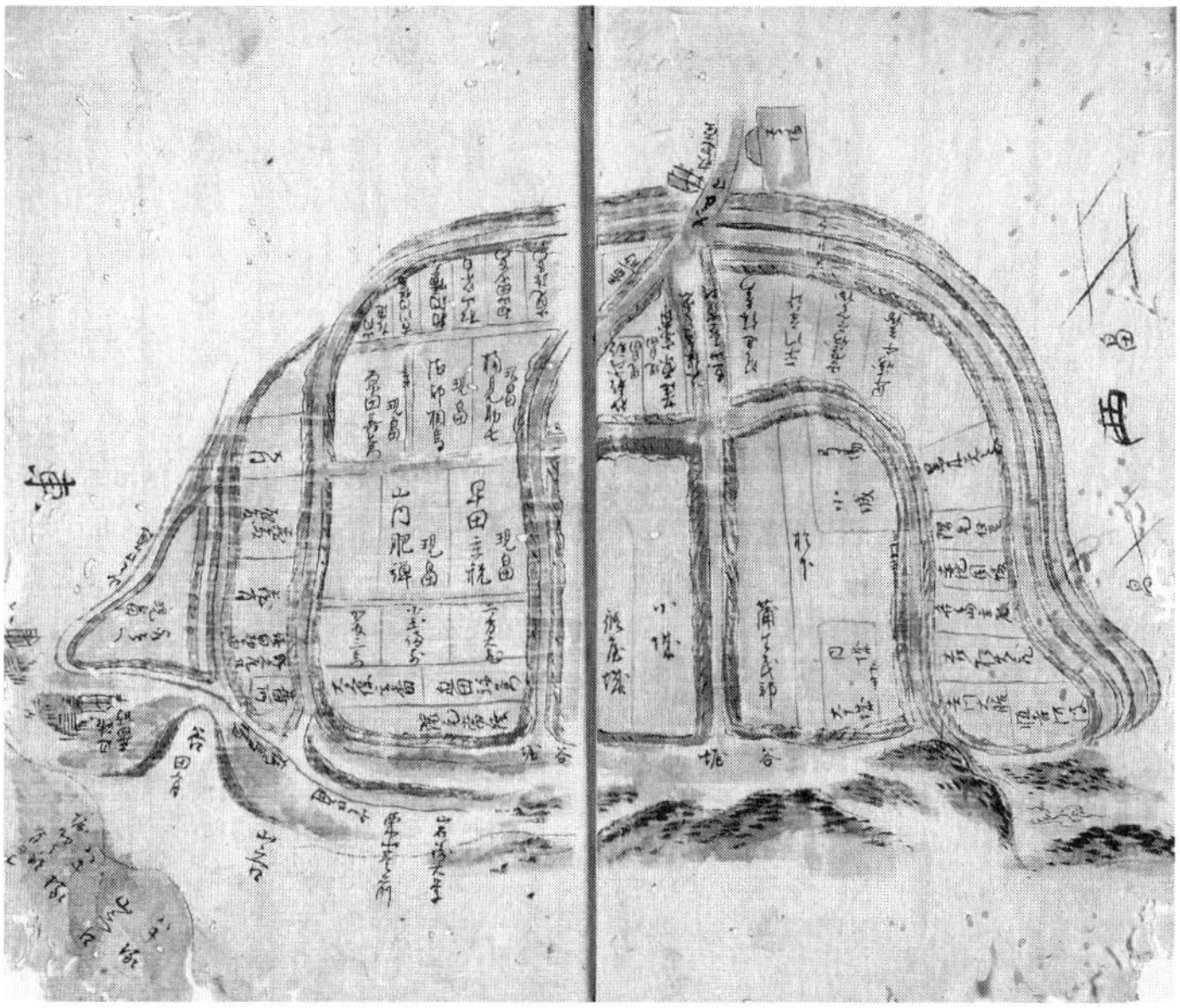

●—小鷹城跡の図（「庄内地理志」巻99所収，都城島津邸所蔵）：Ⓒ図
※方位は絵図の天部が南、地部が北となっている

　『庄内地理志』巻九九収載の「小鷹城跡の図」（雄鷹とも、Ⓒ図）は、Ⓐ図を元に作成されたと思われ、絵図中の人名はⒶ図のものとほぼ一致する。また、同書巻九八には絵図中の人名一覧が書き出されている。一部抜粋すると、城主は地頭の北郷喜左衛門（久陸）で、城内居住とある。以下、三三人の氏名が略歴とともに記載され、城内に屋敷があり、城衆と呼ばれたとある。城外（城の北側）に二人、野首口《のくびぐち》に一人が置かれた。同書には、元和元年に城衆は下城したとあるが、地頭も麓集落に居住したものと思われる。六外城の地頭は

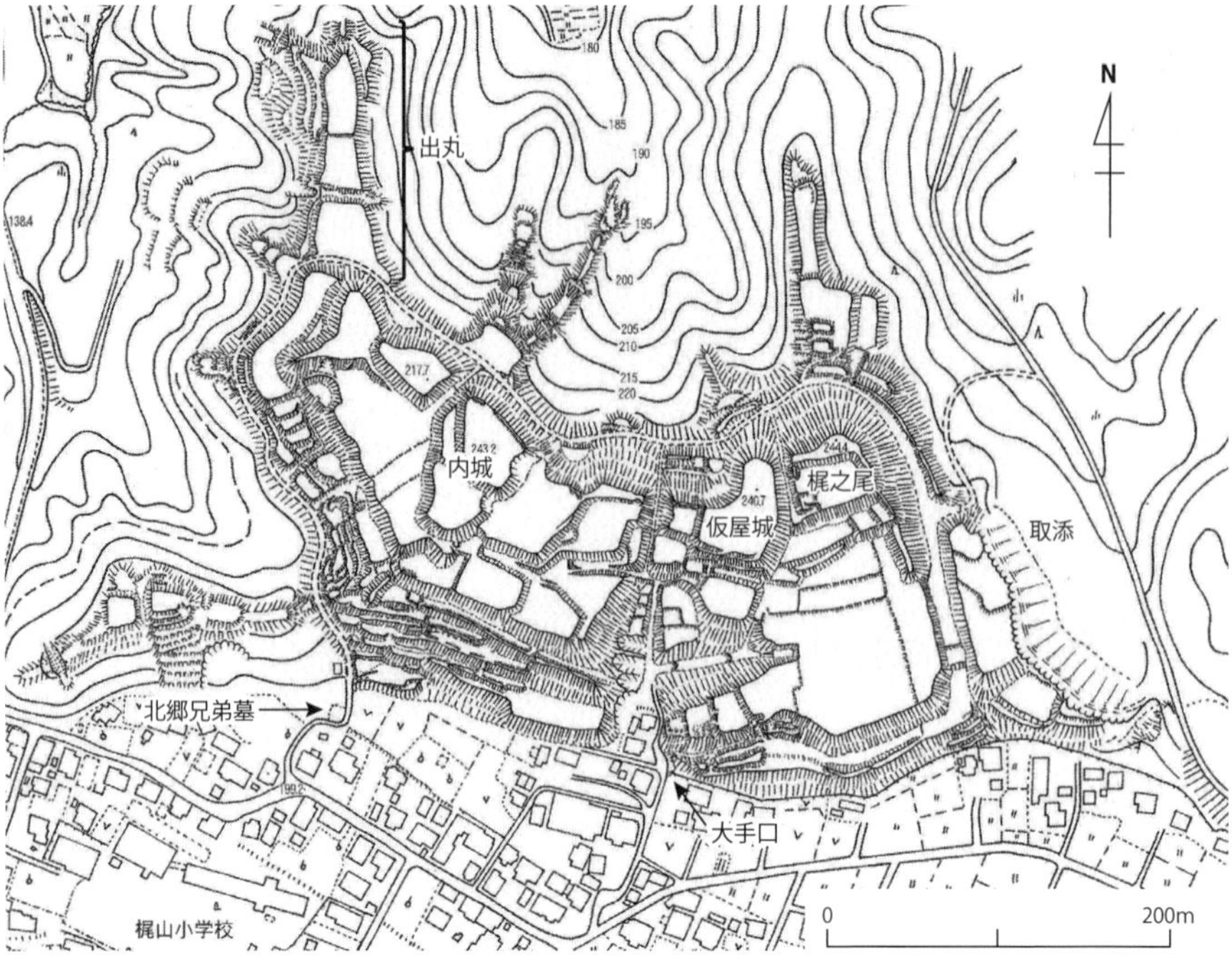

●—梶山城跡縄張図（作図：八巻孝夫）

家老兼務であったが、江戸初期の地頭は任地での赴任（移地頭）であった。任地に赴任せず領主館近辺の居住（掛持地頭）となるのは、寛永期（一六二四～四四）の中頃とされている。

Ⓒ図はⒶⒷと異なり天地が逆で、差異が顕著なのは梶山城の南西を半周する横堀である。ⒶⒷ図では内側の一本のみが半周し、外側二本は南面のみである。縄張図においても、半周するというより南面に集中しており、南面の横堀は梶山城跡の大きな特徴の一つである。Ⓐ図の付箋には「段々書入候節も相見へ」とあることから、後世の追記部分の考察は必要であるが、三絵図とも梶山城跡研究に欠かせない貴重な史料である。

【参考文献】新名一仁「日向国人樺山氏の成立過程とその特質―室町期島津氏「御一家」の由緒と家格―」『宮崎県地域史研究』第一六号（二〇〇三）、『都城市史 史料編 近世4』（都城市史編さん委員会、二〇〇四）、『都城市史 通史編 中世・近世』（都城市史編さん委員会、二〇〇五）、八巻孝夫「梶山城と庄内合戦」『中世城郭研究』第一九号（二〇〇五）、三股町史編さん委員会『三股町史 上巻』（二〇一九）

（黒木欣綱）

●壮大な縄張を持つ群郭式城郭

飫《お》肥《び》城《じょう》

〔日南市史跡〕

〔所在地〕日南市飫肥
〔比　高〕三〇メートル
〔分　類〕平山城
〔年　代〕一五～一九世紀
〔城　主〕野辺氏、飫肥氏（野辺氏一族）、新納氏、島津氏、伊東氏
〔交通アクセス〕宮崎空港より車で六〇分。または、JR日南線「飫肥駅」から徒歩一五分。あるいは、東九州自動車道「日南東郷IC」から約一〇分。

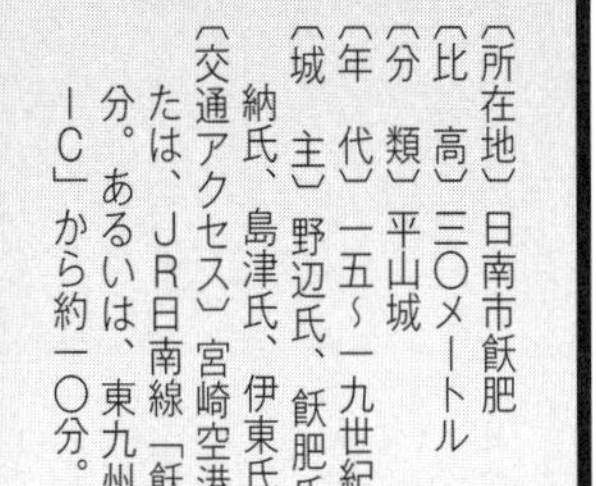

【飫肥城周辺の地形】　飫肥城周辺の丘陵や山々には、島津氏と伊東氏の抗争の舞台となった城・砦・陣跡が多く残されている。飫肥城はそのうちのひとつで、蛇行する酒谷《さかたに》川に囲まれた台地の先端部に築かれた平山城《ひらやまじろ》である。台地を含む周辺一帯は、鹿児島湾の最奥部にあった姶良《あいら》火山から約三万年前に噴出した入戸《いりと》火砕流《かさいりゅう》を起源とするシラスによって形成されている。飫肥城の曲輪《くるわ》は、このシラス台地を有効に活用し形成されている。飫肥城の築城時期や築城者は不明であるが、「飫肥」の地名は平安時代中頃の『倭妙類聚抄《わみょうるいじゅうしょう》』（平安時代の漢和辞書）に「宮崎郡飫肥郷」とみえることから、この地が古くから政治・経済の中心的な役割を担っていたと考えられる。この時期の飫肥郷の領域は明確ではないが、公領であったと考えられ、その後、建久八年（一一九七）までの間に摂関家の荘園である島津荘の「寄郡（よせごおり・よりごおり）」となったものと考えられる。

【歴史的環境】　平安時代末から鎌倉時代初期には、現在の鹿児島県から宮崎県南部域の八千町（一町は約一万平方メートル）にもおよぶ日本一広い荘園である島津荘《しまづのしょう》が成立した。島津荘は、大宰府の役人であった平季基《たいらのすえもと》が、一一世紀前半に現在の都城市付近の未開墾地を開発したのが始まりといわれ、島津院とも呼ばれていた。島津荘のうち、初めに平季基が開墾して荘園領主に寄進した土地を島津荘「一円荘《いちえんしょう》」といい、本来は国の土地（公領）でありながら後に島津荘に加わった土地を「寄郡」と呼ぶようになった。平安時代末には、飫肥

●―大手門の内枡形虎口（近世初頭に限定的に石垣が築かれた）

地方は「飫肥北郷《きたごう》」と「飫肥南郷《なんごう》」に分かれていたが、いずれも寄郡として島津荘に取り込まれた。

鎌倉時代の飫肥については、建久八年（一一九七）の『日向国図田帳《ずでんちょう》』に島津荘のうち日向国内の「飫肥北郷四百丁、飫肥南郷百十丁」とみえる。中世の飫肥地方は、これに櫛間《くしま》院三百町を合わせた三つの寄郡が舞台となるが、この時期の具体的な様相はほとんど不明である。文治元年（一一八五）、平家を滅ぼした源頼朝は、御家人たちを守護・地頭に任命して権力基盤を固めた。文治二年、飫肥北郷・飫肥南郷を含む島津荘にも惟宗《これむね》忠久《ただひさ》という武士が頼朝から惣地頭職《そうじとうしき》に任命され、さらに薩摩国・大隅国・日向国の守護にも任命された。忠久は島津荘にちなんで名字を島津と称するようになる。この忠久が後に大名となる島津氏の初代である。

南北朝期については、『長谷場《はせば》文書』の中で飫肥をめぐる社会状況が具体的に記されている。それによると、飫肥は島津荘の一部で奈良の興福寺一乗院が領家であること、飫肥は北郷と南郷に分けられていたこと、飫肥北郷の収納使・弁済使は水間栄証《みずまえいしょう》・忠政《ただまさ》親子であったが一乗院に税を納めないため、新しい収納使・弁済使に長谷場鶴一丸《つるいちまる》が任命されたこと、水間栄証・忠政がこれに抵抗して長谷場鶴一丸の妨害を行ったことなどが記されている。南北朝の争乱の中で両氏はともに没落し、島津荘領主であった一乗院の支配も弱まっていったことで島津荘は終焉を迎えることになる。なお、この後、一五世紀前半頃の飫肥地方は、野辺氏・飫肥氏（野辺氏一族）といった豪族が勢力を持っていた。

【島津豊州家と飫肥城】　一方、守護大名として力をつけた島津本宗家は、野辺氏・飫肥氏に代わって飫肥や串間にも一族や家来を配置した。宝徳三年（一四五一）、島津本宗家九代忠国《ただくに》は、弟季久《すえひさ》（島津豊州《ほうしゅう》家の初代）に飫肥と福島（串間市）を与えるが、七年後には大隅国帖佐《ちょうさ》に移し替え、代わりに志布志《しぶし》領主の新納忠続《にいろただつぐ》を飫肥城に入れた。そして、文明元年（一四六九）には島津本宗家一〇代立久《たつひさ》が、弟伊作久逸《いざくひさとし（やす）》を薩摩国伊作（鹿児島県日置市）から福島（串間市）に移している。宮崎平野を席巻する伊東氏から、油津《あぶらつ》や外浦《とのうら》（日南市）、千野《ちの》（串間市）など、明や琉球への航路上にある重要な港を守るためであった。ところが、理由は不明であるが新納忠続と伊作久逸の間に対立が起こり、文明十六年、久逸は伊東祐《すけ》国《くに》と同盟して大軍で飫肥城を包囲した。これに対し、島津本宗家一一代忠昌《ただまさ》は忠続を支持し、翌文明十七年、忠昌は飫肥城への援軍を派遣。両軍は飫肥城西側の吉野方で戦い、島津軍が勝利を得る。伊東祐国は戦死、久逸は忠昌に降伏して旧領の伊作に戻された。

この後、新納忠続は褒美の土地を与えられて志布志に戻り、代わって島津季久の子の忠廉《ただかど》（島津豊州家二代）が飫肥城に入った。以後、島津豊州家が四代八〇年にわたって飫肥・福島の領地を治めることになる。特に、忠廉と子の忠朝《ただとも》の時代の約五〇年間は島津豊州家の全盛期で伊東氏の侵攻もなく、日明貿易（勘合貿易）に関わり幕府や各地の守護大名から船の警護を依頼されるなど、安定した領国経営を行った。

【伊東義祐の第一次飫肥城攻め】 飫肥城をめぐっては、島津豊州家（島津本宗家八代当主島津久豊《ひさとよ》の三男の島津季久よりはじまる島津氏の分家）と伊東義祐《よしすけ》の間で二八年間にわたって争奪戦が繰り返された。伊東義祐は天文十年（一五四一）から翌年にかけて鵜戸を占領し、同十四年には、鵜戸から東郷《とうごう》の鬼ケ城《おにがじょう》をへて飫肥城近くまで攻め入っている。天文十六年、伊東氏は隈谷新城《くまやしんじょう》を攻め取り、天文十八年には飫肥城近くの新山城《にいやまじょう》を攻めた。飫肥城支援のため本宗家一五代島津貴《たか》久《ひさ》は家来の伊《い》集院《じゅういん》忠明《ただあき》を援軍として飫肥に送り、中ノ尾陣（ゴウマイガ辻）の伊東軍を奇襲し三〇〇人を討ち取り、伊東軍を飫肥から撤退させた。中ノ尾陣には島津氏が敵方の戦死者を弔った供養碑が残されている（国指定史跡「中ノ尾供養碑」）。戦後、飫肥城主島津忠広《ただひろ》は引退し、島津豊州家を養子の島津忠親《ただちか》（都城の北郷《ほんごう》家出身）に譲っている。

【伊東義祐の第二次飫肥城攻め】 天文二十年七月、伊東軍はふたたび飫肥攻めを開始。天文二十二年には島津忠親が伊東義祐に東郷を引き渡すことで和議が成立したが、長くは続かなかった。天文二十四年、伊東義祐はふたたび飫肥に攻め入り、永禄元年（一五五八）には飫肥城近くの新山城を攻め落とした。

島津忠親《ただちか》は、島津本家からの支援を得ようと、永禄三年三月十九日、島津貴久の次男島津忠平《ただひら》（後の島津義弘《よしひろ》）を養子に迎えた。ところが、島津本宗家も肝付兼続《きもつきかねつぐ》に敗れ窮地にたたされる状況となり、島津忠平は本家を立て直すため、忠親との養子関係を解消して鹿児島に戻った。忠親は伊東義祐に飫肥城の一角まで奪われ、援軍も期待できない状況のなか、永禄五年、飫肥城を義祐に明け渡して櫛間城に退いた。その後、忠親は隙をついて九月に飫肥城、酒谷《さかたに》城を奪回し、ふた

●—旧本丸東辺の虎口（鉤折れの階段通路となっている）

●—犬馬場（中世には犬追物が挙行されたが，近世においては行われていない.）

たび飫肥城に戻っている。

【伊東義祐の第三次飫肥城攻め】　伊東義祐《よしすけ》は、永禄六年、ふたたび飫肥城を攻撃する。しかし、今回は、島津本宗家が伊東氏の三ツ山城（小林市）を攻撃して伊東氏が飫肥に兵力を集中できないよう牽制したため、戦いは膠着状態となった。永禄十一年一月になると、島津本宗家は大口（鹿児島県大口市）の豪族菱刈隆秋《ひしかりたかあき》との戦にも力をそがれ、伊東氏はこの隙をねらって、鬼ケ城、篠ケ嶺、新山、辻の堂、乱杭ヶ尾などに陣を進めて飫肥城を包囲した。島津軍は援軍を送れず、飫肥に駆け付けたのは忠親の実子、北郷時久《ほんごうときひさ》率いる都城の兵だけだった。北郷軍は二月、飫肥城の西、小越坂付近で伊東軍に迎え討たれ大敗し、北郷氏、島津豊州氏とも飫肥城を維持する力を失った。同年六月八日、忠親は飫肥城を伊東義祐に明け渡して実家である都城の北郷家に戻った。替わって伊東義祐の子祐兵《すけたけ》が飫肥城に入った。

【シラス台地に築かれた壮大な縄張】　飫肥城は、城下北側の一段高いシラス台地を空堀《からぼり》で縦横に区画し、西側は酒谷川、北側は急峻なシラス台地の崖となる規模壮大な縄張を持つ。各曲輪とも一辺が五〇《メートル》から一〇〇《メートル》ほどあり、本丸がどれか明確でないことが特徴である。城域は、本丸・二曲輪などの城郭群と段丘面上に展開する上級家臣団居住地の三曲輪とに大きく区分される。城郭群はシラス台地を掘り割って複数の郭を作り出すもので、群郭式《ぐんかくしき》城郭などと呼ばれ南九州に特徴的にみられる形式をもつ。

本丸（旧本丸）・松尾ノ丸・中ノ丸（新本丸）・今城・犬ノ馬場が中核となる曲輪群で、南辺には大手門があり、近世初頭に限定的に石垣が築かれて本格的な内桝形虎口《うちますがたこぐち》となった。大手門周辺の横堀の内側には高さ約二～三《メートル》の土塁《どるい》がある。この土塁は大手門で南北方向にズレがあることから、石垣導入以前は喰違《くいちが》い虎口であった可能性も考えられる。現在みられる当城の近世城郭の骨格は、初代祐兵から二代祐慶《すけのり》の時代

●—飫肥城縄張図（『日南市の中世城館調査〈調査：鶴嶋俊彦〉』2010）

にできたものと推測され、正保元年（一六四四）三代祐久《すけひさ》の時にも改築がなされている。元本丸には虎口が二ヵ所あり、いずれも虎口限定で石垣が使用されている。東辺の虎口が本丸正面の出入り口となり、鉤《かぎ》折れの階段通路を持つ。北辺にある虎口が裏門で、北西部に展開する曲輪群との間にある堀底道からの出入口となる。

飫肥城は五代藩主祐実《すけざね》のときに度重なる地震により被害を受け、大規模な改修がなされている。寛文二年（一六六二）の地震では城内九ヵ所の石垣が破損。延宝八年（一六八〇）の地震では本丸の藩主寝所下の地盤に地割れが生じ、貞享元年（一六八四）の地震でふたたび藩主寝所下の地盤に地割れが生じ、本丸の建物が維持できなくなったため、翌年に幕府の許可を得て大改修に取り掛かっている。被害を受けた本丸の館は廃され、東に隣接する一門伊東左門《さもん》の屋敷があった中ノ丸を中心に松尾ノ丸や今城など二曲輪の武家屋敷の一部をならして石垣が築かれた。こうして新たに広げられた中ノ丸に藩主の館や二階櫓《やぐら》などが建てられ、本丸の機能が移された。なお、北西部の曲輪群のうち、中ノ城・北ノ城は昭和五十年代に削平されて飫肥中学校運動場となっており、松ノ丸は住宅分譲地として消失、西ノ丸には上水道の配水池施設が設置され、原形をとどめているのは小城のみとなっている。

【参考文献】宮崎県『日南市埋蔵文化財調査報告書第三集　飫肥城跡—飫肥中学校体育館改築工事に伴う埋蔵文化財発掘調査報告書—』（一九九四）、平凡社『日本歴史地名体系第四六巻　宮崎県の地名』（一九九七）、宮崎県『宮崎県史　通史編　中世』（一九九八）、日南市教育委員会『日南市の中世城館調査（調査：鶴嶋俊彦）』（二〇一〇）、日南市教育委員会『にちなんおもしろ学入門』（二〇一七）

（平原英樹）

●飫肥城を支える要害堅固の城

酒《さか》谷《たに》城《じょう》

〔所在地〕日南市酒谷
〔比　高〕五六メートル
〔分　類〕山城
〔年　代〕築城時期不明（一五世紀半ば以前）～元和元年（一六一五）
〔城　主〕野辺氏、島津氏、伊東氏
〔交通アクセス〕宮崎空港より車で約八〇分。東九州自動車道「日南東郷ＩＣ」から約一五分。

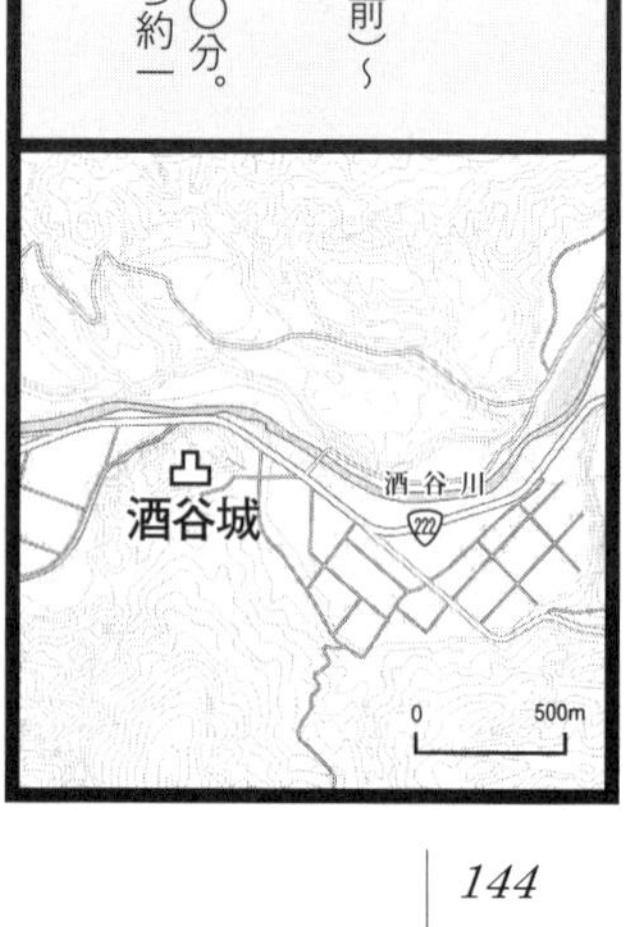

【シラス台地に築かれた群郭式城郭】　酒谷城は飫肥《おび》と都城《みやこのじょう》を結ぶ交通の要衝に築かれた中世城郭である。酒谷川右岸の標高一〇九メートル、最大幅約一〇〇メートル、長さ約五五〇メートルの独立したシラス台地を城地とする。台地面に幅二〇～三〇メートル、深さ二〇メートル以上の大規模な空堀《からぼり》を縦横に掘り通し、六つの曲輪《くるわ》を造り出している。シラスの台地面を掘り込んで曲輪を形成しているため、ほぼ同じ高さで曲輪が立ち並ぶ形となっている。いわゆる南九州に特有の「群郭式《ぐんかくしき》」と呼ばれる城である。ほぼ中央で南北に横断した堀によって、中央広場を共有する城域西側の曲輪群と堀底道を共有する城域東側の曲輪群に大別できる。前者は広場に向かって土塁《どるい》や腰《こし》曲輪を備え、曲輪縁が曲線的であるという特徴がある。一方、後者は曲輪面を二～三区に分けていて曲輪縁が前者より直線的という特徴がある。城域東端には永禄六年（一五六三）に飫肥城主島津忠親《しまづただちか》が再興した諏訪大明神（現在の酒谷神社）が鎮座する。

築城の時期は不明であるが、一五紀中頃に野辺盛仁《のべもりひと》の知行地として「飫肥酒谷之城一円」とみえるのが初見である。その後、野辺一族の飫肥氏が治めたと思われるが、島津氏が勢力を伸ばし、一族の島津豊州《ほうしゅう》家の城となった。伊東と島津の飫肥城攻防戦が起こると、薩摩や都城からの援軍が入るなど、飫肥城の守りとして重要な兵站の役割を果たした。天正十六年（一五八八）に島津氏に代わって飫肥に入部した伊東祐兵《すけたけ》（飫肥藩初代）は、酒谷城に城代を置いた。元和元年（一六一五）の一国一城令で酒谷城も廃城となったが、代わって酒谷城跡付近に酒谷地頭所が置かれた。

【都城と飫肥を結ぶ交通の要衝】 長禄二年（一四五八）、島津本宗家九代島津忠国《ただくに》は、弟季久《すえひさ》（島津豊州家初代）を飫肥から大隅国帖佐《ちょうさ》（鹿児島県姶良市）に移し、志布志《しぶし》城主の新《にい》納《ろ》忠続《ただつぐ》を飫肥城に入れ、宮崎平野より南に進出しようとする伊東氏への備えとした。続く島津本宗家一〇代島津立久《たつひさ》も、文明二年（一四七〇）、弟伊作《いざく》久逸《ひさとし（やす）》を薩摩国伊作（鹿児島県日置市）から福島（宮崎県串間市）に移している。これらはいずれも、当時宮崎平野で勢力を振るっていた伊東氏から、中国や琉球との交易航路の油津《あぶらつ》・外浦《とのうら》（宮崎県日南市）、千野《ちの》（串間市）といった重要な港を守るための措置であった。ところが、この後、理由は定かではないが、飫肥城の新納忠続と櫛間《くしま》城主伊作久逸の関係が次第に悪化していく。久逸が伊東氏と協調する様子をみせたことから、文明十六年十月、忠続は島津本宗家一一代忠昌《ただまさ》に久逸を他所に移さなければ飫肥を守ることはできないと訴えた。忠昌はこれを了承し、久逸を旧領の伊作（現鹿児島県吹上町）に帰そうとしたが久逸は従わなかった。同月二十六日、伊作久逸が飫肥攻撃の兵を挙げたため、島津忠昌は都城の北郷敏久《ほんごうとしひさ》らに福島櫛間城の久逸

●—酒谷城縄張図（『日南市の中世城館調査〈調査：鶴嶋俊彦〉』2010）

●—城域東側曲輪群の堀底道（両側に曲輪が屹立する）

●眺望壮快を極める

南《なん》郷《ごう》城《じょう》

〔所在地〕日南市南郷町中村甲・大字下方
〔比　高〕一二〇メートル
〔分　類〕山城
〔年　代〕慶長六年（一六〇一）〜元和元年（一六一五）
〔城　主〕伊東氏
〔交通アクセス〕JR日南線「大堂津駅」から徒歩四〇分。または、東九州自動車道「日南東郷IC」から県道二八号、県道四三六号経由で二〇分。

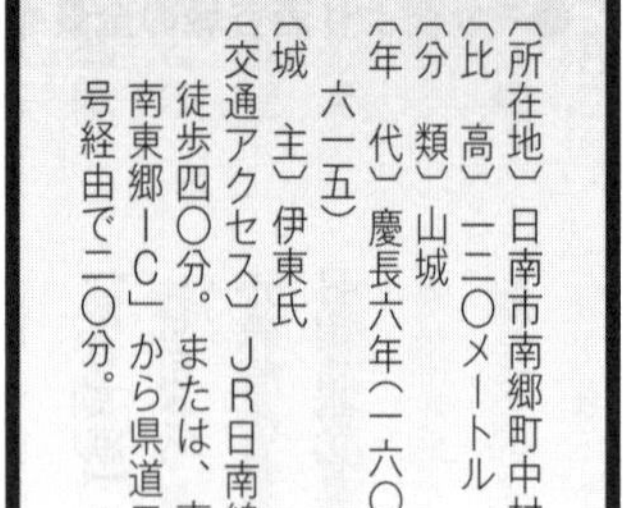

【城の由来】　南郷《なんごう》城は日南市南郷町中村と下方の堺にそびえる標高一二二・四メートルの山頂に築かれている。伊東氏により慶長六年（一六〇一）二月二日から普請が開始され、南郷城代が配置された。伊東氏は前年の慶長五年の関ヶ原合戦で島津氏や櫛間（宮崎県串間市）の秋月氏と対立しており、同年十二月には秋月氏の軍勢が榎原《よわら》（日南市南郷町）の鯛取山《たいとりやま》に攻めて来ている（『日向記』）。築城の理由にはこの地が秋月氏と領地を接し、海洋交通上の要地でもあったことが考えられる。その後、元和元年（一六一五）の一国一城令により廃城となった。以後は城代に代わり上潟《かみかた》村廣田《ひろた》（日南市上方）に南郷地頭が置かれた。

現在、主郭付近は地元有志の方々により整備され、展望所となっている。八〇メートル四方程の規模の主郭が山頂に置かれ、曲輪の全周は石垣で固められている。主郭の南西側斜面には長さ四五メートルほどの帯《おび》曲輪がある。虎口は一ヵ所、南西面に確認される。なお、『旧記雑録』などによれば、文明十六年（一四八四）十二月二日（四日の説あり）に、新納忠続《にいろただつぐ》方の守る「飫肥《おび》南郷城」を伊東祐国《すけくに》と同盟した伊作久逸《いざくひさとし（やす）》勢が落とし、さらに酒谷《さかたに》城を攻めている。南郷城については史料に乏しく詳細は不明であるが、ここにみえる南郷城についても、慶長年間築城の南郷城と同じ場所か近くにあった可能性が高い。

【天然の良港を臨む】　南郷城跡からの眺めは絶景である。北に油津《あぶらつ》、眼下に大堂津《おおどうつ》と目井津《めいつ》の港町を一望できる。南西から流れてくる南郷川が、西から流れてくる細田川と合流して城の北側を回り込み、大堂津の町並みを形成する砂州に沿って南流して日向灘《ひゅうがなだ》に注ぐ。河口では左岸に大堂津の港町が、右岸には目井津の港町が広がっている。南郷城から直線距離で二キロほど南東、目井津港南側の丘陵上に目井城《めいじょう》がある。南郷城の高みから、目井津港を含む目井津の港町全体が一

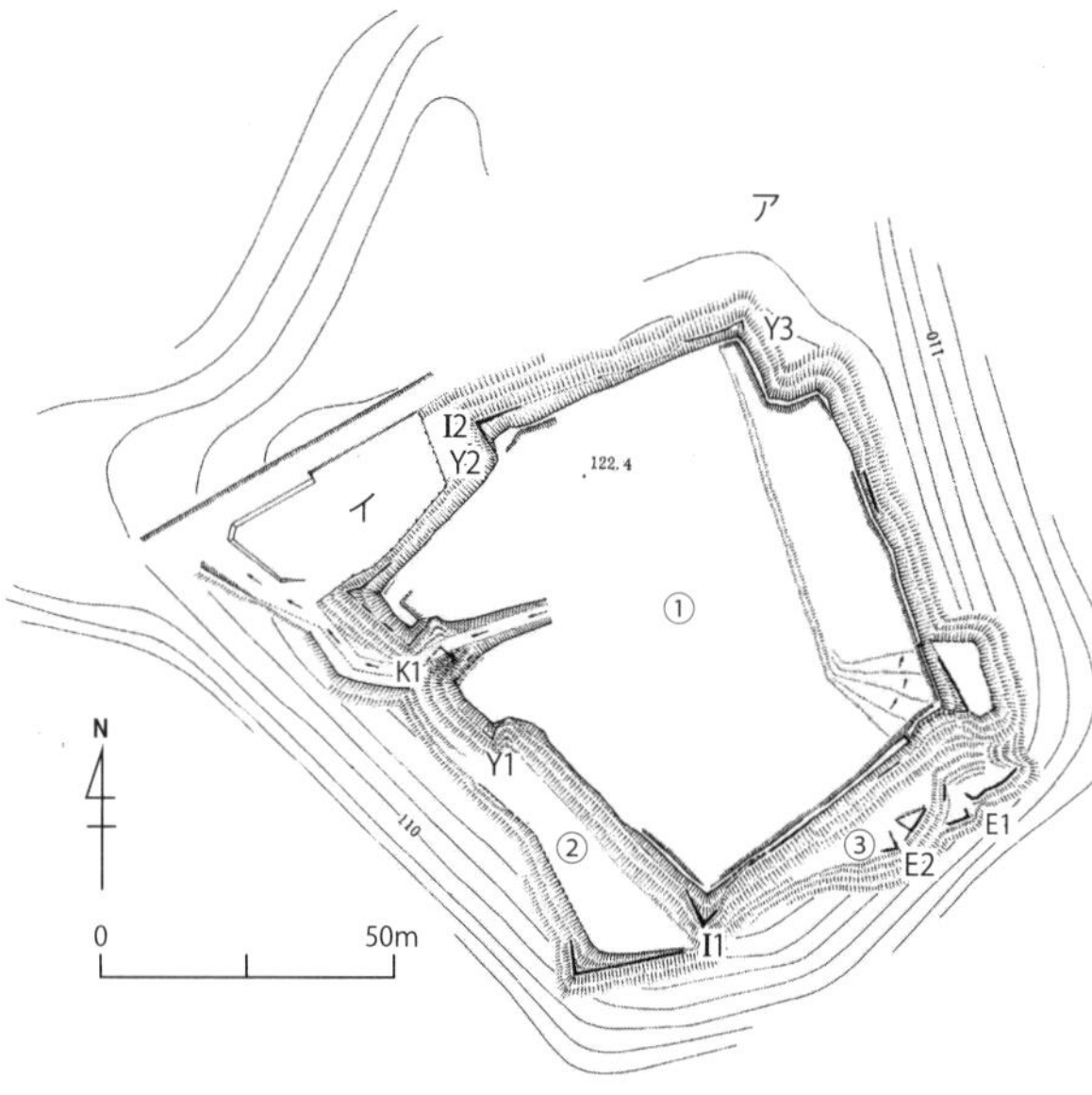

●―南郷城縄張図（『城郭の縄張り構造と大名権力』2001より）（作図：木島孝之）

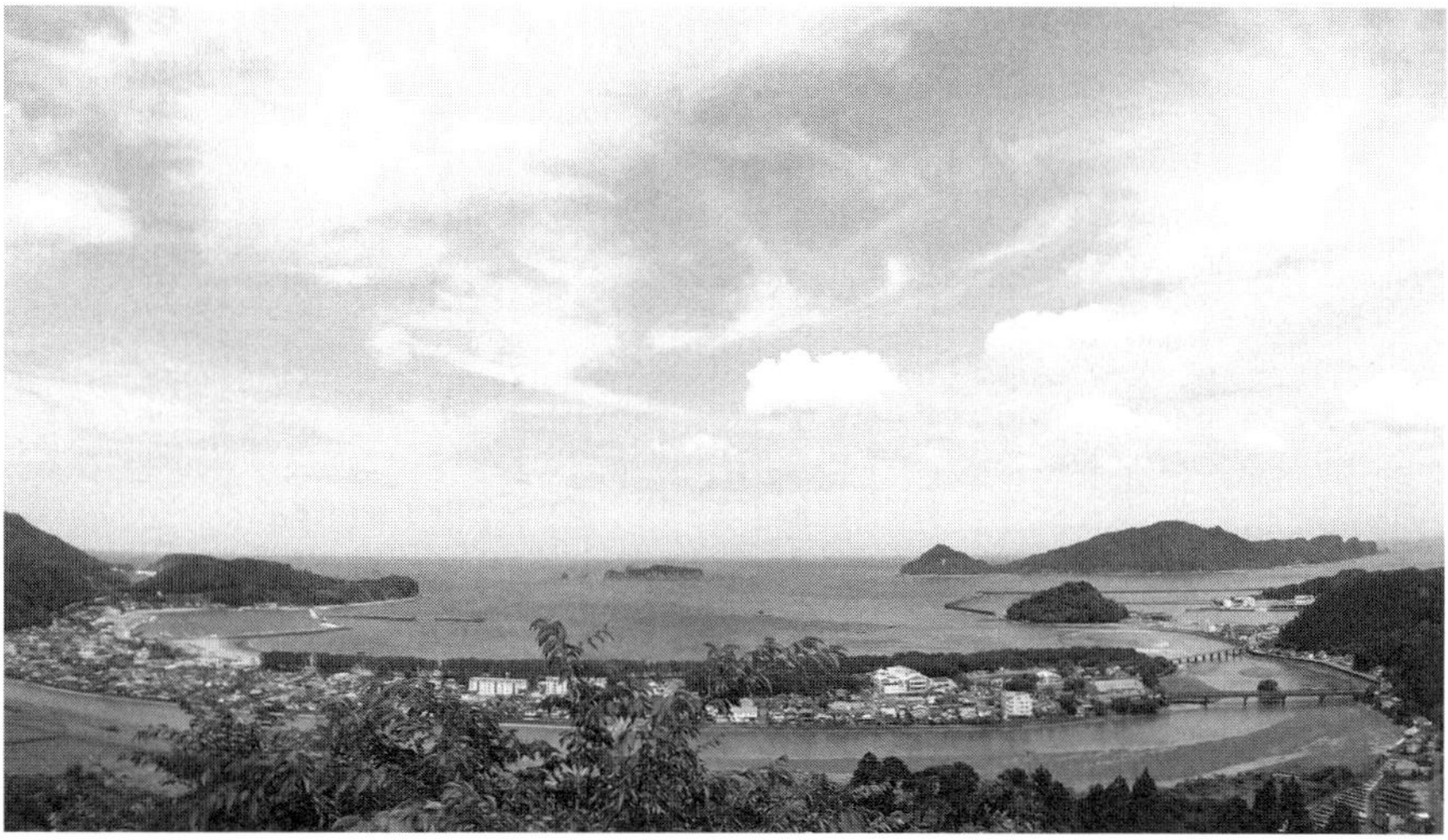

●―南郷城からの眺望

●―南郷城南側隅角部の石垣

望できる。目井城の築城年代は定かではないが、島津氏の築城と伝える。目井城をめぐっては、戦国時代に島津氏と伊東氏との間で目まぐるしい争奪戦が繰り広げられている。双方ともこれほどまで飫肥の収奪に執着した背景には、日明貿易《にちみんぼうえき》の航路として重要な油津や目井津、外浦《とのうら》の地を確保したいとの思惑があった。

飫肥城から直線距離で南東へ約七キロの海岸に油津、同じくそこから南へ約八キロの地に外浦という天然の良港がある。これらの港を有する飫肥の地を統治する上で、飫肥城は重要な城であった。日向国（宮崎県）は九州の東海岸に位置し、東は太平洋の日向灘に臨み、これらの港は近畿地方や沖縄（当時の琉球）、中国（明）を結ぶ海上交通の途中に位置していた。室町時代、飫肥城を支配することは、日向灘南部の海上交易路を抑えるということであった。

【飫肥の繁栄を支えた港町の風景】　当時の船は帆船で航海には危険が伴った。船は港から港へなるべく安全な航路を選択し、潮流や風向き、天候などの条件が整うまで港に停泊しなければならなかった。そのため各地に風待ち港、汐待ち港が多く存在し、なかでも油津は船の建造や修理が行われていた記録もあるほど大事な港であった。

港には天候や修理を含め、長期間停泊することもあるため、船の警護役、造船技術者、船員、水先案内人など多様な人材を確保しなければならなかった。当時、これらの港町では多くの人々が行き交い、賑わっていたことであろう。南郷城跡の眼下に広がる風景は、そんな当時の人々の熱気を感じさせてくれるほど実に壮快である。

【参考文献】『日本歴史地名体系第四六巻　宮崎県の地名』（平凡社、一九九七）、『宮崎県史　通史編　中世』（宮崎県、一九九八）、木島孝之『城郭の縄張り構造と大名権力』（九州大学出版会、二〇〇一）、日南市教育委員会『にちなんおもしろ学入門』（二〇一七）

（平原英樹）

お城アラカルト

南九州の群郭式城郭

福田泰典

南九州、とりわけ鹿児島県と宮崎県の南部には、およそ二万八〇〇〇年前に姶良《あいら》カルデラから噴出した入戸火砕流、通常「シラス」と呼ばれる火山性堆積物が厚い層をなしている。多孔質ガラスを多量に含み、吸水性があるこのシラスであるが、加圧すれば非常に硬く締まるという性質も有している。そして、おおむねこのシラスの分布域に呼応するように、鹿児島県および宮崎県南部の一帯には、台地を大規模な空堀《からぼり》で分断して複数の曲輪《くるわ》を作出し、それらをひとつの集合体として構成し城となす独特の縄張をもつ城の姿がある。その独特な縄張から、南九州型、南九州館屋敷型などの呼称が与えられ、その独自性を際立たせていたが、最近では、それらを群郭式《ぐんかくしき》城郭の範疇で捉えることが一般化している。

こういった群郭式城郭の多くが城地とするシラス台地は、形成された台地面が比較的フラットであることから、空堀で分断された曲輪間の面的なレベルに大きな差異が生じないという特徴を生み出す。レベル差が小さいという地形的特徴は、いわゆる求心性という視点で考えた時、レベル差を利用して土塁《どるい》や堀切《ほりきり》により順次階層的に防御性を高めていくという縄張を短絡的に想起できない。また、複数の独立した曲輪が集まってひとつの城をなす縄張であるがゆえ、レベル差を利用して主郭を守備する場合と異なり、ひとつの曲輪を突破すれば次のステージに進むという理解も難しい。そのため、城を構成する複数の曲輪相互の機能面や重要度の順序性を攻め手が見極めるのが難しいことも、南九州の群郭式城郭が有する大きな特徴といえる。一方で、雨水浸食を受けやすく恒常的に崩壊が進行するというシラスの地質的特性により、シラス台地の露頭にはガリ（雨裂《うれつ》）が発達し、垂直に切り立つことが多い。これは台地に掘り込まれた大規模な空堀の法面も同様であり、堀底道から曲輪上部の平坦面にかけてかなり急峻な角度の法面がしばしば見られ、「切岸《きりぎし》」ともいうべき景観がそこにある。台地面から掘り込んだ空堀の法面は、恒常的に崩落が進行するが、その崩落をも切岸の防御上の一要素として取り込んでいるのである。

南九州のこのような群郭式城郭を考えるとき、平成五年（一九九三）五月、鹿児島県南九州市（指定時は川辺郡知覧町）にある知覧城跡《ちらんじょうあと》の国指定はひとつの画期として特筆すべきであろう。鹿児島県内の城郭および城郭関連の国史跡としては、昭和六年（一九三一）の鹿児島城跡（鶴丸城跡）と関連が深い城山、昭和二十年に肝付《きもつき》氏累代の居城であった高山城跡が先行して指定されている。その後、高山城跡の指定を最後にしばらく城郭遺構が評価され国指定となることがなかったことから、知覧城跡の指定までには半世紀近い時を隔てた。

知覧城跡は、標高約一七〇㍍《メートル》の台地を、自然地形を巧みに利用しながら、大規模な空堀で台地を掘り刻み、大きく二つの群に分けられる曲輪群を作出している。特に本丸・蔵之城・今城・弓場城の四つの独立した曲輪からなる一群は知覧城跡の中核をなすものであり、曲輪間の堀底道から曲輪の上部を見上げるとその急崖も相まって圧倒的な威圧感がある。また、堀底道から曲輪間に侵入すると、隣接する各曲輪からその存在を視認される状況になり、南九州の群郭式城郭が有する優れた特性のひとつをそこにみることができる。知覧城跡が指定されるまでには、縄張調査と発掘調査の連携が図られ、城の構造理解のための研究手法が深化したことや、調査成果を踏まえた遺構の保存整備の検討などが重ねられたことなど関係者の努力があった。南九州の城郭の再評価が進展する端緒となった指定といっても過言ではない。

この指定を契機に、鹿児島と宮崎の両県においては、都於《との》郡《こおり》城跡（宮崎県西都市、平成十二年指定）、穆佐《むかさ》城跡（同宮崎市、平成十四年指定）、佐土原《さどわら》城跡（同宮崎市、平成十六年指定）、清色《きよしき》城跡（鹿児島県薩摩川内市、平成十六年指定）、志布志《しぶし》城跡（鹿児島県志布志市、平成十七年指定）の五城が、南九州の中世を代表する城跡として現在までに国史跡の指定を受けている。

このように考えると、南九州に特徴的にみられる大規模な空堀で曲輪を作出する群郭式城郭は、崩壊しやすいが加工が容易なシラス台地の存在にその発露を求めることは間違いではないかもしれない。しかし、このような南九州の群郭式城郭の北限とされる宮崎平野の中央付近を貫流する一ツ瀬川流域の諸城は、実際には宮崎県域におけるシラスの分布域外にも城地を選定しており、「シラス台地特有の縄張」という言い方とは必ずしも符合しない。宮崎県内で初の国指定史跡となった都於郡城跡はその分布域外、また佐土原城跡に至って

料金受取人払郵便

本郷局承認

5788

差出有効期間
2025年1月
31日まで

郵便はがき

113-8790

東京都文京区本郷7丁目2番8号

吉川弘文館 行

愛読者カード

本書をお買い上げいただきまして、まことにありがとうございました。このハガキを、小社へのご意見またはご注文にご利用下さい。

お買上**書名**

＊本書に関するご感想、ご批判をお聞かせ下さい。

＊出版を希望するテーマ・執筆者名をお聞かせ下さい。

お買上書店名　　区市町　　書店

◆新刊情報はホームページで　http://www.yoshikawa-k.co.jp/

◆ご注文、ご意見については　E-mail:sales@yoshikawa-k.co.jp

ふりがな ご氏名	年齢　　歳	男・女
〒 □□□-□□□□ ご住所	電話	
ご職業	所属学会等	
ご購読 新聞名	ご購読 雑誌名	

今後、吉川弘文館の「新刊案内」等をお送りいたします(年に数回を予定)。
ご承諾いただける方は右の□の中に✓をご記入ください。　□

注 文 書

月　　日

書　　名	定　価	部　数
	円	部
	円	部
	円	部
	円	部
	円	部

配本は、○印を付けた方法にして下さい。

イ. 下記書店へ配本して下さい。

(直接書店にお渡し下さい)

(書店・取次帖合印)

書店様へ=書店帖合印を捺印下さい。

ロ. 直接送本して下さい。

代金(書籍代+送料·代引手数料)は、お届けの際に現品と引換えにお支払下さい。送料・代引手数料は、1回のお届けごとに500円です(いずれも税込)。

＊お急ぎのご注文には電話、FAXをご利用ください。
電話 03−3813−9151(代)
FAX 03−3812−3544

（ご注意）

・この用紙は、機械で処理しますので、金額を記入する際は、枠内にはっきりと記入してください。また、本票を汚したり、折り曲げたりしないでください。

・この用紙は、ゆうちょ銀行又は郵便局の払込機能付きＡＴＭでもご利用いただけます。

・この払込書を、ゆうちょ銀行又は郵便局の渉外員にお預けになるときは、引換えに預り証を必ずお受け取りください。

・ご依頼人様からご提出いただきました払込書に記載されたおところ、おなまえ等は、加入者様に通知されます。

・この受領証は、払込みの証拠となるものですから大切に保管してください。

収入印紙
課税相当額以上
貼　　　付

印

この用紙で「本郷」年間購読のお申し込みができます。

◆この申込票に必要事項をご記入の上、記載金額を添えて郵便局でお払込み下さい。

◆「本郷」のご送金は、４年分までとさせて頂きます。

※お客様のご都合で解約される場合は、ご返金いたしかねます。ご了承下さい。

この用紙で書籍のご注文ができます。

◆この申込票の通信欄にご注文の書籍をご記入の上、書籍代金（本体価格＋消費税）に荷造送料を加えた金額をお払込み下さい。

◆荷造送料は、ご注文１回の配送につき500円です。

◆キャンセルやご入金が重複した際のご返金は、送料・手数料を差し引かせて頂く場合があります。

◆入金確認まで約７日かかります。ご諒承下さい。

※現金でお支払いの場合、手数料が加算されます。通帳またはキャッシュカードを利用し口座からお支払いの場合、料金に変更はございません。

※領収証は改めてお送りいたしませんので、予めご諒承下さい。

お問い合わせ　〒113-0033・東京都文京区本郷７―２―８
吉川弘文館　営業部
電話03-3813-9151　FAX03-3812-3544

この場所には、何も記載しないでください。

払込取扱票

02 東京

通常払込料金加入者負担

口座記号番号	金額
00100＝5＝244	千 百 十 万 千 百 十 円 ※

加入者名	料金	備考
株式会社 吉川弘文館		

ご依頼人・通信欄

フリガナ ※お名前	
郵便番号	電話
※ご住所	

※

〈この用紙で書籍代金ご入金のお客様へ〉
代金引換便、ネット通販ご購入後のご入金の重複が増えておりますので、ご注意ください。

◆「本郷」購読を希望します

購読開始 ［　　号］ より

1年 1000円 (6冊)　3年 2800円 (18冊)
2年 2000円 (12冊)　4年 3600円 (24冊)
（ご希望の購読期間に○印をお付け下さい）

日附印

各票の※印欄は、ご依頼人において記載してください。

裏面の注意事項をお読みください。(ゆうちょ銀行)(承認番号東第53889号)

これより下部には何も記入しないでください。

切り取らないでお出しください。

記載事項を訂正した場合は、その箇所に訂正印を押してください。

振替払込請求書兼受領証

口座記号番号	00100＝5 通常払込料金加入者負担 244
加入者名	株式会社 吉川弘文館
金額	千 百 十 万 千 百 十 円 ※
ご依頼人	おなまえ ※　　様
料金	日附印
備考	

この受領証は、大切に保管してください。

は宮崎層群という岩盤層からなる比高差を有する丘陵に城取りされている。このうち、前者の都於郡城跡は「五城郭」と呼ばれる主要な曲輪群から構成される典型的な群郭式城郭の縄張であるが、後者の佐土原城跡の縄張はそのイメージを異にする。丘陵尾根を堀切《ほりきり》で断ち切り、レベル差のある曲輪を連続することで城の主要なエリアへの侵入を拒む縄張を見せる佐土原城跡。その一方で、「本丸」と「南の城」がある丘陵頂部の主郭およびそれに準ずる曲輪群は、周囲の自然地形をも巧みに取り込み、主要への侵入を容易には許さない堅固な切岸に守られた群郭式の様相を呈する。このような縄張に、竹中克繁は「イレギュラーな構造」という表現を用いた（竹中、二〇二〇）が、このイレギュラーを許容する縄張の工夫こそが南九州の群郭式城郭を象徴するものであり、選定した城地の地形的、地質的な特性を最大限に生かした城の姿を生み出した底流にあったと考える。

南九州の群郭式城郭。複数の曲輪を群集させるその独特の縄張をもつ城跡の曲輪の呼称には、それを守備したのであろう人物の名や職名を冠した例も多々散見される。個々の曲輪の独立性が高い故に、おそらくは各曲輪の間の機能分化が明確になされ、守備する人間の責任も同じように明確なものであったと想像できる。曲輪の群集かつ独立性が際立つ南九州の群郭式城郭の姿は、当時の支配構造の在り方を考える視点をも内包している。

【参考文献】竹中克繁「宮崎平野の城郭」『九州の中世Ⅲ　戦国の城と館』（高志書院、二〇二〇）

鹿児島

薩州島津家の拠点であった出水城から北側に，国の重要伝統的建造物群保存地区に選定されている武家屋敷群などの「麓」が広がっている．（出水市提供）

●平安時代から戦禍が残る中世山城

大口城《おおぐちじょう》（牛山城《うしやまじょう》）

〔所在地〕伊佐市大口里
〔比　高〕五〇メートル
〔分　類〕山城
〔年　代〕保元三年（一一五八）
〔城　主〕太秦元衡
〔交通アクセス〕九州自動車道「栗野ＩＣ」より、国道二六八号線経由一七キロ。

【歴　史】大口城は、「牛山城」・「牟田口《むたぐち》城」ともいわれた。『三国名勝図会』によると、むかし牛屎《ねばり》氏の居城であった。牛屎氏は安芸判官平基盛《もともり》の子孫であるという。基盛の子薩摩守信基《のぶもと》は保元の乱で軍功があり、牛屎院・祁答院《けどういん》の両院を賜り、四男薩摩四郎基衡が、保元三年（一一五八）八月十三日にはじめて牛屎院にくだり、代々院司として「牛山城」に入城したとする。その後、文治三年（一一八七）五月三日に宿禰《すくね》大秦元光《もとみつ》（大平太郎）が、源頼朝から、牛屎院の所領安堵の下文を与えられた。また、牛屎の支裔の「渕辺氏系図」には、「大平太郎は薩摩信基の曽孫であって、霊夢によって平姓を秦に改めた」と書かれている。牛屎氏は代々繁栄して家名も高く、元弘・建武のとき牛屎左近将監高元《たかもと》は南朝方に属して武功があった。「菱刈《ひしかり》系図」によると建久五年（一一九四）正月十二日、菱刈三郎坊法印重妙がはじめて菱刈郡太良院にくだり、太良院・牛屎院を所領したとするが、のち球麻《くま》の相良《さがら》氏とともに大口城を攻めこれを陥し、牛屎・太良の両院を相良氏と分領した。

はじめ菱刈氏は島津氏に属していたが、のちしばしば反抗するので、明応八年（一四九九）島津出羽守忠明《ただあき》を、大隅の市成から牛山（大口城）に移し、相良・菱刈氏に備えている。享禄三年（一五三〇）七月二十七日夜、相良・菱刈の両軍は、牛山諏訪神社の祭礼の中に兵をまぎれこませ大口城主島津忠明を襲撃した。このため忠明は自害し城は落ちた。

その後、永禄十年（一五六七）に、島津国主貴久《たかひさ》は、諸軍

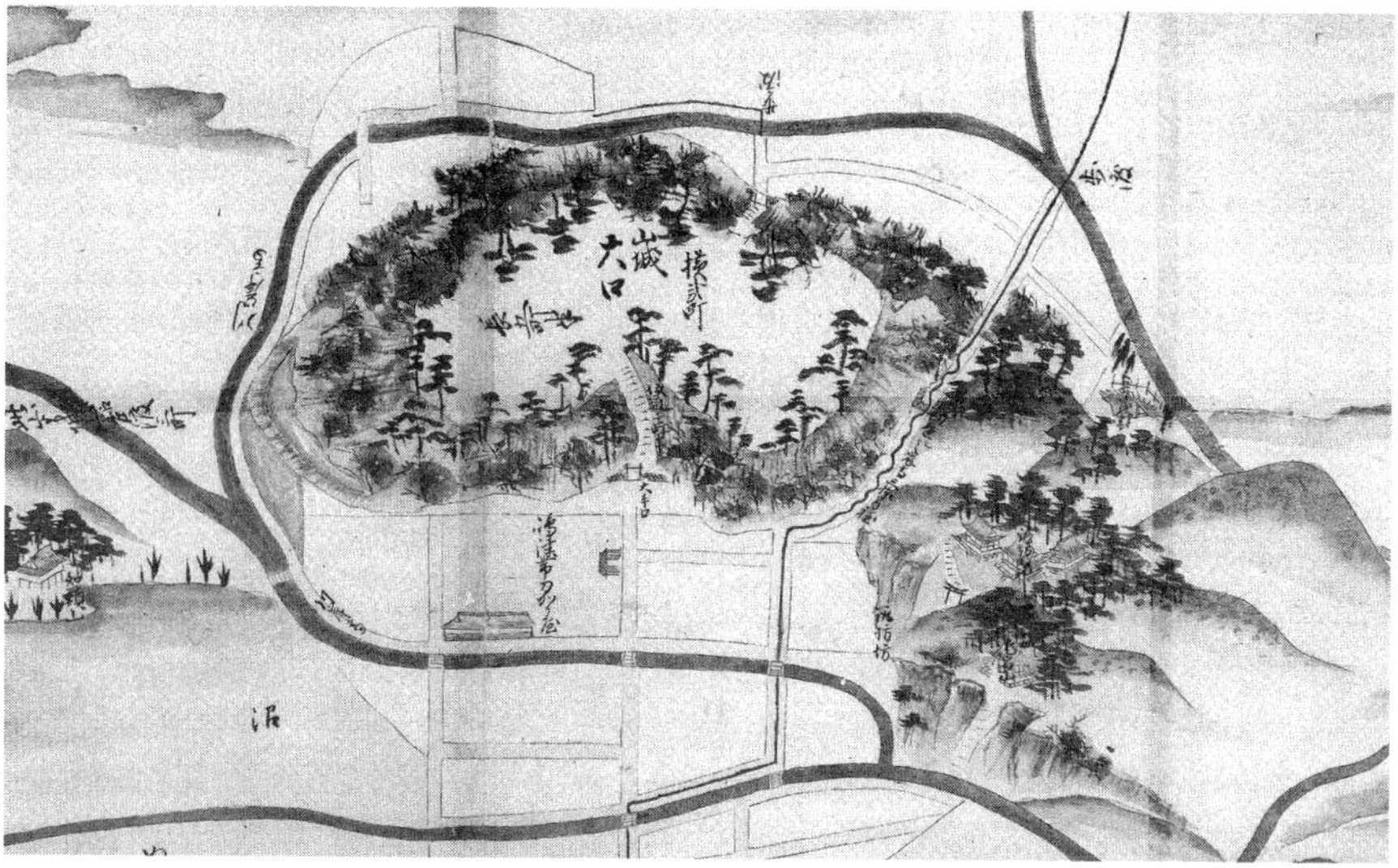

●—大口城絵図（寛文～延宝年間〈寛文元年は 1661 年〉）（鹿児島県立図書館所蔵）

を率いて菱刈隆秋の馬越《まごし》城を攻めた。このため隆秋は大口城に逃げ、救いを球麻・相良に求め、相良氏はこれに応じて兵を出した。貴久は馬越城を本営として大口城を攻めたが、要害堅固で相対すること久しく、永禄十二年五月の羽月鳥神尾の戦いでこれを破った。このとき、隆秋は臣を多く失い、これを契機に菱刈氏の勢力は衰えた。同年八月貴久・義久は大軍をもって城を囲むこと二十余日、隆秋はよく防戦につとめたが遂に力尽き義弘の軍門に降った。義弘はこれを許し、菱刈鶴千代に本城・曽木を与え、新納忠元《にいろただもと》を大口の地頭として大口城主とした。

その後の大口城は、島津藩の北薩の要塞として幕末まで永く続いた。寛文六年（一六六六）頃の薩摩藩城下絵図「大口城」（鹿児島県立図書館蔵）には、上方（東）・下方（西）・左方（北）・右方（南）の位置になる。下方（西）の城麓には「嶋津帯刀《たてわき》かり屋」（久元）と記された仮屋（現大口小学校）が位置している。下方（西）には「大手口」と記されている。しかし、絵図「大口城」には城内の曲輪《くるわ》についての詳細な記録はみられない。

【城の構造】　大口城跡は、大口小学校裏の通称「城山」と呼ばれる一連の台地上で、現在は孟宗竹と雑木におおわれた原野となっていた。大口小学校校庭から登るのが最も平易であ

●―大口城空中写真（真上面から）（藤田勝一撮影）

る。明治元年（一八六八）の「大口武士屋敷絵図」によれば、「城山根回二十一町四三間（約二四〇〇メートル）」とあり、本丸と呼ばれる最高地点は平地から約五〇メートル（海抜二二五メートル）を測る。「本丸」と呼ばれる地点は、城山の最高地点で遠く霧島を望み、大口盆地の東側、すなわち篠原・木﨑・目丸・青木・市山方面を一望することができ、平地から眺める城山は、城の東側から見るのが良く、いわゆる「山城」の特徴がよく表れている。

これまでみてきたように、大口城は、牛屎氏→菱刈・相良氏→島津氏（出羽守忠明）→菱刈氏→島津氏（地頭新納忠元）と幾度も変遷している。特に、永禄十二年五月の戦いでは島津軍は二〇日間も菱刈軍の守る大口城を取り囲み、ようやく落城に追い込んだ難航不落の山城であった。

なお、大口城が最初に登場する文献は、『廻国通道日記』文禄五年（一五九六）で、堀之内日限坊（良眼坊）が、韓国唐島（巨済島）で卒去した主君島津義弘の子久保の供養のため文禄三年から六十余州を廻国したものである。それによると、日限坊は帰国後大口城本丸に召し置かれ、本丸は日限城とも呼ばれている。

また、大口城の先行研究には、昭和七年の林吉彦『考古学上より見たる清水城』の中の「五、牛山城」があり、大堀を介し東西六郭が描かれた縄張図が初見である。その後、昭和五十八年（一九八三）の三木靖「大口城の絵図と縄張図」があり、大口城の歴史的研究と城郭の詳細な縄張図が作成されている。

このような先行研究を踏まえ、平成二十八年（二〇一六）

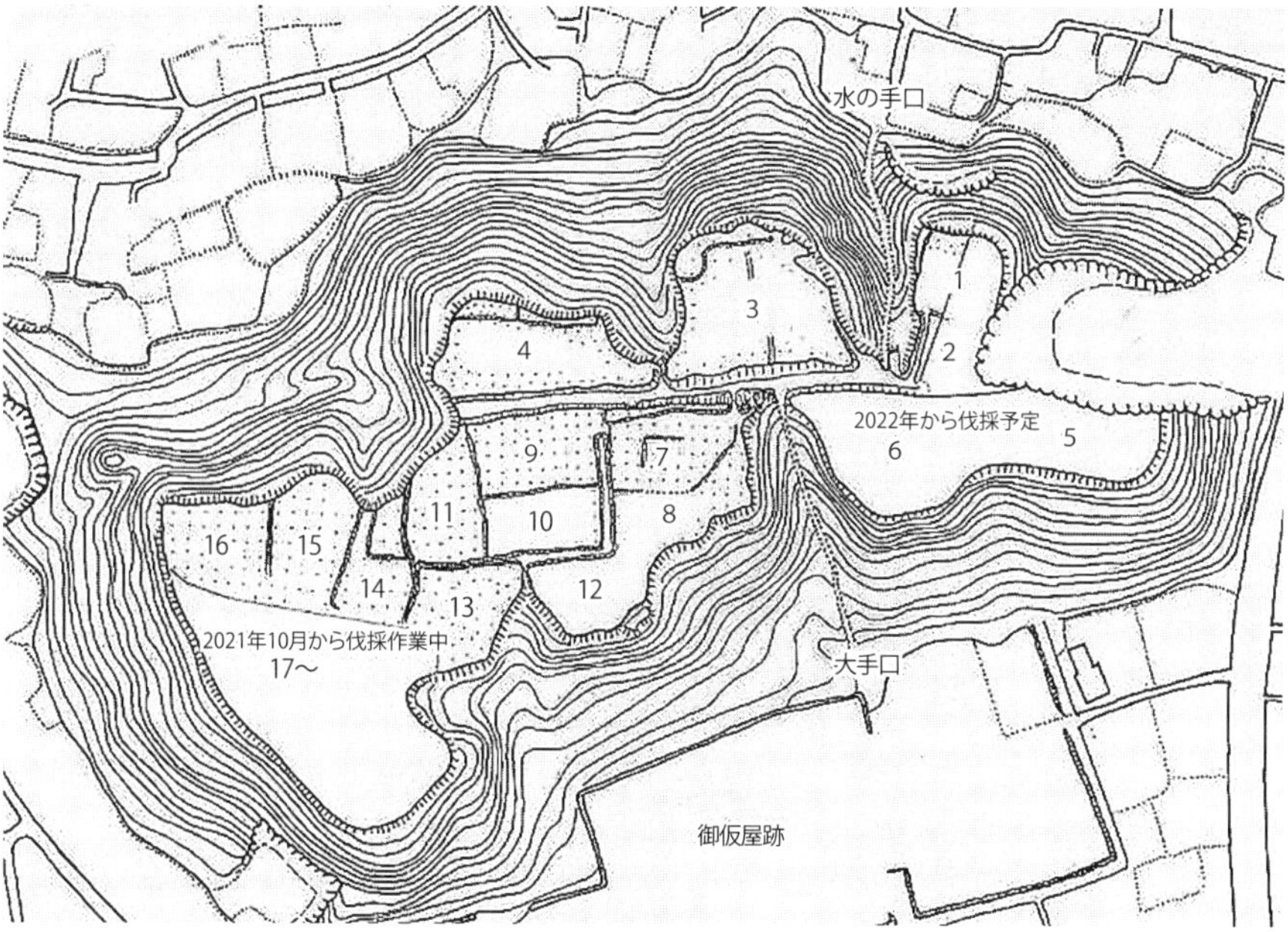

●—大口城縄張図（『関白道通信 536号』より）

三月から、表面調査を実施し、現在継続中である。原野となっている大口城全域の伐採・清掃を行い、各曲輪の平面実測図を作成中である（写真・図）。大口城は、本丸跡・二の丸跡と、三ヵ所の登城口と大空堀《からぼり》についてはは伝承が残存しているが、ほかは全く不明である。そのため、城内の曲輪群の伐採・清掃作業を実施して測量図を作成する踏査を開始した。作業の進行順に、曲輪群を1〜17に区分して現在続行中である。今後の調査で注目されるのは、最北部の曲輪群である。曲輪14には搦手《からめて》口が確認され、その北方には大口城の防御施設と考えられる土居群が存在しているようである。

大口城の調査は、二〇〇九年から開始した「関白豊臣秀吉の薩摩侵攻」の薩摩関白道調査の一貫の調査である。大口城の調査は、「大口城を愛する会」（ボランティア会）と称し、二〇一四年十二月十四日から毎週土曜日に実施し、二〇二三年三月現在で関白道調査五一三回に達している。そのうち大口城の調査は二七七回目となり、参加者は二五〇〇名に達している。大口城調査の活動日報も引き続き『関白道通信』として毎回の作業内容を記録している。

（新東晃一）

●島津本家も一目置く優れた城

出水城《いずみじょう》

〔出水市史跡〕

〔所在地〕出水市麓町
〔比　高〕約六〇メートル
〔分　類〕山城
〔年　代〕一二世紀後半〜一六世紀末
〔城　主〕和泉氏、薩州島津家
〔交通アクセス〕JR鹿児島本線・肥薩おれんじ鉄道「出水駅」下車、徒歩約三〇分（約二・五キロ）。または、出水循環バス「西之口」停留所から徒歩約五分（約四〇〇メートル）。城山墓地公園に駐車場有

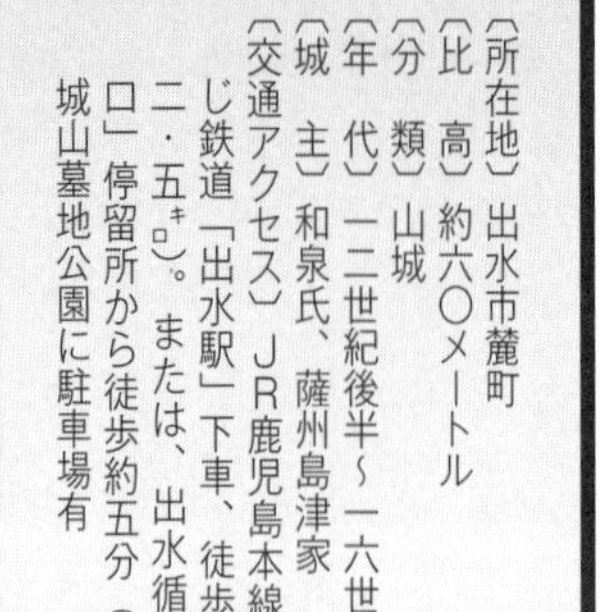

【城の歴史】　出水城は、出水中央部の標高約三〇メートルから九〇メートルの丘陵地に立地する中世山城である。「薩摩国図田帳《ずでんちょう》」には「出水郡三五〇町、下司和泉小太夫兼保」とあり、この和泉兼保が出水城を築いたとされている。

応永二十四年（一四一七）の川辺合戦による和泉家断絶まで南北朝・室町期を通じて和泉氏、伴氏の名は史料に見えるが、出水城についての記述はなく、この間の詳細は不明である。

享徳二年（一四五三）に島津本家から分かれ、薩州家を興した島津用久《もちひさ》が亀ヶ城に入ると、ここを拠点として約一四〇年間に渡り薩州島津家が出水地方を治めることとなる。

天正十五年（一五八七）四月に征西で薩摩に入国した秀吉は、島津義久《よしひさ》のいる泰平寺（現薩摩川内市）に向かう途中出水城に立ち寄っている。

文禄二年（一五九三）の文禄の役の際には、薩州家当主第七代忠辰《ただとき》は、軍令に従わなかったことから秀吉の怒りを買うこととなった。これにより、薩州島津家は改易され、出水城を含む出水の地は約六年間天領となった。

慶長四年（一五九九）に島津領に戻ると、島津本家系の第一次史料には何度も出水城が取り上げられている。たとえば、島津義弘が出水に移り住むのにふさわしいくらいの一級の城と褒め称えられている。また、義弘は小西《こにし》氏や相良《さがら》氏などの敵対勢力に備えるために、国境の要地である出水城の防御性強化のための普請の要請を繰り返し行い、実際に普請が

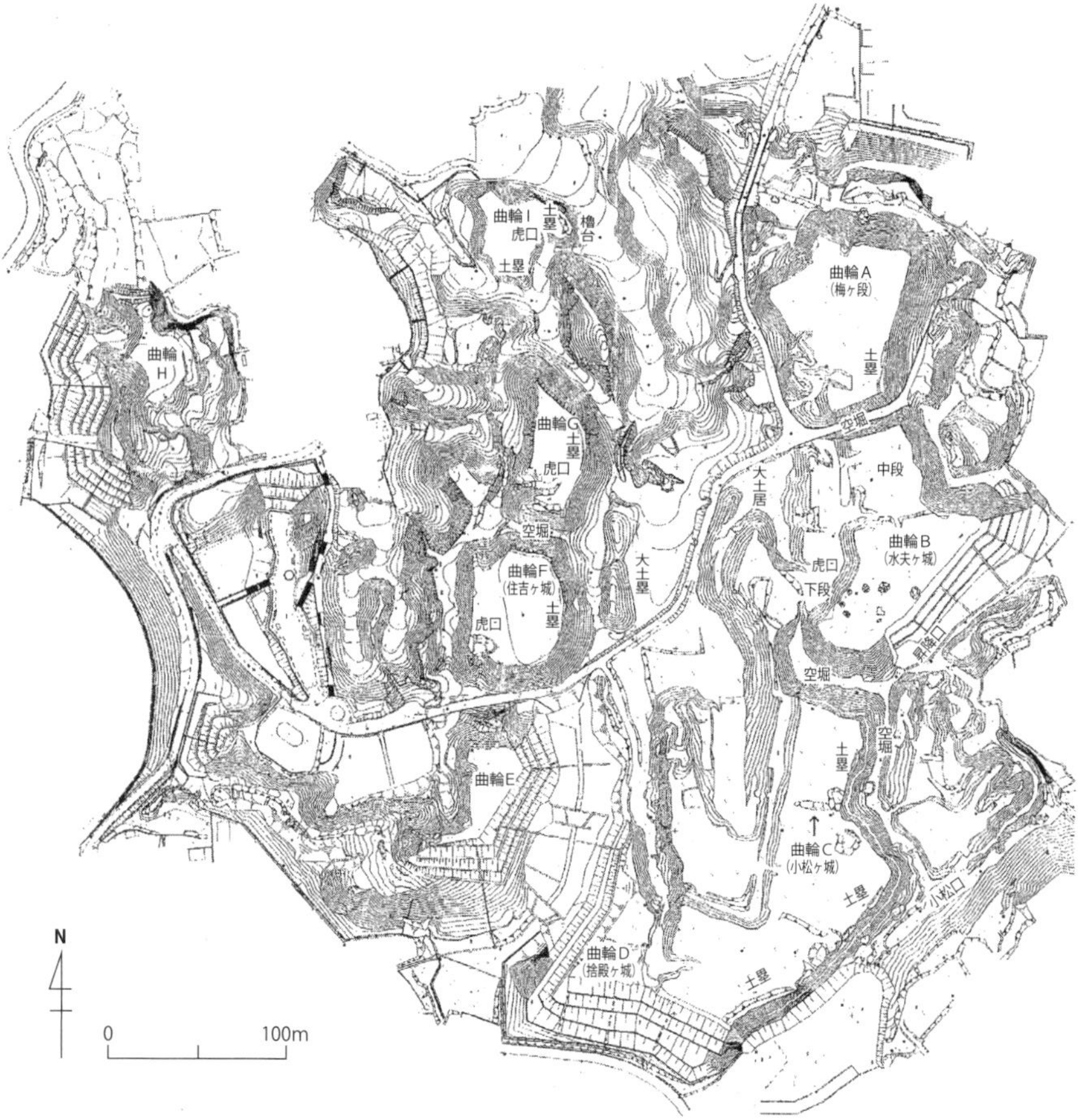

●―出水城地形測量図（作図：出水市）

実施された結果、島津本家から一目置かれる優れた城となった。

【城の構造】　城は、曲輪《くるわ》の集合体でひとつの山城を成す群郭式《ぐんかくしき》城郭の典型的な山城である。曲輪の配置は、東側の主郭とされる水夫《すいふ》ヶ《が》城《じょう》を含む四つの曲輪で構成される曲輪群と、西側の五つの曲輪で構成される曲輪群が、大手口とされる谷地形と大土塁《どるい》よりに分断された構成である。

東側にある曲輪構造の特徴として、曲輪内に上中下段の平坦面を持ち、水夫ヶ城と小松ヶ城との間には連絡道的な地形も見られる。西側の曲輪の特徴としては、各々の曲輪に土塁、虎口《こぐち》を設け曲輪一つ一つが並列的である。

出水城の主郭は、上中下段を持つ曲輪で規模も大きく、大土居を持つ水夫ヶ城と考えられる。前述のとおり水夫ヶ城と小松ヶ城との間には連絡道的な地形があり、東側の曲輪群は、主郭の縄張が明瞭

●―出水城空中写真（右側）（出水市提供）

で求心性が強く重要視されていたと考えられる。

【出水城と出水麓】　島津領に復帰後は、薩摩藩が藩内統治のため進めた外城《とじょう》制度によって、出水の地でも出水城から北側に続く丘陵地帯を整備して政治の中心となる「麓」を置いた。現在でも藩政期の特徴を受け継ぐ武家屋敷などの伝統的建造物群が残る出水麓は、平成七年（一九九五）に国の重要伝統的建造物群保存地区に選定されている。

【龍光寺・薩州家墓所】　出水城の西麓部に薩州島津家の菩提寺龍光寺がある。初代用久が長禄三年（一四五九）に建立した当時は、現在薩州家墓所のある上高城《うえたかじょう》の東麓にあった。明治二年（一八六九）の廃仏毀釈《はいぶつきしゃく》により取り壊された後は、旧檀家の有志たちにより明治十三年に現在の地に再興された。

上高城の薩州家墓所には、初代用久から七代忠辰と歴代当主の夫人や家臣たちの墓石が並び、相対するように反対側には龍光寺歴代和尚の墓石が並んでいる。

【参考文献】『出水郷土誌（上巻）』（出水市、二〇〇四）、出水市教育委員会『出水の文化財―史跡と文化財　改―』（二〇〇四）、出水市教育委員会『出水市埋蔵文化財発掘調査報告書（二七）市内遺跡（出水城跡ほか）発掘調査等報告―平成二五～三〇年度の調査報告―』（二〇一九）

（岩崎新輔）

●守護島津氏の薩摩国最初の拠点

木《き》牟《のむ》礼《れ》城《じょう》

〈所在地〉出水市高尾野町江内木牟礼
〈比　高〉二〇〜四〇メートル
〈分　類〉山城
〈年　代〉一三〜一五世紀
〈城　主〉本田氏、島津氏
〈交通アクセス〉南九州西回り自動車道「野田ＩＣ」から約五分。看板有

【城の歴史】　出水市高尾野町江内を走る国道三号に屋地交差点がある。鹿児島方向に過ぎると、北側に木牟礼城の大きな看板が目に入る。南側の南北に長い台地には屋地と呼ばれる屋形跡が伝承されている。

「島津氏正統系図」によれば、文治二年（一一八六）島津忠久《ただひさ》は家臣本田貞親を薩摩に派遣し、木牟礼城を築かせ、守護所としたという。しかしながら、島津氏の本格的な経営は元寇以降と考えられ、文保二年（一三一八）島津貞久《さだひさ》が薩摩国守護へ就任してからは確実である。元弘三年（一三三三）島津五代貞久が鎮西探題《ちんぜいたんだい》を滅ぼした手柄により、薩摩・大隅・日向の守護となる。南北朝時代になると、島津貞久は息子のうち兄の師久《もろひさ》を薩摩国守護に、弟の氏久《うじひさ》に大隅国守護を譲り与えた。島津師久が拠点を川内の碇山城《いかりやまじょう》へ移したので、貞久自身は木牟礼城にそのまま居城した。

師久の系統を総州家、氏久の系統を奥州家と呼ぶが、しばらくすると島津両家の勢力争いが激しくなり、応永二十九年（一四二二）総州家の島津守久《もりひさ》の時に木牟礼城は落城し廃城となった。

【城の構造】　遺構については、通説では土取りにより破壊され、消滅したとされる。しかしながら、城域を拡大して捉えると、まだ残存している可能性がある。

●─木牟礼城近景

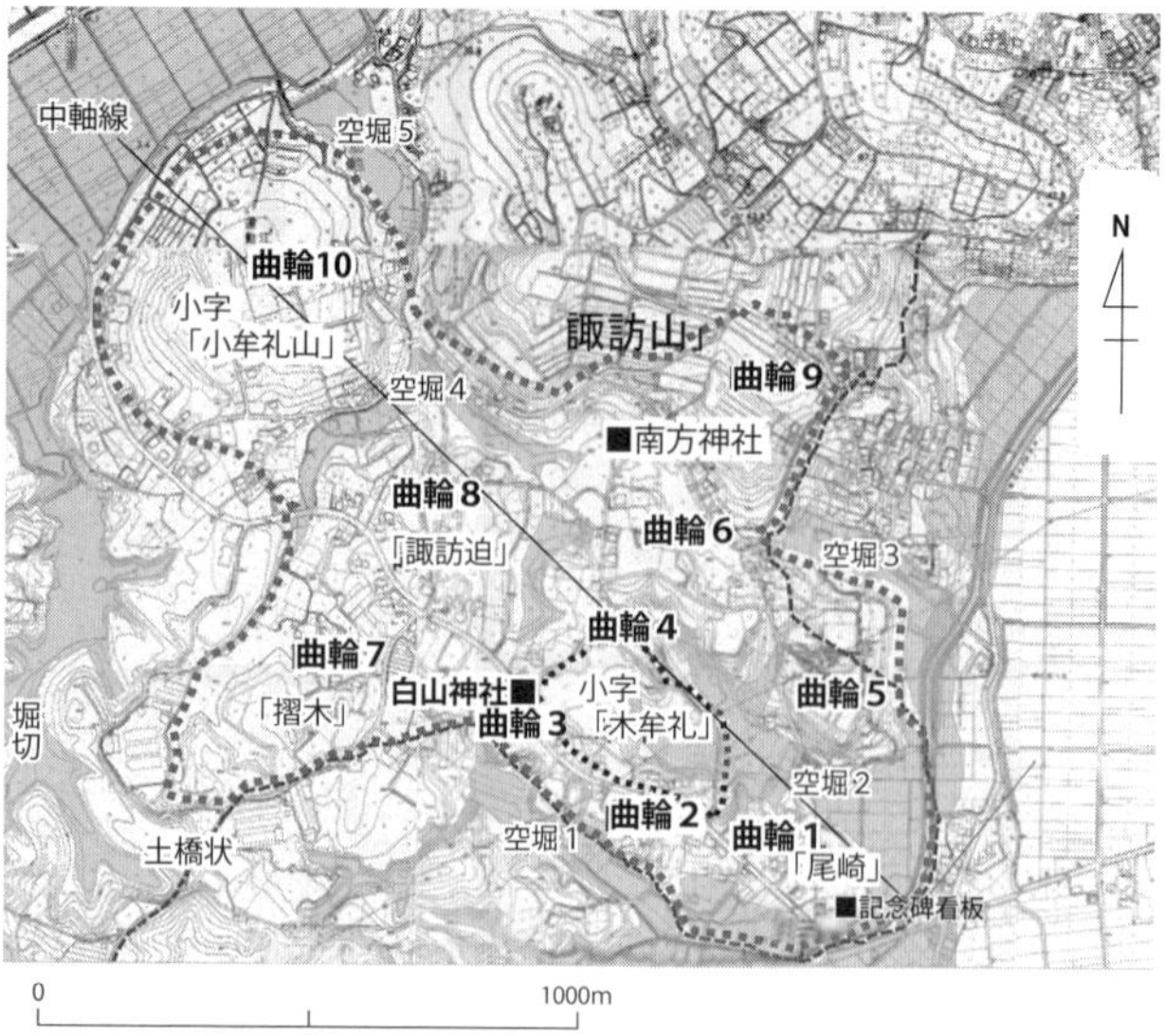

●—木牟礼城跡推定復元図（作図：下鶴　弘）

木牟礼城跡推定復元図は、小字《こあざ》名や小字界および町境から推定した城域を破線で示している。特に、破線の南半分は旧高尾野町と野田町の境であり、江戸時代は郷境である。この周辺から屈曲した境線が木牟礼城の痕跡ではないかと推測している。

城域は三つに区分される。一つは東南に延びる大小三本の尾根群である。西尾根は曲輪《くるわ》1・2・3であり、中央尾根は曲輪4であり、小字「木牟礼」を居館部に想定している。東尾根は曲輪5・6から構成される。

中央部の曲輪8は小字「諏訪迫《すわはざま》」であり、西側の曲輪7は伝承の「本田宅地」と想定した。北西部の曲輪10は詰《つ》めの城にあたり、伝承の「竹林城」と想定する。小字名は「小牟礼山」である。標高は四六・二メートル。東隣には南方神社後背となる諏訪山（標高八七・四メートル）がある。

城域の規模は略南北一七〇〇メートル・東西一四〇〇メートルあり、非常に広大である。シラス丘陵に立地するため、複雑に迫田が空堀《からぼり》状にめぐる。中央部には白山神社や南方神社が鎮座する。周知の遺跡としての木牟礼城域は破線の南半分であり、北部の小字「諏訪迫」・「小牟礼山」は含まれていない。今後の発掘調査による裏付けが望まれる。

なお、図中の中軸線は、北西（N50°W）に位置する笠山を山あてに利用していると推測した。

【屋　地】台地対岸にある屋地の屋形については、木牟礼城内の居館整備にともない、その機能が次第に移っていったのではないかと推測される。

【参考文献】『日本城郭大系一八　福岡・熊本・鹿児島』（新人物往来社、一九七九）、『三国名勝図会』（青潮社、一九八二）（下鶴　弘）

虎《とら》居《い》城《じょう》

●中世北薩、宮之城の島津氏・澁谷氏の居城

〔所在地〕さつま町宮之城屋地
〔比　高〕約四〇メートル
〔分　類〕山城
〔年　代〕一〇～一七世紀
〔城　主〕大前氏、澁谷氏、島津氏
〔交通アクセス〕JR鹿児島本線・肥薩おれんじ鉄道「川内駅」から車で国道二六七号経由にて約三五分（宮之城歴史資料センター）。

【位置と歴史】　虎居城は薩摩郡さつま町宮之城屋地字城ノ口に位置し、城の周囲を川内川が大きく囲み、自然の堀となした南九州を代表する中世山城の一つである。曲輪《くるわ》は深い空堀《からぼり》や堀切《ほりきり》で分断され、複数連なって配置された南九州特有の群郭式城郭の様相を呈する。享保二年（一七一七）に編纂された『宮之城記』によると、「宮城は自然の要害で堅固である。昔、大前氏は虎が臥《ふ》した形にこの城を執り始めた。よって虎居城と号していた。大河が郭の外を環っていて、逆波が張り敵の侵入を遮断することができる。そして大前氏は世々居城とした」などと記されている。また、享保十四年に編纂された『祁答院記《けどういんき》』にも虎居城に関する記録があり、中世から近世にかけての「祁答院」地域の歴史、城跡などを紹介している。これらの記録は宮之城島津家第七代、久方《ひさかた》の代に書写されたもので、後書きに土持新右衛門田部正博記と記されている。他にも近年の研究では、福田信男が「薩摩郡における古城跡の調査」（昭和十二年〈一九三七〉）の中で虎居城跡の平面図を示し、三木靖は「日本城郭大系」（昭和五十四年）の中で虎居城に関する文献や縄張についてまとめている。

『宮之城記』によると大前氏は、万寿五年（一〇二八）に薩摩国の国司として下向した源氏の子孫といわれ、その一人、大前道助が康治年間（一一四二年頃）に虎居城を築城したと伝わっている。しかし、これまでの発掘調査では、築城時の遺構や遺物は発見されていない。

その後、宝治二年（一二四八）に関東から下向した澁谷氏

が約三〇〇年にわたり北薩一帯を支配した。祁答院澁谷氏は、島津氏の三州統一にも強く抵抗する。天文二十三年（一五五四）、一三代澁谷良重《よししげ》は岩剣城で島津貴久《たかひさ》と戦い、敗れ撤退。永禄九年（一五六六）正月、良重は虎居城内の松社城で奥方に殺され、三〇〇年続いた祁答院澁谷一族は滅んだといわれている。その後、島津歳久《としひさ》が天正八年（一五八〇）からの一二年間居城し、都城を本領としていた北郷時久《ほんごうときひさ》、島津忠長《ただなが》と続く。忠長は城内に娘や多くの家臣を住まわせ、虎居城対岸の松尾城跡に宮之城島津家の菩提寺、宗功寺を建立した。

●—虎居城空中写真（鹿児島県立埋蔵文化財センター提供）

元和元年（一六一五）、幕府は一国一城令を発布し、虎居城も影響を受けたと思われるが、発掘調査で検出された堀の埋土をみるとラミナ状の自然堆積を呈しており、城の破却というような人為的な埋め戻しの様相はみられなかった。

【城の構造】 城を北部、中央部、南部の三域に分けると、中央部（塩の城、中の城、小城、おきたの城）と北部（中の城、松社城、女中仮屋、八女壇）において発掘調査が行われた。城中央部の曲輪群は川内川分水路建設のため記録保存後に消失しており、城北部は確認調査が行われ、今後歴史公園として整備される予定である。城南部は学校や民地があり、未調査である。発掘調査では主に一五・一六世紀の中国産陶磁器や木製品が多数出土し、遺物から見ると一三代続いたとされる澁谷一族の後半の代から、島津歳久、北郷時久、島津忠長の頃のものと考えられる。中でも島津歳久は天正八年～文禄元年まで居城し、祁答院一帯を支配したが、豊臣秀吉への謁見を拒んだため怒りをかい、竜ヶ水で自害に追い込まれたといわれる。

城中央部では「塩の城」で最も多くの遺構、遺物が出土した。「塩の城」は、表面積は約一八〇〇平方メートルあり、曲輪南端では土塁《どるい》を検出し、曲輪の南側を取り巻くように幅約五メートル、深さ約二メートルの横堀を検出した。虎居城は東・北・西側の三方を川内川に囲まれており、南側は陸続きであるため、土塁と横堀、堀切をつくることにより、南側の防御を強く意識していたことがうかがえる。また、曲輪では多数の土坑、柱穴、ピットも検出した。礎石を持たない柱穴で構成される掘立柱《ほったてばしら》建物跡（四×三間：二棟、三×二間：一棟、二×一間：一棟）が四棟、礎石を持つ柱穴で構成される掘立柱建物跡（三×三間）が四棟検出された。後者の掘立柱建物跡は礎石を持つことや柱間の規則的な配置などから、前者より新しい建物と考えられる。また、曲輪の中央付近には掘立柱建物跡の間をぬうように一一基の炉跡も検出された。被熱跡や粘土塊が認められ、鞴《ふいご》の羽口、鉄滓《てっさい》（椀型滓・流動滓）、青銅の付着した土師器《はじき》などが出土しており、塩の城内で製鉄・小鍛冶などが営まれていたことがうかがえる。また、曲輪西端には二ヵ所の虎口《こぐち》があり、人頭大の礫を階段状に配置した石列や硬化面が検出された。

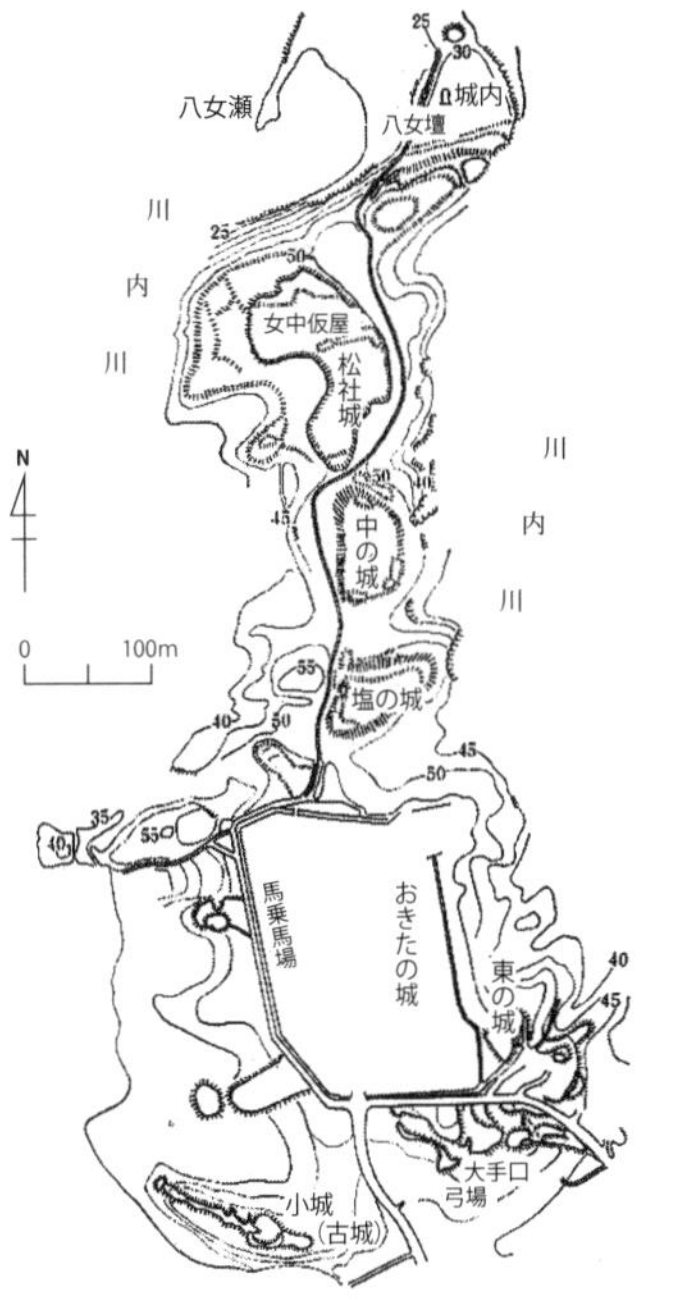

図—虎居城要図（『日本城郭大系』18より）

遺物は一五～一六世紀の青磁、白磁、青花《せいか》の碗、皿、瓶や、陶器、瓦質土器、土師器、土錘《どすい》、坩堝《るつぼ》、古銭、鉄鏃《てつぞく》などで、塩の城だけでも約四〇〇〇点出土した。土師器が最も多く出土しており、青磁、青花のほか、滑石製石鍋やカムィヤキなども出土した。これらの遺物から、虎居城には川内川を通じて国内外の貴重な遺物が運ばれ、交易・流通の拠点であったことがうかがえる。

曲輪間の谷部分の調査で特筆する遺構は横堀である。塩の城南側で検出された横堀は幅五メートル、深さ二メートルの箱堀で、塩の城南西側において二方向に枝分かれし、おきたの城、小城の裾野を沿う。また、塩の城の南側を囲む横堀では曲輪に向かう石列が二列検出された。石列の幅は約一メートルで、外側に面をそろえるように配置されていた。

塩の城南側の堀は川内川水面に近いことから発掘調査中、常に水が湧き、多数の木製品が残されていた。器種は漆器椀、下駄、折敷、桶、鍔《つば》、曲物《まげもの》、刳物《くりもの》などの日用品の他、建

●—出土木製品（鹿児島県立埋蔵文化財センター提供）

物の柱・横架材、杭、樋、柵などの遺構に関するものも多数出土した。木製品の出土数は七〇〇点を超え、中世木製品の出土数としては県内でも類を見ない量といえる。堀の検出面では掘立柱建物跡、柱列、溝状遺構なども検出された。掘立柱建物跡は堀が埋まった上に建てられていることから近世以降の建物であり、廃城後も家臣らが居住していたと思われる。

城北部には主郭と思われる松社城がある。標高約五七メートル、表面積約九〇〇〇平方メートルと最も広い曲輪で、南側にコの字に開く上面観を成す。腰《こし》曲輪、土塁、虎口、石塁《せきるい》などの遺構があり、複数つくられた土塁は、陸続きであった南側の防御を意識したつくりとなっている。曲輪の中心部には土塁の表面に円礫《えんれき》を葺いた石塁があり、松社城を東西（正確には西北西—東南東）に分断している。石塁西側には建物跡や柱穴、土師器埋納遺構などの遺構があり、石塁東側には庭園遺構の石組と考えられる大石や窪地などが検出された。このように石塁を境に東西で性格の異なる遺構が検出された点も注目される。

北端に近い曲輪「八女壇」は、標高約三三メートルで二列平行にのびる堀切に挟まれている。曲輪には「宝徳二年　義先仁公座□　二月二十二□」と記銘された石塔や八基の集石が残されていた。『宮之城記』によると、八女壇の名は長禄三年（一四五九）、澁谷徳重の娘が川で舟遊びをしており、侍女七人とともに溺れたことに由来するといわれている。石塔の年号にある宝徳二年（一四五〇）と伝承の年代が若干合わないが、八女壇は石塔以外の遺物はほとんどみつかっておらず、曲輪のなかでも特別な場所であったと思われる。

以上のように、虎居城では多様な遺構・遺物が数多く出土しており、文献等の記録に加え、発掘調査によって得られた情報から、当時の様相や城の機能等が解明されつつある貴重な城といえる。

【参考文献】三木靖『日本城郭大系　一八』（新人物往来社、一九七九）、鹿児島県教育委員会『鹿児島県内の中世城館跡調査報告書』（一九八七）、『虎居城跡』（鹿児島県立埋蔵文化財センター一六二〈二〇一一〉、一九七〈二〇一八〉）

（永濵功治）

●北薩屈指の国指定史跡の山城

清《きよ》色《しき》城《じょう》

〔国史跡〕

〔所在地〕薩摩川内市入来町
〔標　高〕九八メートル
〔分　類〕山城
〔年　代〕一四世紀～一六世紀
〔城　主〕澁谷氏（入来院氏）
〔交通アクセス〕ＪＲ鹿児島本線・肥薩おれんじ鉄道「川内駅」下車、鹿児島交通バス入来鉄道記念館前行「入来支所前」停留所下車、徒歩約三分。

【澁谷氏の南九州下向】　澁谷氏はもともと秩父平氏で、相模国澁谷荘（吉田荘／神奈川県綾瀬市・大和市ほか）を本領とする。源頼朝の挙兵後、澁谷重国《しげくに》・高重《たかしげ》（重国次男）が源氏に味方するようになり、源範頼《のりより》・義経《よしつね》の平家追討軍にしたがう。これにより有力御家人としての地位を確立した澁谷氏であったが、和田義盛《わだよしもり》が反乱をおこした建暦三年（一二一三）の和田合戦では、和田氏に味方したことで、高重は討ち死にし、重国は澁谷荘の所領を没収される。その後、後鳥羽上皇が北条義時に敗れた承久の乱では、幕府軍として参陣し活躍する。この承久の乱での活躍が、重国長男の光重とその子息たちにとって転機となり、全国に所領を拡げていく。宝治元年（一二四七）北条氏が三浦氏を滅ぼした宝治合戦の功績により、薩摩国の東郷・祁答院《けどういん》・鶴田・入来院《いりきいん》・高城（薩摩川内市・さつま町）の地頭職《じとうしき》を得る。その一族が南九州に下向し、土着していき、それぞれの地名を姓とするようになる。そのうち、澁谷定心《じょうしん》が入来院（薩摩川内市入来町・樋脇町・久住町・中村町・楠元町）に移り、その一族がのちのち、入来院氏を姓とするようになる。入来院氏が清色城に居城するようになるのは一四世紀後半とされる。

【入来院氏と清色城の歴史】　清色城は、『三国名勝図会』には一二世紀末入来院頼宗《よりむね》の築城とあるが、実際には一三世紀中頃における澁谷氏の南九州下向以降となる。入来院氏初代定心は当初、清色城よりも北部の元村に居を構えたと伝えられ、清色城築城後、大手に近い現在の入来小学校付近に移ったとみられる。南北朝期の一四世紀、清色城を本拠地に、薩摩郡の碇山城で島津氏との攻防が繰り広げられる。一四世紀後半、島津氏の総州家と奥州家の分裂があるが、この頃、肥後および薩摩・大隅の肥後との国境付近での宮方の国衆は一揆を形成し、薩摩守護島津師久《もろひさ》・大隅守護島津氏久《うじひさ》退治の作戦が行われるようになる。これに対し、入来院氏および祁答院・東郷・高城澁谷氏は総州家側として動く。しかし、その数年後には、入来院・祁答院両氏が一転して宮方に付き、総州家島津師久の居城碇山《いかりやま》城を攻撃する。その後、応安五年(文中元年、一三七二)には、入来院重門が高江峯城(薩摩川内市)を攻撃し、重門自身は討ち死にするが、峯城は入来院氏によって陥落。この頃、大宰府を追われていた征西将軍宮懐良《かねなが》親王からの感状(令旨)が重門嫡子の虎五郎(重頼)に送られている。

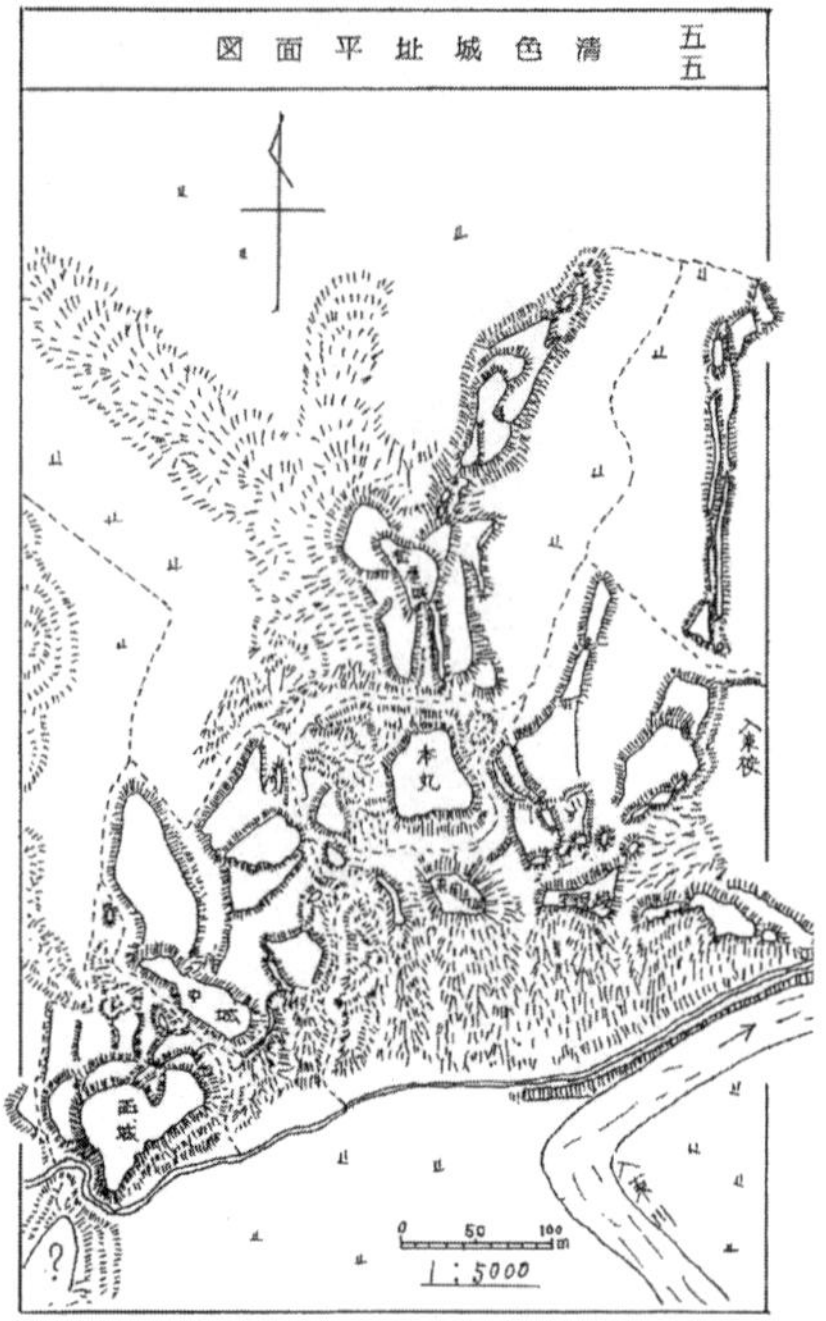

●—清色城跡平面図(福田 1937)

　南北朝合一後も当初は、総州家島津氏と奥州家島津氏は協力体制をとり、応永三年(一三九六)、入来院氏領の樋脇城・前田城・市比野城(薩摩川内市)を攻略。翌年には、清色城を包囲する。包囲側の総州家島津伊久《これひさ》・奥州家島津元久《もとひさ》・伊《い》集院頼久《じゅういんよりひさ》は野首《のくび》に、杉一揆が満手野、総州家守久・伊作久《いざくひさ》義《よし》が黒瀬付近、月一揆が重昌寺之峯に陣城を築いて清色城の食糧運搬路を遮断し、最終的に落城させている。しかし、その後、両島津氏の関係が悪化し、鶴田氏を除く入来院・東郷・祁答院・高城の澁谷四氏は総州家方として動くこととなり、奥州家方に付いた鶴田氏を攻める(鶴田合戦)。この抗争の中で、応永十年、総州家伊久は入来院重頼に「薩摩国山門院西方」「薩摩郡内荒河・羽嶋」を宛行《あてが》う。その六日後には奥州家元久が同じ地を重頼に安堵する事態が起きる。このような総州家と奥州家の対立を利用する形で、入来院氏は清色城に復する。

　室町期当初の一時期、島津氏領となった清色城ではあったが、鎌倉時代中頃より入来院氏が清色城を居城として、戦国期を迎える。室町期から戦国期の入来院氏は、平佐城、隈之城、永利城など薩摩郡域に進出し、勢力を拡大させる。一六世紀前半、入来院重聡《しげさと》の娘が島津貴久《たかひさ》に嫁ぐなど、同盟関係を築いた時期もあったが、たびたび離反し対立する。そして永禄十二年・十三年（一五六九・七〇）、入来院氏は島津氏に降り、入来院氏は清色のみを安堵され、島津氏の薩摩統一が成る。その後、文禄四年（一五九五）、太閤検地による所領替えに際し、入来院氏は大隅湯之尾へ移り、変わって新納忠《にいろただ》元《もと》が入来院に入る。忠元は清色城と入来院氏の屋敷を使用せず、清色城の東側「尾迫」に屋敷を構える。その後も地頭が変わり、慶長十八年（一六一三）、入来院重高《しげたか》が入来外城の領主として戻るが、重高は鹿児島に居住するようになる。このように清色城は文禄四年まで機能していた。

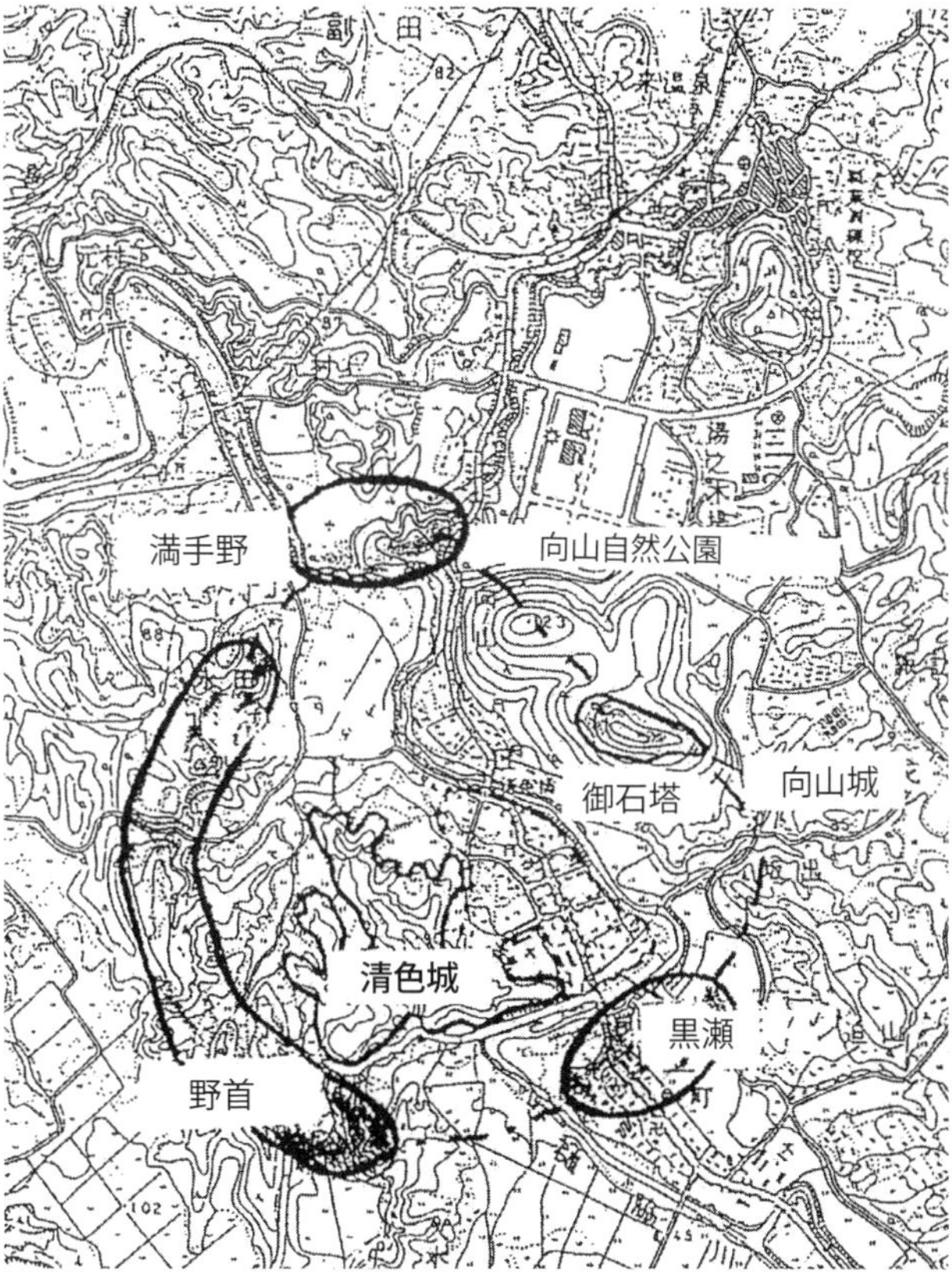

●—1397年入来城合戦陣城位置図（『史跡清色城跡保存管理計画書』より）

【清色城の構造】 清色城は、広義の城跡（山城部分および平城部分）が南北約七五〇メートル、東西約一〇五〇メートル、狭義の城跡（山城部分）が南北約六〇〇メートル、東西約七五〇メートルにおよぶ大規模城郭である。『三国名勝図会』には、「城内に本丸、西城、中城、松尾城、求聞持城、物見之段等があって、求聞持城が最も高い位置にある。堀切《ほりきり》があって、天険の山城である」と、いくつかの城（曲輪《くるわ》）から構成されていることが記されている。縄張図では、曲輪4Aが本丸、曲輪3Aが中之城、曲輪8Aが松尾城、曲輪2Aが求聞持城、曲輪1B-ハが物見之段、曲輪14A-ハが西之城に相当

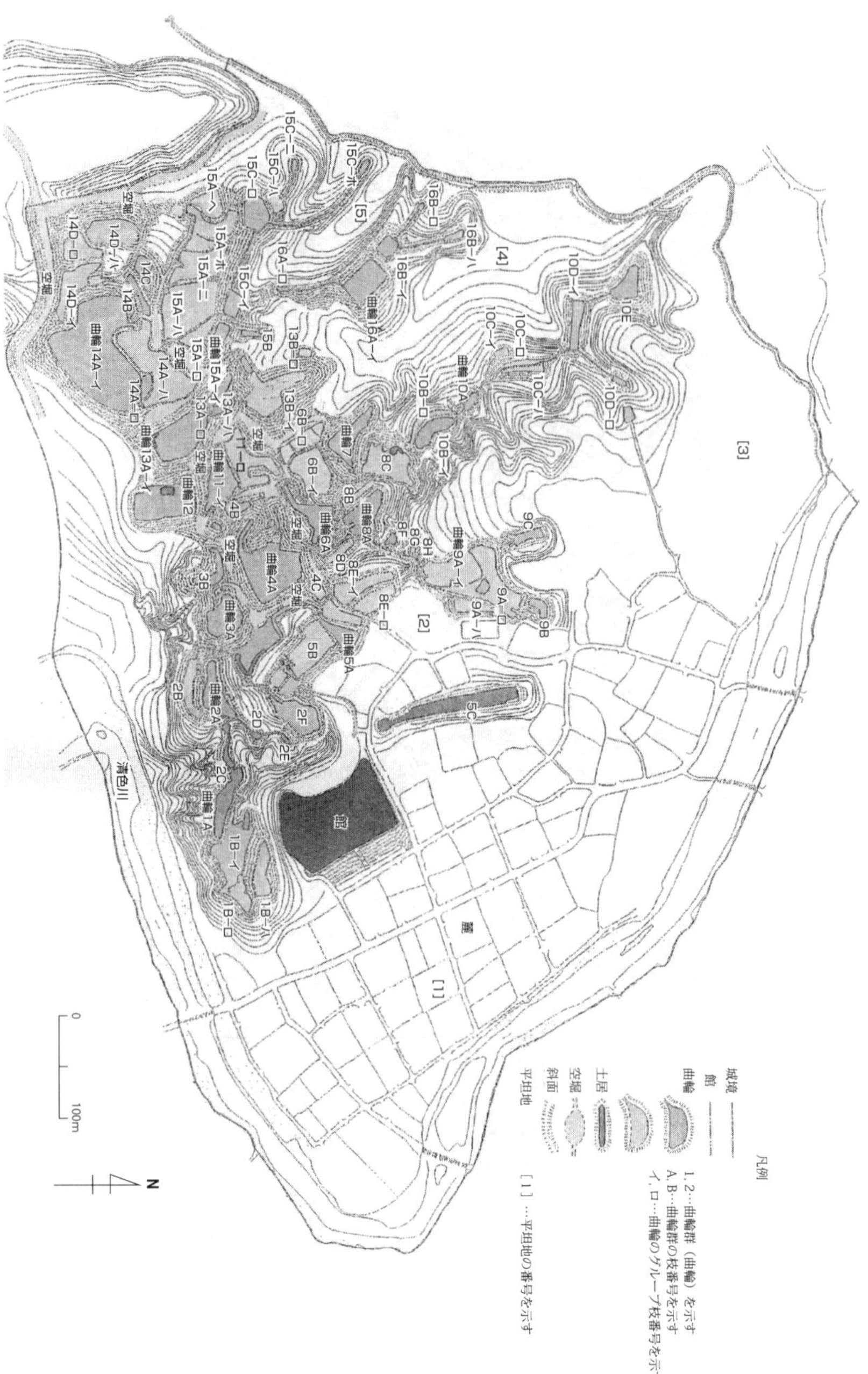

●—清色城跡縄張図（作図：三木 靖）（『史跡清色城跡保存管理計画書』より）

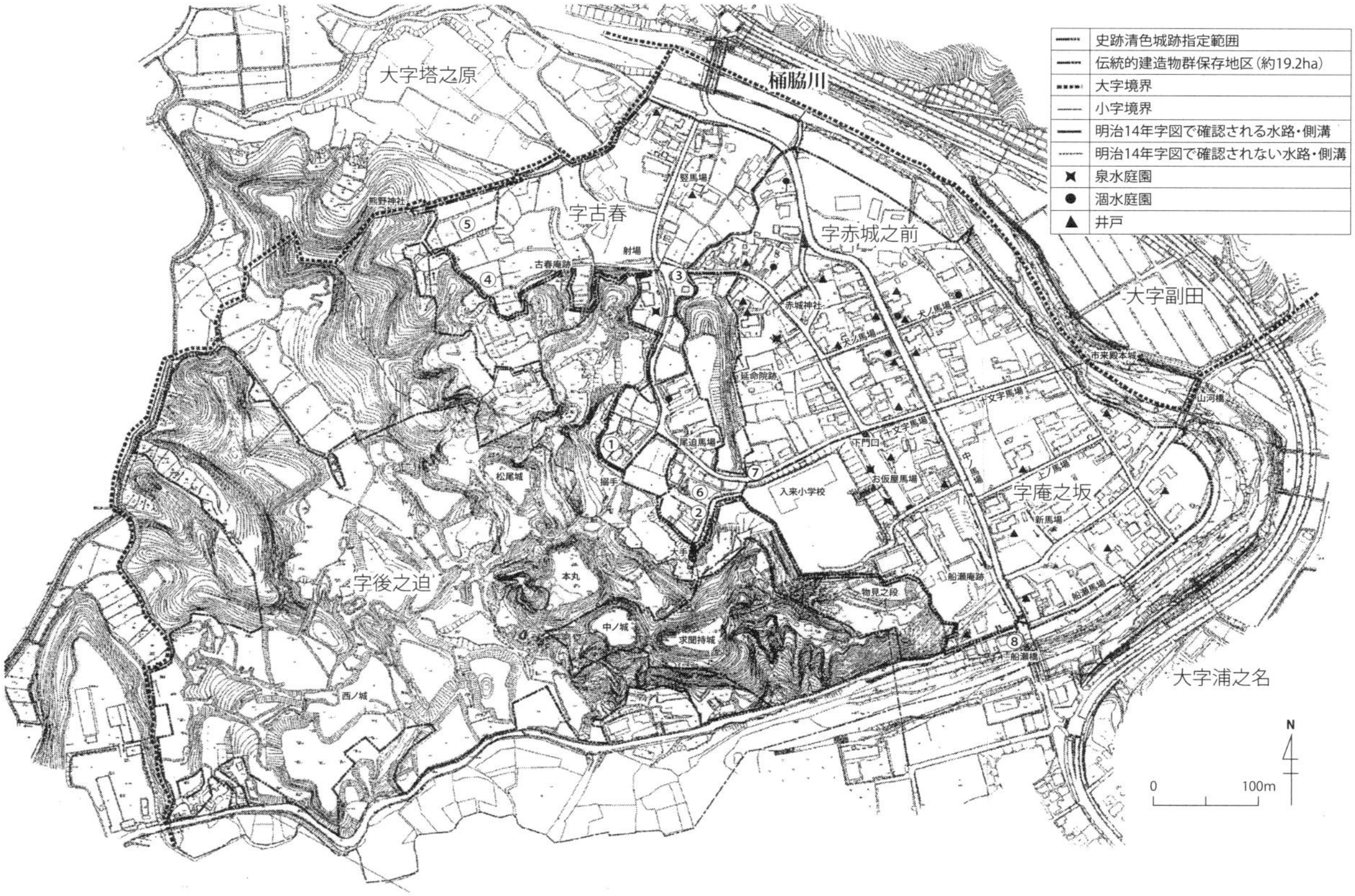

●—清色城跡および伝建地区の水利（『史跡清色城跡保存管理計画書』より）

する。本丸を起点にした曲輪の配置、さらに七方向の尾根上にも曲輪を配置した二重の防衛網を備えていた。本丸周囲は切岸《きりぎし》になっており、その周囲は手の込んだ空堀《からぼり》で囲まれ、出入口は桝形《ますがた》を持っていた。これら曲輪群の東西に大手・搦《からめ》手《て》が造られ、大手の周囲に、館と家臣団屋敷が配置されていた。

堀切跡（搦手）

●—清色城跡と麓航空写真（『史跡清色城跡保存管理計画書』より）

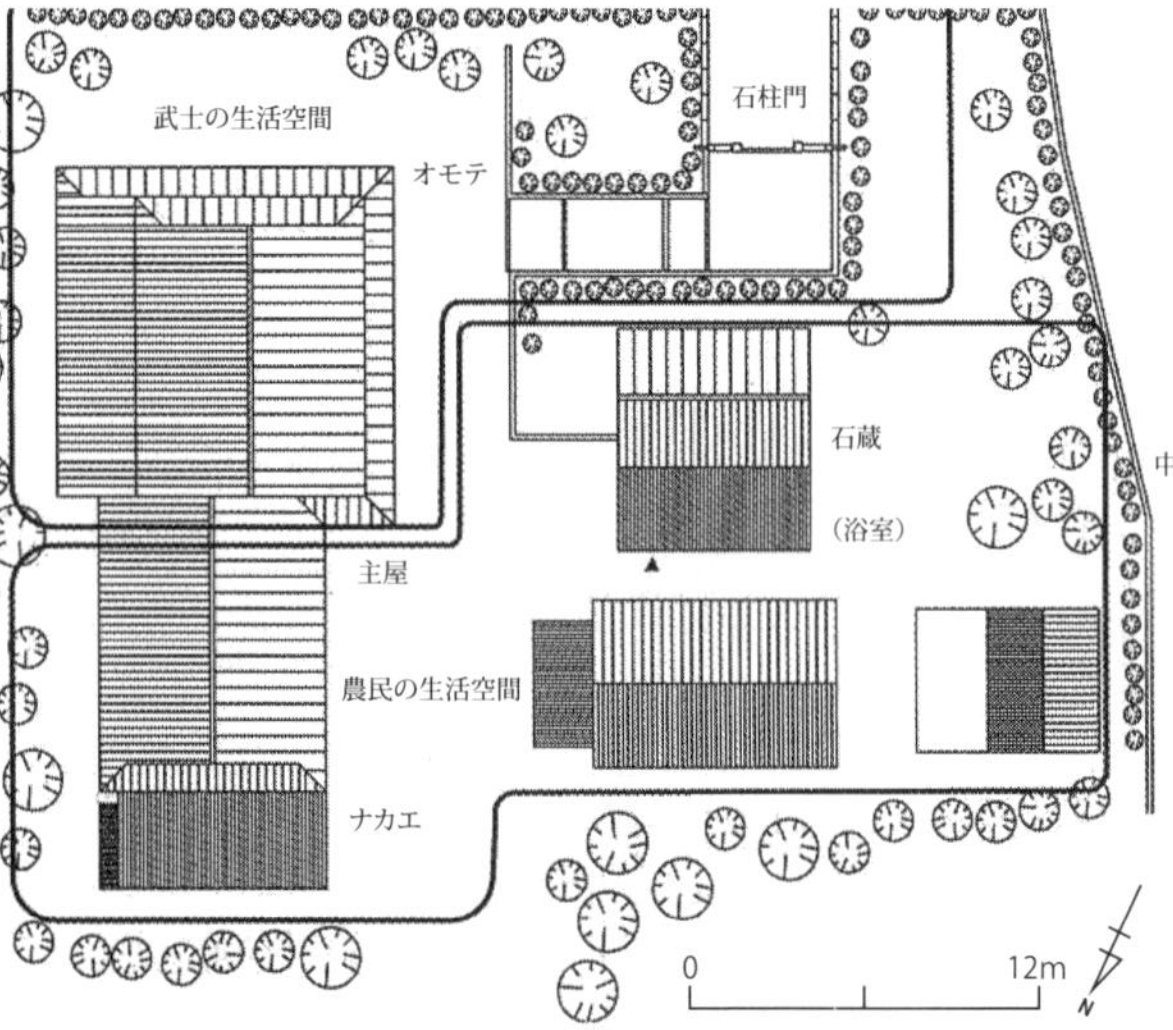

●—入来麓武家屋敷の例（『史跡清色城跡保存管理計画書』より）

【入来麓】　清色城の周辺に形成された武家屋敷群で、平成十六年、伝統的建造物群保存地区に選定され、平成三十年（二〇〇四）には日本遺産「薩摩の武士が生きた町～武家屋敷群『麓』を歩く～」に認定。中世から近世の景観を残しており、東西約七五〇メートル、南北約五五〇メートルに及ぶ。

清色城の大手に近い現在の入来小学校が中世における城主の屋敷と想定されている。近世には領主仮屋となり（縄張図：館部分）、その下が御仮屋馬場になる。麓の屋敷は玉石垣で囲まれ、門からは喰違《くいちがい》虎口《こぐち》にするなど、屋敷までの防御性を強めていた。

【参考文献】福田信男『薩摩郡に於ける古城址の調査』（川内高等女学校、一九三七）、薩摩川内市教育委員会『史跡清色城跡保存管理計画書』（二〇〇八）、小島摩文編『中世薩摩の雄　渋谷氏』新薩摩学シリーズ8（鹿児島純心女子大学国際文化研究センター、二〇一八年）

（吉本明弘）

●—清色城　大手筋と搦手筋〈右〉，近世の道〈左〉（『史跡清色城跡保存管理計画書』より）

●南北朝期の島津氏本拠地

碇《いかり》山《やま》城《じょう》

〔所在地〕薩摩川内市天辰町
〔標　高〕約四二メートル
〔分　類〕山城
〔年　代〕一四世紀
〔城　主〕島津貞久・師久・伊久
〔交通アクセス〕JR鹿児島本線・肥薩おれんじ鉄道「川内駅」下車、くるくるバス西回り「天大橋」停留所下車、徒歩すぐ。

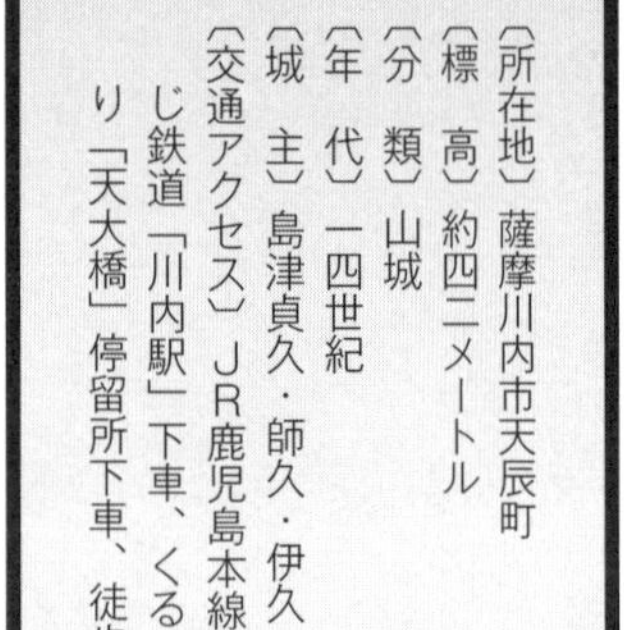

【薩摩国守護所】　鎌倉時代、薩摩国の守護所（政庁）は木牟《きのむ》礼《れ》城（出水市高尾野）であったとされ、のちに島津氏は南下し、川内《せんだい》川左岸の薩摩郡の地の碇山城に遷ったとされる。

碇山城の築城時期は定かではないが、鎌倉期末頃と考えられ、南北朝期前半（一四世紀）の島津氏本宗家の拠点となる。城域は二〇〇メートル×二〇〇メートルとされており、政庁機能を有するには手狭である。本来の機能は詰城《つめじろ》で、周辺に政庁機能を伴う守護所が存在したと考えるのが妥当であろう。

近年では、守護所を含めた広域の碇山城域も提示されている。付近を流れる大河・川内川を挟んで、対岸は高城郡となり、古代に薩摩国府・国衙《こくが》が設置された他、薩摩国一宮の新田宮（八幡新田宮、現新田神社）が鎮座している。碇山城は、位置的には、高城郡の薩摩国府（薩摩川内市）と曽於郡の大隅国府（霧島市）を結ぶ地であり、古代官道が近くを通っていたとも考えられるが、薩摩国側では、出水で一ヵ所可能性が示唆されているぐらいである。

島津貞久《さだひさ》の後は、島津本宗家では総州家を継いだ師久《もろひさ》、その跡を継いだ伊久《これひさ》の本拠地となるが、総州家と奥州家の抗争に

●—島津氏拠点・守護所分布図
（吉本 2014）

より、総州家は永享二年（一四三〇）に滅亡する。

城の使用期間は戦国期までとされるが、実態は南北朝期から室町期初頭にその機能は終えている。

【暦応二年碇山合戦】 暦応二年（一三三九）六月におきた、島津氏側北朝の軍勢と澁谷氏を中心とした南朝の軍勢との戦いである。建武年間から暦応年間（一三三四―四二）にかけて、南九州でも南北朝の動乱が激しく、大隅国加瀬田城（鹿屋市輝北町）、薩摩国市来城（日置市東市来）・碇山城が主要合戦の地となる。

●—南北朝期主要城郭等分布図（吉本 2014）

攻城側の主要勢力である澁谷氏は、鎌倉時代中期の宝治合戦の恩賞で澁谷光重次男以下の一族が川薩地域の諸地頭を賜り、下向してきている。下向してきた一族は、各地名をとり、東郷、祁答院《けどういん》、鶴田、入来院《いりきいん》、高城氏を称するようになっていく。このうち、高城氏は暦応二年合戦では北朝側に味方している。守護の島津貞久は在京しており、碇山合戦の翌年に薩摩に戻る。貞久が不在のなか、籠城側の主戦力は、守護代の酒匂久景《さこうひさかげ》や本田氏、新田宮社家の権執印氏などであった。

【合戦の経緯】 暦応二年の碇山合戦について、詳細な経緯が以下の史料から読み取れる。

①「権執印代俊正《としまさ》軍忠状案」（『鹿児島県史料　旧記雑録』前編一―二〇五四）

・六月十八日に「南方凶徒」（南朝方）が攻めてくることを聞き、碇山城に籠城し、「水手矢倉」を任され、警固する。
・十九日、「（式部）藤三郎宿所」を焼き払う。
・二十日、南朝方が碇山城を攻め、合戦になったので、俊正は「水手」で応戦した。
・二十二日、南朝方の澁谷孫二郎・小四郎入道・平次五郎等

が攻めてきたので、「水手」で合戦になった。
・同日酉刻《とり》（一七時から一九時）、敵が「大手」を破ったので、大手に走り応戦し、敵を追い返した。酒匂兵衛四郎、高城彦六がこのことをみていた。
・二十五日、夜に合戦があり、敵は「水手」を攻め破ろうとしたので、「水手之小城戸」より御方（味方）とともに打ち出し、敵を追い払った。
・二十九日、凶徒（南朝方）は碇山城を退却し、入来院渕上城（楠元城）に楯籠《たてこも》ったので、そこに向かい、合戦した。

②「酒匂久景注進状」（「新田神社文書」七八／『鹿児島県史料旧雑録拾遺　家わけ十』）

攻撃側は城壁垣立を破り、城まで攻め入ってきたところ、八幡新田宮御山から鏑音《かぶらおと》が二、三度攻撃側の陣中に響き渡ったので、籠城側が神慮であると士気が高まったことで、攻撃側は渕上城（楠元城）まで退いた。

【碇山城の構造】　前述の史料に、「大手」「水手」「水手矢倉」「水手之小城戸」「城壁垣立」などの碇山城の構造を示す語がみられる。このなかに頻出する「水手」（ミズノテ）は、戦国期以降、全国的に城郭の構造にみられる語であるが、建武政権期から南北朝期初頭にかけて南九州、とりわけ主要合戦があった加瀬田城・市来城・碇山城で史料上にみられる。

●—碇山城跡周辺小字および麓概念図（下鶴 2014）
※下鶴は，Aの部分を守護所と比定した他，「大手」「水手」についても比定している。

山城での合戦時、籠城側が問題となるのが水の確保である。そのための場所なり設備が「水手」と考えられ、籠城側は、「矢倉」「城戸」を設けて守ろうとし、攻撃側は夜討をかけて攻め取ろうとしている。

【碇山城跡の現在】　城跡は、大正から昭和中期頃にかけて採石場となり、城域の大半が昭和の段階で破壊され、平成における区画整理でさらに周辺の様相が一変した。二〇年ほど前まで残存していた城跡東部も宅地化・平地化し、現在は主郭の山が一部残る程度である。城跡は現在私有地であり、残存部分は土塁などを残しているものの、現代の開発によって島津氏本宗家の拠点が破壊されることへの批判もある（五味、一九八七）。

周辺地名では、通称地名として「ホリタ」「ナカホリタ」などの「堀」に関する地名が現地に伝わっている（吉本、二〇〇九）。碇山城は川内川を天険の堀として構えられたと考えられるが、南北朝期、周辺が南朝方の澁谷氏の勢力であり、南朝方が碇山城を攻めるにあたり、移動ルートとして川内川を利用したと考えられる。暦応二年合戦では、碇山城の攻城戦から撤退した澁谷氏は、川内川沿いの「渕上城」（楠元城）にいったん楯籠る。そのため、川内川と碇山城の間に堀などの何らかの防御機能を備える必要性があったと考えられる（吉本、二〇〇九）。

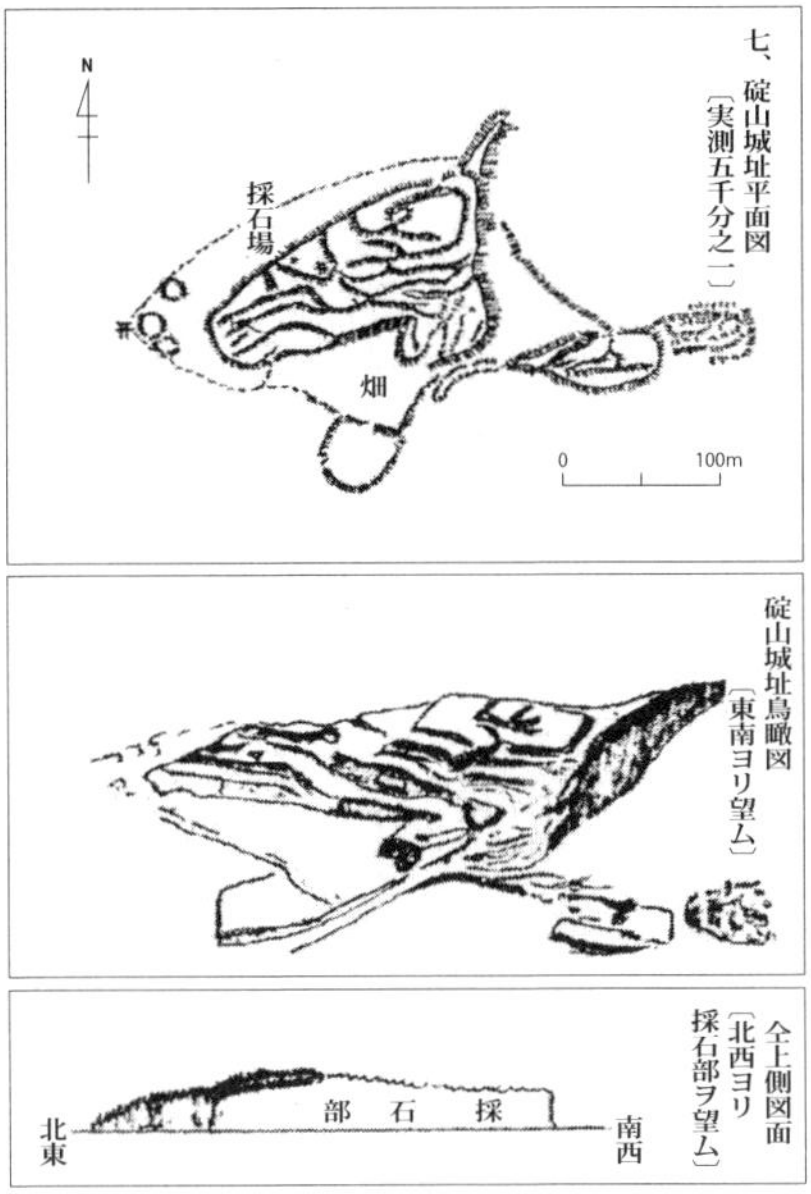

●―碇山城址平面図・鳥瞰図・側面図（福田 1937）

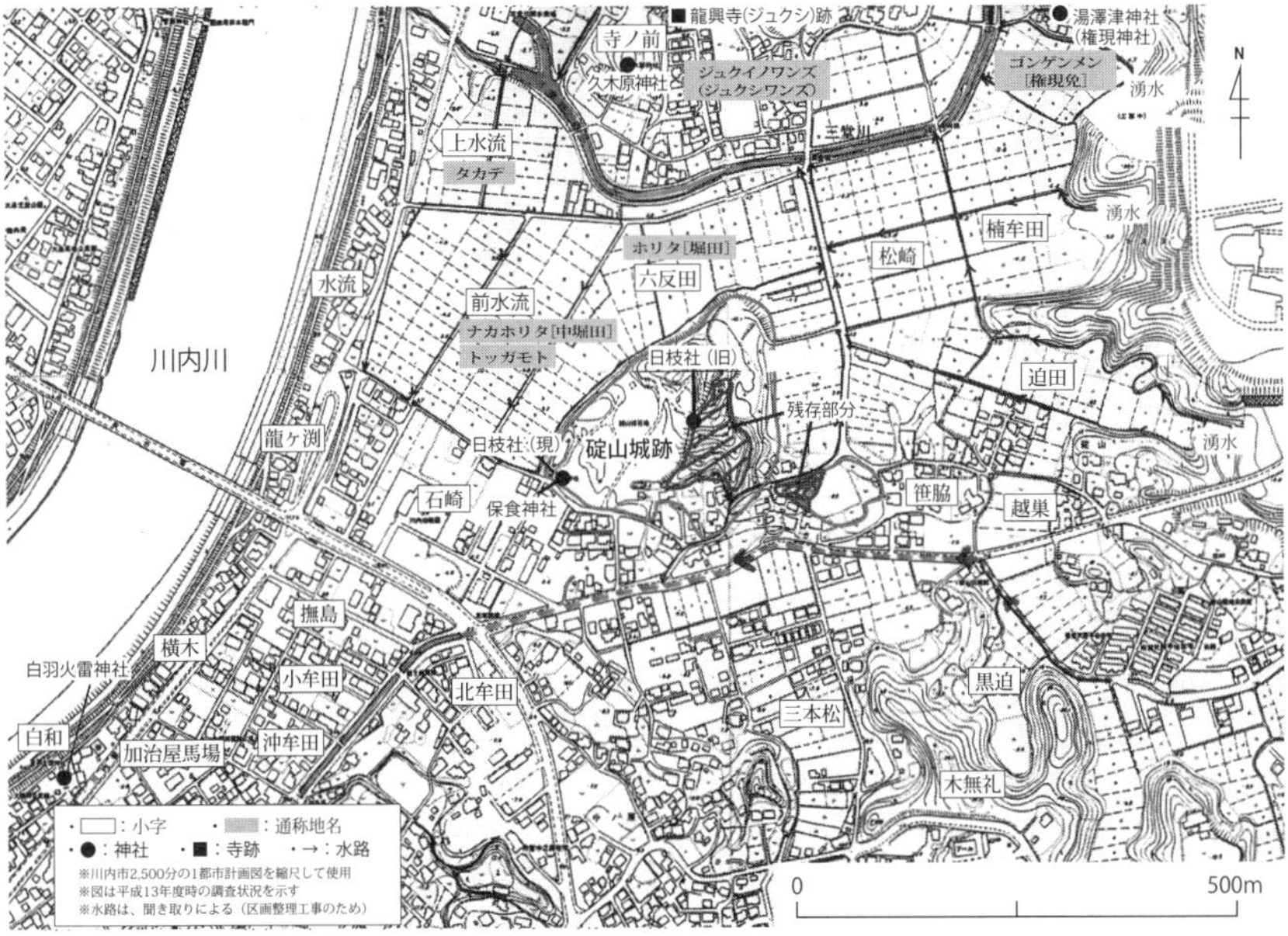

●―碇山城跡周辺地名・水利概況図（吉本 2009・2014）
※斜線で示した碇山城跡の残存部分のうち東側の部分が平成の区画整理で消滅．周辺部分の様相も一変している．図は 2001 年の調査を 2009 年にまとめたもの．

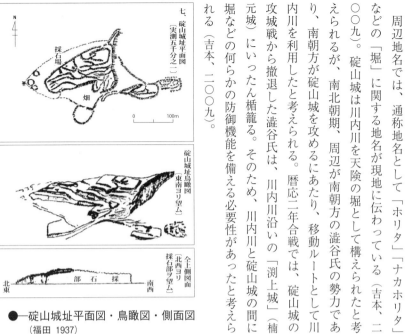

●―碇山城跡遠景（北より）

●―碇山城跡碑と日枝神社・保食神社

【平佐城】 碇山城の南方には、同じ総州家に関する平佐《へいさ》城跡がある。総州家島津氏は永享二年（一四三〇）に滅亡し、その後は戦国期、江戸時代にかけて島津氏、入来院重嗣《しげつぐ》、野村秀綱、桂忠昉、北郷三久《ほんごうみつひさ》と城主が交代する。平佐城も碇山城と同じく築城時期は不明だが、南北朝期には存在していた。もともとは小規模な山城であったと考えられるが、時代を経るにつれ、城域も拡大し、最終的には現在のJR川内駅から鹿児島県立川内商工高等学校あたりまで（約六〇〇メートル×九〇〇メートル）の大規模な城となった。江戸時代には平佐外城のなかで「麓」が形成され、「平佐麓」の地名を残している。現在、住宅街と化している区域は平山城《ひらやまじろ》を想定させる地形であり、低地に小学校などがあり、周辺を含めて武家屋敷群を想定させる。また城跡には他に「竈神社」もある。川内川に向かって「白和」（白和町他）には、室町期より商業的な場（「白波市」）が形成され、近世初頭には「唐人町」となり、江戸時代以降、「白和町」として発展していった。

●―平佐城跡碑（平佐西小学校内）

城跡東部は庵之城という曲輪で、のち、梁月寺（平佐北郷家の菩提寺）となり、現在、跡地には平佐北郷家一族の墓地（「北郷家墓地」／市指定文化財）が残っている。その近くには北郷家を守護する兼喜神社が鎮座する。

【戦国島津氏への献城】 一六世紀後半、本宗家島津氏一五代貴久《たかひさ》による勢力が拡大してくるなか、薩摩国で最後まで対立したのが入来院氏と東郷氏であった。永禄十二年（一五六九）から翌年にかけて、碇山城や平佐城を含めた川薩地域の諸城を貴久・義久《よしひさ》に献じて降伏し、島津氏による薩摩統一が果たされる。
【豊臣秀吉の九州平定戦とその後の平佐城】　天正十五年（一五八七）四月二十八日、九州平定のため薩摩まで軍勢を進めてきた関白豊臣秀吉の先鋒隊と、平佐城に籠城した桂忠昉との間で攻防戦が繰り広げられる。豊臣先鋒隊は、四月下旬に海路川内川より入り、川内川右岸沿いの山に猫嶽・猪子岳・安養寺城（薩摩川内市高江町・宮里町）を築き、平佐城を見据える。豊臣軍との戦いとしては薩摩・大隅で唯一の戦場となった。戦いは一日で終わったものの、梅雨時だった当時の長雨により、関白の軍勢は後方からの食糧輸送もままならず、餓死者も多数出て、島津義久があと五日降伏を遅らせば、関白の軍勢は全滅もあり得たであろうことが、ルイス・フロイスの『日本史』にまとめられている。ただし、フロイス自身薩摩に来たことが無く、伝聞によって情報を知ったと考えられるため、誇張した内容も交じっていよう。実際には島津義久は四月中頃には降伏を決め、日向口に攻めてきていた秀吉弟の羽柴秀長《はしばひでなが》に降伏の使者を派遣している。この戦いの後、豊臣秀吉自身が川内に入り、五月三日、泰平寺を本陣とし、そこに義久が八日に直接降伏に来て、翌九日、義久は薩摩一国を安堵される。

豊臣大名となった島津領国では、文禄年間（一五九二－九六）に太閤検地が実施され、平佐城には北郷三久が入る。慶長二年（一五九七）朝鮮出兵（慶長の役）のさいには、島津義弘が川内久見崎から出航するため、北郷三久のところに一日滞在している（「朝鮮日々記」『鹿児島県史料　旧記雑録』後編三－一七三）。慶長五年の関ヶ原の戦いでは、義弘・豊久が西軍に加担することとなったため、戦後、義久は島津家存続に奔走すると同時に、東軍の薩摩進攻の噂があり、この備えとして平佐城や蒲生城（姶良市）などの普請を行ったとされる。その後、元和一国一城令により廃城となる。

【参考文献】福田信男『薩摩郡に於ける古城址の調査』（川内高等女学校、一九三七）、五味克夫「歴史資料にみた本県の中世城館跡」鹿児島県教育委員会編『鹿児島県の中世城館跡』（一九八七）他、『鹿児島県の中世城館跡』作成に係る調査カード、吉本明弘「中世碇山城について」（千台〈薩摩川内郷土史研究会機関誌〉三七号、二〇〇九）、下鶴弘「碇山城跡の範囲復元」『南九州の城郭（南九州城郭談話会会報）』三五号（二〇一四）、吉本明弘「薩摩国守護所プランの変遷について～南北朝期総州家島津氏を中心に～」（『新・清須会議　資料集』守護所シンポジウム2@清須、二〇一四）、吉本明弘「薩摩国の守護所について～南北朝期・碇山を中心に～」『鹿児島の城館』（黎明館企画特別展図録、二〇二〇）

（吉本明弘）

●伝統と革新が融合した城

鹿《か》児《ご》島《しま》城《じょう》

〔国史跡〕

〔所在地〕鹿児島市城山町・山下町
〔比　高〕約一〇〇メートル
〔分　類〕平城＋山城
〔年　代〕慶長六年（一六〇一）頃～大正十一年（一九二二）
〔城　主〕島津氏
〔交通アクセス〕ＪＲ鹿児島本線「鹿児島駅」から徒歩約二〇分。または、九州自動車道「鹿児島北ＩＣ」から車で約二〇分。

【立　地】鹿児島城跡（別名：鶴丸城跡）は、鹿児島市城山町一体に位置し、鹿児島市街地を取り囲む標高一〇〇～二〇〇メートルのシラス台地南東端にあたる城山とその麓に築かれた屋形からなる城跡である。屋形と山城からなる室町時代以降の伝統的な構造の城でありながら、幕末には積極的に西洋の技術や文物を取り入れるなど伝統と革新が融合した城である。

【城の歴史】鹿児島城は、初代薩摩藩主島津家久《いえひさ》によって南北朝期に築かれた上山城跡を利用して慶長六年（一六〇一）頃に築城された。江戸時代を通じて島津家の居城で、薩摩藩の政治・軍事拠点であった。城は、城山の山城部分と麓の方形区画をもつ屋形（居館）からなる。防御機能が重要であった築城当初は、本丸・二之丸は城山にあり、山城部分が「城」の中心であったが、時代が下るにつれて、より政治的な機能が重要視されるようになり、藩主の居館や政庁があった麓が整備されて「城」の中心となり、本丸や二之丸も麓に移った。

鹿児島城築城期の島津家は、初代薩摩藩主島津家久とその義父島津義久《よしひさ》、実父島津義弘《よしひろ》のそれぞれに権力基盤があり、三殿体制ともいえる体制であった。そのため、家久はそれまでの御屋形であった内城から本城（御屋形）を移すにあって、当初は義久、義弘の居城のそれぞれに近い姶良市建昌《けんしょう》城（瓜生野城）への移城を考えていたが、その後、義久・義弘との協議を経てそれまで本拠としてきた鹿児島に城を築くこととした。

●―本丸跡周辺と城山

近世初期の鹿児島城は上山城または鹿児島城（藩内では御内城）と呼ばれていた。宝暦六年（一七五六）「監察使問答集上」（『鹿児島県史料集 通昭録』一―「監察使答問抄」）では、鹿児島城は「山城」で、「本丸」「二之丸」は山城部にあるとされている。慶長期には藩主の屋形（居館）は山下に置かれ、山城部には、一族の島津常久《つねひさ》が在番していたが、常久が亡くなると、番所が置かれることとなった。城山の麓に屋形（居館）は整備され始めるものの、江戸時代前期は依然として山城が城の中心であった。大手口は城山に通じ、屋形（居館）の正門は御楼門であった。鹿児島城は、慶長末頃に一応の完成をみるが、元和から寛政年間にかけて殿舎や屋敷の増築・補修・石垣修復が続けられた。

鹿児島城下では、たびたび火災が起こっているが、特に、元禄九年（一六九六）の大火は、鹿児島城全体に大きな影響を及ぼした。上町から出火した火災では、強風のため城下だけではなく鹿児島城にも延焼し、本丸と二之丸の一部が被災するなど、城および城下町に甚大な被害をもたらし（元禄の大火）、本丸復興には一〇年以上を要した。本丸西側の鹿児島城跡（犬追物馬場・火除地）の調査区では、焼土や焼けた瓦などを多量に含む火事処理層が確認された。また、本丸跡で確認された遺構は、大半が一八世紀以降に新たに作り替え

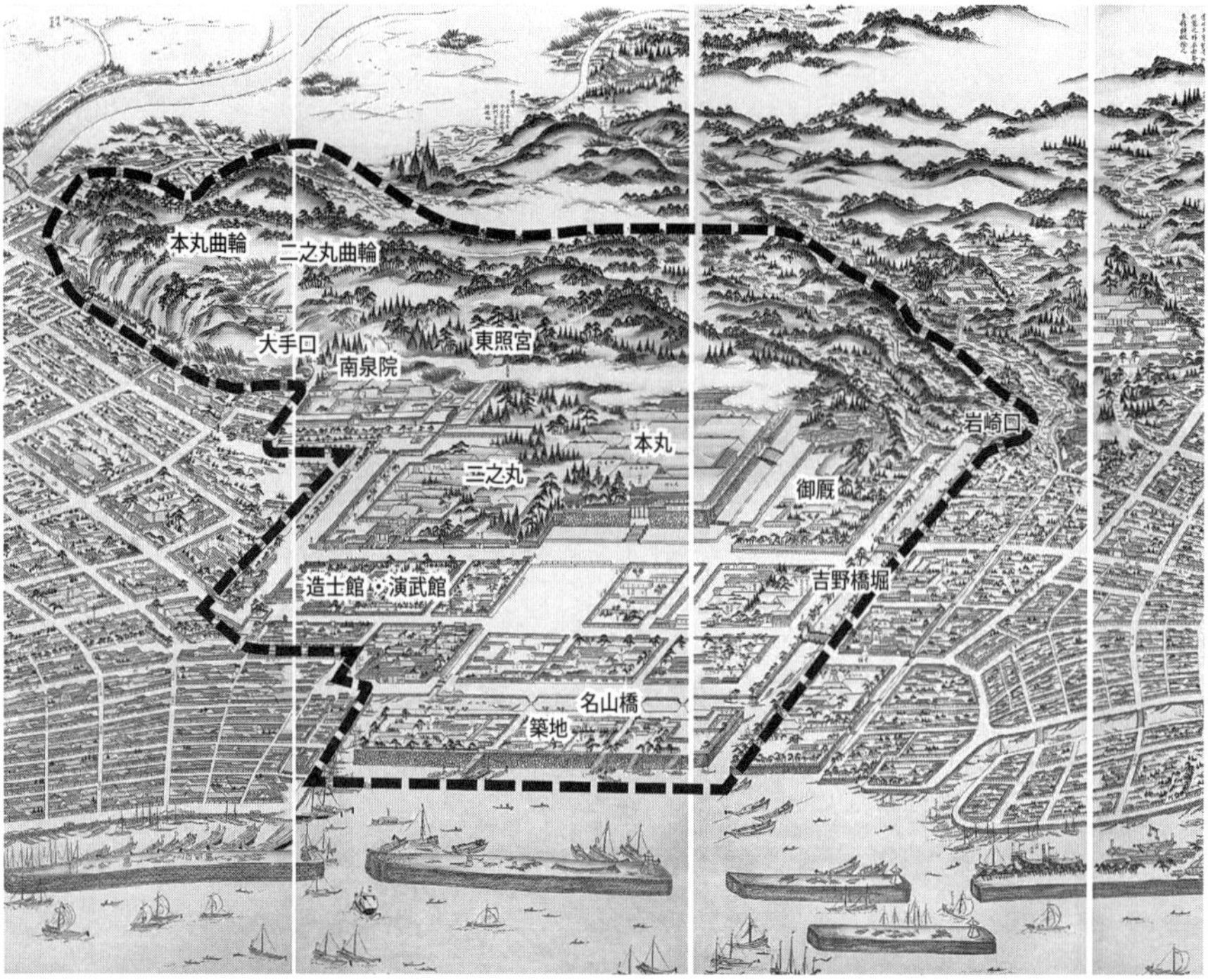

●—江戸時代後期の鹿児島城跡 鹿児島城下町絵図（玉里島津家資料）（鹿児島県歴史・美術センター黎明館提供を一部改変）

られたものであることが確認されており、この時の被害の状況を物語る。

江戸時代中期以降は、藩主の居館や藩庁である麓の屋形（居館）が鹿児島城の中心となり、拡充された。第四代薩摩藩主島津吉貴《よしたか》～第七代藩主重年《しげとし》の代には、門や各諸設・建物などの呼称の決定や改称の記録が増加する。また、麓の屋形（居館）では本丸の御角櫓《やぐら》や石垣の修復、天台宗の南泉院・東照宮の造立など整備が進む。この時期、整備拡張されたのが二之丸である。当初の二之丸は、現在の二之丸跡の中に本丸に近い北から二之丸・御台所・御下屋敷と建物が並んでいたようで、それぞれに門があった。延久三年（一七四六）に第五代薩摩藩主島津継豊《つぐとよ》が隠居した際には、その側室である於喜久（妙心院）が御台所跡に屋敷を建て、それが山下御用屋敷と呼ばれるようになる。第八代薩摩藩主島津重豪《しげひで》の代になると、天明五年（一七八五）に御下屋敷とその北側の山下御用屋敷を合わせて二之丸と呼称するようにし、それぞれの門の呼称が改称されている。これにより、本丸北側にあった旧二之丸から旧御下屋敷に二之の中枢が移された（二之丸の拡大）。この後、御下屋敷が二之丸殿舎へ建て替えられ、御台所や二之丸御庭庭園の普請、旧二之丸の外御庭としての整備、二之丸南端に役所機能をもつ曲《くる》輪《わ》の設置など大規模な整備が行われる。さらに、重豪は鹿児島城全体の整備を進め、安永二年（一七七三）以降になると、防火のために設置された二之丸前面の明地（火除地）に聖堂・医学院・造士館（藩校）・演武館（武術道場）・諸役屋敷が創設された。さらに、堀や川に架かる橋への門・関所の設置、城下町に治暦の屋形である明時館《めいじかん》（天文館）の設置、琉球仮屋を琉球館とするなど諸施設の改称を行い、屋形（居館）周辺を拡充した。こうしたさまざまな事業や人材育成が幕末の薩摩藩の近代化を進める基礎となっていった。

第一一代薩摩藩主島津斉彬《なりあきら》の代には、嘉永四年（一八五一）に御城内動植館内に精錬所および反射炉雛形が制作され、電信実験といった近代化のための実験などが行われた。斉彬は、御花園と呼ばれた外御庭を拠点とし、周辺には、糒《ほしいい》製造を行った御台所や家臣に訓示をした外御庭御稽古所、焼物の実験と新たな釉薬を作って磯窯に資料提供を行う御茶屋、水連場などを整備し、天保通寶や琉球通寶の鋳造実験や蒸餅やビスケット作り、新たな釉薬作り、ガラスの製作などを行った。また、自ら先導していた焼き物やガラス製造などはここで試験運用し磯地区で発展させるなど、集成館事業の実験を行っていた。さらに、嘉永六年鹿児島城下の海岸に台場の築造（大門口台場、祇園洲台場）を開始する（その後、安政元年に弁天台場、安政三年に新波止台場、安政四年弁天台場改築）など海岸防備を図る。一八世紀後半の絵図では、麓の屋形（居館）に本丸・二之丸が書かれるようになり、これらが絵図の中心になっている。一方、城山（上山城）は山として描かれることが増え、城山内の施設は一部を除き描かれなくなる。一八世紀後半以降に麓の屋形（居館）が充実するにつれ、城としての中心も麓に移ったものと考えられる。

鹿児島城には、明治二年（一八六九）の版籍奉還後には知政所が置かれたが、明治三年には、鎮西鎮台第二分営が設置されたことで、政治拠点としての役割を終えた。鎮西鎮台第二運営は鹿児島城の建物をそのまま使用しており、明治六年『全国城郭存廃ノ処分並兵営地等撰定方』の段階でも、鹿児島城は「存城」と位置づけられた。しかし、同年本丸跡の建物は失火により焼失している。明治七年には、御厩跡に西郷隆盛が私学校を設立した。その後、明治十年に西南戦争が勃発すると、城山攻防戦などで戦場になり、二之丸の建物が焼失した。こうして藩政期の建物が焼失した鹿児島城跡には、その後、官立第七高等学校造士館など教育施設が設立された。軍の拠点は伊敷に写り、鹿児島城跡が「陸軍省元所属不用地」として明治四十一年と大正十一年（一九二二）に払い

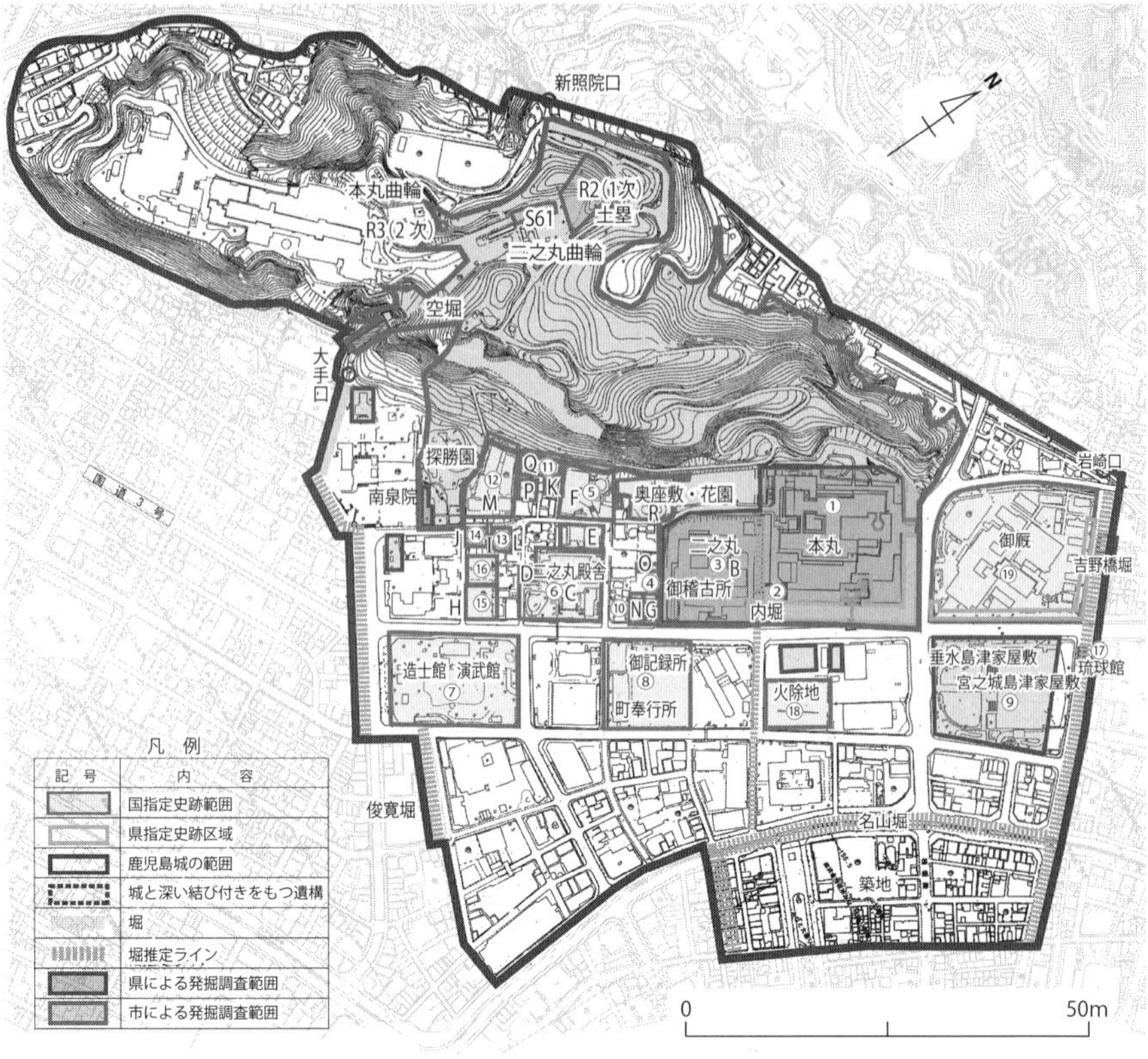

●—鹿児島城跡の城域（鹿児島県立埋蔵文化財センター 2022 を一部改変）

下げられたことで、鹿児島城は軍事拠点としての役割も終え「廃城」となった。現在は、江戸時代後期の本丸跡に鹿児島県歴史・美術センター黎明館（以後、黎明館）が建っている。

【城の構造】　江戸時代を通じて鹿児島城の西側は上部に平坦面を得やすく、風雨により急峻に切り立つ防御に適した特徴をもつシラス台地の城山（上山城）、北を吉野堀、南は俊寛堀によって守られ、東側には鹿児島湾（錦江湾）が広がっていた。山城部分には二之丸曲輪に大規模な土塁《どるい》と空堀《からぼり》、屋形（居館）は御殿造りで内堀と石垣によって守られ、藩主やその妻子が暮らす屋敷（御殿・大奥）や藩庁があった。屋形（居館）の北側には、多聞《たもん》櫓（兵具所）、居館入口の桝形《ますがた》には前面に御楼門、背後に唐御門という二重の門をもち、防御を固めていた。居館の周囲には、御厩や各種の奉行所のほか、一門や重臣の屋敷が配され、海岸部には藩主の別邸などがある築地（出島）があった。鎌倉時代以降の伝統的な武家である島津家の城らしく、江戸時代前期には本丸前に犬追物馬場（江戸時代後期には演武館内）、江戸時代後期には本丸に二つの能舞台、本丸や二之丸に池をもつ複数の庭園など、城内には文化施設が充実していた。城下町は、本丸と二之丸境の堀を挟んで旧御屋形である内城のあった稲荷川沿いの北側（上方限）と海岸部を中心として甲突川北岸までの南側（下方限）の両方に広がり、城山の山麓部や町外れには寺社が置かれていた。本丸・城の南側には、天台宗南禅院と東照宮が建てられていた。

城域については、不確定な部分もあるが、城山の山裾に沿って三ヵ所の出入口（大手口・新照院口・岩崎谷口）を結んだ線と、城山東側にある南北の堀（吉野堀・俊寛堀）に囲まれた範囲の推定地内約八五ヘクタールである。

【特徴的な発掘調査成果】 鹿児島城跡では、現在まで四六地点で発掘調査が行われている。本丸跡では、明治六年（一八七三）『鹿児島城本丸殿舎配置図』に記された麒麟《きりん》之間・奥御所院・御納戸・御楼門・御兵具所（多門櫓）・唐御門・御角櫓や兵具所などの建物に伴う坪地業や布地業、基礎石列などの基礎構造、庭園遺構、能舞台橋掛り跡が確認されている。また、本丸跡を含む城内では、これまで複数の調査区で石製の上水道である石管水道、排水溝、井戸、水を地中から地上に汲み上げる高桝など、様々な水利施設が確認されている。

現在鹿児島県立図書館（以後、県立図書館）のある二之丸跡および外御庭跡では、御台所、家臣に訓示をした御稽古所、外御庭御茶屋跡、水練場と考えられる井堰遺構をもつ堀など、前述した第一一代薩摩藩主島津斉彬による西洋の影響を受けた近代化関連遺構の一部が確認されている。

出土遺物では、薩摩藩の御用窯である竪野窯系の陶磁器（白薩摩、宋胡録写《すんころくうつし》や象嵌《ぞうがん》〈三島手〉）の優品が多くみられる。また、薩摩藩と関係の深い琉球の陶器や中国龍泉《りゅうせん》窯系青磁の水注や明代〜清代の景徳鎮《けいとくちん》窯系磁器、漳州《しょうしゅう》窯系磁器の大皿など武家儀礼で用いられる陶磁器が出土している。さらに、本丸跡や城下町の遺跡では、ドイツやオランダ、イギリスといった一九世紀代のヨーロッパ陶磁器が出土し、本丸跡では、オランダの書物を参考にして作られたと考えられる石製の日時計も出土した。

城内や城下町では、一七世紀〜一八世紀前半までの朝鮮半島系の技術で製作された陶器瓦や一八世紀初頭の瓦当貼り付け技法の軒平瓦《のきひらがわら》が出土しているが、その後、屋形一帯が整備される一八世紀後半以降には、大坂系瓦が中心となる。また、胎土分析や瓦当比較、刻印の分類から、花十字紋軒丸瓦を含む長崎瓦や熊本瓦（天草瓦・土山瓦）、堺瓦を含む大坂瓦など、他地域の瓦が出土していることが明らかになった。

●―令和２年に復元された御楼門（鹿児島県歴史・美術センター黎明館提供）

出土遺物からは、藩主を含む上級武士の暮らしだけでなく、薩摩藩が海を通して国内外のさまざまな地域と結びつき、文化や技術を取り入れていたことがわかる。

【現存する遺構】

鹿児島城は、明治六年の大火や明治十年の西南戦争、大正三年の桜島大噴火に伴う地震、第二次世界大戦によって多くの建物や石垣が失われ、近代以降に吉野堀、名山堀などの堀も埋め立てられ、その跡地は大部分が都市化している。

照國神社背後から城山に上る道は、一部改変されているが本来の登城口である大手口から築城当時の本丸曲輪・二之丸曲輪のあった城山山頂へ行く道とほぼ同じルートを通っており、江戸時代の排水溝が現在も使われている。城山には、二之丸曲輪と推定される城山展望台駐車場からドン広場を囲む大規模な土塁が残存している。土塁上は、西南戦争の際に薩軍が本営として利用しており、明治十年戦役薩軍大本営跡の石碑が残る。その他、城山山麓にかけて西郷洞窟や西郷隆盛終焉の地など西南戦争関連の史跡が残る。

御厩跡（私学校跡）の鹿児島医療センターから本丸跡の黎明館、二之丸跡の一部である県立図書館にかけては江戸時代の石垣が残り、黎明館北東部の石垣には、鬼門除《よけ》の隅欠《すみおとし》がみられる。また、御厩跡（私学校跡）と本丸跡御楼門付近の石垣には、西南戦争の銃弾痕・砲弾痕がみられる。特に、黎明館御楼門付近の石垣には、砲弾痕が多く残り、中には四斤山砲の信管と考えられる金属片が石垣にめり込んでいる状況をみることができる。

黎明館には、令和二年に国内最大級の城門である御楼門が復元され、能舞台跡や一部の建物跡が植栽によって明示され、屋外展示に石橋など庭園の一部が移設されている。

【参考文献】鹿児島県立埋蔵文化財センター『鹿児島（鶴丸）城跡―総括報告書―』鹿児島県立埋蔵文化財センター発掘調査報告書第二一五集（二〇二二）、鹿児島市教育委員会『上山城跡』鹿児島埋蔵文化財発掘調査報告書第九〇集（二〇二二）

（西野元勝）

お城アラカルト

薩摩藩の外城制と麓

吉本明弘

近世の薩摩藩には「外《と》城制《じょうせい》」と呼ばれる制度がある。藩内を一〇〇余りの「外城」という地域に分け、統治がされていた。「人をもって城となす」という島津氏の政策の大元であり、島津氏の本拠地（内城）に対する外衛の支城的意味での「外城」であった。「外城」は藩の直轄地と、島津一門の私領からなり、直轄地に地頭を配置し、私領地には島津一門が領主として、各外城を支配する。「外城」は薩摩藩の場合、鹿児島城のある城下町の支配と、各外城の支配と、二重の封建制が敷かれていた。この外城は天明四年（一七八四）に「郷」と改称される。地頭は鹿児島城下に集住することが多く、現地では「郷士年寄（噯）」「与頭」「横目」の三役を中心に地域支配が行われた。このように「外城」から「郷」への改称は、外衛区域から行政支配区域へと外城の実質的役割の変化が背景にあるとされる。外城に住む武士は「外城衆中」と呼ばれ、半農半士であった。近世、他藩よりも圧倒的に武士の人数が多いことが半農半士の外城衆中を生み出した要因となる。外城衆中は安永九年（一七八〇）に「郷士」と改称される。外城（郷）は一村から一〇村で構成された。近世薩摩藩の構造は中世からの流れを汲むものが多く、「外城制」も戦国期島津氏の「地頭制」が基となっている。地域ごとに地頭を配置して治め、世襲制ではなく、地頭の入れ替えも頻繁に行われていた。

戦国期以降、地域の中心となる中世城郭の周辺に、主に武士の居住区である「麓」が形成され、そこに政庁となる「地頭仮屋」（私領の場合は領主仮屋）を設け、その周辺に町・寺社・田畠が拡がる。近世初頭においてもこの図式が引き継がれる地域が多く、防衛性が重視されていた。しかし、麓は必ずしも中世城郭の周辺に存在したわけでもなく、少し離れたところ、例えば水引郷《みずひきごう》（薩摩川内市上川内町・御陵下町・宮内町・五代町ほか）の麓は、主要城郭であった水引城（上川内町）の近くではなく、川内川沿いに形成され（宮内町）、隣接して五代町《まち》（五代町）があった。他には、近世前半の防衛機能重視から近世後半の生活重視となり、麓が移動するケースもあった。

●戦国島津氏の領国経営の拠点城郭

内《うち》城《じょう》（御《み》内《うち》）

〈所在地〉鹿児島市大竜町
〈比　高〉約一メートル
〈分　類〉平城（館）
〈年　代〉一五五〇〜一六〇一
〈城　主〉島津貴久・義久・家久（忠恒）
〈交通アクセス〉ＪＲ日豊本線「鹿児島駅」下車。北へ、徒歩約二二分。

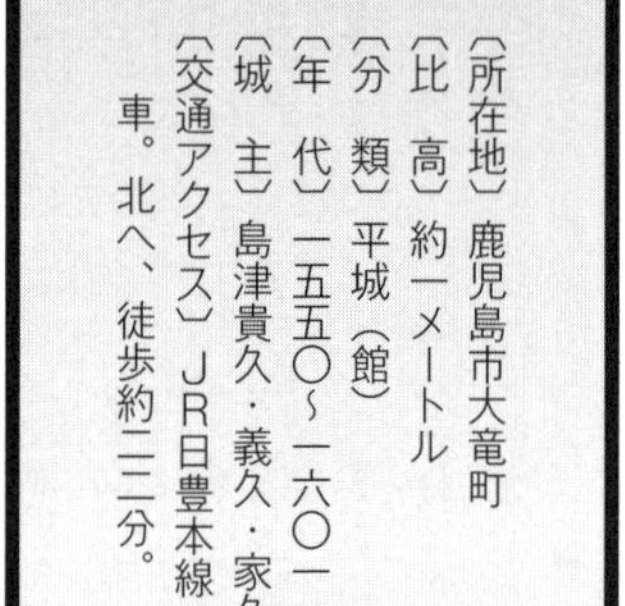

【城の歴史】　内城（御内《みうち》）は、鹿児島市中心部の北部を東流する稲荷川下流右岸の標高約一〇メートルの微高地に立地する平城である。「うっじょう」とも読み、戦国島津氏の所領の中央に位置する本城という意味が込められていた。

守護島津宗家は文和三年（一三五四）以降、拠点を鹿児島へ移した。しかし、約一一五年の時を経て守護大名として領国を維持できなくなった島津宗家は、文明年間（一四六九—八七）からの動乱の中で、分家で伊作《いざく》・相州《そうしゅう》家《け》の島津忠良《ただよし》とその子貴久《たかひさ》が下克上にも相当する経過を経て宗家の後継者となった。

宗家を相続した貴久は一五代当主となり、それまで宗家の本城としていた清水城には入城せず、天文十九年（一五五〇）に伊集院《いじゅういん》城（現日置市伊集院町）から鹿児島に移り、清水城から南へ、海に近い小高い丘（上町台地）にこれまでの山城とは違う、平城として初めてつくられた恒久的城館である内城（御内）を築城した。貴久は南九州の中央に位置し、戦力的に要所の地である鹿児島に入ることで戦国大名としての地位を確定することになった。

貴久に続いて一六代当主義久《よしひさ》・一八代当主家久《いえひさ》が内城を本城とし、慶長六年（一六〇一）に家久が鹿児島城を築いて移城するまでの約五〇年間島津宗家の本城として機能した。その後、慶長十六年に島津貴久の法名「大中《だいちゅう》」と島津義久の号「龍伯《りゅうはく》」から一字ずつとった臨済《りんざい》宗寺院の大龍《だいりゅう》寺《じ》が創建された。

【城の構造】　現在は大龍小学校の敷地になっているが、一見平地に築かれているようにみえるが、鹿児島（鶴丸）城跡を北上する旧東《ひがし》目《め》筋《すじ》（現国道一〇号）沿いから約五メートル緩やかに高くなった微高地頂部に築かれていることがわかる。内城の規模や構造を示す直接的な史料は残されていないが、『上井《うわい》覚兼日記《かくけんにっき》』によれば、御主殿・御亭・寝殿・御会所・評定所などの施設があり、鹿児島奉行・同番役などが置かれていたことが知られる。また、後世文献史料である「島津家伝記大概（玉里文庫）」には「築城一重の屋敷」と記されているように、現在の大龍小学校敷地全体が内城の城域であったと考えられる。このことから一辺が約一二〇メートルの方形居館であったと推測される。内城周辺は中世末から近世にかけて内城を中心に上級家臣団の屋敷地が整然と建ち並び街区が整備されていたことがうかがえる。

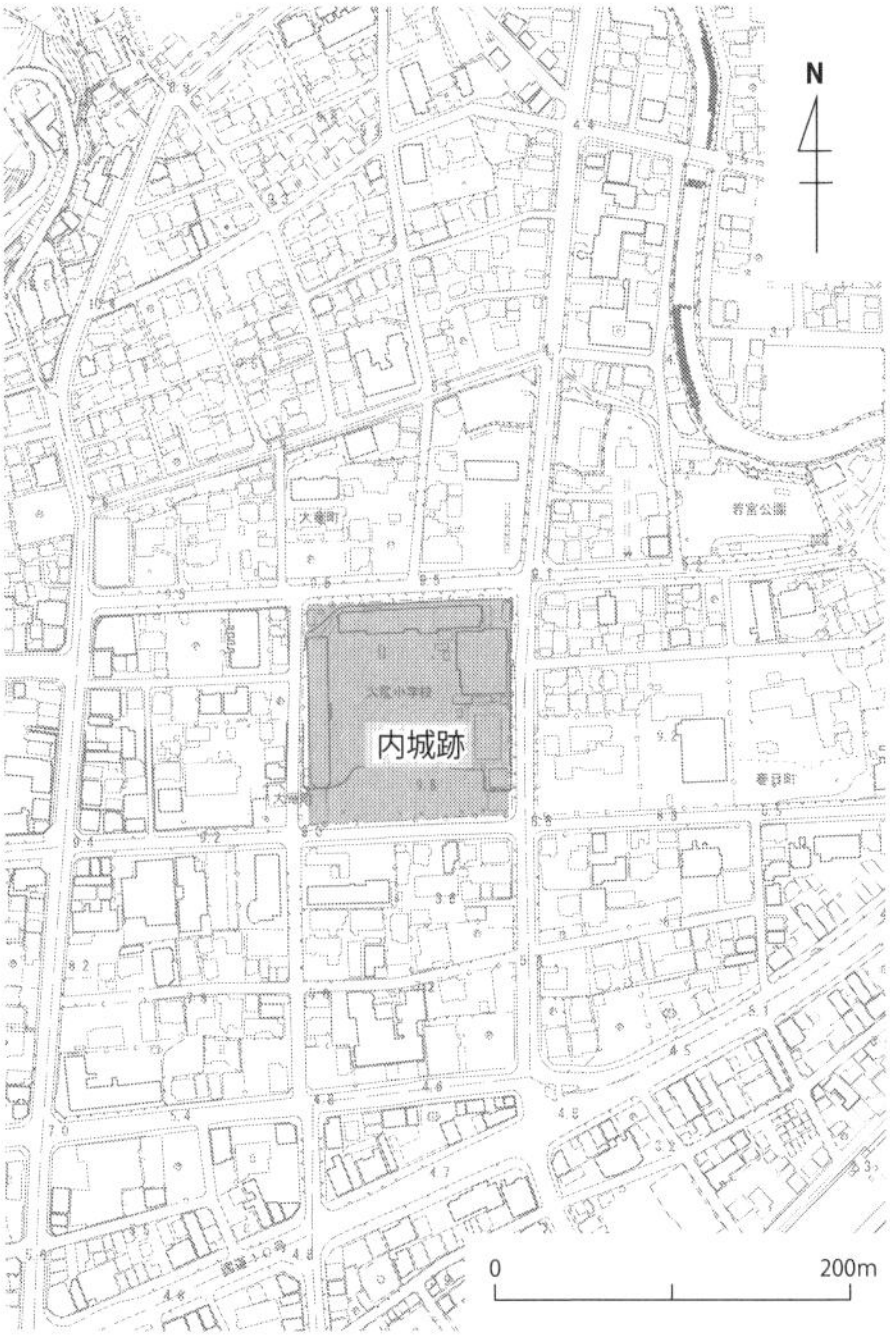

●—内城位置図

昭和五十二年（一九七七）以降の発掘調査により、中世関連では石組井戸跡が検出されている。石組井戸の普及は全国的に一六世紀代と考えられることから、内城築城の施設であったことが考えられる。

大龍寺創建後、内城期の面はほぼ削平されているが、発掘調査によっては内城期の遺物も少量出土している。

【参考文献】　鹿児島市教育委員会『鹿児島市中世城館跡』（一九八九）、鹿児島市教育委員会『大龍遺跡』（一九九二）、『鹿児島県の地名』（平凡社、一九九八）、『鹿児島県の歴史』（山川出版社、一九九九）、吉留正樹「島津氏の本城とその景観」『九州の中世Ⅲ　戦国の城と館』（高志書院、二〇二〇）

（有川孝行）

●鹿児島の礎となった島津氏の本城

清水城《しみずじょう》

〈所在地〉鹿児島市清水町大興寺岡
〈比　高〉約一二八メートル
〈分　類〉平山城
〈年　代〉一四世紀後半～一六世紀半
〈城　主〉島津氏
〈交通アクセス〉ＪＲ日豊本線「鹿児島駅」下車。北へ、徒歩約三八分。

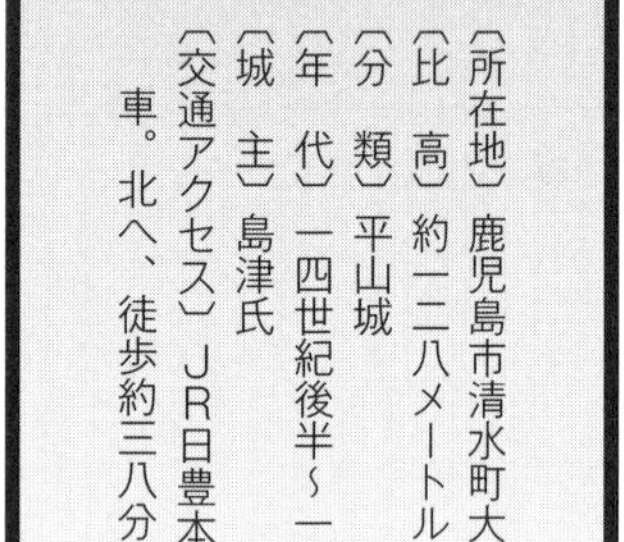

【城の歴史】　清水城は鹿児島市中央地区の北部に位置し、稲荷川下流右岸の標高一三五メートルを最高地点とする北から南へ延びるシラス台地の先端部とその南側麓の低平地を主な城域とする中世の山城である。

　南北朝時代に大隅守護奥州家島津元久《もとひさ》が、至徳《しとく》年中（一三八四―八七）に稲荷川中流右岸の一四八メートルを最高地点とする丘を主とした橋之口城を利用して築いたとされている。山麓の清水屋形（清水中学校）の置かれたところには、一二間の主殿を核として御前様屋敷や厩《うまや》・雑掌所などのほか、料足・銀その他唐物・武具を入れる蔵が揃った屋形造りの建物があったことが記録されている（『山田聖栄自記』など）。

　清水城は、八代当主島津元久が七代当主氏久《うじひさ》の志を引き継いで東福寺城が狭く築山もよくないことから新たに築城したもので、鹿児島城・鹿児島本城とも呼ばれ、守護島津家の本城となった。この清水城を中心に上町一帯に城下町が発達し、その後の城下町の礎ができあがったとされている。以後一五代当主貴久《たかひさ》が内城（御内《みうち》）に移る天文十九年（一五五〇）まで八代の当主による約一六〇年間の本城となった。この間、八代当主元久の没後、元久の母との関係から長子犬千代を擁する伊集院頼久《いじゅういんよりひさ》と、元久の異母弟久豊《ひさとよ》との間で跡目相続をめぐる争いが起こり、頼久によって清水城は焼き払われている。その後、文明年間（一四六九―八七）に守護島津家に対する島津一族の反乱が相次ぎ、文明八年（一四七六）には一二代当主忠昌《ただまさ》の依る清水城が豊州家《ほうしゅうけ》島津季久《すえひさ》によっ

●—清水城遠景（南西より）

て攻められ、忠昌は伊集院内城に逃れている。その後も領国争乱、分家反乱が絶えず大永六年（一五二六）に一四代当主勝久《かつひさ》はやむなく分家を活用することにし、伊作《いざく》・相州家《け》島津貴久を養子に迎え守護職を譲り、一五代当主として入城するが、薩州《さっしゅう》家《け》島津実久《さねひさ》が清水城を襲うという噂が流れ、田《た》布《ぶ》施《せ》城に逃れたため、ふたたび勝久が守護職に復帰（悔返し）する混沌とした政情が続いた。天文十四年（一五四五）には一四代当主勝久が家臣で薩州家実久方の川上昌久《まさひさ》を大興寺《だいこうじ》で自刃させたため、実久は報復として鹿児島に乱入し、守護職を譲るよう催促して、実久は清水城に入城している。島津一族らから支持を取り付けた島津貴久は、天文八年に相次いで実久方の城を降し、実久は本城出水《いずみ》城に移ったため、ふたたび一五代当主として貴久が入城するが、貴久は天文十九年に内城（御内）を築城して移ったのちは、本城としての機能は失われた。その後、屋形跡には弘治二年（一五五六）に島津氏の祈願所として真言宗寺院の大乗院《だいじょういん》が建立され、寺院敷地となった。

【城の構造】稲荷川下流右岸、標高一三五メートルを最高地点とし、北から南に延びるシラス台地の先端とその南側麓の低平地を主とする。当城は台地の北端に所在する橋之口城の範囲までを含み、およそ南北一六〇〇メートル・東西七〇〇メートルとされているが、未踏査のため不詳である。先達の調査では、大きく分けて曲輪3群から構成されている。大半は台地だが、その南側の麓のおよそ南北一四〇メートル・東西二一〇メートルを含む。江戸後期に編纂された『三国名勝図会』は当城を大興寺の上の山とするが、南山麓には屋形があったことが判明している。主体部は台地南側の麓の低平地、すなわち稲荷川北側、山の崖下までで三段になっていた。屋形は南に面し、北側に背後の山、南側に稲荷川があり、主殿を中核にした木造平屋建てで、当時の守護館の標準型に近いが、比較的小規模で、屋形に付随している庭園などははっきりしていない。

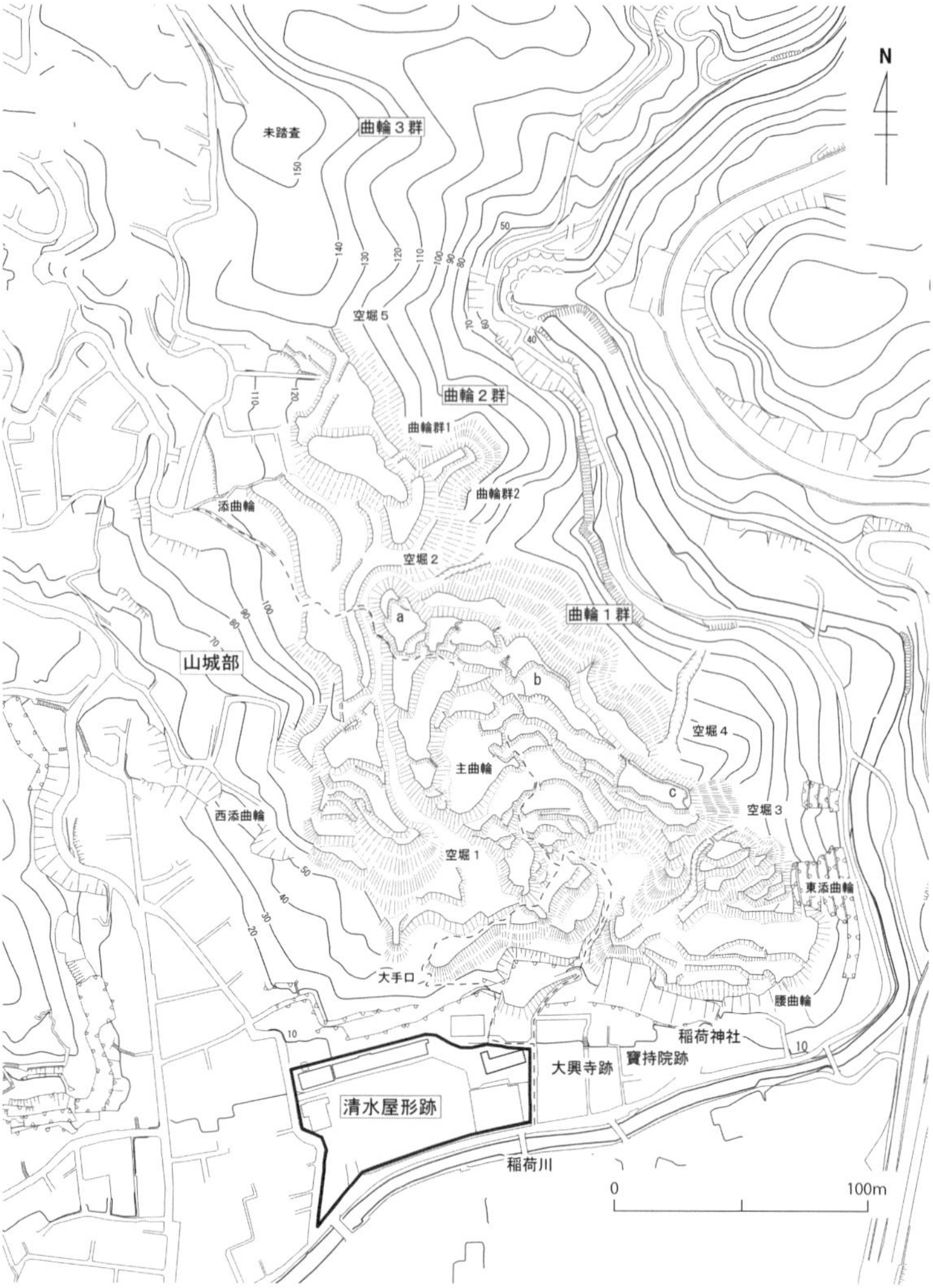

●—清水縄張図（作図：有川孝行）

稲荷川の南には城下があり、家臣団屋敷などが存在していた。東側は大興寺境内との間の空堀《からぼり》、西側は鼓川の小流とそれに並行する空堀となっていたが、垣の施設は明確でなく、現況からは屋敷地であったと推定される。ただし曲輪《くるわ》として整備された時期もあった

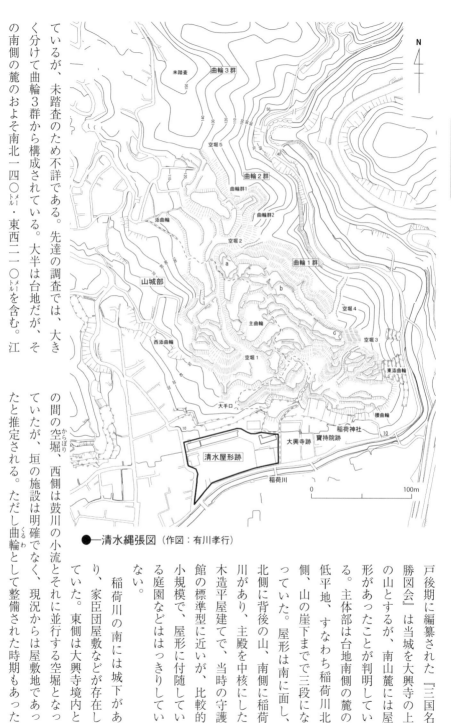

と思われる。
当城の東にあった大興寺、稲荷神社、西にあった福昌寺《ふくしょうじ》などの寺社は当城と緊密に関係し、とくに東側の寺社は広義の清水城に含まれていた。台地上の山城部は、台地の端部に位置する「曲輪1群」を中心に北側空堀2を境に「曲輪2群」が連なる。広義の城域で、その南端は東西に広がり、屋形からは大手口を登って台地の曲輪1群南端の曲輪へ真っすぐ登ることができる。この屋形と山城部を結ぶ通路の東側は割石の乱積みとなっている。南端の曲輪は大きく五段から構成され、およそ南北二〇〇㍍・東西三五〇㍍。北側に野首《のくび》を東西に通る谷を使用した空堀2があり、その南側に土塁《どるい》aがある。当城の中心曲輪である曲輪1群は、畑地耕作などによる改変が著しいことも要因の一つではあるが、主郭が明確でない。この曲輪の北側に続く尾根筋にある二つのピークは曲輪2群で、北端の曲輪3群（未踏査）が橋之口城に由来している。これらの曲輪間は谷を使用した空堀5で区切られている。東側稲荷川沿いは急な崖で、西側は緩傾斜地で中腹に平坦地があり、曲輪2群が構成されている。頂上部の周囲の斜面内には、多くの平坦地があり、脇曲輪的な存在となっている。当城の主体部は弘治二年大乗院の境内になった。現在は清水中学校敷地で、山城部の大半は山林となっている。昭和五十九年（一九八四）以降の山城部の発掘調査で、一二～一三世紀の礎石建物跡、中世の遺物、中世に遡る土塁を認めたが、開墾などのために山城期と特定できる遺構は確認できず、低平地部での部分的発掘調査で清水屋形に関連する中世の遺物や溝状遺構が確認されている。なお暦応四年（一三四一）閏四月二十八日に北朝方に攻略された尾頸小城《おくびこじょう》は（同年閏四月日「禰寝《ねじめ》清種軍忠状」池端文書）、稲荷川を挟み当城の南側の丘にあり、文明二年に没した守護島津忠国《ただくに》（島津氏正統系図）を祀る小城権現の置かれた霊地で（「島津日新譜」天文六年条）、当城の麓に含まれていた。

【参考文献】『日本城郭大系 一八』（新人物往来社、一九七九）、鹿児島市教育委員会『鹿児島市中世城館跡』（一九八九）、『鹿児島県の地名』（平凡社、一九九八）、『鹿児島県の歴史』（山川出版社、一九九九）、吉留正樹「島津氏の本城とその景観」『九州の中世Ⅲ戦国の城と館』（高志書院、二〇二〇）

（有川孝行）

●鹿児島進出を果たした島津氏の本城

東《とう》福《ふく》寺《じ》城《じょう》

〔所在地〕鹿児島市清水町田之浦
〔比　高〕約八三メートル
〔分　類〕平山城
〔年　代〕―
〔城　主〕島津氏
〔交通アクセス〕ＪＲ日豊本線「鹿児島駅」下車。徒歩二八分。

【城の歴史】　東福寺城は吉野台地より南東に突出した海岸沿いの丘陵にあり、自然の地形や人工的な切通しによって数郭に分けられている。東は鹿児島湾（錦江湾）に臨み、西は稲荷川を自然の水堀とし、南部は多賀山と呼ばれ、急崖となって祇園之洲に連なり、北部は鳥越を切通しとして吉野台地と切り離している。南部の多賀山から北部の鳥越までを総称して東福寺城と呼んだ。

　興国二年・暦応四年（一三四一）、南朝方で鹿児島郡司矢上一族の居城であった東福寺城を北朝方の六代当主島津貞《さだ》久《ひさ》が攻めて落城させ、島津氏の居城となった。その後、八代当主島津元久《もとひさ》が縁起の良い城ではあるが、狭く築山《つきやま》も良くないなどとして嘉慶元年（一三八七）に清水城を築いて移った以降、東福寺古城と呼ばれた。その後、応永二十年（一四一三）に七代当主島津元久の弟の久豊《ひさとよ》と伊集院頼久《いじゅういんよりひさ》による後継者争いなど数度にわたる攻防戦が記録されている（山田聖栄記・島津国史）。天文四年（一五三五）一四代当主島津勝久《かつひさ》が禰寝《ねじめ》から鹿児島に戻った際、当城と鹿児島本城（清水城）を構築し、番衆に大隅守護代であった本田親兼《ちかかね》を入れた記録がある。同八年相州家《そうしゅうけ》島津忠良《ただよし》・貴久《たかひさ》と薩州家《さつしゅうけ》実久《さねひさ》との間で当地をめぐる争いが山場を迎えた頃、貴久は当城の城番として元来守護島津氏の老中《ろうじゅう》であった村田経定《つねさだ》を入れており、東福寺城は空城となっても島津氏由緒の城として重視され、島津氏方によって陣城としても利用されたことが知られている。

【城の構造】稲荷川河口の北側の鹿児島湾沿い、標高一一三メートルを最高地点とする北から南へ延びるシラス丘陵を主とする。当城はおよそ東西七〇〇メートル、南北一〇〇〇メートルあり、中心となる尾根筋は北が高く、南が低い。尾根南端の丘は二段の平坦面一五〇〇平方メートルの曲輪《くるわ》で、北側の尾根続きはそれぞれ堀切《ほりきり》2・3・4で切断され、他の面は急崖となっている。南端には当城の支城とされる浜崎《はまさき》城(①)があり、合戦の際には当城の主体部に対する陣城として使用されたことがある。浜崎城(①)には、島津義久《よしひさ》が天正七年(一五七九)に建立した多賀《たが》神社(a)があり、神社のある位置が浜崎城の中心

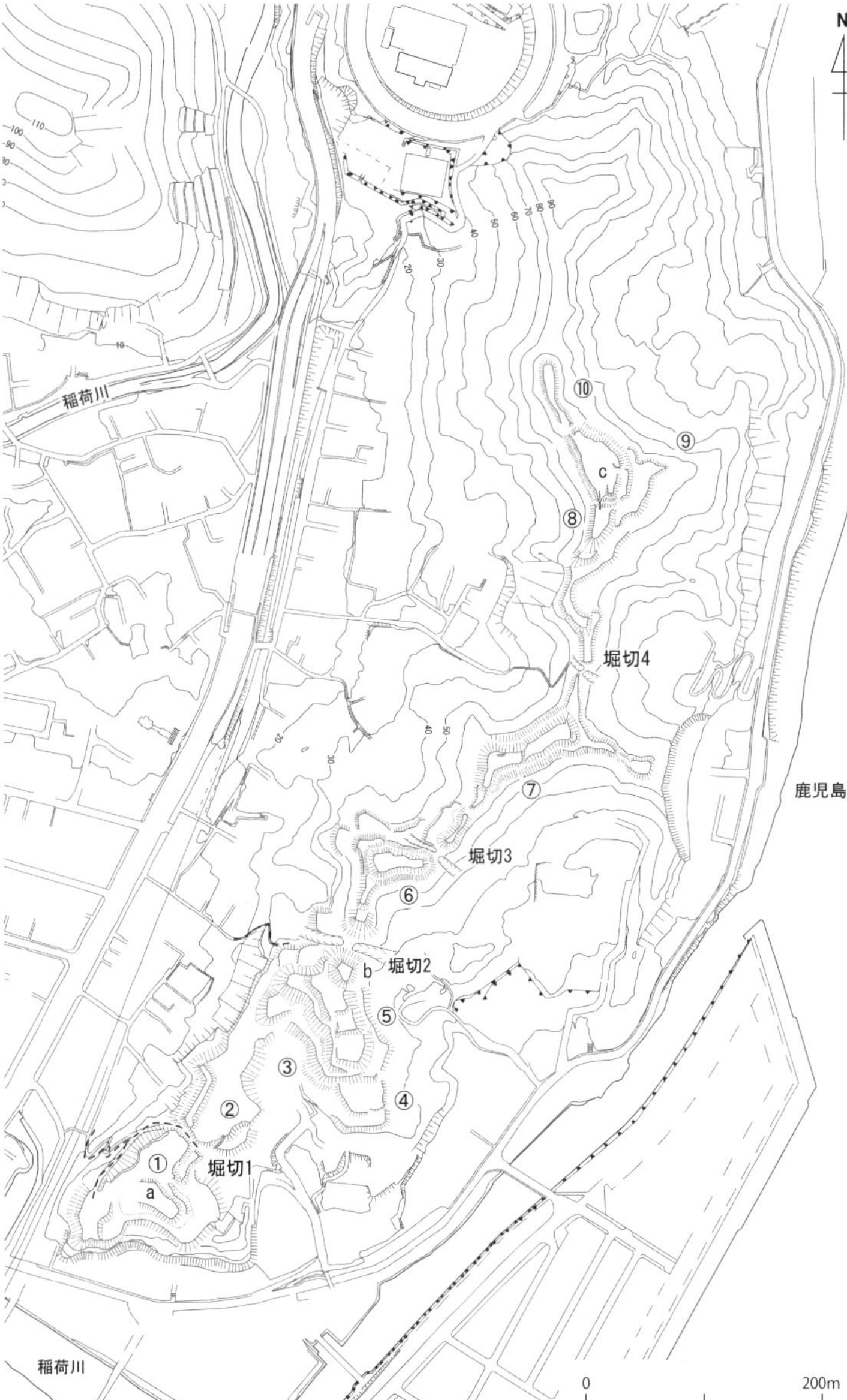

●—東福寺城縄張図(作図:有川孝行)

●—東福寺城遠景（南西より）

部であったと考えられる。浜崎城（①）の北側に四段からなる曲輪（⑤）が主郭であり、浜崎城（①）との間の二段の平坦面はその添曲輪（②・③）で、ここを西の稲荷川河口からの大手道、東の鹿児島湾側からの連絡道が通り主郭部に通じている。主郭《しゅかく》（⑤）は南東へ下っており、東側に四ヵ所、西側に三ヵ所の平坦面があり、いずれも腰《こし》曲輪となっている。北西側の尾根の先端、標高七二メートルの部分には櫓台《やぐらだい》bがある。主郭（⑤）の北側の尾根筋には平坦なピークが四ヵ所あり、各曲輪（⑥・⑦・⑧・⑨・⑩）となっている。北側尾根の曲輪（⑥・⑦）とも背後を深く削り落として堀切（3・4）としているが、北壁は浅い。曲輪⑥と曲輪⑦との間は尾根を縦割りにした堀底道の西下に腰曲輪があり、その途中を土塁《どるい》で仕切るかたちになっている。曲輪⑦の直下で西北へ竪堀《たてぼり》状の道が分かれ曲輪⑦の北西を巻くが、もとの道のままで曲輪⑦の南東側面へ上がることができる。曲輪⑦の北の鞍部も縦割りの堀底道でつなぎ曲輪⑧に上がる。曲輪⑧の東下には細長い帯《おび》曲輪が北東側に続く。曲輪⑨は周囲に土塁が設けられ、かなりしっかりした曲輪となっている。東の帯状の腰曲輪へ迂回してから桝形《ますがた》状の坂虎口《さかこぐち》から登るが、愛宕《あたご》神社のために正面の櫓台は破壊されている。曲輪⑩との間は、小規模な箱堀《はこぼり》が設けられ、虎口となっている。

現在、主郭（⑤）は桜公園となっており、大正十一年（一九二二）に鹿児島市建立の「島津氏居城東福寺城跡」の碑がある。

【参考文献】『図説中世城郭事典』第三巻（新人物往来社、一九八七）、鹿児島市教育委員会『鹿児島市中世城館跡』（一九八九）、『鹿児島県の地名』（平凡社、一九九八）、『鹿児島県の歴史』（山川出版社、一九九九）、吉留正樹「島津氏の本城とその景観」『九州の中世Ⅲ　戦国の城と館』（高志書院、二〇二〇）

（有川孝行）

●猛将島津家久・豊久父子の居城

串《くし》木《き》野《の》城《じょう》

〔所在地〕いちき串木野市上名麓
〔比　高〕約三五メートル
〔分　類〕山城
〔年　代〕一四世紀〜一六世紀末
〔城　主〕島津家久
〔交通アクセス〕ＪＲ鹿児島本線「串木野駅」下車、徒歩約二〇分。または、鹿児島市から南九州自動車道で約四〇分。

【城の歴史】　一三世紀初頭薩摩平氏串木野忠道《くしきのただみち》を最初の城主と伝える。興国三年（一三四二）南朝方の串木野七郎忠秋と北朝方守護島津貞久《さだひさ》との間に戦いがあり、忠秋は敗れ城を追われた。文和四年（一三五五）征西将軍懐良《かねなが》親王の臣三条実季《さねすえ》は串木野城奪還の命を市来《いちき》・鮫島・知覧《ちらん》などの南朝勢にだして、串木野城を攻めさせたが、島津貞久の子師久《もろひさ》の反撃にあって奪還はできなかった。

寛正三年（一四六二）市来氏追放に成功した川上忠塞《ちゅうさい》は守護島津立久《たつひさ》により、当城の代官に取り立てられており、文明六年（一四七四）頃にも代官としてみえる。その後は忠克《ただかつ》が継いで当城にいたが（「雲遊雑記伝」「行脚僧雑録」『旧記雑録』）、一六世紀に入り、忠克は娘婿の薩州《さつしゅう》家《け》実久《さねひさ》により串木野城主に任命された（「雲遊雑記伝」）。実久と敵対する島津貴久《たかひさ》が市来城攻めに出陣すると忠克は実久に市来への出陣を命じられるが、忠克は貴久に当城を差し出し子の虎徳丸を質として講和し、実久と手を切って甑島《こしきじま》へ逃れた。三年後、貴久の家老となっていたが、永禄十年（一五六七）馬越《うまこし》合戦で没している（「殉国名數」『三国名勝図会』）。

その後当地の地頭には、市来地頭山田有徳《ありのり》が貴久により任命され、その子の有信《ありのぶ》が継いだが、元亀元年（一五七〇）に島津貴久の子家久《いえひさ》が隈之城の地頭に任じられると当地域は家久に属した。天正七年（一五七九）家久が日向の佐土原《さどわら》に移されると、ふたたび地頭が置かれた（「島津国史」・「初郷地頭系図」）。

【城の構造】　東シナ海に注ぐ五反田川下流域左岸沿いのシラス台地縁辺に築かれた山城で、六つの主な曲輪《くるわ》を中心に深い空堀《からぼり》に取り囲まれた南九州地域の典型的な群郭式《ぐんかくしき》城郭である。「城之元」の字地名の範囲が主要曲輪群で、最高標高は約三六㍍、虎口《こぐち》は確認できるところで三ヵ所あり、桝形《ますがた》を有する。

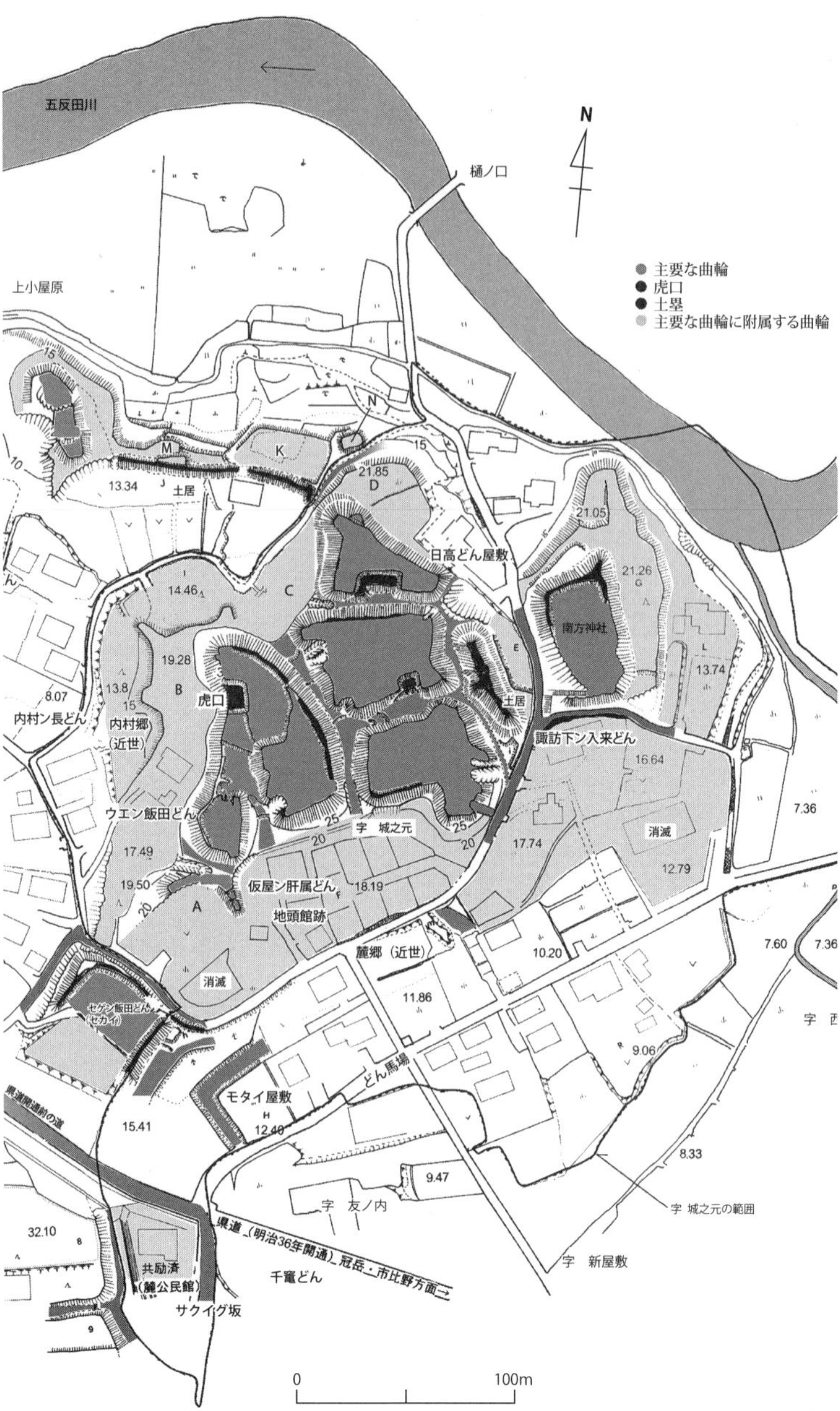

●—串木野城跡縄張図（作図：上田 耕）（平成10年〈1998〉当時）

串木野市では、平成九年（一九九七）から三ヵ年にわたり主要曲輪を中心とする発掘調査を実施している。その結果、多数の掘立柱《ほったてばしら》建物跡や炉跡、溝などの遺構のほかに一五世紀・一六世紀を主体とした国内外の陶磁器類が出土している。ただし主郭を特定するような出土遺物の優劣差は見いだせていない。

また主郭に纏わる文献などを示すような記載がないが、近世には曲輪の下段に地頭館が置かれたことから背後のいずれかの曲輪が主郭であった可能性が高い。また五反田川沿い北西には、かつて高さ約四メートル、長さ約六〇メートルを超える土居が築かれていたが、平成時代の麓の区画整理によって今は跡かたもない。一方、城の中心から向かって南側の台地一帯（字「北原」）は江戸時代、麓の一部として位置づけられていたことから、中世には南の防御ライン（野首《のくび》）であることが想定される。

串木野城内の連続した曲輪のやや南側下段に位置する場所に三方を良好な土塁《どるい》に囲まれた矩形《くけい》の敷地が残っていた。格式ある城郭の居館を思わせる曲輪である。地元ではこの敷地内に住んでいる人を「セゲン（せかい）飯田どん」と呼んでいた（共励斎百年記念誌一九七九）。北側の三叉路の空堀道をセゲン坂と云い、現在はすでに開発され、往時をしのぶことはできない。ただし近年、この場所に実は島津家久の御母堂、相当の身分の女性が暮らしていた可能性が指摘されている（寺田、二〇一二）。『中務大輔家久公御上京日記』や『上井兼覚日記《うわいかくけんにっき》』などの古文書に登場し、「セカイ」様という女性に因んだ地名である可能性がにわかに現実味を帯びてきた。

島津家久の居城であり、かつ関ヶ原の戦で島津義弘《よしひろ》の身代わりになって戦死した嫡男、島津豊久《とよひさ》の出生地にも係り、まだまだ未解明な部分も多い城郭であるが、それだけに興味はつきない。

【参考文献】『共励斎百年記念誌』（串木野市麓公民館、一九七九）、三木靖「串木野城」『鹿児島県の地名日本歴史地名大系　四七』（平凡社、一九九八）、浜田純一・堂込秀人『串木野城跡』（串木野市教育委員会、二〇〇〇）、上田耕「串木野城の城域と構成」『串木野城跡』（串木野市教育委員会、二〇〇〇）、「薩摩国の中世城郭研究（V）」『研究紀要』第七一号（二〇〇三）、寺田緑「串木野城と島津家久—串木野城の地名「せかい」をめぐって—」『くしきの』（いちき串木野市郷土史研究会、二〇一二）

（上田　耕）

●シラス地形を巧みに利用した大空堀

知《ち》覧《らん》城《じょう》

〔国史跡〕

〔所在地〕南九州市知覧町永里
〔比　高〕約一七〇メートル
〔分　類〕山城
〔年　代〕一五世紀～一六世紀末
〔城　主〕佐多氏
〔交通アクセス〕JR鹿児島本線「鹿児島中央駅」から鹿児島交通バス知覧特攻平和会館行、「中郡」停留所下車、徒歩二〇分。

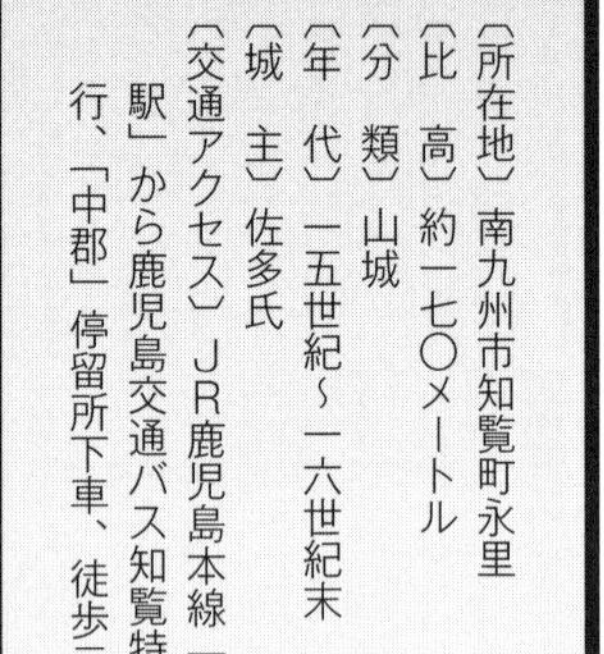

【知覧城の歴史】　築城年代は不明だが、文献によれば文和二・正平八年（一三五三）島津氏四代忠宗《ただむね》の三男忠光（佐多《さた》氏初代）が知覧を領有。知覧城は、一五世紀前半に上木場城の名で登場するのが最初である。この頃、伊集院頼久《いじゅういんよりひさ》の叔父今給黎《いまきいれ》久俊が所有していたが、島津久豊《ひさとよ》の下、佐多氏が奪還し居城とした（『山田聖栄自記』）。

　天正十九年（一五九一）、佐多氏は一一代久慶《ひさよし》の時に豊臣秀吉による禁令に触れ、一万石の知行から隣村の川辺宮村一〇八三石余りへ大幅な減封となり、高田城（一部佐多城）を居城とした。その結果、文禄四年（一五九五）、知覧は種子島氏の所領となり、慶長十五年（一六一〇）には、ふたたび佐多氏が知覧の地頭として本領に復帰した。ただし、この時は知覧城ではなく、城から約北一キロ離れた麓川沿いに居館（地頭仮屋）があった。江戸時代には麓と呼ばれる武家集落を築き、江戸時代を通じて知覧は島津氏一族佐多氏が統治する私領地であった。

【縄張の特徴】　火山灰台地（通称シラス台地）の縁辺の浸食谷によって形成された地形に手を加えて構築した城である。南九州の城郭の曲輪《くるわ》には「何某城」等々、さまざまな名称がつけられており、知覧城の場合も「本丸」「蔵ノ城」「今城」といった主要な曲輪と、その周りに「式部殿城」「東ノ栫」と呼ばれる外郭があり、さらに南西側台地には「殿屋敷」「伊豆殿屋敷」といわれる官職や尊称を表す家臣の屋敷地が取り囲んでいる。つまり、城主や直属被官、一族の居住

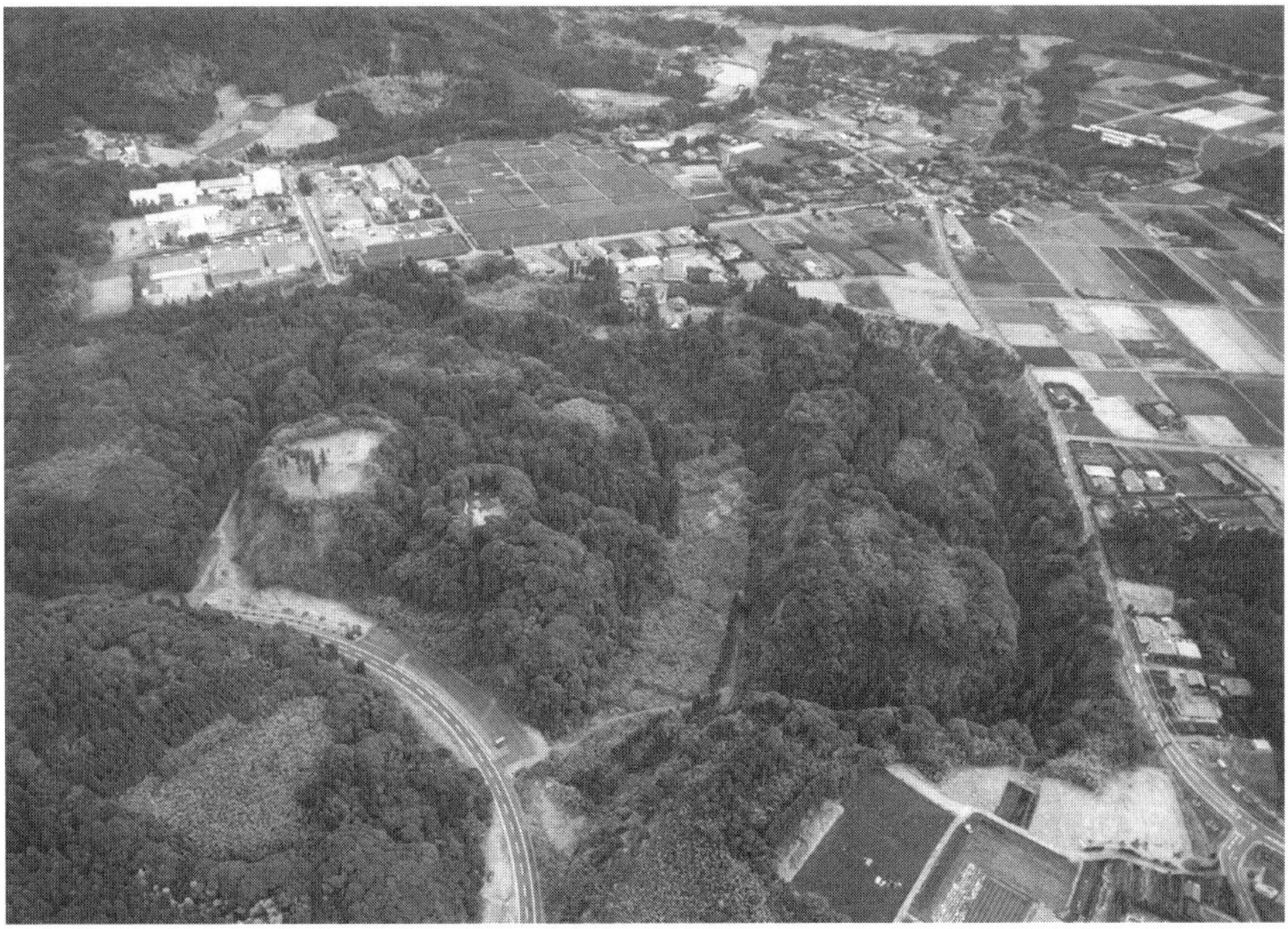

●—知覧城跡空撮（南九州市文化財課提供）

地および政庁と想定される曲輪群と防御された屋敷の集合体から形成されていた。標高は約一七〇メートル、「城内《じょうっ》」と字名のある範囲が主要な曲輪群で主郭もここにあった。空堀《からぼり》底からの高低差は三〇メートルあまり、深い空堀で隔てられ、それぞれの

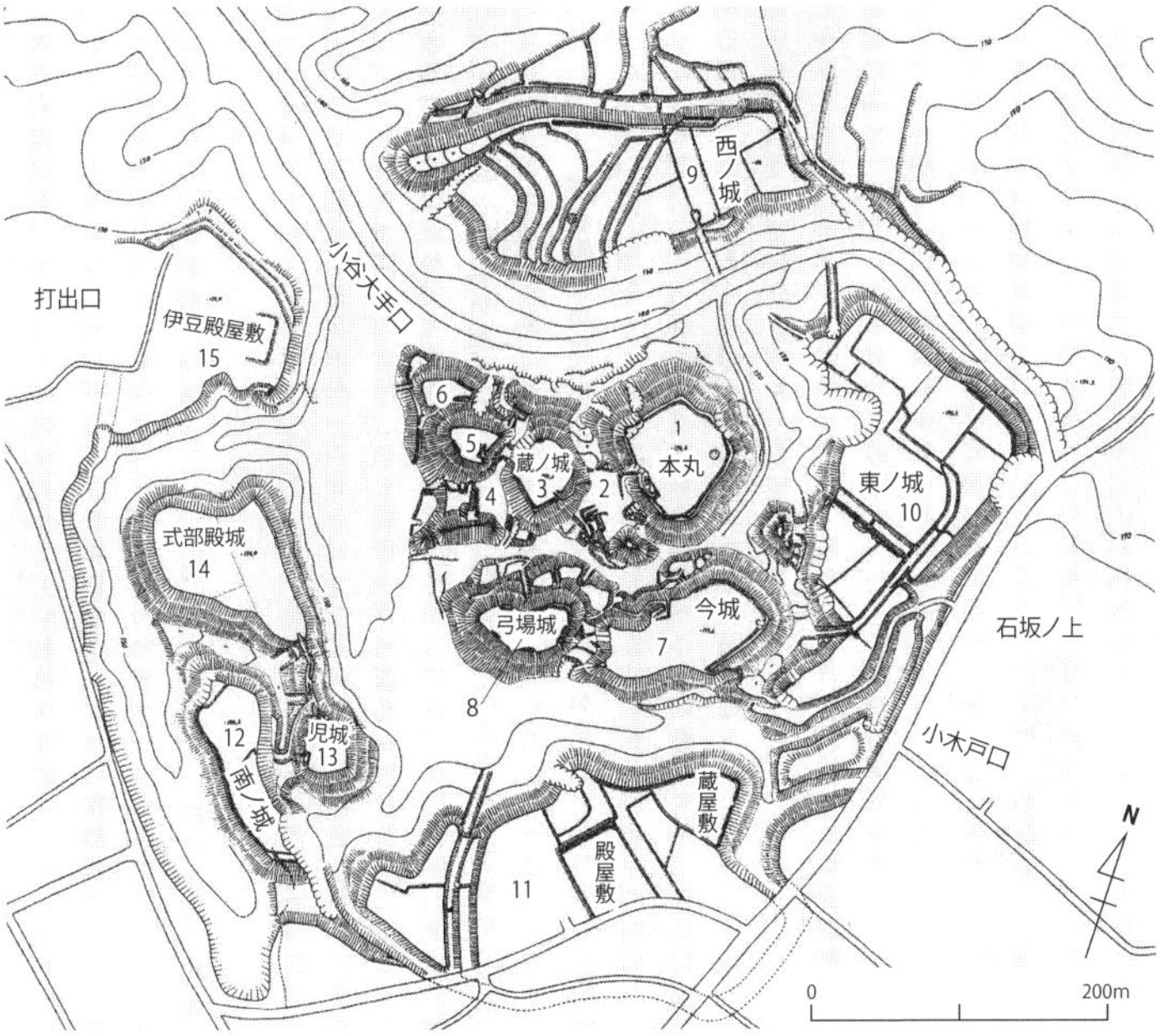

●—知覧城跡の縄張図（作図：千田嘉博）

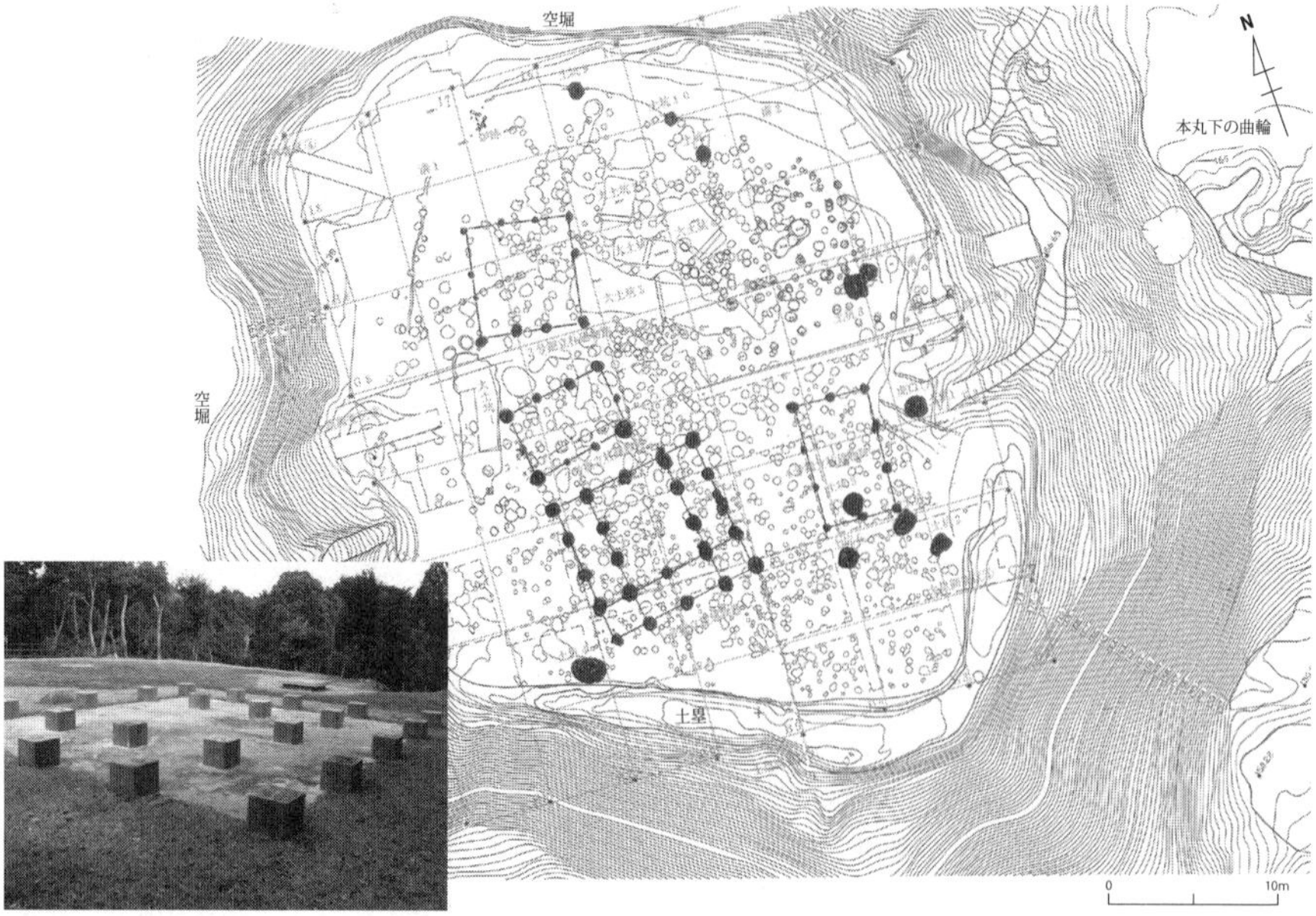

●―知覧城蔵之城跡の建物跡と半立体復元整備状況（『知覧城跡三』2006より転載）

曲輪が強い独立性を備えている。上空からの写真でその姿をみることができる。

シラスの崖は雨にもろいが、いったん崩落すると垂直に切り立ち、切岸《きりぎし》は敵を寄せ付けない強固で急峻な崖となる。南九州の深い空堀は防御を併せて、普段は通路や排水路も兼ねている。それは江戸時代の麓の武家屋敷の通りにも継承されていく。虎口《こぐち》については主郭に織豊系城郭の縄張技術の影響を受けた完成形態の桝形《ますがた》プランが看取されることから改修時期は織豊時代以降であろうと考えられている。また本丸と蔵之城下の外桝形は本来の機能を十分に理解しきれていない歪んだ形のものとなっていると指摘もされている。

築城当初の縄張の特徴は、曲輪同士が独立した関係となっており、本丸への求心性は乏しく、典型的な「南九州型城郭」「群郭式《ぐんかくしき》城郭」と評価されている。この従来からの縄張プランを崩すことなく、本丸など中心曲輪の虎口に織豊期の新たな技術（桝形状の虎口）が導入されているのが知覧城の特徴とされている。一方、知覧城は、複数の曲輪を並列する一見単純な構造ではあるものの、城としての防御力は非常に堅固なものであり、曲輪を分散的に配置することによって切岸の底を走る通路は迷路と化し、常に頭上からの攻撃にさらされてしまう。複数の曲輪が連携して守備するように見事に計画されているのも知覧城の大きな特徴といえる。

【出土遺物が語るもの】　知覧城跡の中心曲輪のひとつ蔵ノ城跡では、四間×四間（三面に三間の庇がついている）の掘立《ほったて》柱《ばしら》建物跡を中心に柱穴群や直径約一メートル、深さ約一〜二メートルの土坑《どこう》（ゴミ捨て穴・排水・排泄穴か）一二基、虎口（入口）一基、炉跡一基などの遺構が発見された。それに伴って、一五・一六世紀代の中国龍泉窯《りゅうせんよう》系の青磁・青白磁・白磁・褐釉《かつゆう》陶器、茶入れ、朝鮮半島の象嵌《ぞうがん》青磁破片、タイ産陶器壺類、併せて国内産の土師器《はじき》や備前壺甕、その他に洪武通宝《こうぶつうほう》・鉄くぎ・金銅製の観音菩薩像・碁石・硯・火縄銃の玉なども出土している。このような多彩な出土品の数々は、不明な部分の多い南九州の拠点城郭の使われ方を探る手がかりにもなり、併せて海上を通じたダイナミックな交易の様子までも知ることができる。

【保存と活用のゆくえ】　知覧城跡は平成五年（一九九三）五月に国史跡となった。すでに保存策定報告書や保存活用基本報告書並びに中心部分の一部環境整備設計報告書も刊行されていて、平成十七年には、城内主要曲輪の蔵ノ城の整備が実施された。斜面の崩落防止と天場の排水処理、出土遺構の保護工を行い、案内板と半立体復元表示が行われている。その後、調査と整備は休止状態であるが、今後は、シラス斜面の保護対策工と併せて各曲輪の発掘調査および整備を再開できることを期待している。城内には縄張図などの無料の資料入れポストも設置されている。城から約一キロ西側の台地、徒歩で約三〇分、車なら五分の知覧特攻平和会館の隣には、ミュージアム知覧があり、当館に知覧城の迫力ある切岸の模型や出土遺物が展示されているため、ビジターセンターとして併せて訪ねてみてほしい。

【参考文献】千田嘉博「知覧城の構成」『知覧城跡』第三集（知覧町教育委員会、一九九三）、木島孝之「島津領」『城郭の縄張り構造と大名権力』（九州大学出版会、二〇〇一）、上田耕ほか『知覧城跡三』（知覧町教育委員会、二〇〇六）、中井均「切岸」『中世城館の考古学』（高志書院、二〇一四）

（上田　耕）

お城アラカルト

特殊な城郭用語「栫」

吉本明弘

戦国期の島津領国でみられる特殊な城郭用語に「栫《かこい》」というものが多数ある。現在でも地名や人の姓にみられるものである。

栫はほかに「囲」「覚井」などの字も宛てられ、古くは室町期の一五世紀前半に肥後国内で登場してきた語である（「八代日記」）。当初は城郭よりも土地関係の語としてみられる。戦国期に入った一六世紀、肥後よりも、城郭用語として島津領国でみられるようになる。

栫は、曲輪《くるわ》・支城・出城・砦的なもの、総じて小規模城郭として捉えられてきている。それぞれ史料上は、「（地名）栫」「西栫」「下栫」「新栫」などとみられる。「（地名）栫」の場合は、小規模城郭的な意味合いが強いが、中には、大隅合戦に関した史料（山本氏日記）では、「栫に忍び入り、家を〇戸（数戸～二〇戸ほど）焼いた」などとみられ、集落を囲うような、ある種の惣構《そうがまえ》的な機能を有すると考えられる。「西栫」は、大規模城郭を構成する端に位置する曲輪として、主郭を囲う機能を有している。「下栫」は、一六世紀後半、島津義久《よしひさ》期の九州北部への勢力拡大とともにみられる。顕著なものは、天正十四年（一五八六）筑前岩屋城合戦である。岩屋城の麓に位置し、「下栫」は本丸を守る重要な防御施設となっていた。島津側には栫を攻め破れば、本丸が落ちるという認識があった。敵方の城でみられる語であるが、史料が『上井《うわい》覚兼日記《かくけんにっき》』のみであるため、島津氏側の認識のもとに「栫」の語は存在したといえる。「新栫」の場合は、大隅合戦時、島津貴久《たかひさ》が「新栫」で年を越したこともあることから、本城的な機能を有していたといえる。

現在は、知覧城の大規模城郭の一番外側の曲輪に相当する部分の字名になっている例もある（曲輪「西之城」「東之城」「南之城」の「城」部分が字では「栫」となる）。

「栫」と似た漢字に「拵」がある。原文書での「木扁」と「手扁」の違いは見分けがつきにくいものが多いため、近世以降、混用されることもあった。「栫」は防御施設を示す名詞として、「拵」は「コシラエ」であり、新たな構築や普請に伴う動詞として使い分けができると考えられる。

●わが国で最初に欧州に紹介された城

頴《え》娃《い》城《じょう》

〔鹿児島県史跡〕

〔所在地〕南九州市頴娃町郡
〔比　高〕約二三六メートル
〔分　類〕山城
〔年　代〕一五世紀～一六世紀末
〔城　主〕伴姓頴娃氏
〔交通アクセス〕ＪＲ指宿枕崎線「頴娃駅」下車、徒歩で荷辛路峠方面へ四〇分以上。鹿児島市から車で約六〇分。

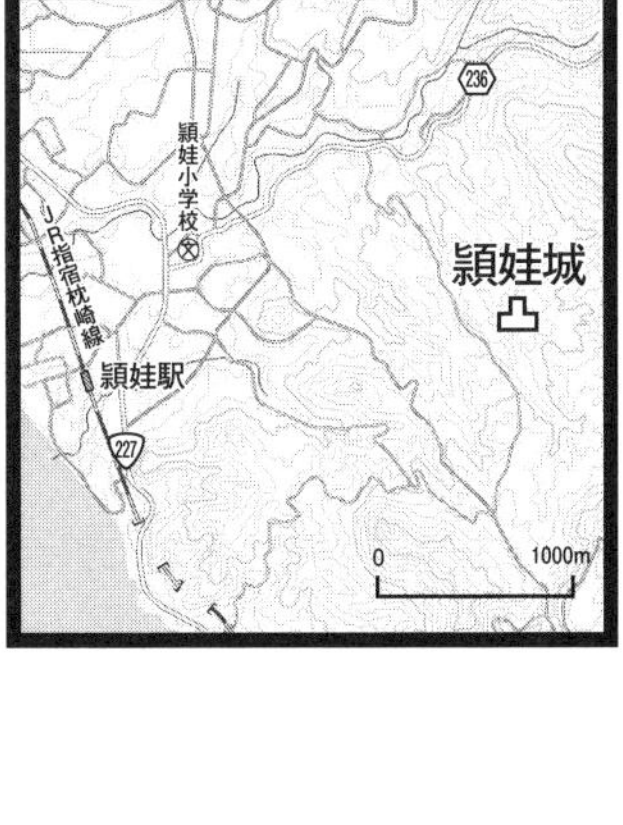

【頴娃城の歴史】　頴娃城跡は、南九州市頴娃町に所在、指宿《いぶすき》市開聞《かいもん》町との境の山中に位置し、東側は池田湖の急崖である。東西を自然谷によって侵食されたシラス台地を利用して築城されており、標高約二三六メートルを最高地点とし、南北最大幅が約九〇〇メートル、東西最大幅約六〇〇メートル、総面積三五万平方キロの城域が推定されている。近世には、城の外観から別名「獅子城」あるいは「野久尾城」とも呼ばれている。城内《ぞない》は「高城」「上城山」「本山元屋敷」など小字として残っている。天文十六年（一五四七）ポルトガル商人ジョルジュ・アルヴァレスがヨーロッパ人として初めて日本の中世山城を実見し、紹介したことでも知られている（『日本報告』）。この報告がフランシスコ・ザビエル来日の契機にもなった。

『旧記雑録』によると一四世紀後半に平姓頴娃氏《えいし》没落後は、南薩を制圧した島津久豊《ひさとよ》が伴姓肝付《きもつき》氏の兼政を頴娃の当地に封じ、頴娃城を居城として伴姓頴娃氏を名乗ったという。弘治三年（一五五七）伴姓頴娃氏六代兼堅の時、頴娃・山川・指宿を安堵されて最盛期を迎え、七代久虎《ひさとら》の時、戦国大名島津義久《よしひさ》の家臣として重用されたものの、お家騒動（証恩寺崩れ）で主要な収入源だった山川港の管理権を取り上げられている。天正十六年（一五八八）、八代久音《ひさぶえ》の時に至って断絶、文禄四年（一五九五）頴娃郡は島津義弘《よしひろ》の蔵入地に、慶長五年（一六〇〇）には庄内の乱で敗れた伊集院忠真《いじゅういんただまさ》が一時的に当地（頴娃）に移されている（『本藩人物誌』）。久虎は、外見三層内部五階の建造物を造営したと伝わる。また建物の四

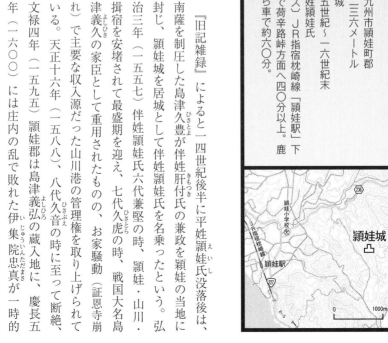

●─頴娃城本丸跡の土塁

隅は金鎖でつないであった。だが頴娃氏が落去したのちに大風で吹き折れたとも記されている（『三国名勝図会』）。重永卓爾は、この『三国名勝図会』の記事は竹内蓮光による『頴娃御家聞書』（島津家本『頴娃・揖宿郡地誌備考』）が典拠となっているとする。竹内蓮光は天正五年（一五七七）生まれで、父実高より聞き書きと自身の少年期の記録とを加えて、明暦四年（一六五八）八一歳の高齢で『頴娃御家聞書』（万治元年成立）を執筆したとされており、資料的にも信憑性が高いと指摘する。ただし蓮光はこの建物を天守とは記述していない。平成十七年（二〇〇五）に行われた頴娃町教育委員会の確認調査では、本丸と伝わる曲輪《くるわ》で二間×二間（約四メートル四方）の間隔で、直径六〇センチあまりの掘立柱《ほったてばしら》建物跡が検出されている。実際の柱の幅は三〇センチ強で柱穴の底には砂岩製の扁平な石が配され、しっかりとした建物を想定させるに十分な柱跡が発見された。全貌が捉えられていないのは残念である。遺物には平瓦片が一片のみ確認されているが、瓦が一六世紀代の遺物かどうかは不明であった。

【城の縄張構造】 平成七年中世城郭研究会の本田昇によって頴娃城の縄張図が作成されている。本来曲輪1が主郭と伝えられてきたが、北西側に残る縄張構成から曲輪4を主郭とする見解を示している。また曲輪7と8間の桝形《ますがた》には重厚な門

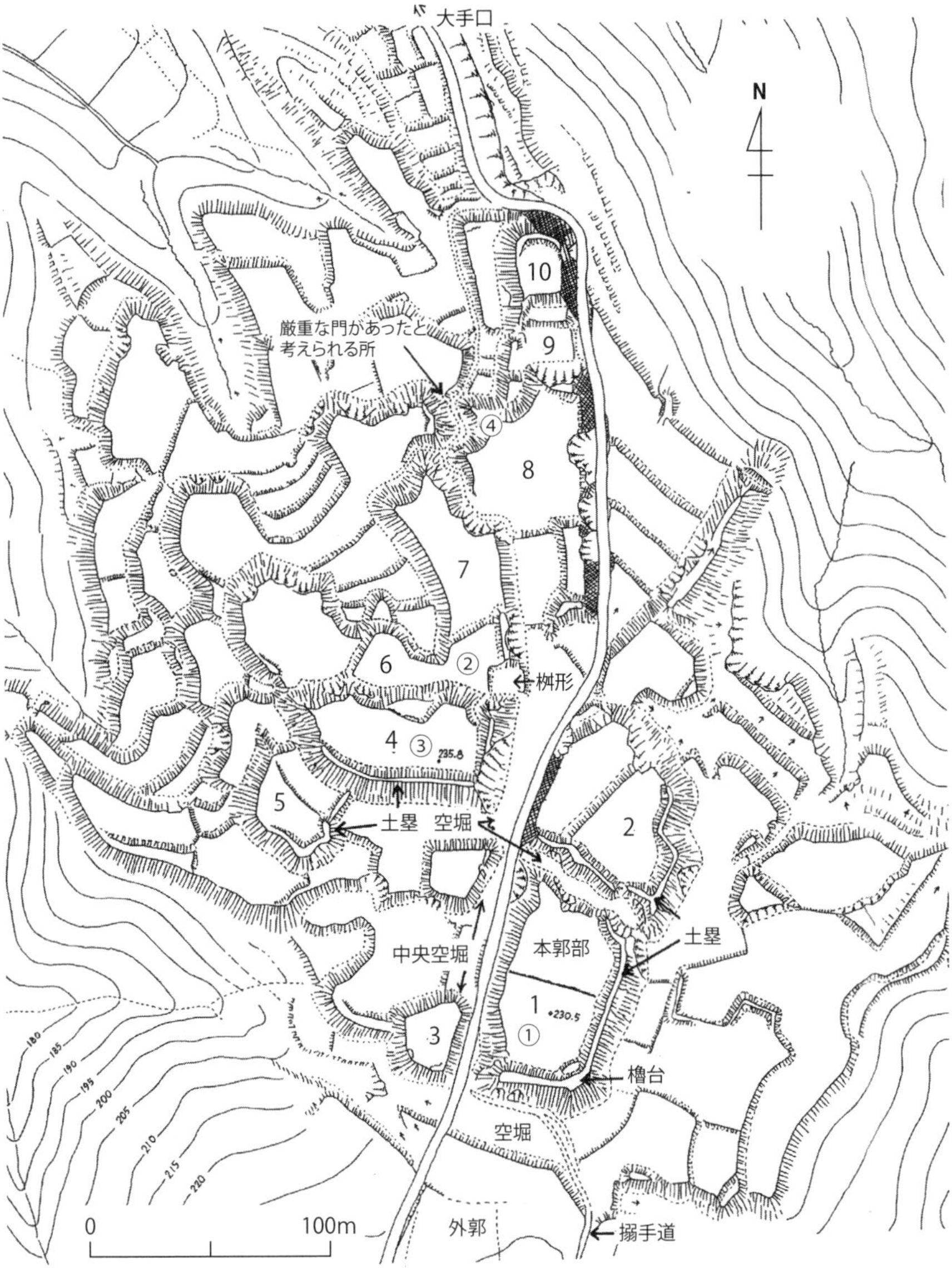

●—頴娃城の縄張図（作図：本田 昇）

も想定できるとしている。確かに角ごとのところどころに直径六〇センチ〜幅七〇センチ、厚さ五〇センチあまりの切石が積まれており、虎口《こぐち》を意識した改修がみられる。この随所に残存する石積みは在地の石工によるものと指摘されている（中井均・宮武正登による）。山川港を領有していた頴娃氏の全盛期を示す頃の改修によるものであろうか。城の中心部分を、縄張図からみてもわかるように南東側曲輪１・２のある「城内《ぞない》」地名のある地域とするのと4～10の曲輪のある「高城」・「城山本屋敷」地名の場所とするのでは、曲輪の配置など様相を異にしている。城の位置づけとしては南東側の荷辛路峠《にからじとうげ》側に本丸があり、搦手《からめて》と伝承されている。また、本田昇の縄張図は北側の大手の一部で図化が止まっているが、北側の現在の道沿い尾根筋には高さ約二メートルを越える土塁《どるい》が数百メートルと断続的に続き、さらに南の谷部に向かっては、段切の曲輪が幾重にも築かれていて、城域はさらに拡大する。続く西側の尾根の平坦地雀野《すずめがの》遺跡からは高麗青磁や龍泉窯《りゅうせんよう》青磁碗などの陶磁器類も採集されていることから、頴娃城に係る家臣などの屋敷地も想定される。城域は三木靖の踏査成果によってもさらに拡大することが考えられる。実は頴娃城の北西側台地の先端部には、伴姓頴娃氏の入植前の平姓頴娃氏の菩提寺であった安養寺と東側には頴娃古城がある。安養寺は平姓頴娃氏が没落した後に伴姓頴娃氏が再建を果たしている。頴娃古城のある台地は、伴姓頴娃氏にとっても新たな支配体制をこの地で築くにあたり、重要な場所と理解され、頴娃城の建設もこうした背景のもとに当地に築かれていった。築城時は西側の曲輪4～10の谷部を囲んだカニばさみ状の地形が戦時に有効であったのだろう。似た例を挙げると、一五世紀代の築城と考えられる奥州家の本拠地清水城（鹿児島市）をはじめ、安永城（都城市）が挙げられるが、南九州の室町期の城郭に見られる特徴の一つかもしれない。頴娃城は、経済的な利益を得られる貿易港山川港と政事《まつりごと》など儀式にもかかわる薩摩一宮開聞神社を領内に有し、頴娃氏にとっては、久音が谷山移封後の廃城前までは、本丸の塔槽建築の存在も考慮すると南東側荷辛路峠方面を強く意識した縄張であったと考えられる。

　頴娃城については今後、文献や発掘調査など再調査を行い地元住民と専門家による委員会の設置と併せて継続的な維持管理に期待し国指定をめざしていただきたいところである。

【参考文献】岸野久訳「ヨーロッパ人による最初の日本見聞記J・アルバレスの日本報告」『日本歴史』第三六八号（一九七九）、重永卓爾「頴娃城跡の破壊を難ず」『季刊南九州文化』第三五～三八号（一九八八～一九八九）、本田昇「頴娃城遺構確認報告」『頴娃城跡調査報告書第一集』（頴娃町教育委員会、二〇〇三）、三木靖「薩摩国頴娃城跡の調査報告」『鹿児島県文化財調査報告書』第五一号（鹿児島県教育委員会、二〇〇五）、栫井正人『県指定史跡頴娃城跡（七）』（頴娃町教育委員会、二〇〇七）、上田耕・坂元恒太『頴娃地区遺跡分布調査報告書（八）』（南九州市教育委員会、二〇一六）、竹中克繁「宮崎・鹿児島の天守を持つ城」『天守台から見る城』（第八回九州城郭研究大会資料集、二〇二一）

（上田　耕）

●市来氏の本城、教会がおかれた城

市来本城《いちきほんじょう》（市来鶴丸城《いちきつるまるじょう》）

〔日置市史跡〕

〔所在地〕日置市東市来町長里
〔比　高〕約六〇メートル
〔分　類〕山城
〔年　代〕一四〜一六世紀代
〔城　主〕市来氏、島津伊作相州家、同薩州家
〔交通アクセス〕JR鹿児島本線「東市来駅」下車、徒歩約一五分。または、南九州自動車道「市来IC」から車で約一五分。駐車場は市来支所内。

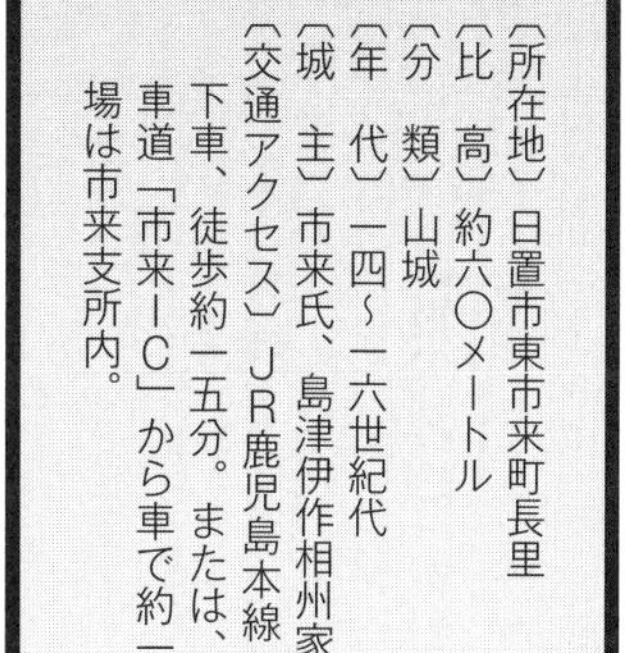

【城の歴史】　市来本城は薩摩半島西側吹上浜の北端、江口川の河口から六キロ程東に立地する山城である。

当城は近年鶴丸城と呼ばれるが、城だったときには「市来城」と呼ばれていた。周辺に大根城などの曲輪《くるわ》があるので、それと区別し「市来本城」とする。『薩摩国建久図田帳』に「市来院一五〇町」とあるのが初見。島津荘寄郡のうちで、院司は僧相印家房、地頭は守護島津忠久《ただひさ》であった。家房は、惟宗《これむね》姓国分友成《ともしげ》の子政家《まさいえ》を養子とし、寛元二年（一二四四）政家が市来院郡司職を継いだ（「河上氏系図」）。『古城主来由記』は鎌倉期の家房を最初の城主とするが、文書史料では建武四年（一三三七）七月二十五日守護島津方の頼久《よりひさ》勢が、南朝方三条泰季に属した惟宗姓市来時家《ときいえ》の籠る市来城を囲み、二十八日市来城の野首《のくび》の手に押し寄せ、二十九日に同水の手で合戦、八月二日に平城（当城の西側の城）南で、後巻（援軍）したとあり、これが市来城・平城の初見である。この時家は頼久勢に抵抗していたが、暦応三年（一三四〇）守護貞《さだ》久《ひさ》が出陣すると降伏し、貞久に属した。寛正三年（一四六二）市来久家《ひさいえ》のとき内紛のため守護立久《たつひさ》によって追放された。以降守護島津氏の譜代の家臣、大寺高幸らが市来城を預かった。文明二年（一四七〇）立久は龍雲寺に「境内の山の木々は、双葉までは寺家興行に用い、余りは城構えに用いること」を決めて同寺に掲げさせた。その後、当城は薩州家島津氏領となり、実久《さねひさ》が、妻の父で、串木野城主の川上忠克《ただかつ》を当城に入れ、平城に島津忠房《ただふさ》、新納忠苗《にいろただたね》を入れた。そこで天文八

年（一五三九）閏六月忠良《ただよし》・貴久《たかひさ》は当城と平城を攻め、二十七日には、大日寺口から当城に侵入し、実久の弟忠辰《ただとき》を討ち取った。そこで実久は、忠克を後詰《ごづめ》（救援部隊）とした。その忠克は貴久が出陣すると、八月子を人質に貴久に降伏、忠苗も同月二十九日には降伏し、当城とその周辺は再度貴久領となった。九月一日には当城に島津氏の臣、伊集院忠朗《いじゅういんただあき》、続いて新納康久《やすひさ》が入った。

　天文十九年六月ザビエルが、平戸行きで市来湊で船待ちの際、鹿児島でキリスト教徒だった、康久の家老ミカエルと再会、さらに同年八月再度市来湊で一二日間船待ちで当城に滞在し、康久の一七人の家臣を入信させた。当時イエズス会は、現地信徒から看坊（世話役）を選び、信仰維持の指導者にしようと考え、ミカエルに期待していた。永禄四年（一五六一）アルメイダは、貴久に招かれ鹿児島に向かうさい、当城に立ち寄り、帰路に一〇日間も滞在し、康久の長男ら八〇人を入信させた。新納氏は後に川辺に転じるまで四〇年間当城を居城とし、城内に教会を設置し、イエズス会の信仰組織が存在したとの研究（岸野久『ザビエルの同伴者アンジロー』など）がある。

●―市来本城周辺図（作図：三木 靖）

　この時期イエズス会は当城を観察し、全国の城の情報を収集していた。アルメイダの記録には、市来城は今までみたなかで最も堅な城で、一〇ほどの砦（曲輪）があり、砦の周囲は人力で作り出した堀で砦相互を隔てていて、その堀は人間業とは思われないもので、砦間の橋からみれば、堀底は遥か下方だった。その真中の砦に城主が住んでいた、とある。宣教師が見聞したことを述べたもので、構造のなかでも空堀《からぼり》に感嘆していた。これらは当城の理解に役立つ史料であった。

【城の構造】　最盛期の「市来本城」は、阿弥陀堂跡のある曲輪群（これを本丸と呼ぶ）と御惣坊城《おすぼんじょう》曲輪群で、標高一〇六メートルの城山を最高地点とし南北約四五〇メートル、東西最長約四五〇メートル、面積は概略二〇万平方メートルのシラス台地とその周辺だった。市来城は市来本城とその周囲の得仏城・大根城・番屋城・貝吹城・磐若城・古城・平城・南平城を含んでいる。ただし史料では、平城（南平城を含む）を市来城から独立させることが多い。地勢上、本城以下は一体だが、南北朝～戦国期には別々の城扱いされていることは前記した建武四年の史料でもわかる。

●—市来本城縄張図（作図：三木 靖）

　当城は、南側は東から西に流れる江口川を城境とし、他の三面は、低平地を挟み得仏城などの台地で、その間を城境としていた。この低平地は江口川周辺同様湿地帯で、泥沼だったので防衛に役立った。江口川方面を除いた、周辺の台地も市来城であり、市来城の城境はその台地の外側だった。前記した合戦が野首で行われたとあるのは、市来城が本城の周辺を含んでいたことを反映している。

　当城は、曲輪一イ（御物坊城の中心）と曲輪二（本城の中心、本丸である）とが重視されていて、前者は、周囲に土塁《どるい》と櫓《やぐら》台《だい》があり、略四角形で面積が広く、見晴らしが効く位置で、周囲は、切岸《きりぎし》となっている。その山腹に周囲を見張り、連絡を取るため小規模で簡易な曲輪、一ロハニホの添《そえ》曲輪が付いている。後者は、南北に長く途中でねじれた形になっていて、南側と西側に土塁があり、南西端と北端には櫓台がある。虎口《こぐち》は南側の曲輪四から土居のなかを登っていて、固く守られていた。副次的な虎口が東側と中央部北に向いたところにあり、曲輪の崖面は切岸で、曲輪の周辺には曲輪三・四・六が付いていた。いずれも、成形され、周囲は切岸で土塁があった。曲輪一イ・二には、主殿や来客用施設が存在し、藩政期には宗教施設が置かれたと思われる。曲輪二には曲輪

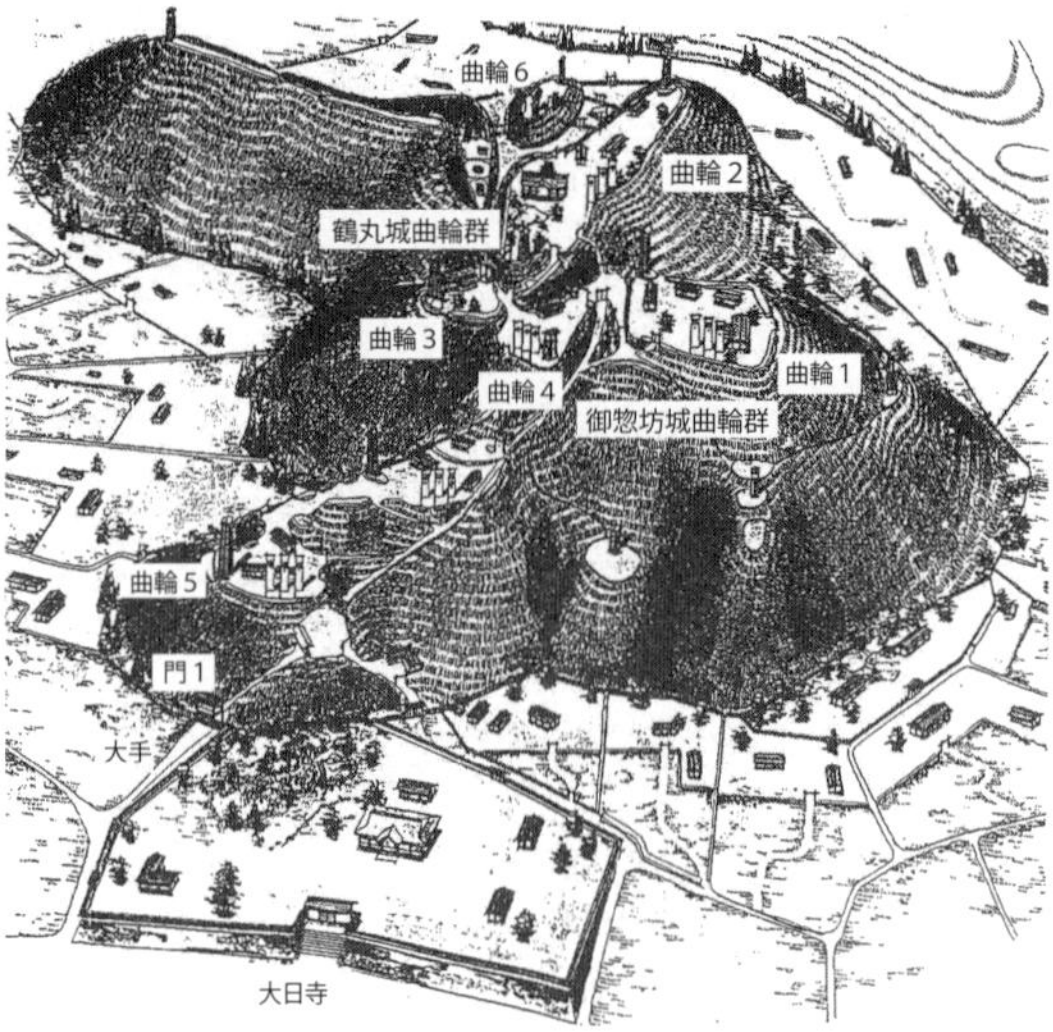

●—市来本城想定復元図（作図：三木 靖）

三、六との往来に使う橋梁も設置されたのではないかと推定され、門（Ⅰ〜Ⅸ）には時期差があり、中心部への城道はⅠから桝形《ますがた》に入っていて、この城道を監視するのが曲輪四・五群と指摘されている。

曲輪五には、昭和十四年（一九三九）「南朝忠臣市来氏顕彰碑」が建てられた。昭和五十五年以降開発のため、平成十年（一九九八）縄張図が作成されると、翌年（一九九九）ザビエル訪日四五〇周年記念で関心が高まり、平成十五年地元で当城について議論が起こった。翌年、曲輪二・三で発掘調査があり、盛土土塁、礎石・掘立柱《ほったてばしら》建物、溝状・石列・炉跡等の遺構と龍泉《りゅうせん》系青磁等の遺物多数を得て一四〜一六世紀を主に中・近世を通じ長期の使用が遺構遺物で明らかにされた。そして平成十七年当城跡は町史跡に指定された。

【城の現状】 当城の本丸への城道は、鶴丸小学校の山坂達者事業に使われている。春日神社横に当城案内板も建てられ、ザビエル像・ザビエル・ミカエル並立像と縄張図、当城の説明もあり、大手門、桝形などを思い描ける。城山頂上（曲輪二）の阿弥陀堂への入り口でもあり、途中に、前記顕彰碑、大日寺僧侶墓塔群、庚申供養碑などがある。それに比し頂上の阿弥陀堂跡周辺は、大雨直後には倒木・土砂崩落などで通行止めとなるなど、公園ではない手付かずの古城の雰囲気が色濃い。なお、当城周辺には島津貴久の惣陣ヶ尾跡、島津立久の墓石跡、長谷寺跡、竜雲寺跡中世、市来城関連史跡がある。

【参考文献】「学術調査報告書」（一九九八）、「発掘調査報告書」（二〇〇四）、「市来鶴丸城下を二一世紀に生かす会・提言書」（二〇〇五）（以上東市来町『東市来町郷土誌』（二〇〇六）に収載）

（三木　靖）

●展望台のある全面芝張史跡公園

伊集院一宇治城《いじゅういんいちうじじょう》

〔日置市史跡〕

〔所在地〕日置市伊集院町大田
〔比　高〕約七〇メートル
〔分　類〕山城
〔年　代〕一四～一六世紀代
〔城　主〕伊集院氏、伊作相州家島津氏、薩州島津氏
〔交通アクセス〕JR鹿児島本線「伊集院駅」下車、徒歩約二〇分。または、南九州自動車道「伊集院IC」から車で約一五分。駐車場は城内。

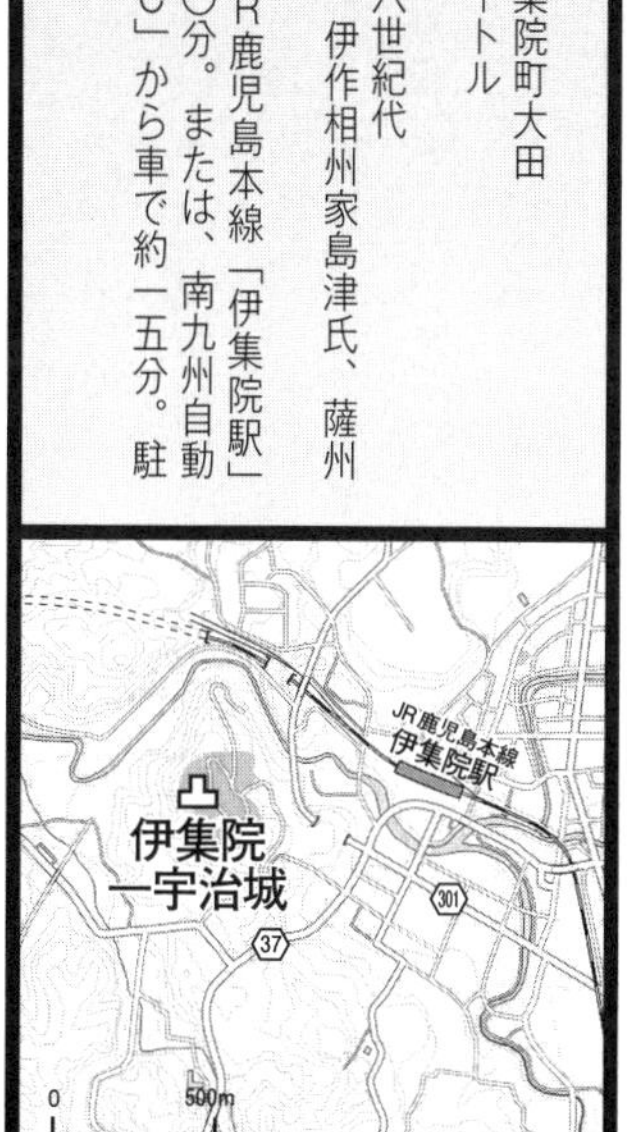

【城の歴史】　伊集院城は薩摩半島西側吹上浜の北寄り、神之川の河口から六キロほど東に立地する山城である。

　この地域は律令制下で日置郡、平安期に伊集院となり、平安後期には在庁官人の大前道友《おおくまみちとも》、伊集院々司の紀姓伊集院清景《きよかげ》など村落規模の領主がいた。伊集院の初見として建久四年（一一九三）の「薩摩国諸郡注文」に「伊集院　清藤名」、「薩摩国建久図田帳」に「伊集院一八〇町」とある。この頃前記諸氏に伊集院地頭でもある島津氏が加わった。

　紀姓伊集院氏は、「古城主来由記」によれば紀貫之《きのつらゆき》の子孫能成が伊集院郡司となって伊集院氏を称し、その七代目時清《とききよ》が鎌倉後期に当城を築いたが、一一代清忠《きよただ》で絶え、その跡を惟宗《これむね》姓島津氏初代忠久《ただひさ》二代忠時《ただとき》の七男忠経《ただつね》の八男俊忠《としただ》の子久兼《ひさかね》が領した。なお紀姓七代時清の孫が前記の清景であり、鎌倉期の当城は史料では確認できない。

　南北朝期の暦応三年（一三四〇）、守護島津貞久《さだひさ》が証判する軍忠状に、伊集院城主として伊集院忠国《ただくに》が登場する。これが文書史料での当城の初見。忠国は、久兼を初代とする島津姓伊集院氏四代目で、南朝方の三条泰季《やすすえ》の入薩に組みした肝付《きもつき》氏らと連携し、守護に対抗し所領保全拡充を目指した。忠国は守護方に攻撃され、当城から祖父俊忠の築いた伊集院平（古）城に移り、同五年懐良《かねなが》親王が谷山城に入部するとすぐに参じており、このときには当城を回復していたようである。ここまでは文書史料に「一宇治城」と書かれていた。その後も当城は、伊集院氏が相伝していたが、宝徳二年（一四

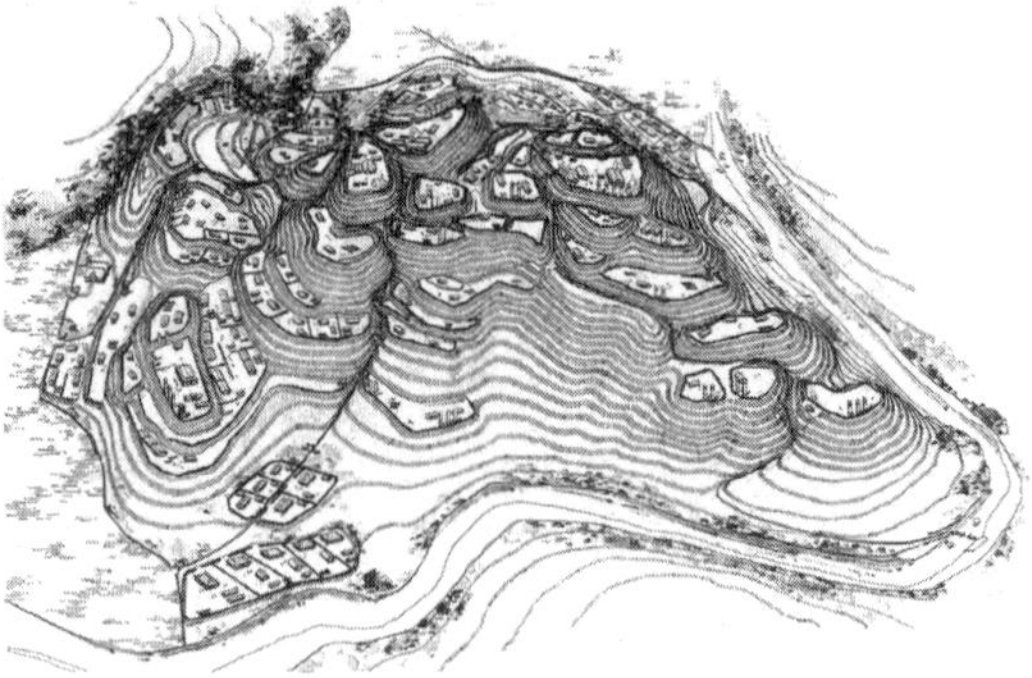

●—伊集院一宇治城想定復元図（作図：三木 靖）

五〇）七代熈久《てるひさ》の時、島津九代忠国に当城を差出して降伏した。以後城は守護島津氏領となったが、伊集院氏は当城に存続した。そのため忠昌《ただまさ》が文明八年（一四七六）当城に難を避け、同十七年には忠昌夫妻が同じく難を避け、大永六年（一五二六）には勝久が避難していて島津氏の本城に準じていた。

守護島津氏の家督は、同年貴久《たかひさ》が継いだ。その頃当城は島津薩州《さつしゅう》家《け》実久《さねひさ》領になり、町田久用が守備した。だが天文五年（一五三六）、貴久の父忠良《ただよし》が一〇〇〇余騎を率いて当城を攻略した。以後天文八年の市来攻めに貴久は当城から出陣し、同十四年には貴久と島津忠弘《ただひろ》・北郷忠相《ほんごうただすけ》らが当城で貴久を守護について同意している。このように当城は三回の城攻めに遇ったが、戦国島津氏の本拠城となった。天文十九年貴久は九州平定のために、鹿児島内城に移動する。

【城の構造】 最盛期の全域は、標高一四四メートル地点を最高所とし、南北約七〇〇メートル、東西最長約八〇〇メートルのシラス地層である。神之川《かみのかわ》左岸のほぼ南から北に延びた台地の先端とその周囲で、北側を東から西へ、北に膨らみつつ流れる神之川と、南の台地に続く野首《のくび》の鞍部を掘り切った巨大空堀《からぼり》とで囲まれた範囲で、地元では城山《じょやま》と呼ばれている。最下段で標高七〇メートル以上の高さがあり、周囲約二・三平方キロ、全面シラス地層である。字大田の小字神明・下平城・中平城・上平城・荒瀬・屋敷内・弓場城・釣瓶城・南城・阿多城・野首・町田口・上中尾・下中尾などで、藩政期には、戦国大名島津氏の成立に貢献した城として記憶され、郷士の武術鍛錬の場、伊集院地域の中核となる施設だった。

最盛期、大手は麓に通じる南東側から、円通庵の北、阿多城の南、弓場城の南を通って中心部に入る。これは防衛に配慮したもので、平時には麓から弓場城に直登した。搦手《からめて》は東側の荒瀬平から下平城の南東を通って中心部に入った。なお大手は、宝徳元年には荒瀬口であり、搦手は町田口で、最盛期の大手搦手は、島津氏領になってから定まったものであった。中心部は神明城、蔵城、中尾（中ノ）城、釣瓶城等の曲輪が北西から南東に並び、神明城が一番高所になり最も広

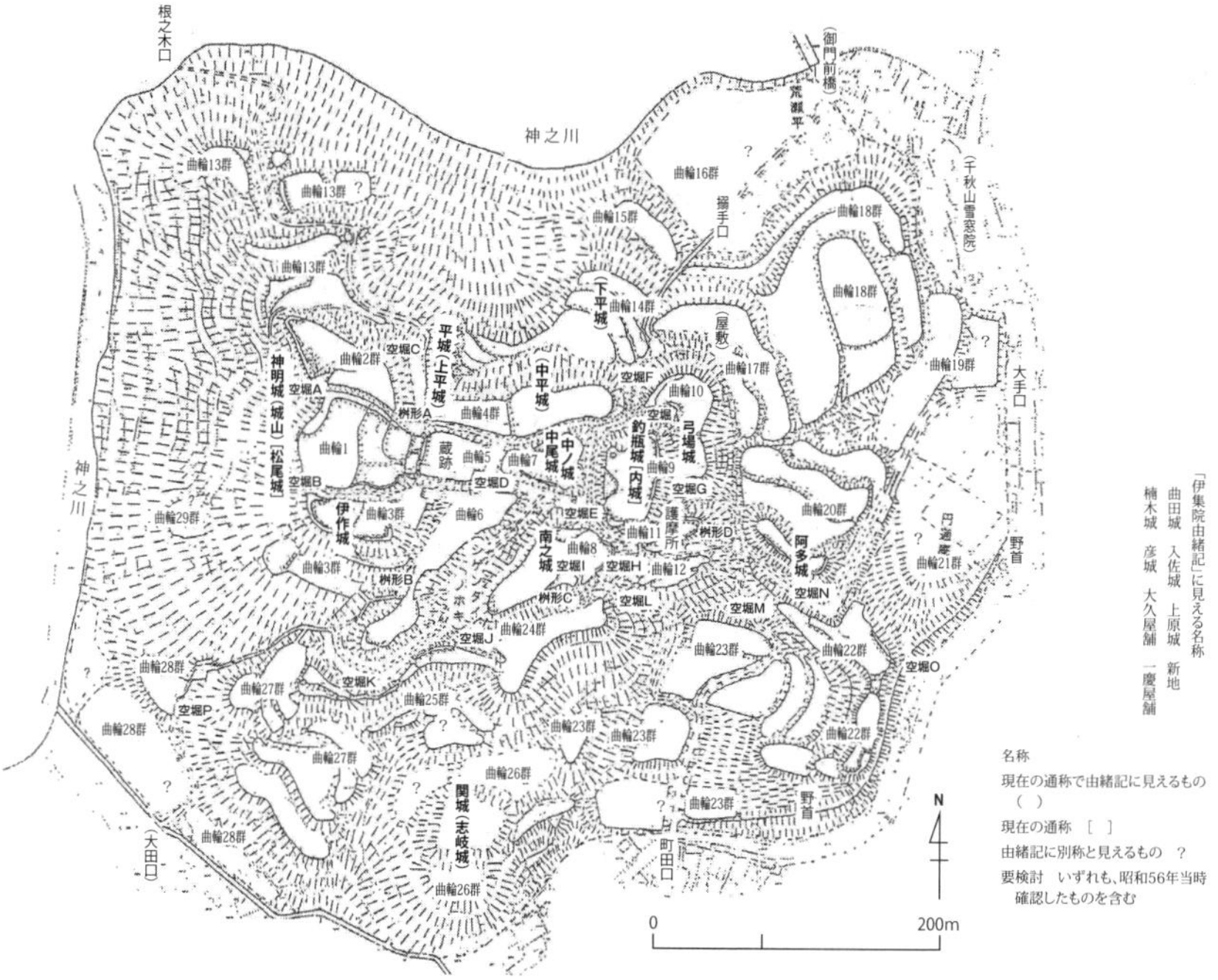

●―伊集院一宇治城縄張図（作図：三木 靖）

く、対極の南東端にある釣瓶城がそれに次いだ。神明城が城主の居所で本丸に相当し、三段構成で、三二メートル×四六メートルの整った四辺形で、土塁も当城内では最もしっかりしている。この中心部の南側に伊作城・南之城があり、北側に上平城・中平城があり、南東に弓場城があって、中心部を取り囲んでいた。中心部の各曲輪を仕切る空堀と、南側・北側を長々と並行している空堀は適宜上下し広狭あり、屈曲していて巧妙で、しかも大手口などに通じていて、当城の曲輪を区切りつつ結びつけている。「伊集院由緒記」は前記以外に曲田城・関（志岐）城・入佐

●―伊集院一宇治城（曲輪1・神明城の展望台から曲輪1を見る. 正面奥に1949年ザビエル記念碑, 橋の先は曲輪）

●—伊集院一宇治城想定復元模型（作成：三木 靖）

城・上原城などの曲輪名を掲載している。現在当城内、標高七〇メートルより高い位置にある二九ヵ所の平坦面のいくつかを指しているのであろう。これらの多くは切岸《きりぎし》で囲まれる曲輪である。昭和六十二年（一九八七）以降、公園整備事業に伴う発掘調査が六年間行われ、多数の遺構、遺物が出土している。なかでも、神明城は基盤層の岩盤をくりぬいた掘立柱《ほったてばしら》の穴や、青磁などの遺物多数が出ており、平安期一二世紀以降、藩政期まで長期の使用が指摘されている。また中ノ城の空堀は三メートル下げても底に至らず巨大な堀であった。釣瓶城は、多数の柱穴・虎口《こぐち》とみられる石組み、井戸跡が出土、大規模な施設が予測されている。いずれも一四～一五世紀の繁栄振りを示している。

【城の現状】 現在、城山の中心部は、ほぼ全域が「一宇治城跡史跡公園」の名称で、上・中・下の平城跡は、広い駐車場とヤジロウ像のある運動用地に、神明城・伊作城・蔵城・中ノ城・南ノ城・釣瓶城跡は、芝張の園地や児童遊園になり、桜の植栽も見事で、県内では最も親しみやすい城跡公園になっている。神明城には木造展望塔が建てられ、ザビエルが島津氏と会見した四〇〇周年記念として、カトリック総本山バチカンの教皇肝煎で昭和二十四年（一九四九）に建てられた石碑があり、四阿《あずまや》もが整備されていて、戦国期の城の中心部・その周辺の曲輪、空堀、土塁《どるい》を手掛かりにして、戦国大名となった頃の島津氏の本拠伊集院城の壮大で高い機能が備わっていた様子に迫ることができる。

また隣接して妙円寺跡、義弘騎馬像などがあり、十月には妙円寺参りが開催され、日置市役所には、想定復元伊集院城の模型がある。

【参考文献】伊集院町教育委員会『城山』（一九七一）、伊集院町教育委員会『伊集院町埋蔵文化財発掘調査報告書一、四～七 一宇治城跡』（一九八八～一九九三）、三木靖「一宇治城の縄張の研究」『鹿児島短期大学研究紀要第四六号』（一九九〇）、伊集院町『伊集院町誌』（二〇〇二）

（三木 靖）

●戦国島津氏の聖地、本丸跡に誕生石

伊《い》作《ざく》城《じょう》（亀《かめ》丸《まる》城《じょう》）

〔鹿児島県史跡〕

〔所在地〕日置市吹上町中原
〔比　高〕約七〇メートル
〔分　類〕山城
〔年　代〕一四～一六世紀代
〔城　主〕島津伊作氏、相州家
〔交通アクセス〕指宿スカイライン「谷山ＩＣ」から車で約二〇分。または、鹿児島交通バス「鹿児島中央駅前」から加世田枕崎線「ふもと」停留所下車、約五分。駐車場は城内

【城の歴史】　伊作城は薩摩半島西側吹上浜の中央、伊作川の河口から四キロほど東に立地する山城である。

この地域は島津荘内伊作荘で、鎌倉成立期に同荘地頭となった島津氏の分家伊作相州家の当初からの本拠城であり、九州一の戦国大名、全国二番目の石高の大名島津氏の出身城である。元亨四年（一三二四）の同荘下地中分（土地折半）では、当城は存在していなかった。建武四年（一三三七）近隣の益山氏らが同荘に中原城を築くと落としたが、貞和元年（一三四五）再度益山氏らが田尻城を築くと、地頭宗久代と直人名主が中山城を築いて田尻城を落とした。中原城を引き継いだ中山城は、川の北側の地頭屋敷跡に築かれたとみられる。領家方地域への地頭の介入は認められていなかったので、周囲から攻撃されるなか、地頭伊作氏・有力荘民が、領家の了承を得て築城したのが伊作城となる。これは同時代史料によって南北朝期築城の経緯がわかる、南九州では唯一のケースである。伊作氏は、地頭として鎌倉期に荘園領主の下司と訴訟を繰返し、土地折半を乗り越えて、永享四年（一四三二）教久《のりひさ》が、伊作城の曲輪「西之城」を宛行《あてが》われ、本家の守護島津氏との関係を強めた。その後、守護に従い伊東氏、肝付《きもつき》氏との最前線に起用され、大永六年（一五二六）貴久《たかひさ》が島津一五代守護となるも、翌年勝久《かつひさ》が薩州《さつしゅう》実久《さねひさ》と結んで悔返したので、貴久は父のもとに帰り、勝久方の伊地知重貞《いじちしげさだ》が入っていた当城を奪還した。その後貴久は薩摩半島を統治しようと、天文五年（一五三六）伊集院城へ移る。

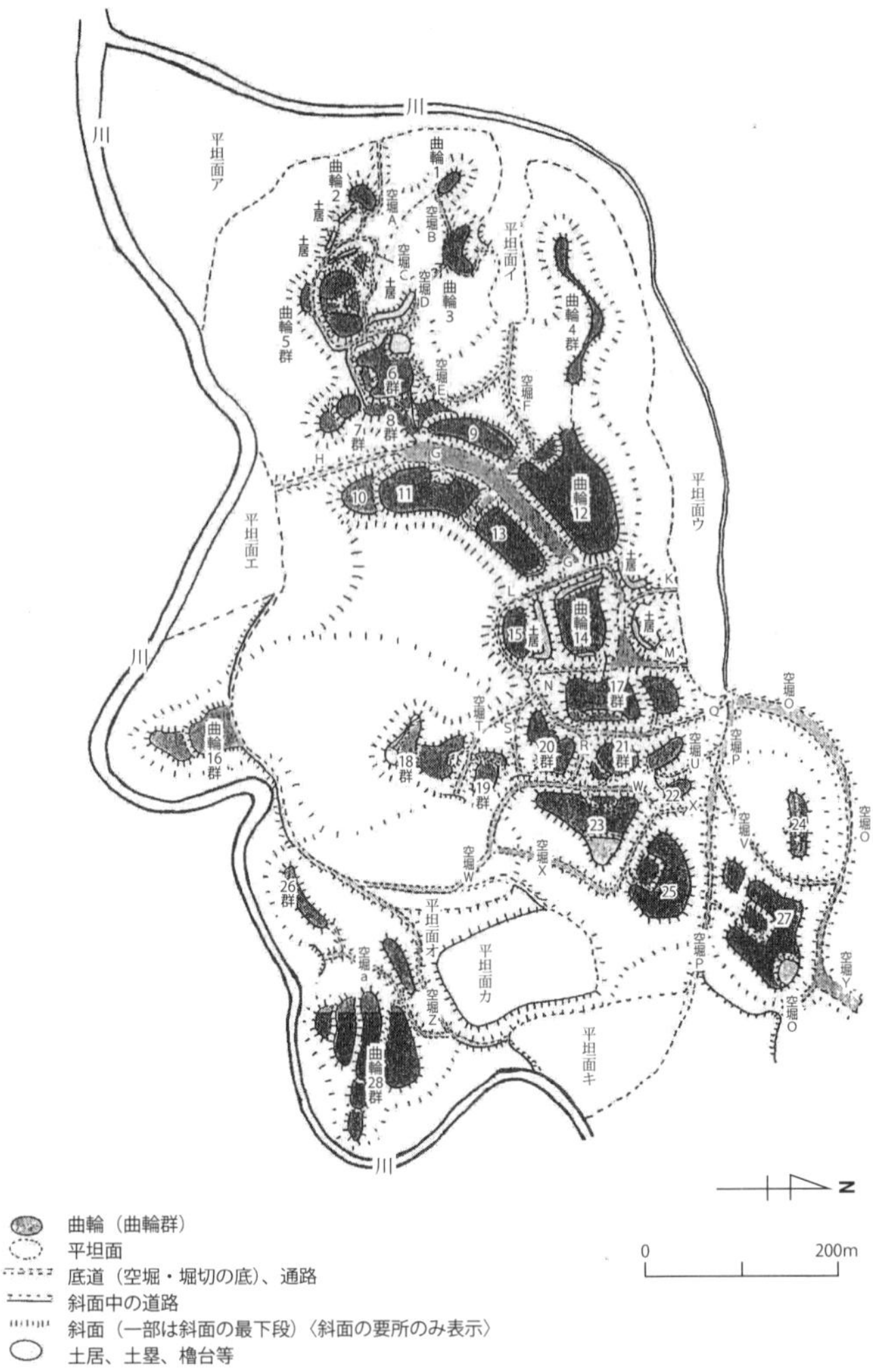

●—伊作城縄張図（作図：三木 靖）

【城の構造】 全域は伊作川下流右岸の標高八八メートルを最高地点とするシラス台地の先端部とその周辺、南北最大約七五〇メートル、東西約一〇五〇メートル、北東から南西を長軸とする楕円形、約五〇万平方メートル。当城の東〜南は伊作川、北〜西は多宝寺川の小流を堺とし、北東部は台地に続く野首《のくび》を、大箱堀と深い空堀《からぼり》との二重の堀で切断した。大手は中央西側、伊作川右岸の平坦面、そこから北方向に急坂を登る空堀、頂上に出て、緩やかに北東に曲がる大規模箱堀となり、当城のメインストリートになる。

曲輪《くるわ》は二七あり、標高八八メートル〜三六メートル台で多彩、曲輪のうち一一には、切岸《きりぎし》の一辺の中央部に、一段低い内桝形《うちますがた》様の虎口《こぐち》を設けていた。主要な曲輪は、各一〇〇平方メートル以上で、四周は高い切岸で一つずつ防衛機能を備えていて、それぞれ「某城」と呼ばれていた。そのうち西之城や中城の名称は中世史料以降も通用している。

その名称を生かして、地形に沿って曲輪などの配置を縄張図の曲輪番号でいえば、東之城群（花見城＝六曲輪〈曲輪は以下略〉、東之城＝21・22・25・27、御仮屋城＝12）、中城群（亀丸城＝14、弓場城＝15、蔵之城＝16）、西之城群（山城＝18、西之城＝9）となり、曲輪群が三つ、主要な曲輪は一一あった。いずれも地形を生かしつつまとまっていながら群ごとに、来歴や役割に個性がみられる。

城域中央の中城群中の亀丸城跡は当城の本丸で、土塁《どるい》や井戸跡伝承地などがあり、東之城群の大箱堀の頂上部には、本丸の高い土塁が正対していて、空堀を登ってきた人に圧し掛かる感じだった。本丸に入るには西沿に回って北側からしか登れず、堅固な造りだった。

●—島津氏誕生石碑などと伊作城本丸

この本丸は、史跡公園化のため一一〇平方メートルが発掘され、規模の大きい柱穴、版築《はんちく》でない土塁が確認され、遺物は肥後荒尾産の須恵器甕、瓦器（鉢・火舎）、天目《てんもく》茶碗、椀皿盤小鉢など青磁白磁、金銅製飾金具など一四世紀後半～一五世紀前半の時期のものが多数出土した。大規模な建物があり、輸入陶磁器、茶道器具など煌びやかな調度品が備わっていたのである。なお東之城群の大手沿いの御仮屋城の曲輪（9・11・12・13）などは中城群と一体的に運用されていて、この頂上部の曲輪群は忠良・貴久の大永・天文期（一六世紀前半）にも田布施城、伊集院城との併用を含め、守護から戦国大名

●—大楠の伊作城本丸

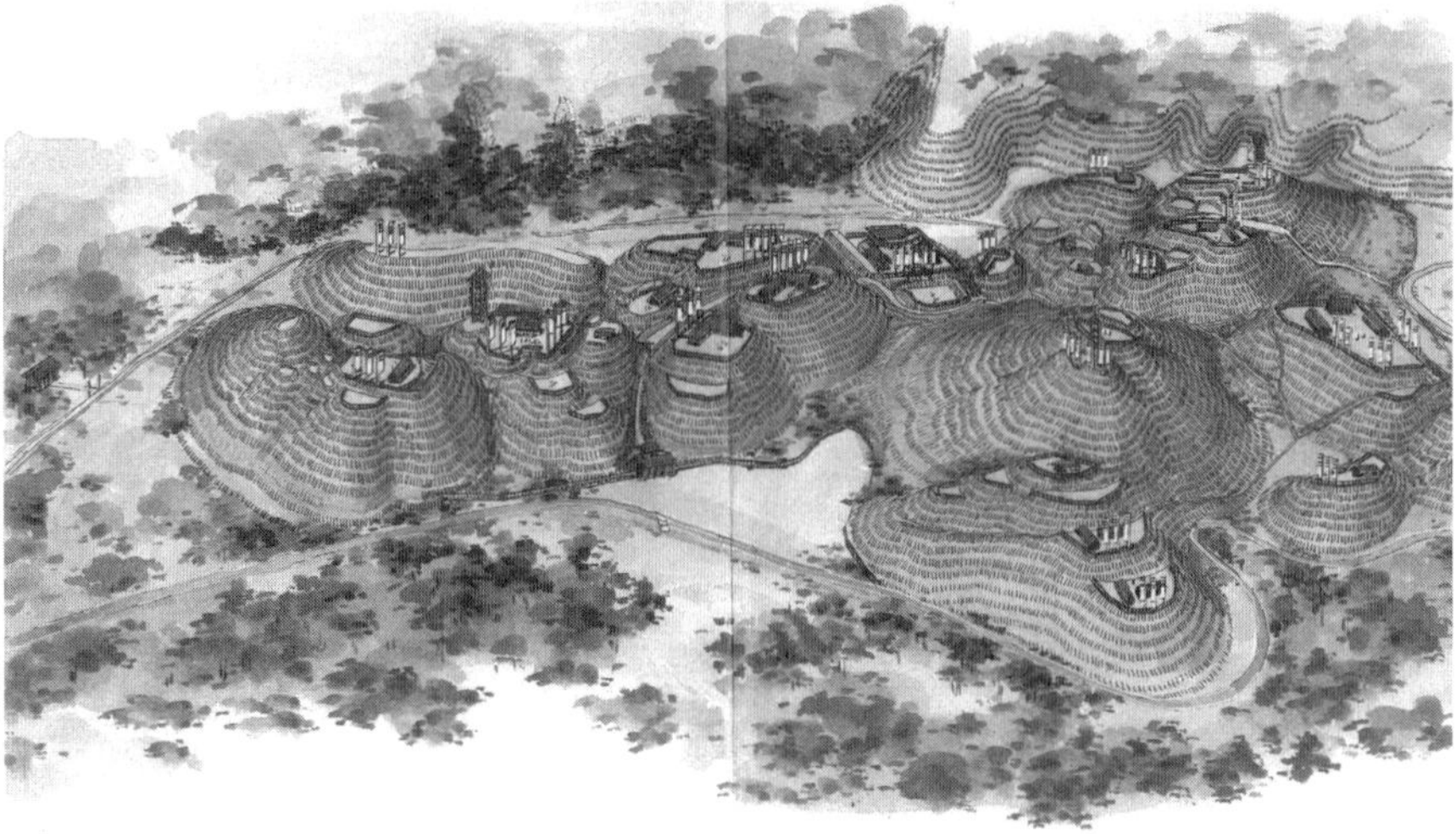

●—伊作城想定復元図（作図：三木 靖）

となった島津伊作氏の本拠であった。城内には削平された平坦な面は五〇ヵ所ほどありそのうちの七は低平地だった。また曲輪16から北側周辺は善勝寺跡で、東之城群（一部は発掘調査済）と西之城群には地形をそのまま使った曲輪もある。

空堀は二七本あり、崖が高いものが七つで、野首の外側の空堀Oは最大幅約一五メートル、長さ約三六〇メートルあり、大手から中央部に入る空堀Gは、最大幅約二〇メートル、長さ約二〇〇メートルにもなる。また後代に通路として使われたもの、土居を配置してあるものもあり、精緻で屈曲を重ねたものが多く、当城の目立つ施設でもあった。

【城の現状】 本丸には戦国島津初代忠良日新斎《ただよしにっしんさい》の誕生碑、忠《ただ》将《まさ》、尚久《なおひさ》という貴久の兄弟、貴久の子である義久《よしひさ》、義弘《よしひろ》、歳《とし》久《ひさ》、家久《いえひさ》の戦国四兄弟、そして四姉妹の誕生石がある。これは大手・垂ノ口・西之城地区住民が明治十七年（一八八四）に整備したものである。戦国大名当主とその兄弟姉妹の石碑が本丸にあるのは、南九州は無論、全国にも例がなく、今も地元の方が大切にしているのは、その価値に相応しい。この本丸は、亀丸城の名称で一九五五年鹿児島県史跡に指定され、その指定書には、日本城郭研究の先達鳥羽正雄（当時県文化財保護審議会委員）による、亀丸城は伊作城の一部であるとの言葉で結ばれていた。すぐ下まで車で行けて、クスの大木が手際よく繁茂していて古城らしさを実感できる。現地説明板としては、駐車場に、日新公顕彰会などによる伊作城跡散策マップが掲出されていて、伊作城想定復元図で伊作城の様子が想像できる。本丸空堀下に日置市による本丸などの解説があり、本丸の奥に、伊作家と相州家を主にした戦国島

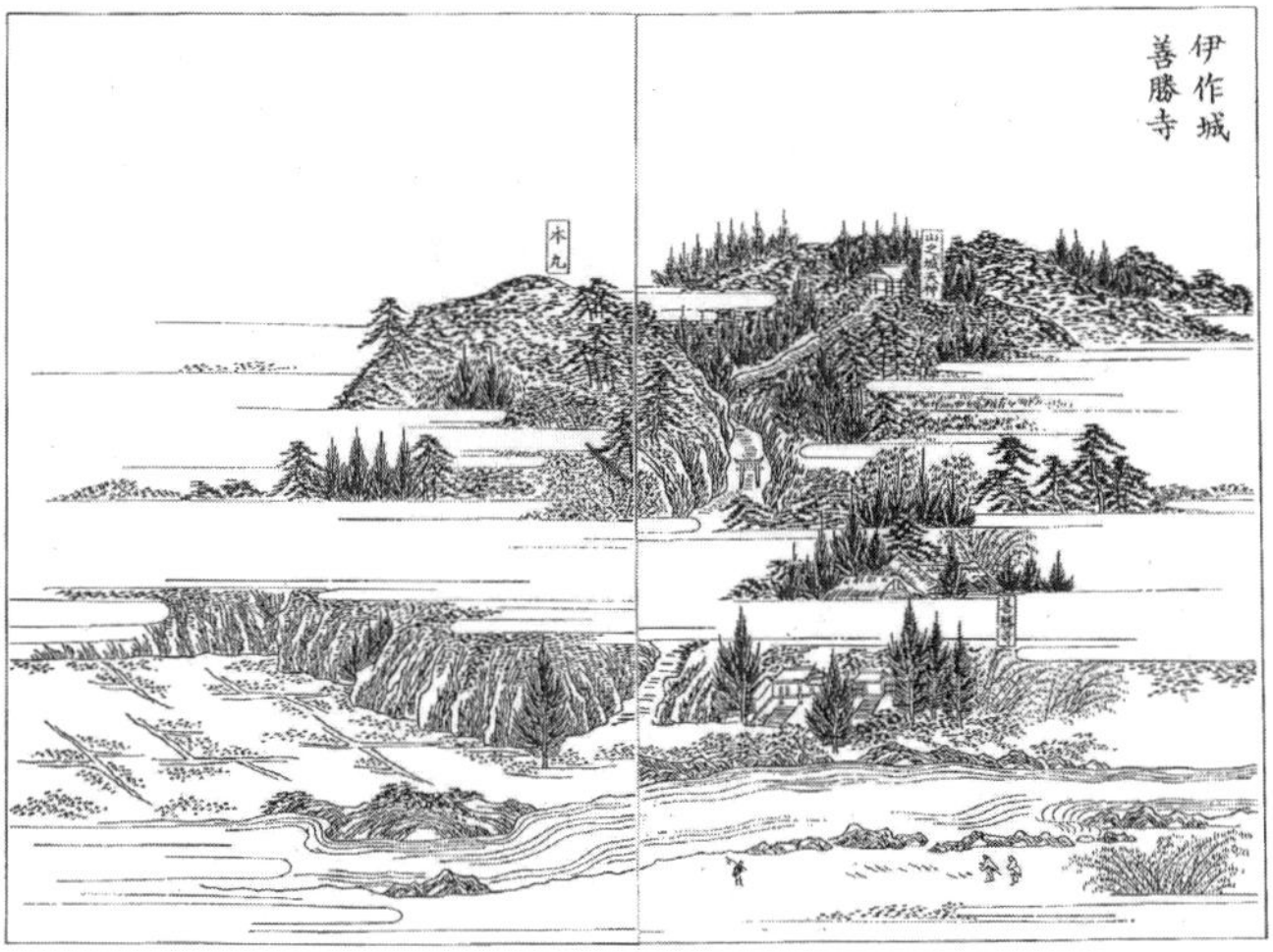

●—三国名勝図会「伊作城　善勝寺」（南日本出版文化協会 1966）

津氏の変遷と、本丸の発掘調査の説明があって、理解を助けてくれる。本丸跡調査の出土品は、伊作家相州家島津氏関連史料とともに吹上歴史民俗資料館に保管展示されている。伊作城全体は日置市の史跡公園で、すみずみまで遊歩道を整備した様子を味わえる。

『三国名勝図会　巻二九』は、池之城・上之城・亀山城・櫨ヶ峯城（現中原城）、大牟田城・瀬戸口城（元田尻城）・川籠石城・三石之城（現湯之浦城）を伊作城の支城としている。このうち池之城跡は発掘調査で城跡と確認されている。伊作家歴代の菩提寺である多宝寺跡（市指定文化財）は当城東隣、伊作麓・南方（諏訪）神社（伊作太鼓踊りの振り出し場所）・海蔵院跡（市指定文化財）は川を挟んで南側、大汝牟遅《おおなむち》神社（伊作八幡、流鏑馬《やぶさめ》を行う）・宿神《しゅくじん》・中世の市庭跡・千本楠（市指定文化財）は当城跡からすぐの宮内地区に現存している。

【参考文献】『三国名勝図会』（南日本出版文化協会、一九六六）、三木靖『薩摩国伊作城縄張調査報告書』（吹上町教委、一九九四）、『亀丸城（伊作城本丸跡）』吹上町埋蔵文化財発掘調査報告書一三（一九九九）、三木靖「戦国期の人員構成と城郭」（『吹上郷土誌　通史編第一巻』（吹上町、二〇〇二）

（三木　靖）

●豊臣化路線を宣する島津領初の織豊系城郭

栗《くり》野《の》城《じょう》（松《まつ》尾《お》城《じょう》）

〔湧水町史跡（松尾城）〕

〔所在地〕湧水町木場
〔比　高〕七〇メートル
〔分　類〕丘城
〔年　代〕一六世紀後期～豊臣期
〔城　主〕天正十八年～文禄四年—島津義弘
〔交通アクセス〕ＪＲ肥薩線「栗野駅」下車、徒歩二〇分。

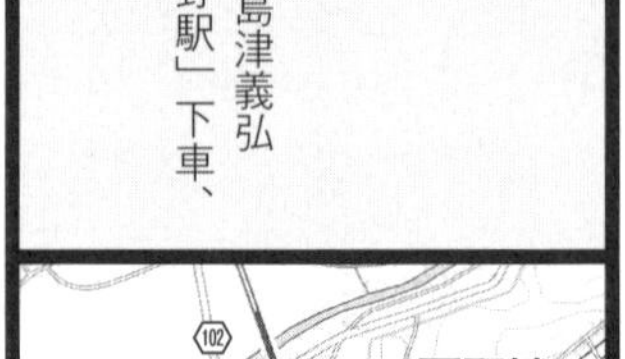

【略　史】『三国名勝図会《さんごくめいしょうずえ》』によると、天正十八年（一五九〇）六月二十六日から文禄四年（一五九五）冬までの島津義《よし》弘《ひろ》の居城である。これに関し義弘は、天正十六年十一月十日付け新納忠元《にいのただもと》宛書状で、飯野城に代わる新たな居城の取り立てを命じている。義弘が豊臣政権によって島津氏の実質上の当主に指名されて帖佐《ちょうさ》へ転出した後は、外城となった。

【縄　張】城は本丸①・二ノ丸②・研屋敷《とぎやしき》③・御厩屋《みまや》・藤井が城・八幡が城・護摩所・代官城・枝城④・弓場⑤・新城からなる広大な城域を持つ。残念ながら御厩屋・藤井が城・八幡が城・護摩所・代官城は、シラス土砂の採取と運動施設の造成によって消滅している。なお、曲輪《くるわ》の名称は、『三国名勝図会』ほか近世後期以後の伝承によるものである。

曲輪配置をみると各曲輪は、城道を兼ねる巨大な空堀《からぼり》や谷・迫《さこ》地形によって隔絶しており、各々へのアプローチは空堀の底から登坂する仕組みである。つまり、独立性が非常に強く並立的な関係にある曲輪（一個の「城」といってもよい）が複数個寄せ集まることで城郭が構成されている。このような縄張は、南九州シラス土壌地帯の戦国期城郭に支配的にみられる「南九州型群郭《ぐんかく》プラン」を踏襲したものである。

なお、「南九州型群郭プラン」については、巨大空堀とその急角度の切岸《きりぎし》による絶大な遮断力を取り挙げて必要以上に堅城ぶりを強弁する見解があるが、これは短絡に過ぎる。なぜなら、同プランでは、この巨大空堀が逆に障害になって、主郭を含む各曲輪の相互間の連絡・連携が取りづらい。よって、各曲輪の物主（城内衆と呼ばれる一門・有力家臣）が城門を閉め切れば、各々の意思と判断で降伏や日和見《ひよりみ》、怠慢行動が容易である。その場合、主郭が各個撃破の危険に曝されやすい。つまり、主郭への求心性が相対的に脆弱である。裏返せば、一個の「城」ともいえる各曲輪の物主の、城主に対する軍事的・身分的自立性の強さを容認することを前提にしなければ軍団としての結集が保てないような体質の権力体（島津氏はその典型である）に適合したプランである。

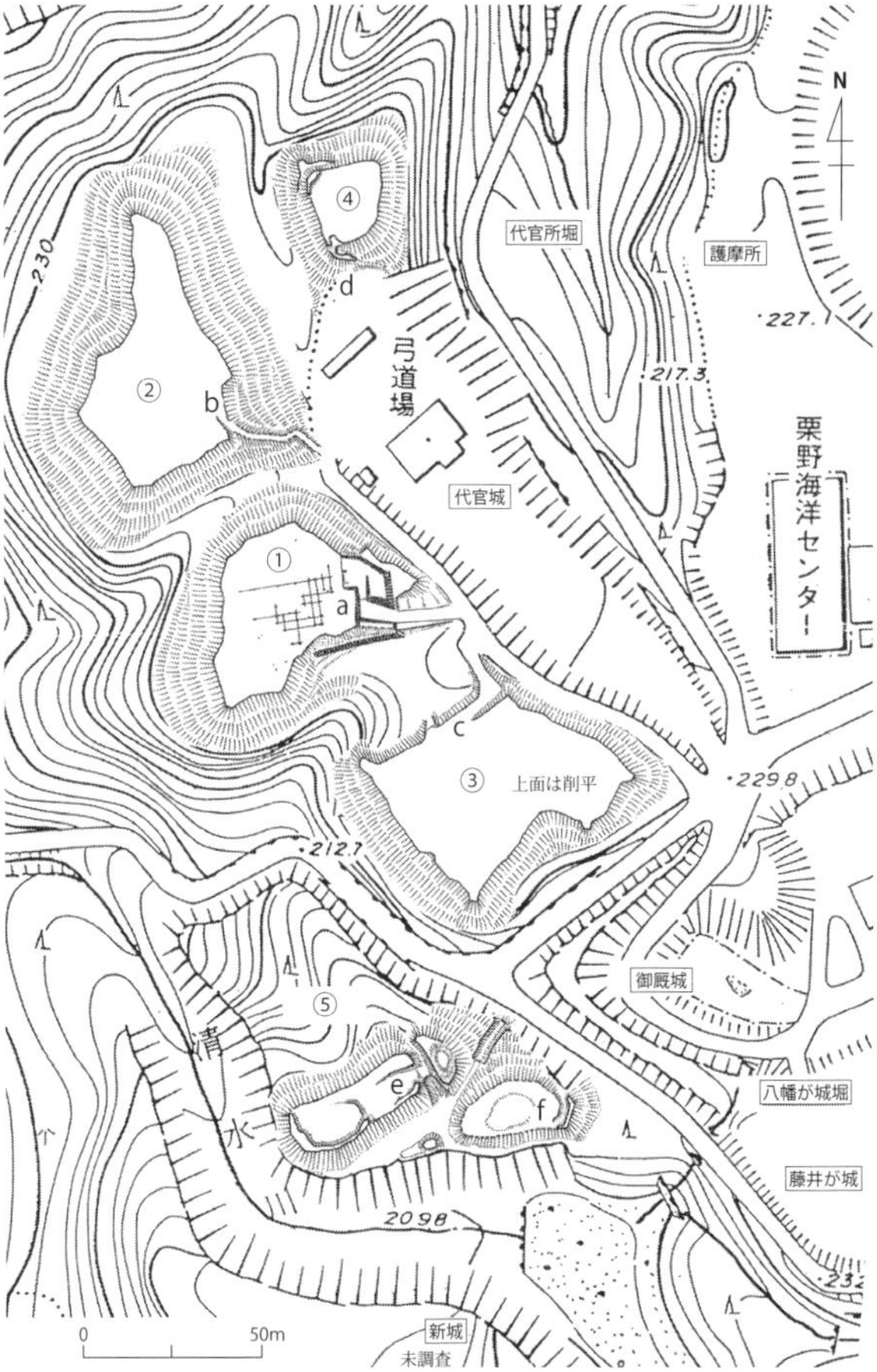

●—栗野城縄張図（作図：木島孝之）

二ノ丸②は、東西一二〜四二メートル・南北七三メートル程の規模を持つ。シラス土壌のため崩落があるが、曲輪の塁線形状はおおむね地山の形に沿ったものであり、横矢掛《よこやがか》りや直線的な整形などの技巧的な処理は見受けられない。また、土塁《どるい》・石垣の使用もみられない。虎口《こぐち》は一ヵ所で、南面bに平入りの坂虎口を設けている。曲輪内の南側部分には、礎石らしき平石が散在する。ただし、建物の機能や規模などは不明である。

研屋敷③は、東西五七メートル・南北三五〜四四メートルほどの規模を持つ。虎口は一ヵ所で、東面cに平入りの坂虎口を設けている。ただし、公園化の際に曲輪内が削平、拡幅されているようである。

枝城④は、東西二〇メートル・南北一九メートル程の規模を持つ。北西隅には曲輪造成時の削り残しで造り出した土塁がある。虎口は、南面dに南九州の城郭に多い、堀り込み通路型の平入り虎口を設けている。

弓場⑤は二つの曲輪からなる。西側の曲輪は土塁を持つ。虎口は両者ともに一

●―栗野城跡旧地形図（『栗野郷土誌』，1975 年より部分転載）

ヵ所ずつ、e・fを設けている。いずれも土塁の存在によって虎口の形が明瞭ではあるが、プラン自体は特段工夫のない平入り虎口である。曲輪の塁線形状は、研屋敷③・枝城④ともども、二ノ丸②と同様である。

本丸①は、東西五二メートル・南北一七〜四六メートル程の規模を持つ。曲輪の塁線形状は、虎口の周りを除けば二ノ丸②と同様である。曲輪内には整然と配された礎石群が残る。残存礎石の分布位置から判断して、殿舎と門の存在が推定される。

この城で特筆すべきは本丸の虎口aである。ここには、二折れする嘴《くちばし》状《じょう》外桝形《そとますがた》虎口《こぐち》が用いられている。しかも大粒の石材を使った高さ三〜五メートルの高石垣による築造である。戦国期島津領の城郭では土塁や石垣で築造した明瞭な桝形虎口は皆無である。加えて、大粒石材の高石垣となれば殊更である。明らかに織豊系の縄張技術による改修である。なお、西国の城で嘴状外桝形虎口の存在は、織豊系城郭の確証となる指標である。また、島津領の数ある外城では、伊集院《いじゅういん》氏の都之城と平松城、佐多氏の知覧城を除くと、徳川期に至っても織豊系の虎口プランが導入されない。戦国期の虎口プランのまま終焉を迎える。この点に鑑みると、虎口aの築造時期は、義弘が新

●—本丸の礎石群

●—本丸の嘴状外桝形虎口（野面石を用いた高石垣．矢穴痕はみられない）

●―本丸の嘴状外桝形虎口

たな居城の築城を命じた天正十六年十一月から文禄四年（一五九五）の転出までの間、特に天正十八年の入城までの間が有力である。併せて、本丸・二ノ丸の礎石建物も織豊系城郭の影響と考えられる。ならば栗野城は、島津領内で他の一門・家臣に先駆けて織豊系縄張技術を導入した城郭、ということになる。

　しかしながら縄張全体を見渡すと、織豊系縄張技術による改修は本丸虎口と礎石建物に止まる。ここでは、高石垣造りの嘴状外桝形虎口の導入によって本丸が防御力と豊臣政権下での武家格式の面で、他の曲輪よりも優位性を従前に比べて幾分か進展させてはいる。それでも、「南九州型群郭プラン」の骨格が踏襲されている限り、各曲輪の相互間の連絡・連携が取りづらい基本的構造は何ら変わっておらず、各曲輪の物主の恣意的行動を許し、本丸が各個撃破の攻撃に曝され得る（城主側からみた）欠点はほとんど解消されていない。すなわち、改修後の栗野城の姿は、織豊系縄張の規範（主郭への求心性の追求を目的に、内・外桝形虎口やその発展形状である方形馬出《うまだし》、喰違《くいちがい》虎口、高石垣、割肌石垣、横矢掛り、礎石建て塗込《ぬりごめ》建物、畿内系瓦、直線的に整えた曲輪塁線などの高度な技術パーツを有機的に用いる）を骨抜きにして、その技術パーツである嘴状外桝形虎口や大粒石材の高石垣を抽出し、伝統的な「南九州型群郭型プラン」の規範のなかで強引に消化した、いわば「亜流の織豊系城郭」といえるものである。

【織豊系の縄張技術】　天正十五年の九州国割で義弘《よしひろ》は大隅国を与えられ、島津家で義久《よしひさ》に比肩する地位を公認され、同十六年の上洛で諸事において卓抜する豊臣政権の実力を実見して以降、伊集院忠棟《ただむね》とともに島津家の豊臣大名化推進派の双頭を担った。島津家内で他者に先駆けての居城栗野の「織豊系城郭化」は、義弘の施政方針を明示したものといえる。一方、伊集院氏も義弘と同様、「南九州型群郭型プラン」の居城都之城に、旧来の骨格を保ったままの状態で織豊系の縄張技術（桐紋瓦、内桝形・喰違虎口）をいち早く導入した。さらに庄内乱時に改修した平松城では、連続（五連続）型外桝形虎口と馬出を南九州の城郭文化である「通路を兼ねる空堀」の形態の中に強引に消化した異色な織豊系虎口を創出した。

栗野城・都之城での織豊系縄張技術の導入が主郭への求心性の追求と一体にならなかった、つまり「亜流の織豊系城郭」に止まった背景には、島津氏の織豊系縄張技術の習得が未熟であったというよりも、困難を極めた家臣団統制とその限界が推察される。具体的には、「南九州型群郭プラン」が体現するような強い自立性を持った各曲輪の物主の、旧体制を堅持・温存しようとする抵抗が、義弘・忠棟らの豊臣大名化政策の前に大きく立ちはだかったものと推察される。

例えば、義弘が家臣団統制に苦慮する様は、文禄の役の際の出兵で肥前名護屋へ向かう陣容にも明白である。「久保公御譜中」には、家臣団が武器の未修理を理由に揃わず、仕方なく二三騎で栗野を発したとある。当時、大隅国主で義久名代（豊臣政権の扱いは、実質上の島津家当主であった）の義弘がわずか二三騎（陪臣を含めても二〇〇人ほどヵ）で居城を出陣するという状態は、お粗末に過ぎる。ここには、当主の軍役催促に忠実・迅速に応えようとしない家臣団の怠慢と、それを押し通せるだけの家臣団の自立性の強さ、そして彼らに強権でもって臨めない当主権力の脆弱さが垣間見える。

この限界の中で織豊系縄張技術の真骨頂である嘴状外桝形虎口（しかも大粒石材を用いた高石垣造り）の本丸への導入は、「南九州型群郭プラン」の根強い伝統を払拭できないまでも、不明瞭であった従来の主郭の象徴的・軍事的地位を幾分かでも向上させようとする城主権力の苦心の姿といえる。また、これは当主権力側にとって、家臣団統制の強化に伴う彼等との対決の際に、豊臣政権が強力な後ろ盾になってくれることへの少なからぬ期待の表れでもあった。その意味では、旧居城飯野城の掘り込み通路型の桝形状虎口（戦国期島津領では最も技巧的なプラン）から栗野城での本格的な織豊系の虎口プランへの転換は、豊臣政権の強権を梃子にした旧族居付大名島津氏なりの当主権力進展の軌跡ともいえる。

なお、義弘が栗野出陣時に戦勝を祈願した栗野勝栗神社には「硎欲踊《とぎほしおどり》」という士踊りが伝わっており、所作に刀を研ぐ仕草がある。踊の起源を『三国名勝図会』は、祈願の際に義弘が「衆士に備前の錆刀、硎欲踊を命ぜられ、社庭にて是を施行せり」と記す。怠慢を通す家臣団への義弘の憤慨が踊の奥底に皮肉混じりに込められているとすれば一興である。

【参考文献】木島孝之「九州における織豊期城郭―縄張り構造にみる豊臣氏九州経営」『中世城郭研究　6号』（中世城郭研究会、一九九二）、木島孝之『城郭の縄張り構造と大名権力』（九州大学出版会、二〇〇一）

（木島孝之）

●島津義久最晩年の城

国分新城《こくぶしんじょう》（舞鶴城《まいづるじょう》）

〈所在地〉霧島市国分中央二丁目
〈比　高〉隼人城 約一八二メートル
屋形跡 約五メートル
〈分　類〉平城
〈年　代〉慶長九年頃
〈城　主〉島津義久、亀寿（義久三女）
〈交通アクセス〉ＪＲ日豊本線「国分駅」下車、徒歩一五分。

【城の歴史】　国分新城は島津義久《よしひさ》によって築城された平城である。いつの頃からか「舞鶴城」と呼ばれ、現在でも一般的に知られる名前だが由来は不明である。近世の諸史料においては「国府之城」、「国府之御城」、「国府城」、そして「国分新城」などと呼ばれていたことがわかっており、『三国名勝図会』では「新城」や「鶴丸城」という名があげられ、「舞鶴城」という名称は出てこない。

富隈《とみのくま》城に一〇年ほど住んでいた島津義久は、慶長六年（一六〇一）に屋形を築き始めたと考えられている。『樺山紹劔《かばやましょうけん》自記』の慶長六年（一六〇一）の項には「大隅早人之城」を取り拵えているという記載がある。これは国分新城の築城のことで、前年の関ヶ原の戦いでは弟の義弘《よしひろ》が西軍についたことから、徳川方の軍勢が島津氏の領内へ攻め込んでくるといううわさがあったため、防御を固める必要性があったと考えられている。

義久は慶長九年に移り住んだとされ、慶長十六年に亡くなるまでこの城に住み、隠居したものの島津家における影響力を持ち続けた。義久の死後、国分は薩摩藩の外城《とじょう》のひとつとなったが、初代薩摩藩主である忠恒《ただつね》（義弘三男、のちの家久）に嫁いでいた亀寿《かめじゅ》（義久三女）が寛永七年（一六三〇）に亡くなるまで生活した。

背後の山は古代南九州に居住していた隼人が籠ったとされる「曽於乃石城《そのいわき》」の跡とされ、中世には税所《さいしょ》氏や本田氏が居城した「隼人城《はやとじょう》」、近世には国分新城の詰城《つめじろ》として使用された。昭和五十三年（一九七八年）に行われた城山頂《しろやまさんちょう》遺跡の発掘調査では、古墳時代から奈良時代、戦国時代の遺跡であることがわかっている。

義久は海と接する富隈からやや内陸部の国分に移ることにより、政務から遠ざかろうとしたことがうかがわれる。しかしながら、武家屋敷や本町、古来（高麗《こうらい》）町、唐人町《とうじんまち》といった商業地域の形成など城下町の整備や、家臣の服部宗重《はっとりむねしげ》に「たばこ」の試作をさせ、江戸時代後期に「国分たばこ」という全国的なブランドとして有名になるきっかけをつくるなど積極的な活動が知られる。

●―国分新城

【城の様子】　本《もと》御内《おさと》遺跡として鹿児島県立埋蔵文化財センターによる発掘調査が六回と、これらの調査に先立って実施された国分高校の教諭による調査が一度ある。これらの調査によって縄文時代以降さまざまな時代の遺跡であることがわかっている。

中世においては、溝遺構や水田遺構がみつかっており、多くの青白磁や青花《せいか》などの陶磁器、滑石《かっせき》製石鍋や土師器《はじき》などが出土している。また、近年実施された発掘調査においては、土塁《どるい》状遺構に囲まれた掘立柱《ほったてばしら》建物がみつかっている。なかでも東西の土塁の間の中央部でみつかった三間×三間の掘立柱建物跡には礎石があり、中心的な建物であると考えられている。さらに、この建物跡の東側にはカマ

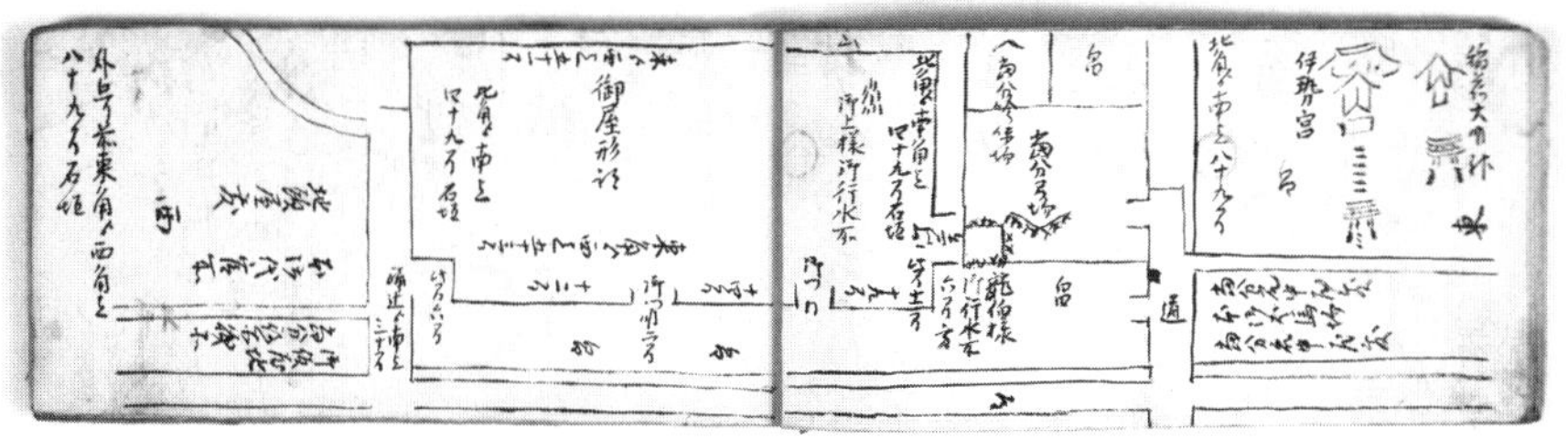
●―『服部日記』国分屋形図（霧島市立国分郷土館所蔵）

●—島津義久の墓所（金剛寺跡）（霧島市教育委員会提供）

ド跡や鍛冶遺構がみつかっており、その近くの土塁には出入り口として利用されたと考えられる切れ目があった。このことから、義久がここに屋形を築く前にも外敵からの侵入を防ぐ施設を持った建物があったことがわかる。

現在、城跡の東側に鹿児島県立国分《こくぶ》高等学校、西側に霧島市立国分小学校の校舎が建てられている。小学校の校舎がある部分は一段高くなっているのは屋形があったためである。国分高校と国分小学校の間にある「朱門《あかもん》」は現在の場所ではなく、もとは城内にあったものではないかと考えられている。城の遺構としては野面積《のづらづみ》の石垣と堀跡などが残っており、当時の様子はある程度うかがい知ることができる。

【金剛寺跡】　国分新城の東側にある金剛寺《こんごうじ》跡は城（国分郷）の鬼門を守護する寺として島津義久により慶長九年に建てられ、国分郷の祈願所とされた。本尊は千手観音で、開山は覚《かく》遍《へん》である。真言宗の寺院であったが、明治初年の廃仏毀釈により廃寺となり消滅した。寺の跡には島津義久の墓（石造三重塔・市史跡）や歴代の僧侶の墓などが残っている。

【参考文献】三木靖「隼人城」「舞鶴城」『日本城郭大系第一八　福岡・熊本・鹿児島』（一九七九）、国分郷土誌編纂委員会『国分郷土誌　上巻』（一九九七）、国分郷土誌編纂委員会『国分郷土誌　下巻』（一九九八）、鹿児島県教育委員会『鹿児島県の中世城館跡』（一九八七）、鹿児島県立埋蔵文化財センター『本御内遺跡（舞鶴城跡）』（一九九四）、鹿児島県立埋蔵文化財センター『本御内遺跡』（一九九五）、鹿児島県立埋蔵文化財センター『本御内遺跡Ⅲ』（一九九七）、鹿児島県立埋蔵文化財センター『本御内遺跡』（二〇〇二）、鹿児島県立埋蔵文化財センター『本御内遺跡Ⅴ』（二〇一九）

（坂元祐己）

鹿児島

●動乱を切り抜けた義久の城

富《とみ》隈《のくま》城《じょう》

〔霧島市史跡〕

〔所在地〕霧島市隼人町住吉
〔比　高〕約二三メートル
〔分　類〕平山城
〔年　代〕文禄四年
〔城　主〕島津義久
〔交通アクセス〕ＪＲ日豊本線・肥薩線「隼人駅」下車、徒歩三〇分。

【城の歴史】　富隈城は霧島市隼人町住吉に所在し、文禄四年（一五九五）に島津義久《よしひさ》によって修築された城である。天正十五年（一五八七）に豊臣秀吉に敗北したのち、文禄三年から翌年にかけて実施された石田三成による太閤検地《たいこうけんち》によって、義久の蔵入地《くらいりち》は大隅国や日向国とされたのに対し、義久の弟の島津義弘《よしひろ》の蔵入地のほとんどが薩摩国とされ、豊臣政権が義弘を島津氏の当主として扱うようになったとされる。そのため、義久は鹿児島を出て富隈に移ることとなり、慶長九年（一六〇四）に国分新城に移るまでの約一〇年間この城に住んだ。

慶長二年五月に、朝鮮にいた島津忠恒《ただつね》（義弘三男・初代薩摩藩主）から国元の家臣に送った書状に、重臣の伊集院忠《いじゅういんただ》棟《むね》から浜之市《はまのいち》（富隈）・帖佐《ちょうさ》・鹿児島に対して軍勢の派遣を命じるように伝えたことが記されており、この時点で政治的な中心地が三ヵ所に分かれていたことがわかる。

朝鮮出兵後の慶長四年三月九日、忠恒が伏見の屋敷で茶会を開いたさい、伊集院忠棟を殺害する事件が発生した。義久はこの事件を穏便に済ませようとしたが、忠棟の子である忠真《ただざね》は、領地の庄内《しょうない》（宮崎県都城市）の城に籠もって抵抗した。これが「庄内の乱」である。慶長五年三月には徳川家康の家臣・山口直友《なおとも》の努力によって乱は終結することとなり、忠真が富隈に出頭して義久や忠恒と会い、薩摩国頴娃《えい》に知行が与えられた。しかし、慶長七年、忠真は日向国野尻《のじり》で忠恒によって殺害され、同じ日に忠真の弟・小伝次《こでんじ》も富隈で殺害

●—富隈城

された。なお、小伝次の供養塔と伝わるものが城跡の近くにあるが、本物かどうかは不明である。

庄内の乱が終結した慶長五年、京都にいた義弘は関ヶ原の戦いに巻き込まれることとなる。当初、家康方の東軍につくはずが、三成方の西軍につくこととなった。義弘とともにいた島津豊久《とよひさ》の軍勢を合わせても数百しか兵がおらず、国元へ何度も軍勢の派遣を催促したが、義久と忠恒は三成に反感をもっていたことや忠真がふたたび乱をおこす懸念があったことなどから兵を送ることはなかった。ただ、志願兵を禁止していたわけではなく、義久の富隈、忠恒の鹿児島から参加した者もいる。また、義久領内・福山の地頭であった山田有栄《ありなが》は浜之市衆と福山衆三〇人ほどを連れて大垣城へ向かい、九月十五日の関ヶ原の戦いに参加している。

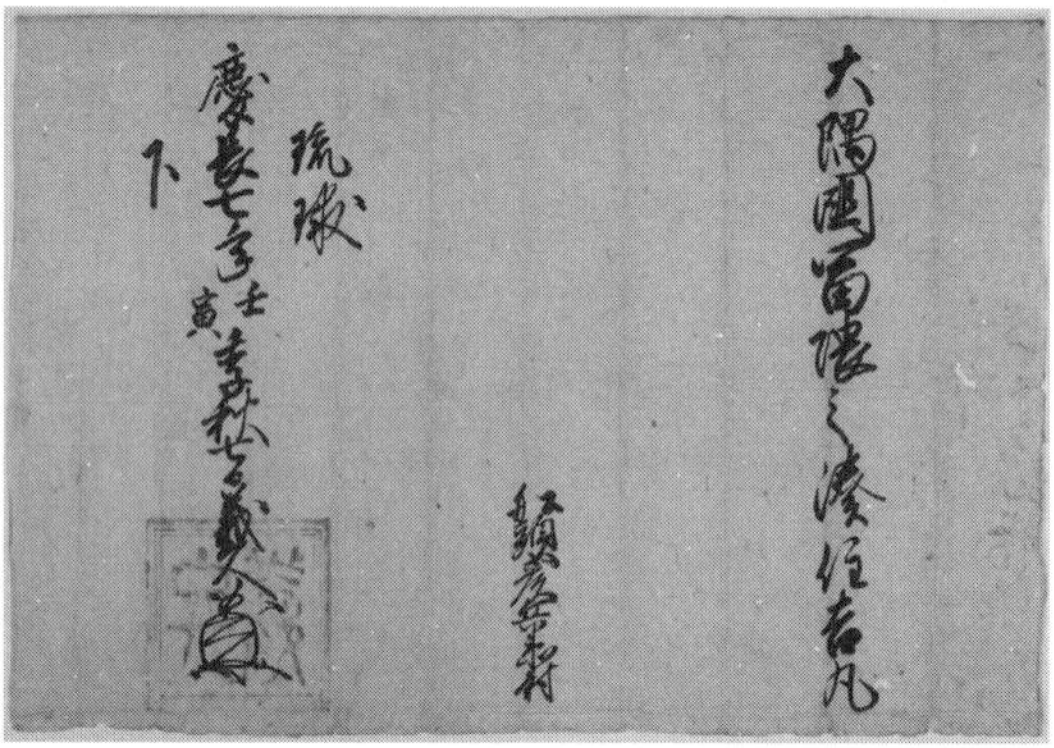

●—島津義久琉球渡海朱印状（霧島市立国分郷土館所蔵）

義弘は、関ヶ原の戦いではほぼ戦闘をしないまま敗走することとなり、いわゆる「敵中突破」によって戦線を離れ、人質として大坂城内にいた亀寿《かめじゅ》（義久三女）らを救い出し、十月三日には富隈城に入って義久と一年八ヵ月振りの再会を果たした。この時、義久は義弘をねぎらうどころか、なぜ三成方についたのかと叱責したという話が残っている。

関ヶ原の戦い後、京都の近衛《このえ》家に和平交渉の仲介を頼みつつ、義弘を桜島に蟄居《ちっきょ》させるなど、義久が主導権を握り、家康と和平交渉をしている。最終的に慶長七年には本領が安堵《あんど》されている。これにより、明治に至るまでの島津氏の領国の基盤が形成された。

このほかに、関ヶ原の戦いのあとにおこった後継者問題による島津家内部の分裂と忠恒が内外ともに認める当主となったことも、義久が富隈在城中のことであり、島津氏にとって多くの困難に直面した厳しい時代であった。

さて、発掘調査の際に出土した遺物について、京都系の土《は》師器《じき》である「手づくね土器」が一点出土していることを特に挙げておきたい。この点については、後陽成《ごようぜい》天皇の勅勘《ちょっかん》（天皇のおとがめ）を受けた近衛信輔《のぶすけ》が薩摩国坊津《ぼうのつ》に流され、文禄五年に帰京する際に富隈城に立ち寄り、義久から和歌会や散楽《さんがく》でもてなされていることからも、この地において中央の儀礼を取り入れていた様子をうかがい知ることができる。

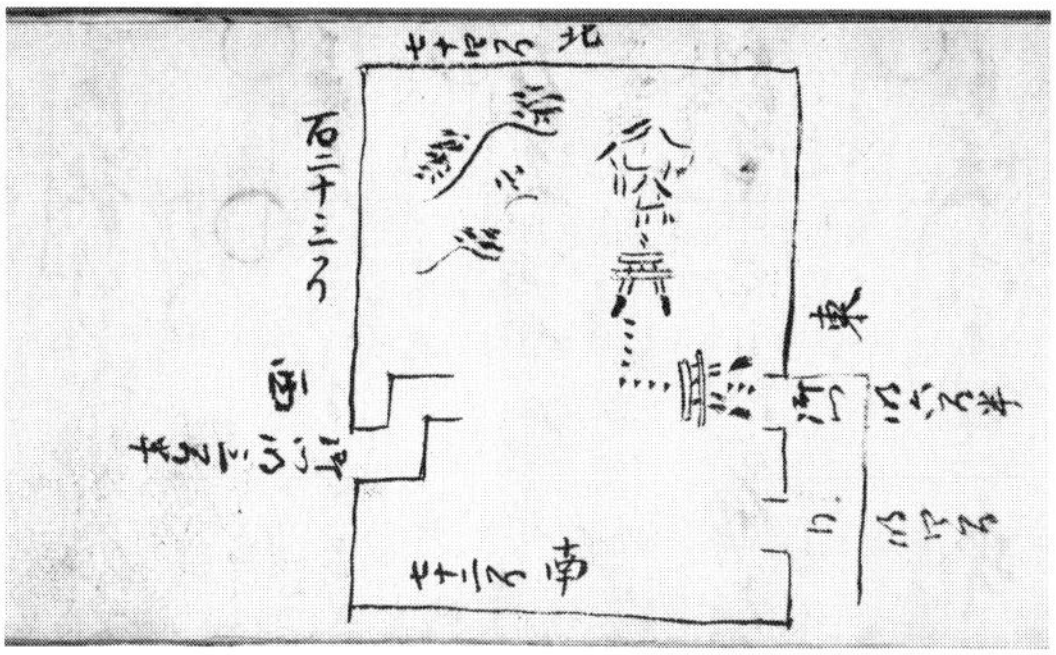

●―『服部日記』富隈城図（霧島市立国分郷土館所蔵）

【城の様子】 城跡がある場所は、霧島山系からシラス台地を侵食して流れる天降川《あもりがわ》が形成した沖積平野にあり、河川の浸食から取り残された丘陵であると考えられている。この丘の標高は約三二メートルで、「稲荷山《いなりやま》」と呼ばれている。

現在、屋形のあった南側部分はＮＨＫ鹿児島放送局隼人ラジオ放送所となっており、通常立ち入ることはできない。大手門は城跡の東側にあり、稲荷神社の鳥居が建っている場所であると考えられる。また、ラジオ放送所の入口もかつては城門の跡であり、この二ヵ所の門の前には外桝形《そとますがた》虎口《こぐち》があったことが発掘調査からわかっている。また、西側の門には内桝形虎口が設けられていたようであるが、今ではその痕跡を確認することはできない。なお、大手門から南側と城の南辺の石垣沿いの道路はやや小高く、帯曲輪《おびぐるわ》のようになっている。

城跡の東側と西側・南側には石垣が一部残っている。積まれている石には矢穴の痕跡や張り出した部分には「はつり」がみられる。高さは大手門では地表面から約四メートルである。この石垣は肥後・八代の石工が積んだものであると伝わっており、東南隅には加藤清正から贈られたと伝わる巨石「清正石」がある。この石にも矢穴の痕跡を確認することができる。なお、発掘調査では堀の外側に石垣がないことがわかっている。

堀は南を除く三方にあったが、西側は国道二二三号線になっており、北側と東側は埋め立てられて住宅地などになっている。東側の堀の発掘調査では、堀の底に道路状の遺構が検出され、砂や泥がたまった痕跡がなかったため、空堀《からぼり》であったと考えられる。

城跡には民家や公園があり改変されている部分が多いものの、区画や石垣、堀跡などから城があった名残を感じることができる。

【稲荷神社】 稲荷神社は富隈城跡の中に所在する。この地は古くから住吉崎《すみよしざき》と呼ばれ、この神社には住吉三神が祀られていた。永和元年（一三七五）、島津氏久《うじひさ》（第六代）が島津氏初代の忠久《ただひさ》とその夫人を祀り、義久が慶長二年に稲荷神を勧《かん》請《じょう》して稲荷神社となったという。

慶長三年、朝鮮出兵における大規模な戦闘である泗川《サチョン》の戦いで島津氏は勝利した。この勝利は稲荷神のおかげであるとして、義久は義弘と忠恒に鹿児島・富之隈・京都の稲荷神へお礼をするという内容の書状を送っている。

【浜之市】 霧島市隼人町真孝《しんこう》の南、鹿児島湾に接している地域の名前である。天正六年に豊後国の大友氏を攻める義久が日向に向かうさいや、同じく天正年間には家臣で宮崎城主の上井覚兼《うわいかくけん》が何度も浜之市に寄っている。また、慶長七年に義久は船頭・堀切彦兵衛尉《ほりきりひこべえのじょう》に対して「大隅国富隈之湊住吉丸」の琉球渡海を許可する朱印状を出している。この「富隈之湊」は浜之市のことを指すと考えられる。このように、海路で鹿児島から日向へ向かうため、あるいは琉球へ向かうための重要な港であった。

義久の富隈城入城後、さらに整備がなされ、国分に移るまでは唐人町があったと伝わる。近世以降も海上交通の重要な拠点として発展したが、現在は漁港としてにぎわっている。

【参考文献】 芳即正・五味克夫ほか『鹿児島県の地名』（平凡社、一九九八）、三木靖「富隈城」『日本城郭大系　第一八　福岡・熊本・鹿児島』（一九七九）、鹿児島県教育委員会『鹿児島県の中世城館跡』（一九八七）、隼人町立歴史民俗資料館「富隈城跡」『隼人町立歴史民俗資料館年報（第3号）』（一九九三）、隼人町教育委員会『富隈城跡Ⅱ』（一九九九）、隼人町教育委員会『富隈城跡Ⅲ』（一九九九）、新名一仁『「不屈の両殿」島津義久・義弘　関ケ原後も生き抜いた才智と武勇』（角川新書、二〇二一）

（坂元祐己）

●蒲生合戦の掉尾を飾る名城

蒲生《かもう》城《じょう》

〔姶良市史跡〕

〔所在地〕姶良市蒲生町久末竜ヶ山
〔比　高〕一五〇メートル
〔分　類〕山城
〔年　代〕一四～一六世紀
〔城　主〕蒲生氏
〔交通アクセス〕九州自動車道「姶良IC」から車で一五分。JR日豊本線「帖佐駅」から南国交通バス楠田車庫行き「蒲生支所前」停留所下車、徒歩一五分。

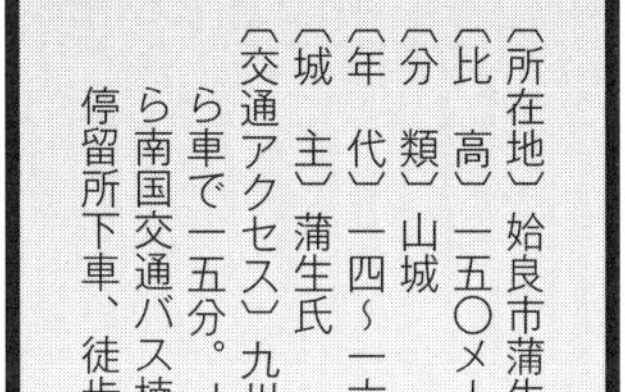

【はじめに】　蒲生城は蒲生町市街地の南にそびえる標高一六二・五メートルの竜ヶ山丘陵を利用した城郭である。別名竜ヶ城ともいう。絶壁が多い城域は約八キロにおよぶ。

蒲生城跡は、平成三十年五月十四日に本丸区域（久末三四五七―一番地二七、九二一平方メートル・三四五五番地三〇四七平方メートル）が姶良市指定史跡（面積二一、三七六平方メートル）となった。

【城の歴史】　豊前国宇佐八幡宮の留守職藤原教清《のりきよ》の子である上総介舜清《ちかきよ》は、平安時代末の保安四年（一一二三）、蒲生・吉田の領家職として蒲生へ移り、蒲生八幡を創建した。境内にある樹齢一六〇〇年のクスは国の天然記念物として有名である。蒲生氏は代々この地を治め、島津家の国老を勤めた時期もあったが、戦国時代の蒲生範清《のりきよ》の代には、北薩の澁谷氏

●—蒲生城周辺山城分布図（姶良市教育委員会提供）

●—蒲生城古図（姶良市教育委員会所蔵）

の支援をうけ、戦国大名島津貴久《たかひさ》と敵対していた。

蒲生氏は蒲生城を本城に、南の守りに岩剣城を、西には北村城を、北には松坂城を配した。東には同盟を結んだ祁答院《けどういん》氏が帖佐平山城と帖佐新城に入り、その北には山田城を築き守りを固めた。

【大隅合戦】 蒲生・澁谷氏と島津氏の一連の戦いは大隅合戦と呼ばれ、天文二十三年（一五五四）の岩剣城をめぐる攻防がその初戦であり、ここで島津義久《よしひさ》・義弘《よしひろ》が初陣を飾っている。岩剣城落城の翌年には、帖佐平山城と山田城を攻略している。弘治二年（一五五六）、前年手痛い敗北を喫した島津氏は準備を整えて、蒲生の補給ルートにある松坂城の攻略に取りかかり、これを十月に落城させ、蒲生城を包囲する布陣を構えた。蒲生方の援軍として菱刈重豊《しげとよ》が北村の菱刈陣に入り、両軍とも持久戦となり、翌三年四月まで持ち越した。遂に四月十五日島津義弘が菱刈陣を急襲して、菱刈重豊を自陣自刃せしめた。勢いに乗じた島津軍は蒲生城に攻めかかり、蒲生城は落城となり、蒲生範清は祁答院に逃れ、ここに戦いは終息した。

戦後、比志島美濃守国守が蒲生地頭として治めた。慶長五年（一六〇〇）関ヶ原合戦直後には、東軍の薩摩領国進攻の噂があり、これに備えて川内の平佐城と蒲生城を修復したといわれている。城山公園山麓の迫集落には、最初の地頭仮屋が置かれ、屋敷地から城へ上がる登城道があった。

●—蒲生城跡実測平面図（作図：下鶴 弘）

【城の古図】　蒲生城には天保五年（一八三四）に写された古図があり、その注記に次の記述がある。「一蒲生本城、龍ケ山又は龍ケ城ともいう、上代は杉馬場、東西の深い谷要害を頼る、杉馬場より本丸方は普請《ふしん》し、南の城番屋敷という場所まで（空）堀を廻し、普請の跡が残っている。荒平御陣所には七曲口、藤坂口、新口、野久尾口等があり、惟新《いしん》様（義弘）の御賢慮により取添城に定め置れた」という。

【城の構造】　蒲生氏時代の登城順序は東の横尾口から東の城（東曲輪群）をへて二ノ丸曲輪群を過ぎ、本丸曲輪群へと進むと考えられる。蒲生城古図によれば、前郷川に面した枡形《ますがた》から東の城へ向かって二つの木戸をくぐると蒲生城の大手口に達し、ここから西に折れて二ノ丸へ向かう。この大手道を南側の東ノ城である東曲輪群が監視している。

古図中の本丸の注記には、「地形第一の高さなり」とあり「此の地形ひろくして五重なれども一つに相しるしこの一重の下がり」とある。現地は曲輪4が一段高く、曲輪1・2が最も広い主郭であり、それ以外の北側には小さな曲輪が五段あり、次第に下がっている。曲輪1には矢倉の記号があり、城山公園の曲輪16西端にも矢倉記号がある。

城山公園の曲輪15・16は、平成二年の発掘調査後に公園整備がなされ、曲輪17・19も駐車場として整備された。曲輪15は寺跡または伝薬師堂といわれ、発掘された柱穴から建物跡を三棟確認している。うち一棟には根石が確認された。本丸曲輪群は未調査である。

【荒平新城（荒平陣）】　荒平新城とは、関ヶ原合戦直後に蒲生城が修築された際に拡張された区域である。大隅合戦時には蒲生城域には組み込まれずに、逆に荒平陣として島津義弘の付城になっている。

蒲生城最南端の曲輪5西裾を南に下る道は、杉馬場と呼ばれる土橋《どばし》状の隘路である。この道は荒平新城の北曲輪に通じる。荒平新城の北端に位置する曲輪20は土矢倉城と呼ばれ、虎口《こぐち》は左右に折れ、曲輪東側の裾を抜ける通路は一騎通しとなっている難所である。しかしながら、荒平新城の虎口は堅固であるが、城内は曲輪造成に必要な十分な削平工事が終わっていない。関ヶ原直後に改修をうけた荒平陣を荒平新城と改称している。

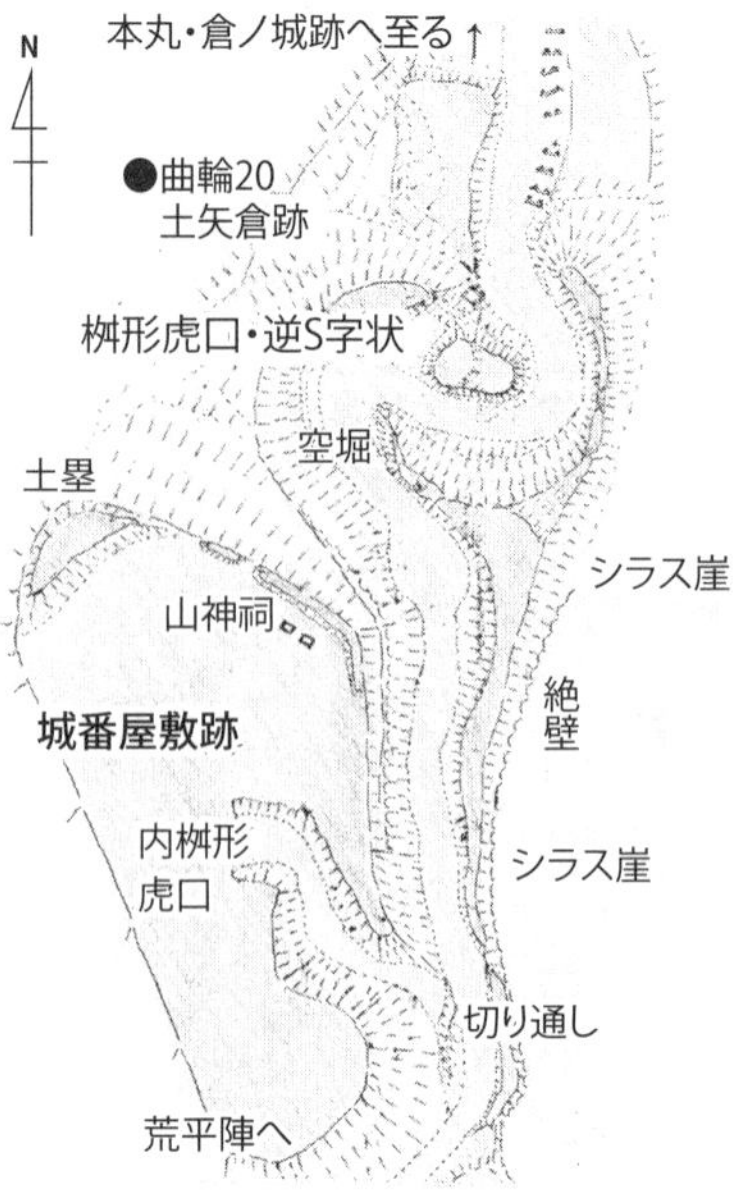

●―曲輪20土矢倉跡（作図：下鶴　弘）

【参考文献】『日本城郭大系一八　福岡・熊本・鹿児島』（新人物往来社、一九七九）、蒲生町教育委員会『竹牟礼遺跡・蒲生城二ノ丸跡』（一九九二）、姶良町教育委員会『姶良町中世城館跡』（一九九四）、下鶴弘「蒲生城の歴史」『南九州の城郭第二七号』（二〇〇九）、『姶良市誌別巻1資料編　絵図・地図・空中写真』（姶良市、二〇一六）

（下鶴　弘）

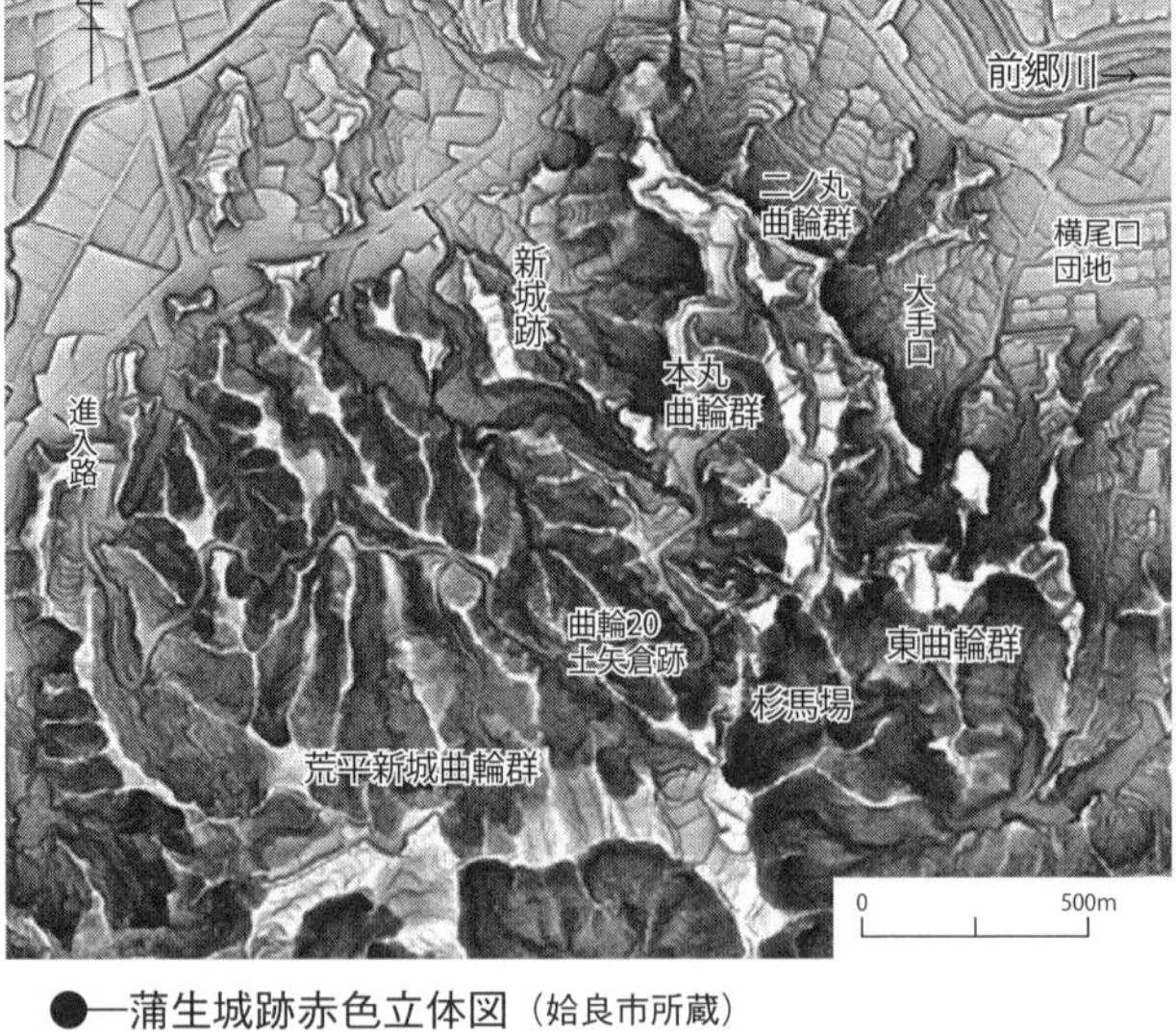

●―蒲生城跡赤色立体図（姶良市所蔵）

●大隅合戦にて島津義弘の初陣をかざる

岩《いわ》剣《つるぎ》城《じょう》

〔姶良市史跡〕

〔所在地〕姶良市平松下山ノ口
〔比　高〕二〇五メートル
〔分　類〕山城
〔年　代〕一六世紀
〔城　主〕蒲生氏、祁答院良重、島津氏
〔交通アクセス〕ＪＲ日豊本線「重富駅」から徒歩三五分。南国交通バス「重富麓」停留所から徒歩一五分（登山口まで）。または、九州自動車道「姶良ＩＣ」から車で七分。

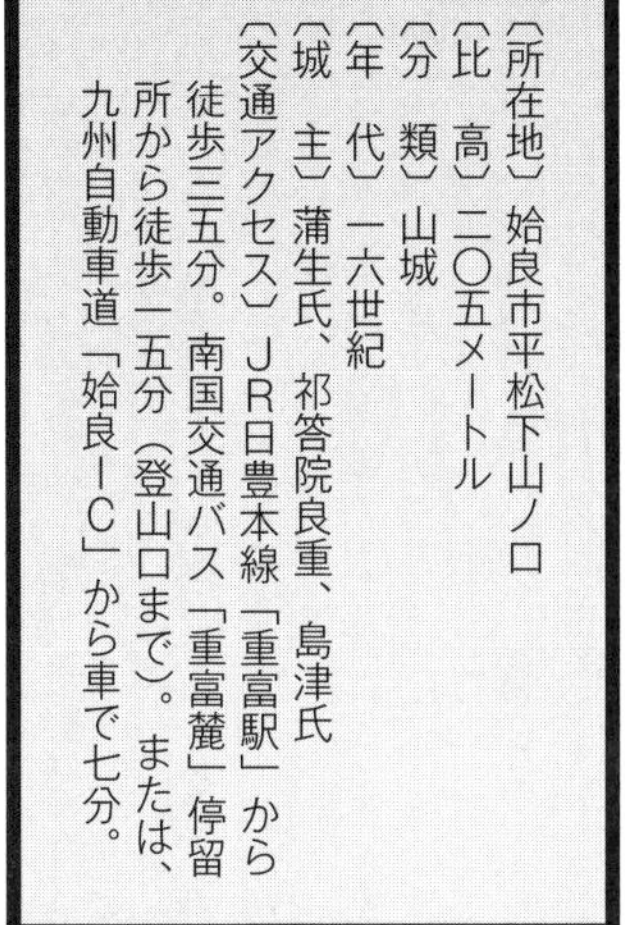

【城の歴史】　重富の山並み中央に惣林嶽《そうりんだけ》があり、その中腹に周囲から独立した天然の要害城岩剣城がある。国土地理院地形図には釼ノ岡《けんのおか》と表記があり、地元の重富小学校では剣ノ平《けんのひら》と呼ばれ、親しまれている。

　中世の平松村は蒲生氏に属し、一五世紀中期の『入来院文書』によれば、入来院重豊《いりきいんしげとよ》から息子の重聡《しげさと》へ譲られている。『島津国史』によれば、享徳二年（一四五三）祁答院重武《けどういんしげたけ》が帖佐《ちょうさ》平山城と帖佐新城・山田城を攻略し、その後は息子の良重《よししげ》とともに帖佐を領有したとされる。確かな史料はないが岩剣城の築城もこの頃と推測されている。天文二十三年（一五五四）蒲生範清《かもうのりきよ》は、祁答院ら渋谷一族と連合して、島津氏や肝付《きもつき》氏に徹底抗戦していた。蒲生氏の居城は蒲生城であり、そこを中心に枝城として北から松坂城・東に山田城・西に北村城、南の最前線には岩剣城が築かれた。

　島津氏は大隅国の領国化を図るために大隅合戦を計画し、その初戦は岩剣城の戦いとなった。

　島津氏の戦略は加治木城の肝付氏　と吉田松尾城を拠点にして、岩剣城の包囲網を作り上げた。東の白銀坂に島津義弘《よしひろ》を大将とする白金之陣を置き、西には島津義久《よしひさ》を大将とする狩集陣を対峙させ、野首《のくび》となる尾根筋には、日当平陣および惣陣を布いた。

　戦闘の様子は、鹿児島県歴史・美術センター黎明館所蔵「岩剣御合戦之刻之事」に詳しい記録があるので、次に引用して紹介する。

●—岩剣城跡遠景

天文二十三年九月十二日、島津貴久《たかひさ》は総大将として、父の忠良《ただよし》、弟の忠将《ただまさ》、息子の義久・義弘・歳久《としひさ》らに命じて鹿児島・谷山・伊集院・伊作・田布施・加世田・川辺の兵を率いさせ鹿児島を出陣し、それぞれの陣城に入城した。

十月二日、狩集之陣衆は前日より山を下って伏兵として隠れた。義久は夜明けに白金の陣を出て岩剣城の西口に押し寄せ、二重三重にある垂れ城戸を取りながら、空き家に放火して麓に退陣し、城兵を牽制した。残りの島津陣衆たちも岩剣城の麓に待機した。

そこへ帖佐・蒲生から二〇〇〇ほどの軍勢が押し寄せ、池島辺りで二手に分かれて矢戦さが始まった。島津軍も二手に分かれてわき目もふらずに必死に応戦したところ、敵を五〇人以上討ち取る大勝利となった。この時、岩剣城の守備兵は島津軍の牽制により池島の合戦に参陣できなかった。

●—空堀1

【城の構造】 岩剣城の山頂は、標高二二五メートルあり、東・北・西の三面は厳しい絶壁であり、わずかに南西部が野首となり、後背の尾根に続いている。この尾根には九本の空堀《からぼり》が掘られ、野首からの侵入を困難にしている。尾根上の曲輪《くるわ》は幅が狭く、東西の両側は削り落とされ、斜面の横移動を困難にしている。

空堀1を境に岩剣城は南側の城外と北側の城内に区分できる。曲輪1は防御の要であり、曲輪南に高さ三・六メートルの土塁《どるい》1が東辺にめぐる。空堀2底から土塁1までの高さは約七メートルある。虎口《こぐち》が曲輪1の西角に開く。曲輪1は台形状で長辺約二二メートル・短辺約一六メートルある。中央には六メートル四方の方形の石列が残り、建物の基壇跡を思わせる。曲輪1の北側には帯《おび》曲輪

●—岩剣城跡遺構平面図（赤色立体地図に加筆修正した）（姶良市提供）

●—曲輪1東角の石積

状の平坦地が三段ある。曲輪1東辺中ほどに階段状の昇降口が残る。

曲輪2と曲輪3の間には空堀2があり、南側の大手口とつながる。空堀2より東には階段状の小さな曲輪3〜7があり、この斜面を登り切ると主郭を構成する曲輪8に至る。曲輪8は南北約二二メートル・東西約六五メートル、面積一〇四五平方メートルあり、城内で最大規模である。さらに東の曲輪9の虎口をへて主郭の曲輪10に達する。東側は標高二二五メートルの岩剣城山頂であり、姶良《あいら》・加治木《かじき》平野を見渡せる。曲輪10の北側には方形の曲輪11と階段状の曲輪12〜14がある。また、曲輪8の南西下にも曲輪21・22がある。

【登山道】　岩剣城の大手口は、東側の沢伝いに登っていたと思われるが、砂防ダム1・2があり、現在では山頂までの登山はできない。このため西側の車道を利用し途中から沢沿いに搦手口《からめてぐち》を登頂している。この場合、登城道が不明のため曲輪2を経由して尾根道に到達している。

【レーザー測量】　岩剣城は、平成七年三月六日に姶良町指定史跡となり、姶良市合併後は姶良市指定史跡となっているが、これまで本格的な発掘調査は行われていない。しかしながら、姶良市誌編さん事業の一環として市内の主な中世山城のレーザー測量調査が平成三十・三十一年（二〇一八・一九）度に実施され、掲載した岩剣城の赤色立体地図も作成され、新たな知見を得ることができた。

レーザー測量により地形図の精度が各段に上がってきたので、これまで気がつかなかった微地形が観察されるようになった。本図中に表記した三鈷杵磨崖《さんこしょまがい》がその例である。

三鈷杵とは密教の修法に用いる仏具である。岩剣城の場合、尾根筋をはさみ、大手口と搦手口に侵入する敵を威嚇するかのように下向きに計画的に配置されている。空堀や土塁のような軍事的な効果とは異なり、心理的な呪術効果のために施されたものではないかと推測している。通常は樹木に覆われ、一見しては何も見えない絶壁にこのような工夫や仕掛けが隠されている。今後の類例報告を待ちたい。

【参考文献】『日本城郭大系一八　福岡・熊本・鹿児島』（新人物往来社、一九七九）、姶良町教育委員会『姶良町中世城館跡』（一九九四）、『戦国武将島津義弘』（姶良町歴史民俗資料館、二〇一六）

（下鶴　弘）

●鹿児島城と競った本城候補

建《けん》昌《しょう》城《じょう》

〔鹿児島県史跡〕

〔所在地〕姶良市西餅田二一八五番地他
〔比　高〕一〇〇メートル
〔分　類〕山城
〔年　代〕一六世紀～一七世紀初頭
〔城　主〕豊州島津家季久・戦国島津氏
〔交通アクセス〕ＪＲ日豊本線「帖佐駅」から徒歩四〇分（約二キロ）。または、九州自動車道「桜島ＳＡ」スマートＩＣより車で五分。

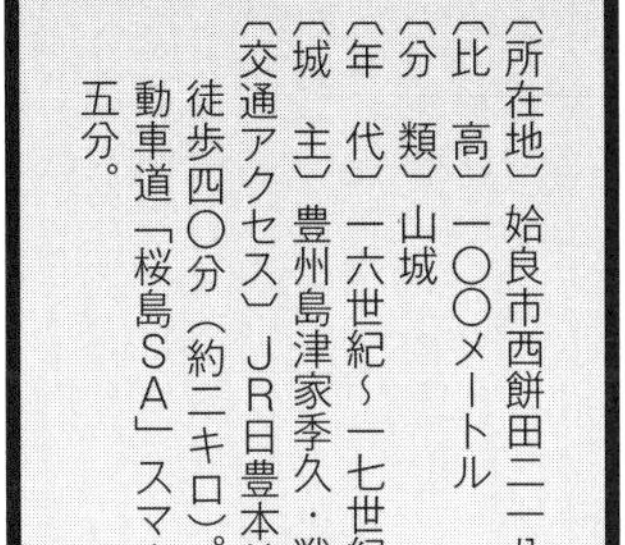

【城の立地】　姶良市南部の市街地に接する丘陵上にあり、南には九州自動車道が走り、山麓には桜島サービスエリアがある。標高は東側が約一〇〇メートルあり、西側へ次第に高くなり、約一一〇メートルが最高点である。丘陵の土台には凝灰岩層があり、上部にシラスなどの火砕流《かさいりゅう》堆積物がある。

【歴　史】　建昌城は今から約五〇〇年前の室町時代、享徳年間（一四五二～五四）に、島津の一族である豊州家島津季久《すえひさ》が築いた城郭であり、当初は「瓜生野城《うりうのじょう》」と呼ばれた。

季久が死去した後、二代目忠廉《ただかど》が居城としたが、島津氏の領国経営の観点から、日向の伊東氏に対抗するため、文明十八年（一四八六）飫肥《おび》（宮崎県日南市）に移封されたので、瓜生野城は一時廃城になったと考えられる。

次に城の名が現れるのは、戦国武将の島津義弘《よしひろ》が息子の島津家久《いえひさ》に出した慶長五年（一六〇〇）五月二十五日付けの手紙である。この中では、家久が瓜生野城を島津氏の本城候補（領内の中心）に考えていることに対して、島津義弘は土地の水相・水利が悪い点と、土木工事に多くの尽力と時間を要する点を理由に挙げて反対している。

その後、関ヶ原の合戦が起こり、島津領内に徳川方の加藤清正の侵攻の噂が伝えられると、蒲生城や平佐城が補強されているので、建昌城もこの頃補修されたと推測される。

島津家久は、鹿児島城下に新たな鹿児島城（鶴丸）城の建設を進めていたが、建昌城へのこだわりがまだあったようであり、元和元年（一六一五）幕府巡見使に建昌城への移転願

●—建昌城跡周辺見取図（アジア航測(株)製作の赤色立体地図をもとに加工修正した）

いを提出したが、却下されている。「建昌城」の名前が文献史料に登場するのはこの時が初めてである。

江戸時代の帖佐郷には、「建昌御城山番役」という役職が置かれ管理されていたようである（『高樋宇都宮家文書』）。江戸時代後期に書かれた『帖佐由来記』（寛政六年〈一七九四〉）には、当時調査された曲輪の名称と規模が記録されている。

昭和四十六年（一九七一）には、工事のための土取り場として、その候補に挙がったが、住民や関係者の保存運動により破壊を免れた。平成七年（一九九五）に姶良町史跡に、平成二十二年に鹿児島県史跡に指定されて現在に至っている。

【城の構造（瓜生野城時代）】北西の蒲生から延びた丘陵先端が市街地を臨む。建昌城跡は、東と南は平野部に接し、北側と西側には開析谷によって隔てられており、現在は新興団地となっている。北側には、南北朝時代の萩峯城がある（二四六頁図）。

県道からの進入路部分には、シラスの丘が複数あったが、現在では削り取られている。城跡西側には、昭和四十年代に育雛所が建設され、そのため進入路が新設された。

城跡の東西にある池は近世の溜池であり、南側山麓を用水路が通る。

建昌城初期の瓜生野城は、北東に位置する大字鍋倉の平山

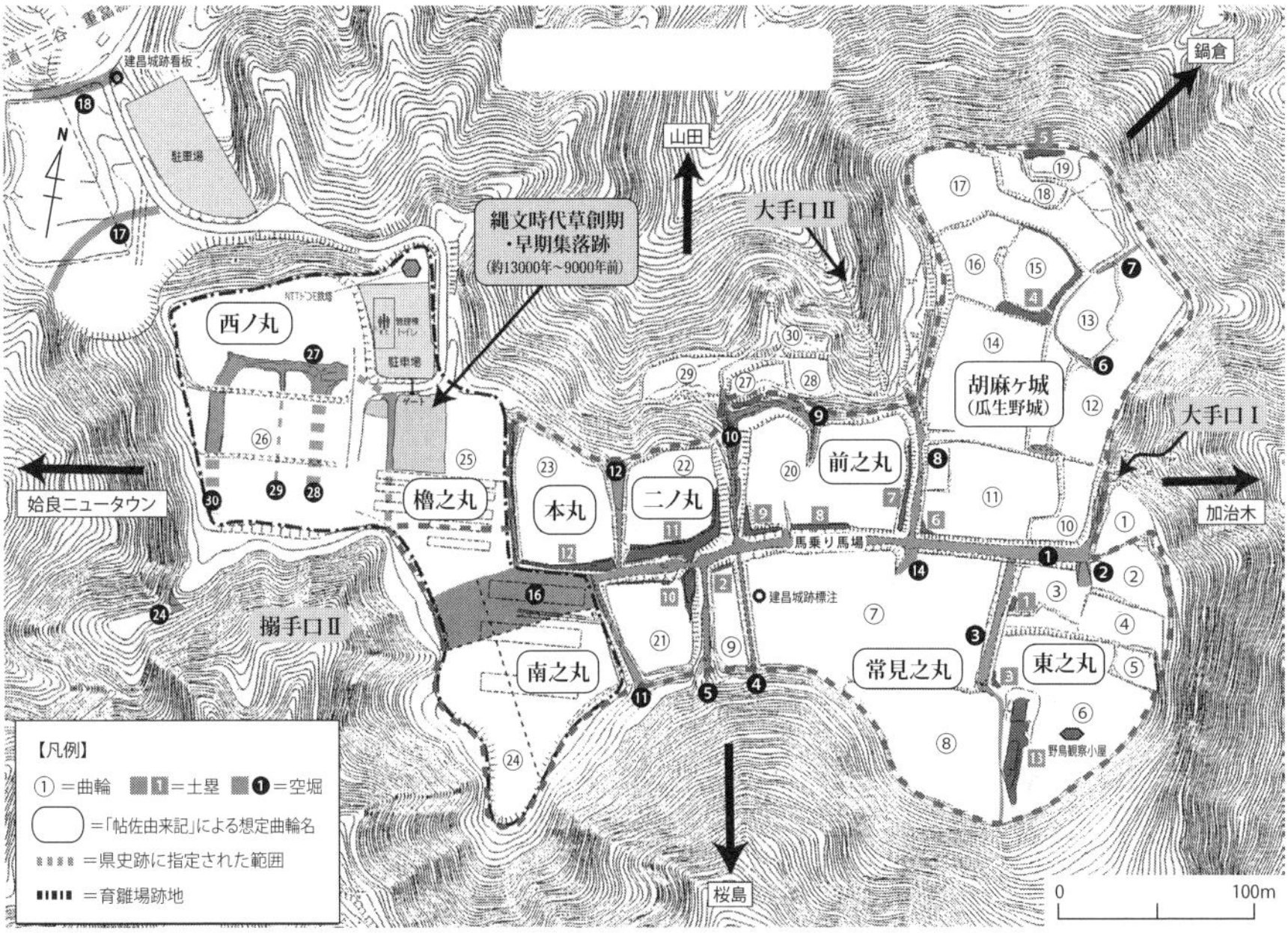

●—建昌城跡全体図（『鹿児島県指定史跡建昌城跡リーフレット』より）

城と対峙するためにこの地に築城されている。このため北東または東方向を意識して縄張がなされていたと考えられる。北東山麓の高台にある雲門寺跡は、島津季久《すえひさ》が亡くなった際に仮埋葬された寺である。この寺は瓜生野城の中心からみて、鬼門の方角にあるため鬼門除けの城の守りとしてこの位置に建立されたと推測される。残念ながらこの寺は調査がされずに宅地化されてしまったが、団地内の公園一角に阿吽《あうん》の石造仁王像が残されている。

瓜生野城の縄張については、家久による改築のため判然としないが、現在保存されている曲輪から推測すると、北東部の胡麻ヶ城および東之丸がその中心であり、常見之丸の一部が含まれていたと考える。東之丸南部および常見之丸南部は大きく削平を受けている。

瓜生野城の大手口1は東側から侵入し空堀《からぼり》1につながる。胡麻ヶ城側の曲輪⑩・⑫は崖面が深く切岸《きりぎし》状になっている。空堀①を囲む曲輪①・②・③・④は階段状に設置され、侵入してくる敵を常に攻撃できる位置にある。

曲輪⑪は瓜生野城の中心にあり、南北（北曲輪⑮・南曲輪⑧）の曲輪群は対称的に配置されている。発掘調査によれば、胡麻ヶ城の曲輪⑮では建物遺構の柱穴が検出されている。西側の曲輪⑭は一段高く、曲輪⑮の残り三方は土塁《どるい》によって囲

●—空堀１　馬乗り馬場（左手は曲輪⑦，右手は曲輪⑳，西を臨む）

まれており東側に虎口が開く。この景観は小規模な中世居館といえる。

【城の構造（建昌城時代）】

島津家久によって慶長年間に改築された瓜生野城を建昌城と便宜上呼んでいる。各曲輪には通し番号を振っているが、前述の『帖佐由来記』記載の曲輪名を比定し図中に示した。

建昌城は城域を西側へ拡大して整備されている。しかしながら、昭和四十年代の育雛所工事により、西側の曲輪㉔・㉕・㉖（南之丸・櫓《やぐら》之《の》丸《まる》・西之丸）は大きく削平を受け、残念ながら中世の包含層・遺構面の多くは破壊されている。

建昌城の中央部を空堀⑩・⑤が鍵状に南北に区切っており、ここを境に本丸曲輪群を一段高く造成されている。曲輪㉒および㉑の互いの土塁が向かい合う角地には、空堀通路が隘路となるように狭まっており中門を想定できる。

南之丸の曲輪㉔が二〜三㍍ほど削平を受けているが、本来は北側の曲輪㉓本丸・曲輪㉒二ノ丸は虎口《こぐち》を共有し、高い土塁に守られている。馬乗り馬場をはさんで曲輪㉑と南之丸の曲輪㉔は一団の曲輪群であり、北側の本丸・二ノ丸曲輪群とともに、中央部の主要曲輪群を構成している。また、城域を東西に走る空堀①は地元では通称馬乗り馬場と呼ばれているが、現在埋め立てられている本丸前の空堀⑯が、箱堀状の本来の馬乗り馬場であったと推測される。その西側斜面には搦手《からめて》口Ⅱが設けられていたと思われる。

小字「建昌城」の範囲は、図2全体図の破線とほぼ一致する。破線は県指定史跡を示している。

【参考文献】『日本城郭大系一八　福岡・熊本・鹿児島』（新人物往来社、一九七九）、姶良町教育委員会『建昌城跡』（一九九一）、姶良町教育委員会『建昌城跡　平成一一〜一三年度発掘調査概要報告書』（二〇〇二）、『戦国武将島津義弘』（姶良町歴史民俗資料館、二〇一六）

（下鶴　弘）

●義弘と帖佐衆の活躍を支えた

帖《ちょう》佐《さ》館《やかた》

〔所在地〕姶良市鍋倉七七六番地他
〔比　高〕三メートル
〔分　類〕屋形
〔年　代〕一六～一七世紀初頭
〔城　主〕島津義弘
〔交通アクセス〕九州自動車道「桜島ＳＡ」スマートＩＣから車で一五分。姶良市役所から車で一五分。

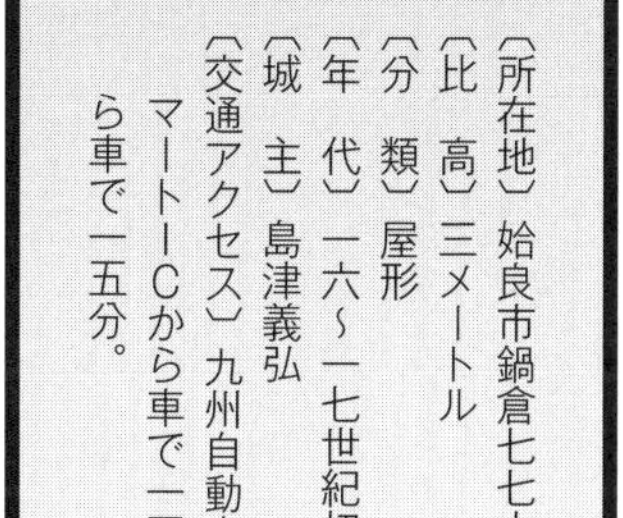

【はじめに】　帖佐地区大字鍋倉は、鎌倉時代後半から平山氏によって開発された別府川左岸の川湊を備えた旧帖佐郷の中心地であった。総禅寺は豊州島津家の菩提寺であり、初代季《すえ》久《ひさ》の墓が残る。対岸の平松村にあった岩剣城は義弘《よしひろ》が初陣を飾った城であり、三年間城番を務めた義弘にゆかりの土地であった。

【館の歴史】　豊臣政権に降伏後の島津義弘は、飯野城から栗野松尾城へ居館を移していたが、太閤検地後の領地替えを受け、文禄四年（一五九五）十二月、島津義弘は栗野から帖佐へ拠点を移した。秀吉からは鹿児島へ移るようにいわれていたが、当主の島津義久《よしひさ》に遠慮して鹿児島へは息子の家久《いえひさ》を入れ、自分は「中宿《ちゅうじゅく》」と称して一時的に帖佐へ館を築き、島津家中のバランスを図ったといわれる。館跡は「帖佐宇都御屋地跡石垣」として昭和三十八年（一九六三）指定となった。

【帖佐麓】　帖佐は弘治三年（一五五七）大隅合戦以後、島津氏の直轄領となり、帖佐小学校に地頭仮屋を置かれ、地方街道（県道川内加治木線）に沿って、野町である納屋町が発達し錦江湾舟運の拠点であった。すでに帖佐麓は整備されていたが、義弘が館を構えたことによって大きく変貌した。帖佐麓は大字境を越えて西の三拾町まで延び、街道沿いに侍屋敷が増築され麓は拡大した。地頭仮屋北側には新たに義弘居館と重臣屋敷が構築された。垂れ木戸が造られ、「垂の内」と呼ばれた。

【帖佐館の構造】　仮屋馬場は帖佐館の大手門に対してビスタ

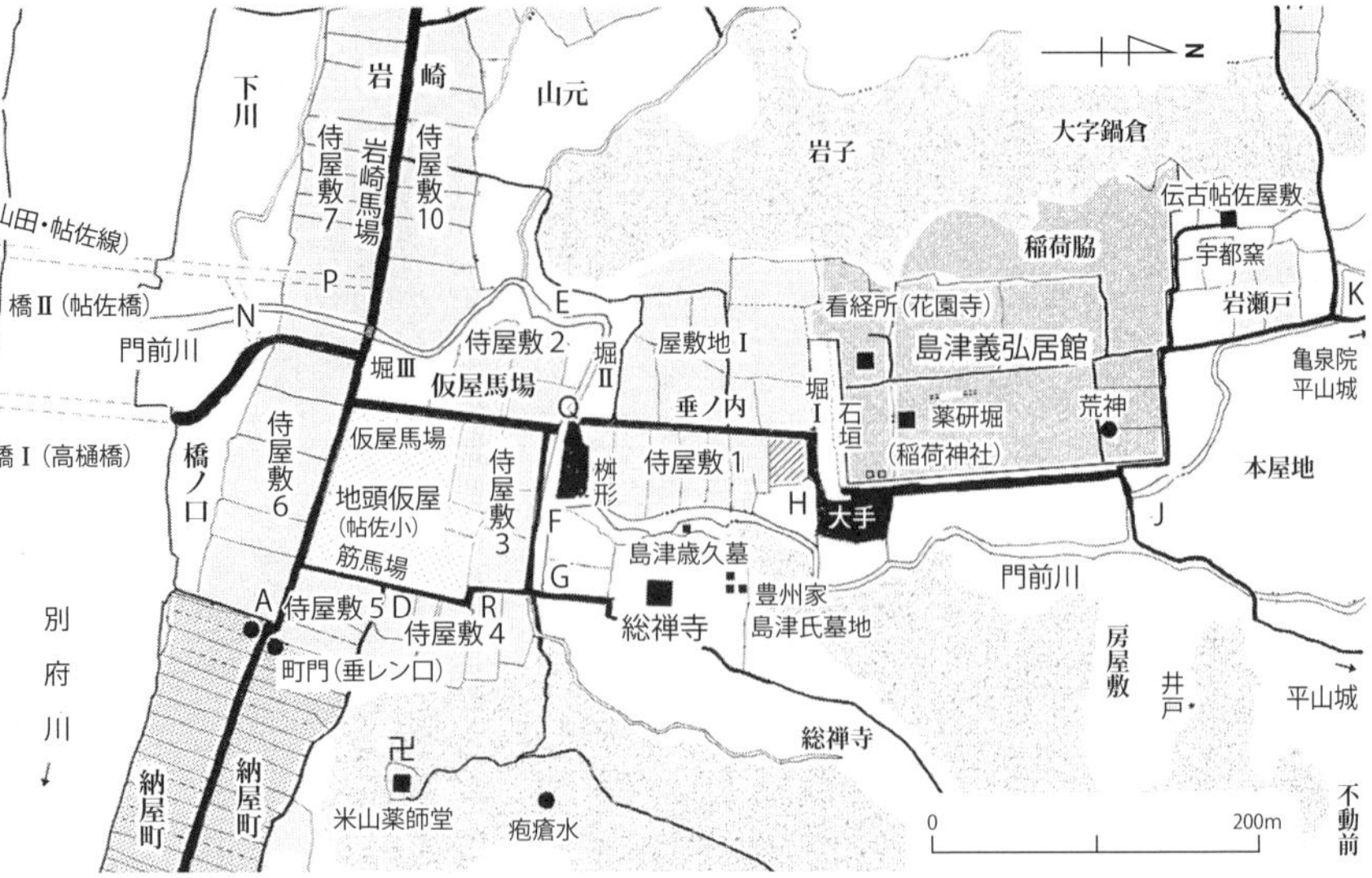

●—帖佐館跡周辺復元図　（『大口筋白銀坂保存整備報告書』2004年より）

●—帖佐館大手門跡

（見通し線）を構成している。義弘の屋敷地は、手前の「垂ノ内」屋敷地1と堀および石垣によって隔てられた一段高い空間である義弘居館に二分されている。この屋敷割りは鹿児島の伝統的な山城居館部（加治木城・蒲生城）でよく見られる構造である。この両空間は唯一の隘路を経て大手口につながる。居館建設のために門前川も改修された。屋敷地の北東には荒神様が祀られ鬼門《きもん》除《よ》けとなっている。南西の看経所は義弘ゆかりといわれ、近世には花園寺となった。義弘館の中央には、確認調査により南北方向に延びる薬研堀《やげんぼり》が確認されている。

館工事の監督を新納旅庵《にいろりょあん》がつとめ、蒲生地頭の長寿院盛《ちょうじゅいんもり》淳《あつ》が御加勢石を運んだと伝えられる。南側および大手口周辺の石垣石は加治木の湯湾嶽の石といわれている。

大手口周辺の屋形跡は現在稲荷神社境内となっている。惟新公邸之碑が建っている。

【参考文献】姶良町教育委員会『姶良町中世城館跡』（一九九四）

（下鶴　弘）

●完成された対称形の城

加《か》治《じ》木《き》城《じょう》・加《か》治《じ》木《き》館《やかた》

〈所在地〉姶良市加治木町反土
〈比　高〉五メートル
〈分　類〉山城
〈年　代〉一四～一六世紀
〈城　主〉加治木氏、島津氏、肝付氏
〈交通アクセス〉ＪＲ日豊本線『加治木駅』下車、徒歩一〇分（加治木館）。または、九州自動車道「加治木ＩＣ」から車で五分。

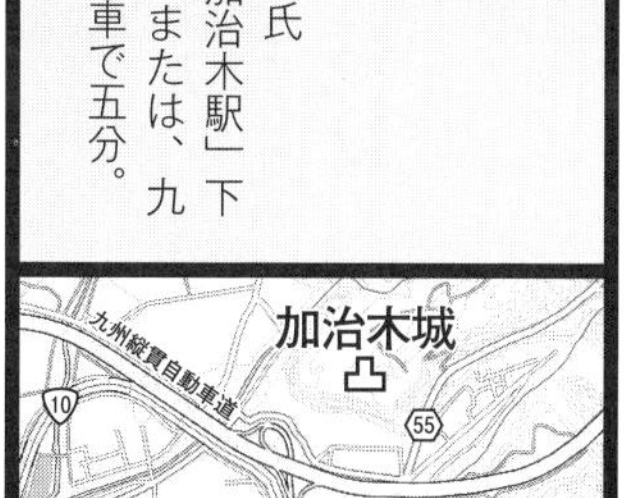

【はじめに】　加治木城跡は姶良市役所から北東の約五キロの大字反土の丘陵上に所在する。加治木市街地から小山田や空港に至る県道の坂道を登る時に左手に大きな崖面が見える。東には日木山川が、北側には網掛川が流れ、城域を限る。西の崖面には高さ四六メートルの龍門滝が流れ落ちる。南西面は絶壁となり加治木市街地に面する。

【城の歴史】　『三国名勝図会』によれば、「総称して本城、又古城といふ、本丸・二丸・三丸・向城・高城・松尾・新城等の諸名あり、城門濠塹石垣等の跡、皆存せり、凡そ周廻一里許」とある。今回の調査で周廻は約三八〇〇メートルであった。

加治木城の築城時期は不明である。所伝によれば、大蔵氏の創建といわれている。大蔵良長《よしなが》の時、寛弘三年（一〇〇六）、関白頼忠の第三子経平《つねひら》がこの地に流罪となったが、経平は良長の娘をめとり、一子経頼《つねより》は大蔵家を継いで姓を加治木氏に改めたという。建久年間（一一九〇―九九）、島津忠久《ただひさ》が入薩した時の在地領主の中に加治木八郎親平の名が見える。

室町時代の明応年間（一四九二―一五〇一）、当時の当主加治木大和守久平《ひさひら》は島津氏に背き、明応四年（一四九五）に島津忠昌《ただまさ》の攻撃を受け降伏している。加治木久平は謝罪して許され、先祖以来の領地である加治木を離れ、阿多《あた》に移された。

その後、加治木には島津氏の家臣である伊地知重貞《いじちしげさだ》が地頭として赴任した。加治木城は改めて肝付兼演《きもつきかねひろ》に与えられたが、肝付兼演は天文十七年（一五四八）に島津氏に反抗したので、島津方によって征伐されたが、翌年ふたたび加治木の領主となっている。

肝付兼盛《かねもり》の時、蒲生領主であった蒲生範清《のりきよ》は澁谷一族と連合して貴久《たかひさ》に敵対し、同年八月加治木城の兼盛を攻めてきた。兼盛は多くの家臣を失ったが防戦し、九月には敵の囲みが解けた。

文禄四年（一五九五）、豊臣秀吉の命により、加治木・日当山・溝辺三ヶ郷のうち、一万石が豊臣直轄領となったため、加治木領主であった肝付氏は、喜入《きいれ》に入封された。

その後、慶長の役における島津義弘の軍功により、先ほどの一万石は返還され、島津義弘が帖佐・平松より移ってくることになる。しかしながら、義弘は加治木城には入らずに、新たに加治木島津屋形を新築し、ここで晩年を過ごすことになる。

【城の構造】　加治木城は、大字「反土」から大字「小山田」にかけて広がっている。その城域は大字界によって、西部の加治木古城と東部の加治木新城に大別できる。この大字界線は丘陵尾根筋を断ち切っており、赤線が残っていることから築城時には道路として使用していた可能性がある。

加治木古城の中核は、小字名「本丸」・「寺上」・「松尾」・

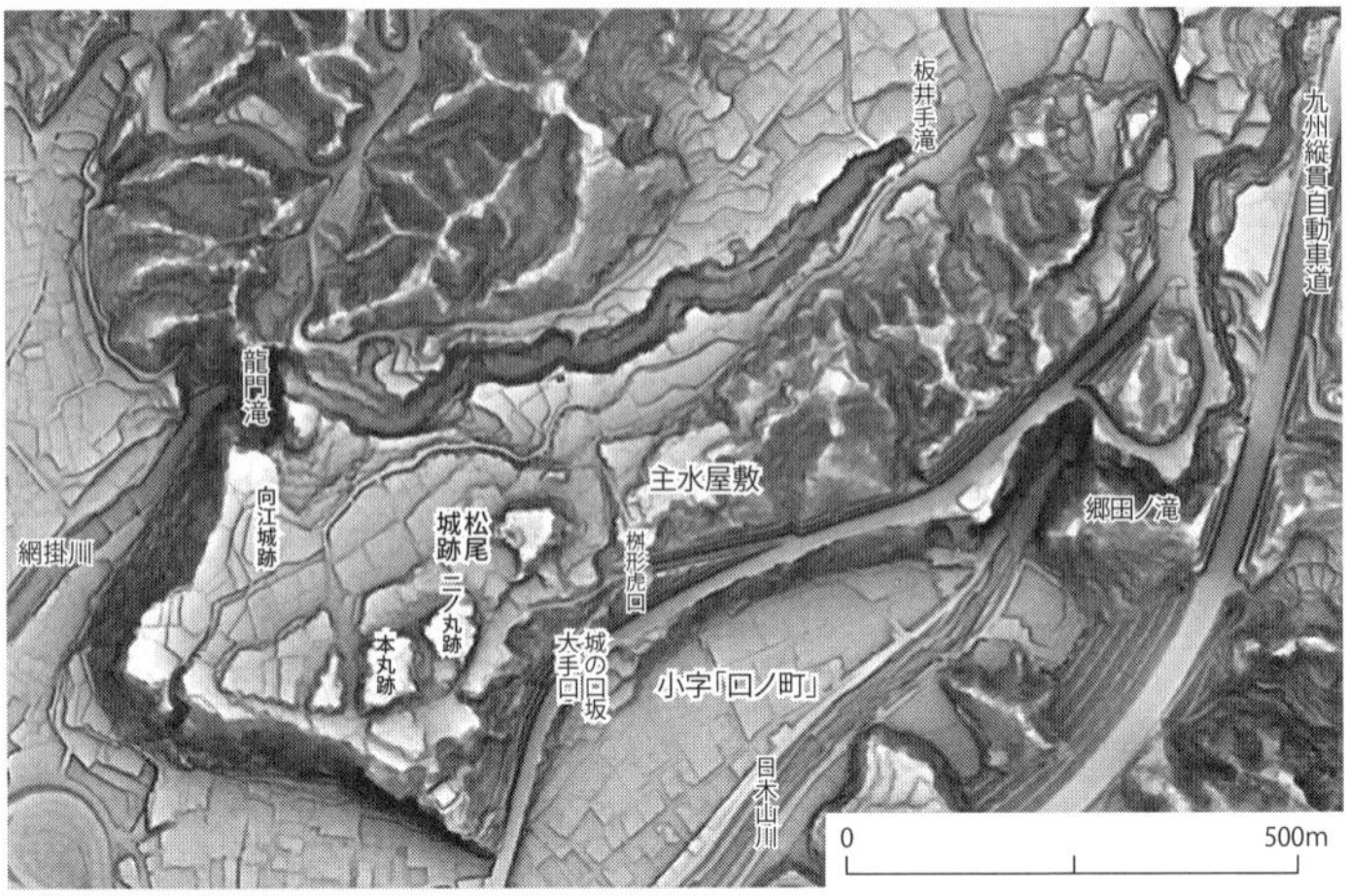

●―加治木城跡赤色立体地図（姶良市提供）

「向江城」の4小字から構成される。小字「本丸」には土塁《どるい》や空堀《からぼり》を伴う中心の曲輪《くるわ》群がある。「城の口」坂は明治初年まで使用された。明治二十年代には日本山川に沿った現車道が整備される。西南へ延びる台地先端部は、標高一〇〇㍍の絶壁にあるが、頂上部は比較平坦であり、やや東に傾いた平行四辺形である。北半分は水田と畑地である。

加治木城南側山麓の口ノ町から延びる城ノ口坂はつづらに折れながら、城の入口に達する。城ノ口はカギ状に折れ、左手は城内に進み右手を直進すると城域を横切り、小山田へ達することができる。主水屋敷は上段の遺構が丸みを帯び下段は直線的なコの字状の縄張である。

通路を挟んだ松尾城の御馬城（曲輪）にも同じく上段が曲線によって構成され、下段が直線的な方形である。大手口左右の曲輪群は戦国時代に改築されたと推測される。加治木城跡は本丸・二の丸・西の丸を主郭とする城郭プランであり、

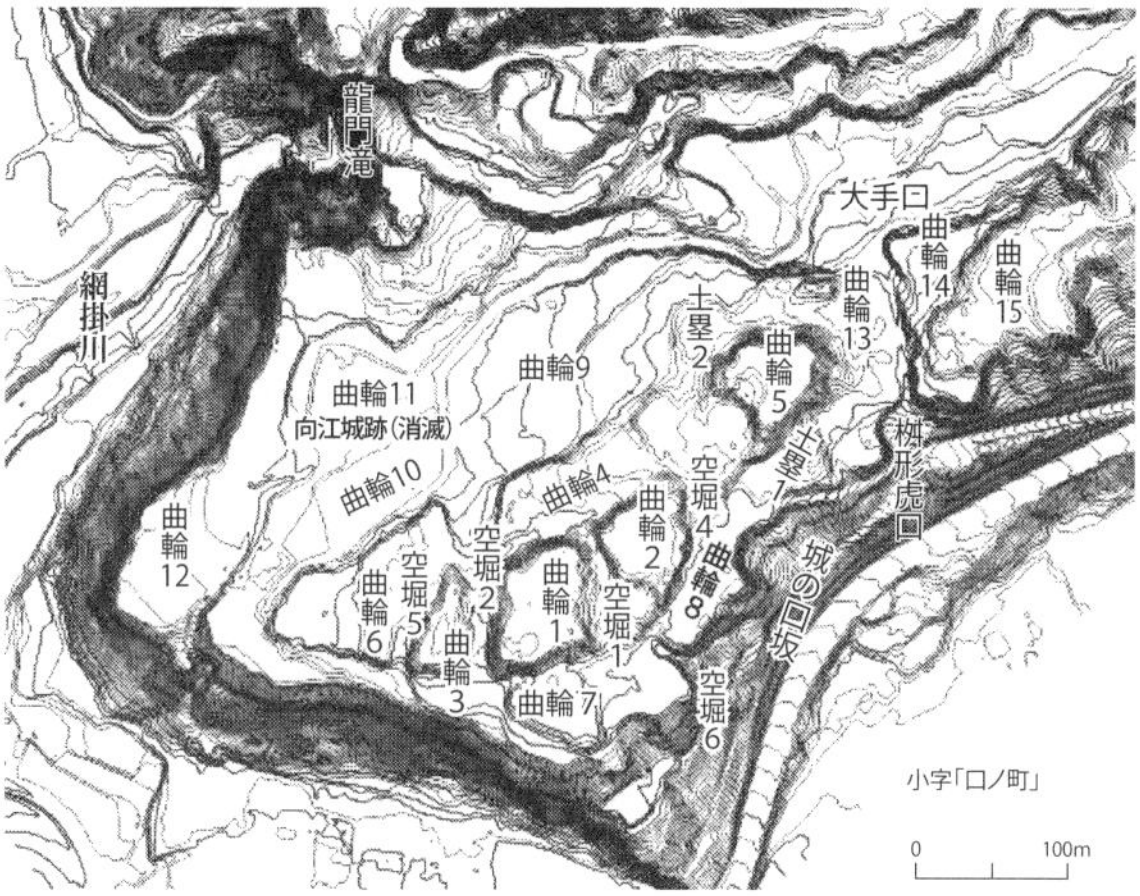

●—加治木城跡測量図（作図：下鶴 弘）

現在では小字「本丸」が西の丸・二の丸を含んでおり、戦国期以降の呼称が名残と考えられる。

加治木城の特徴は、丘陵先端にあるので、「加治木城跡測量図」（上記）により解説する。各曲輪群を5つに区分する。

・**曲輪Ⅰ群**：主郭である曲輪1・2・3と周囲を囲む空堀1・2・3・5から構成される。本丸跡は戦後養豚場として利用されてきた。曲輪2・3が二の丸、西の丸。

・**曲輪Ⅱ群**：三角形の区画を両端にもつ曲輪4。この区画は城郭設計プラン上の中心であるが、目立った遺構がなくその性格が不明である。何らかの宗教施設の可能性が考えられる。

・**曲輪Ⅲ群**：曲輪5を中心とするもっとも防御性の高い曲輪群である。曲輪5の両脇を互い違いに延びる土塁1と土塁2は、城域への侵入を防ぐためのものと思われる。曲輪13と曲輪5の両脇を比高差は約一四メートルである。曲輪5は伝承では高城と言われている。曲輪5の南端部は土塁状にのびる。初午《はつうま》祭の御神馬を預かったことから別名御馬城とも呼ばれている。曲輪13の土塁3は城域北側への侵入を監視するためのものである。曲輪13の直線的な線形は戦国期に改変を受けた結果と考える。

・**曲輪Ⅳ群**：現在水田の曲輪9はほぼ平坦地であり、曲輪4を中心として曲輪Ⅰ群と点対称となる。

・**曲輪Ⅴ群**：曲輪11は伝承では向江城跡といわれているが、近代以降に耕作のため削平されている。曲輪12は玉子状の楕

円形であり、直下の近景監視のための望楼（見張り台）と捉えている。

・曲輪Ⅵ群：城の口坂をのぼり、大手口へ抜ける通路（空堀）の東側にあり、曲輪14・12である。これより東には明確な曲輪は現時点では確認できない。楕円形の曲輪15は曲輪12と対応する望楼と考える。曲輪14は直線的な作りであり、曲輪13と戦国期に改築されたものと推測される。

　加治木城跡は点対称となる図形によって築城設計がなされている。全体図形からは、他に類を見ない完成された印象を受ける。

　加治木城跡も延文元年（一三五六）島津氏久から攻撃を受けているので、遅くとも一四世紀中頃には存在していた。加治木城は古い城郭への手がかりとなるのではないかと考えている。

【加治木屋形（義弘時代）の推定復元】　現在の加治木島津屋形跡は、島津家久が藩主引退後に息子の忠朗《ただあき》のために改築した屋形が基本となっている。

　鹿児島県立図書館所蔵の『薩藩御城下絵図「加治木」』によれば、寛文年間の作成といわれながら、現存石垣と比較すると大きく異なるので、寛永よりも古く慶長年間の義弘時代の最初の築城の様子を伝えたものと考えている。つまり、現況の石垣は東西に走る屋形の馬場北側にあるが、これは家久によって加治木島津屋形として整備された区画線ではないかと推測される。義弘が築城した本来の加治木屋形は日豊本線を南に越えた広大な屋敷であったと考えられる。当初東南にあった大手門は大手道1から進入したが、大手道2の蒲生田通りに付け替えられたと考えられる。

【参考文献】『三国名勝図会』、『姶良市誌別巻1資料編　絵図・地図・空中写真』（姶良市、二〇一六）、下鶴弘「加治木城跡の概要について」『南九州の城郭第四一号』（二〇一九）

（下鶴　弘）

●―加治木屋形（義弘時代）推定復元図（作図：下鶴　弘）

●南北朝の合戦を物語る城

加瀬田ヶ城《かせだがじょう》

〔所在地〕鹿屋市輝北町平房
〔比　高〕約五〇メートル
〔分　類〕山城
〔年　代〕一四世紀前半、一五世紀後半、一六世紀後半
〔城　主〕肝付兼重、楡井頼仲
〔交通アクセス〕鹿児島交通「輝北支所前」停留所下車後、徒歩七〇分。または、東九州自動車道「野方IC」より車で一三分。

【位置と立地】　加瀬田ヶ城は、鹿屋市輝北町平房に所在する。大隅半島中央部のシラス台地上に位置し、北東部には大鳥川が流れる河岸段丘を城として利用している。また、当地は、肝属平野から国分平野、都城盆地へ通過する際の要所となっている。

【城の構造】　城の構造は、堀①、堀②を境に、東側と西側に大きく分けられ、東側に九、西側に五の計一四の曲輪《くるわ》群から成る。堀底から東側の曲輪1、西側の曲輪10まで約五〇メートルの高さがあり、浸食谷を利用したと思われる。全体的に狭い平場で曲輪を構成し、段々畑状の段差をもった曲輪間を幅約五〇センチ～一メートル程度の狭小な道で接続する。曲輪の出入り口はまっすぐ入る「平虎口《ひらこぐち》」であり、曲輪の造成に手間をかけずに、自然地形を巧みにを利用した構造であることが伺える。

東側の曲輪をみてみよう。曲輪1から3までは約一メートルの段差で区画され、曲輪1からは堀①や西側の曲輪群を確認することが可能である。下方の曲輪3、4の東端からは、大鳥川の屈曲部や低地の湿地帯など、城下の様子を監視する場所として機能していたと思われる。曲輪4は「く」の字状の入り口や城内の他の曲輪と比べ広い平場が存在するが、戦国期に改変をうけた可能性がある。曲輪4から曲輪5・7方向に降りる道があり、曲輪5・6には段差がある。一方、曲輪7と下の曲輪8間には高低差が二〇メートルほどあり、両曲輪の行き来はできない。ただ、曲輪7・8からは大鳥川の対岸の様子や、城下の道が目視できるため、城の東部の湿地帯を見張る

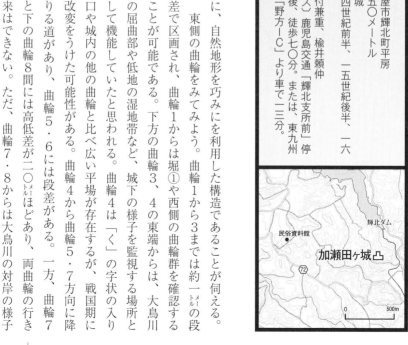

曲輪群として機能していたと思われる。さらに下る道を行くと、土手状の平場をもった曲輪9が見え、堀①へと繋がる。西側は曲輪10の箇所が最高所であり、こちらも堀底から約五〇メートルの高さがある。曲輪10西側には土塁《どるい》があり、その先は急峻な崖となっている。また、東側からは堀②全体を窺うことができる。曲輪11、曲輪12へ降りる道は「く」の字状の折れをもち、曲輪12から曲輪13・14へ降りる道は幅の狭い城道で接続される。曲輪12からは堀①から約一〇メートルの高低差があり、堀底の様子を監視することが可能である。また曲輪14からは城下の道を見張ることができる。

●―加瀬田ヶ城遠景

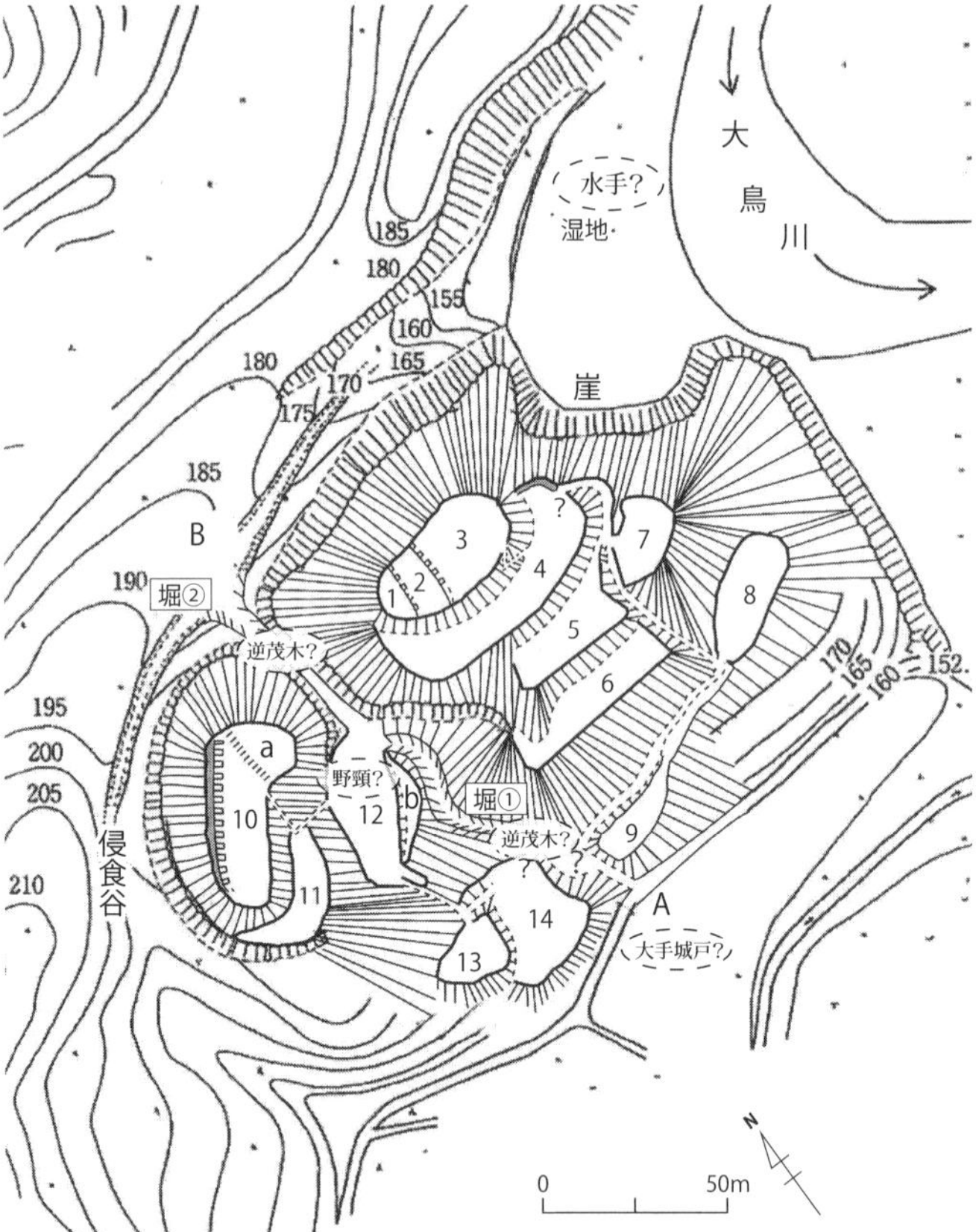

●―加瀬田ヶ城縄張図（作図：横手・濱，2020）

【南北朝期の合戦】 加瀬田ヶ城は二度の合戦において使用されたことが、記録されている。一度目は建武三年（一三三六）、豪族肝付兼重《きもつきかねしげ》と大隅国守護島津貞久《さだひさ》との合戦時に、二度目は観応二年（一三五一）、志布志を本拠としていた楡井《にれい》氏と、日向国守護畠山氏との合戦である。このうち、一度目の合戦の様子が詳細に記録されている。

建武三年五月六日、最初に「水手《みずのて》」で合戦が行われ、翌七日には「大手城戸口」の堀口に島津氏側が攻め寄せ、「逆《さか》茂木《もぎ》」を切り払った。八日は大手を攻めるが、島津氏側も被害を受けている。二十五日から島津氏は再度攻撃を行い、その後、六月十日に落城となる。また日付は不明であるが「野《の》頸《くび》」を攻撃した記録も存在する。

●—堀②

これらの記録から、合戦時には、「水手」、「大手城戸口」、「逆茂木」、「野頸」などの構造、防御施設が存在したことが伺える。城内部の名称は不明であるが、縄張図、河川の位置から「水手」は城の北東部にある湿地帯、「大手城戸口」は堀が大きく口を開けているA地点、「逆茂木」が堀①・②の底面に設置され、「野頸」が曲輪12部分に比定できる可能性がある。

なお、江戸期に編纂された『三国名勝図会』において、文明（一五世紀後半）・元亀（一六世紀後半）年間の記事がみえ、廃城後も城の利用、改変などが行われていた可能性がある。曲輪7・8に見られるような、幅広の曲輪は当該期に拡張が行われたのであろうか。

また、現在では確認できないが、城内の本丸内には「荒神祠」と記される、城の鎮守のための拝所があったことも記録されている。

以上のように、当城は、南北朝期の戦闘の記録と曲輪配置が合致し、当時の戦闘の様子が復元できる山城である。

【参考文献】横手伸太郎・濱久年「肝付氏の拠点」『九州の中世Ⅱ　武士の拠点　鎌倉・室町時代』（高志書院、二〇二〇）

（横手伸太郎）

●河川を利用した方形土塁が残る城

下《しも》伊《い》倉《くら》城《じょう》

〔所在地〕東串良町新川西下伊倉
〔比　高〕約二メートル
〔分　類〕平城
〔年　代〕一三世紀後半～一七世紀
〔城　主〕肝付氏?
〔交通アクセス〕鹿児島交通バス「平後園」停留所下車、徒歩一六分。

【位置と立地】　下伊倉城跡は、大隅半島東部の東串良町新川西下伊倉に所在する。一級河川である肝属《きもつき》川に隣接し、河口より直線約三・四キロの地点に位置する。下伊倉城の立地する部分は肝属平野の最南端部にあたり、平地の微高地上に城が築かれている。

戦中頃までは肝属川は蛇行し、U字状に城の周囲を取り囲むように流れており、これが現在の町域として機能している。しかし、昭和二十三年（一九四八）の河川改修工事などにより、城の土塁《どるい》や曲輪など、約三分の一が消失している。

【城の構造】　下伊倉城跡を特徴づけるのは、四方向を取り囲む土塁跡である。現在は、高さ約二～三メートルの土塁が現存している（写真1）。江戸期に作られた「高山郷絵図」や昭和二十二年（一九四七）に撮影された空撮写真（二五九頁）には北側の土塁が残存していた状況が記録されており、桝形《ますがた》と呼ばれる張出《はりだし》部の存在が確認できる。城の大手口は西側にあり、東側は搦手《からめて》口とされる。

土塁に囲われた内部には、中央部に一段低い部分があり、馬乗馬場と呼ばれる。これを境に北側を主郭、南側を二郭と呼ぶ。主郭の北東側には塚状の高まりが確認されている。

土塁の外側には空堀《からぼり》が見られ内堀とよばれる。内堀の東南部は「辰巳之池」と呼ばれる。

さらに外側には外堀がみられる。外堀は田畑になっているが、一部窪地になっている半月状の部分がその痕跡である。外堀にも、「打出しの池」「栗之池」、「鍋池」などの呼称がつ

●—写真１　二之曲輪より見た土塁（清田祥之撮影）

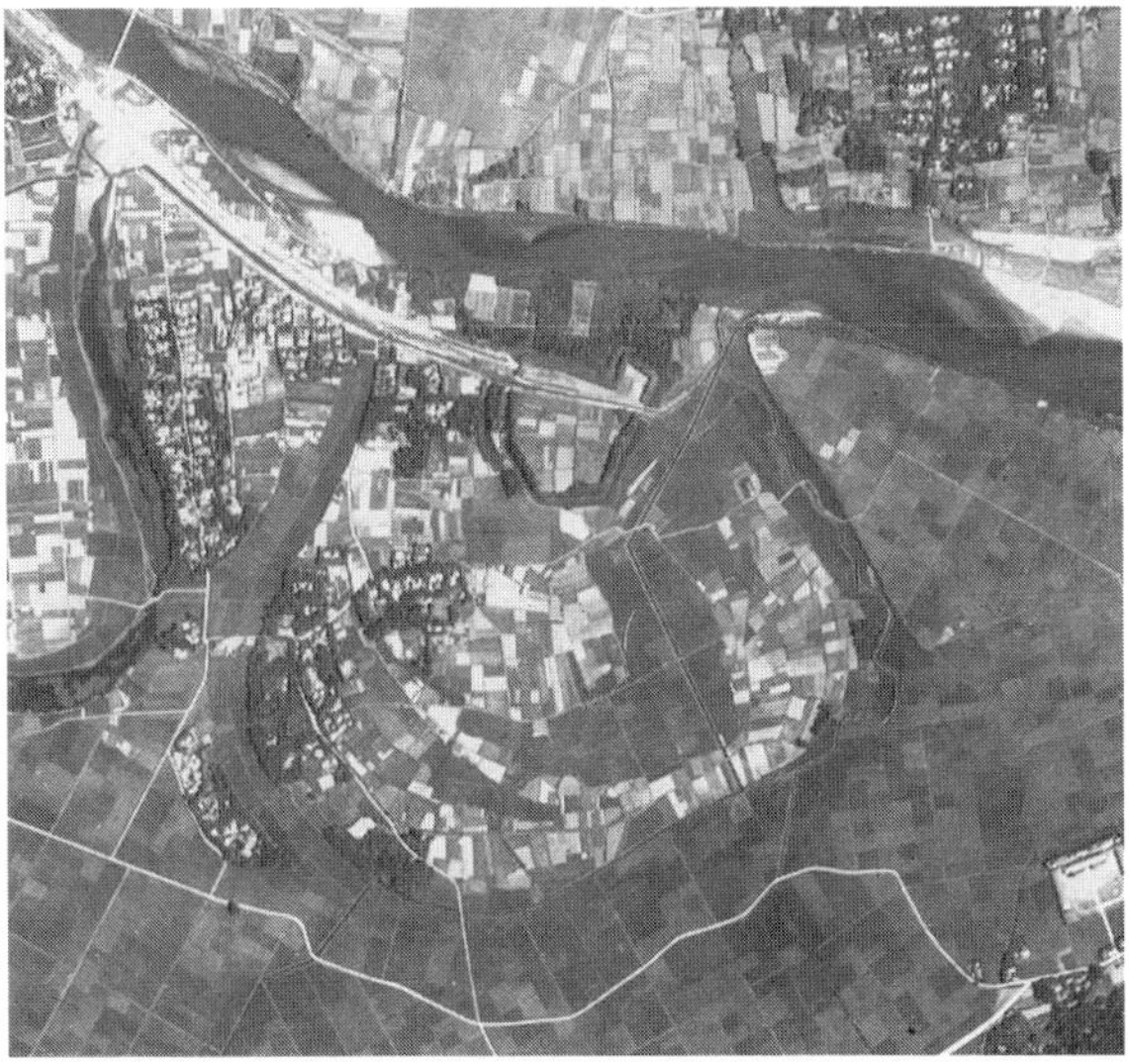

●—1947 年時の下伊倉城（国土地理院提供）

いた部分がみられ、「鍋池」以外は消失している。かつて外堀外側には肝属川の河川が蛇行していた。現在では埋め立てられており、水路や浅い窪地となっているが、町域や先述の航空写真で復元可能である。このような旧河川を併せると三重の堀で構成される（二六〇頁図）。

【主郭の発掘調査】　城の北側を流れる河川の改修工事に伴い、主郭から土塁の一部にかけて、発掘調査が行われている。出土した遺物は青磁・白磁・青花などの貿易陶磁器類や、また瓦質土器や土師器などの在地系遺物など、一三世紀後半～一七世紀頃の遺物が出土しているが、主に一六世紀代の遺物が中心に確認されている。また、曲輪内部には深さ〇・五～七メートルほどの浅い溝が二条確認されており、また柱穴群や池跡と思われる遺構が確認されている。

【肝属川の川湊】　下伊倉城を記録した文献などは現在、不明であるが応永二十二年（一四一五）に、肝付《きもつき》氏の当主である肝付兼元《かねもと》によって野崎の湊を、肝付氏の一族である波見《はみ》氏の所領であることを認める書状が確認されている。

野崎は下伊倉より東～南側の地区の名前であり、下伊倉周辺を含む肝属川河口部分を指す可能性があり、野崎地区は長らく肝付氏関係の所領であったため、下伊倉城の領主は肝付氏であった可能性がある。

また、永禄八年（一五六五）

頃に成立した『日本一鑑《にほんいっかん》』には、「月津浦」という滝の名前がみられる。これは、現在の肝属川河口部（波見）に比定される場所であり（長田、二〇二〇）、が外航船も立ち寄る港として機能していたと思われる。

下伊倉城は外航船との交易に伴う商品を扱う川湊として機能しており、内堀や外堀に呼称がついた箇所は、船着き場としての機能が想定され、三重の堀も防御のためのものだけではなく、川舟などを近場まで寄せる水堀としての機能が伺える。

土塁内部の曲輪《くるわ》にはこのような商品を保管する倉などの建物が存在し、発掘調査で出土した陶磁器類はこのような交易活動に伴う可能性がある。

下伊倉城跡は、南九州において珍しい方形土塁を有する平城であり、群郭式《ぐんかくしき》城郭を主体とする当地域において異質ではあるが（下伊倉城周辺位置図）、城郭史を考えるうえで、また肝属川を利用した交易の在り方を考えるうえで、重要な城郭である。

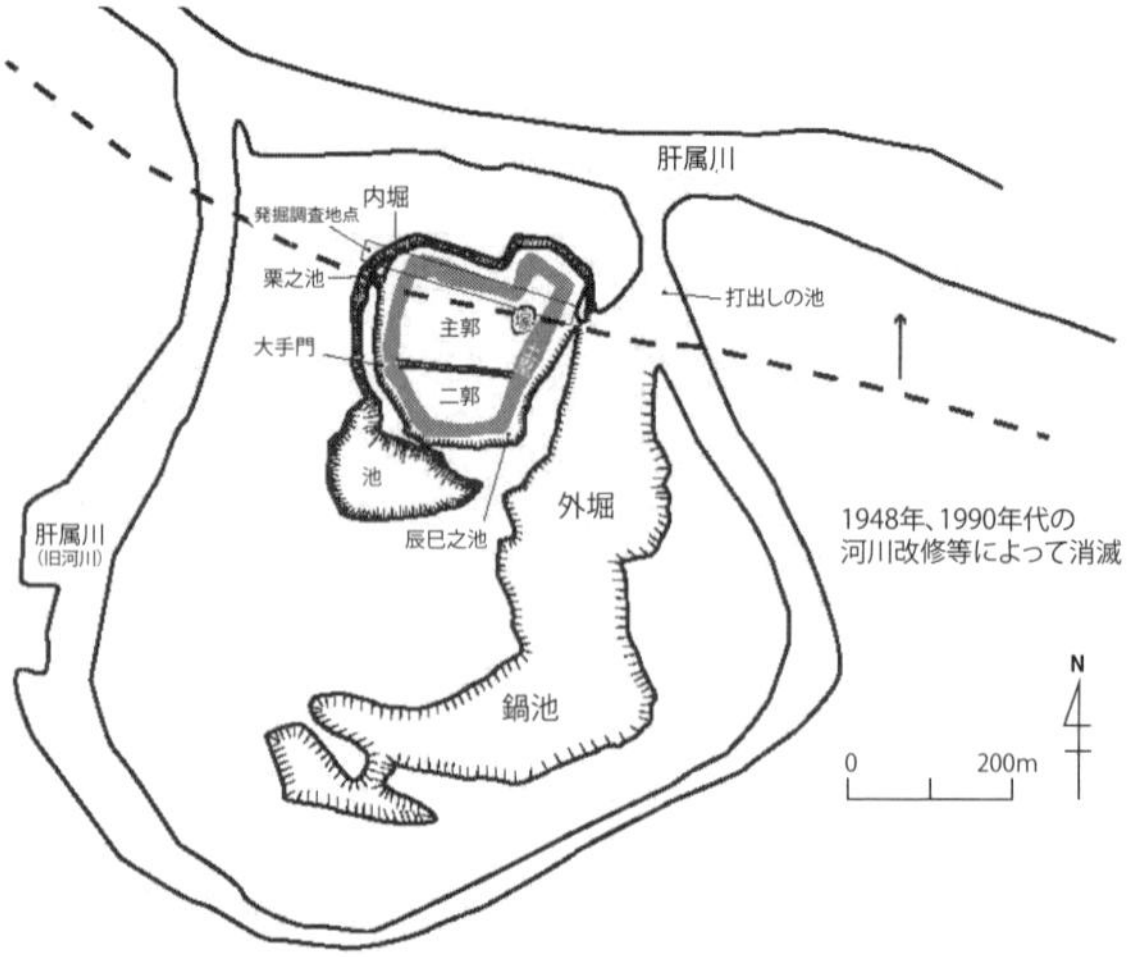

●—下伊倉城縄張図（作図：横手伸太郎）

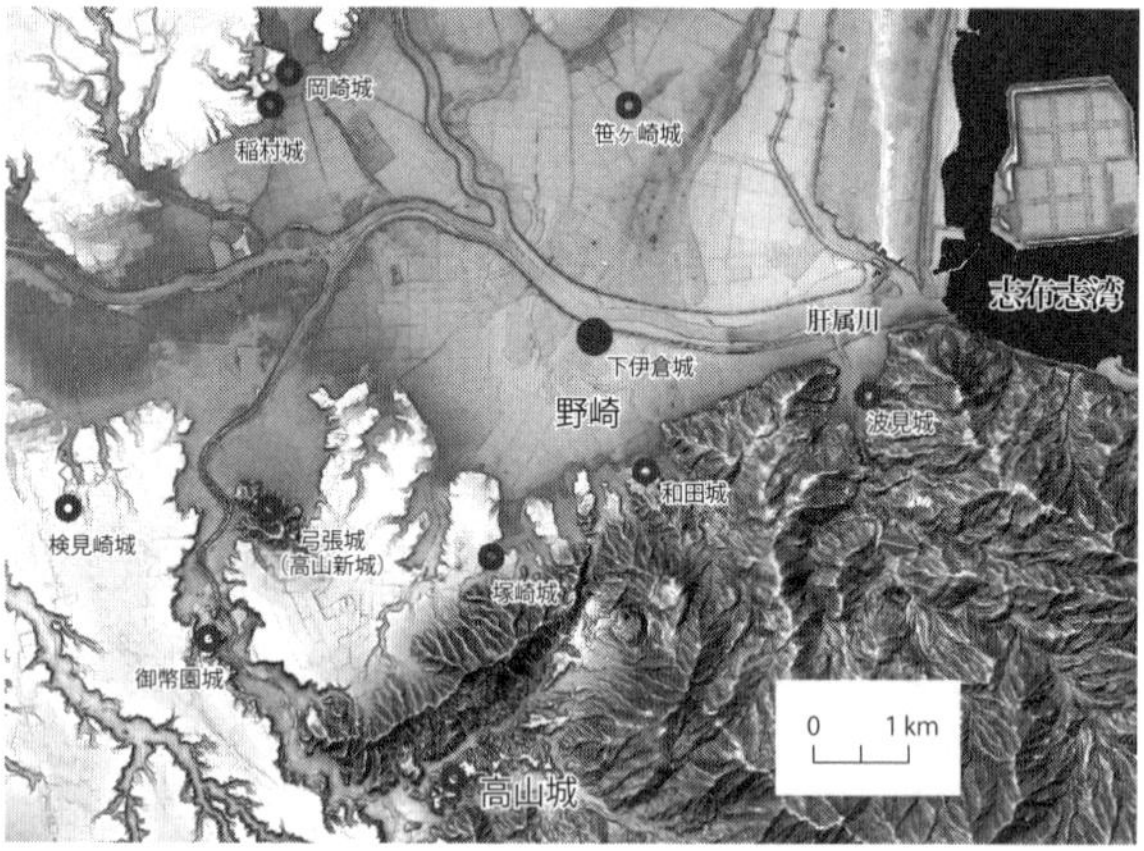

●—下伊倉城周辺位置図（カシミール3Dに筆者加筆）

【参考文献】鹿児島県教育委員会『下伊倉城跡』（一九八九）、横手伸太郎・濱久年「肝付氏の拠点」『九州の中世Ⅱ　武士の拠点　鎌倉・室町時代』（高志書院、二〇二〇）、長田弘通「日本一鑑の湊」大庭康時・佐伯弘次・坪根伸也編『九州の中世Ⅰ　島嶼部と海の世界』（高志書院、二〇二〇）

（横手伸太郎）

●大隅の雄　肝付氏の居城

高《こう》山《やま》城《じょう》

〔国史跡〕

〔所在地〕肝付町新富
〔比　高〕約七〇メートル
〔分　類〕山城
〔年　代〕一四世紀初頭～一六世紀後半
〔城　主〕肝付兼重～兼護
〔交通アクセス〕鹿児島交通バス「本城入口」停留所下車、徒歩七〇分。肝付町本城集落センター内に駐車場有

【位置と立地】高山城は、大隅半島の中央部、肝付町新富に所在する。国見山系より延びるシラス台地の先端部に位置し、周辺を本城川、栗山川、高山川の三本の河川に囲まれた台地、また麓の平野部が城域である。

【城の構造】高山城は、台地部分の曲輪《くるわ》群と、麓の平地部分より成る山城である。（高山城イメージ図・262頁）台地部分は曲輪間を空堀《からぼり》で分断し、主に一三の曲輪から構成される。また、段差により曲輪内部に小区画を形成している。空堀底面は堀底道として利用可能であり、大手口や、城の背面や側面からの侵入を想定した曲輪配置となっている。

本丸部分は標高八二㍍の城の中で最も高所に位置し、U字状の形状をする。内部には、折れ虎口《こぐち》によって侵入し、三つの区画を段差によって設けている。このうち本丸a～bにかけて高さ二㍍ほどの土塁《どるい》がみられ（二六四頁）、北東部には櫓台《やぐらだい》とみられる突出部が確認できる。

二の丸内部には折れ虎口で侵入し、中は北側aと南側bの二つの区画となっている。北側の縁辺部や、南側の北辺に土塁が見られる。また北側aは礎石《そせき》と思われる石材が散乱している。なお、本丸と二の丸の間は、空堀によって分断されており、この空堀部分は搦手《からめて》門とされており、平地部分と接する部分は搦め手口とされている。

本丸の北東側には奥曲輪が三つ確認されている。本丸との間は長大な空堀によって分断されており、馬乗馬場とよばれる。幅は一〇～二〇㍍、深さは約一〇㍍になり、城内で最大

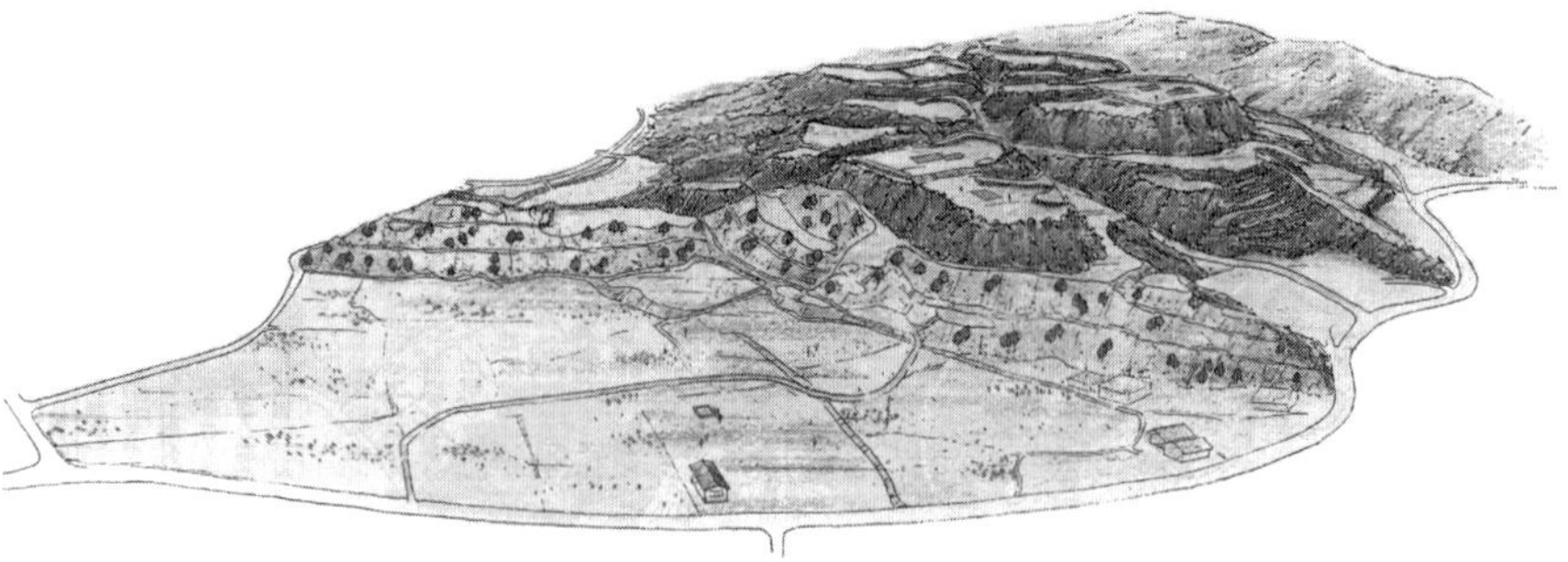

●—高山城イメージ図（高山町教育委員会2005より引用）

●—高山城古絵図（江戸期？）

の空堀である。

奥曲輪1は本丸と同様に段差による区画が三段見られる。また北側の縁辺部には土塁が巡っている。奥曲輪には二段の区画が見られ、奥曲輪1と同様に北側の縁辺部に土塁が見られる。

奥曲輪1・2と3の間には同じく浸食谷を利用した空堀が見られ、山地より連なる部分に奥曲輪3が見られる。奥曲輪3には北側や西側、東端部分に土塁が見られ、内部を八つほどの区画に分断している。台地上の曲輪群の中で最大の曲輪である。

本丸・二の丸西側には桝形《ますがた》跡・山伏城跡の二つの曲輪が見られる。桝形跡前面の空堀は桝形構造となっており、大手道より侵入してきた敵を撹乱する役割が想定できる。桝形跡内は二段の区画があり、南から東、北側にかけて土塁が見られる。山伏城跡には二段の区画が見られる。古絵図には「看経所トモ云う」と記載があり、何らかの儀礼が行われていた可能性がある（高山城古絵図）。

山伏城跡の南東部には狭小な堀底面があり、大手門跡と呼ばれている。ここが城への入り口であり、門があったことがうかがえる。

城域の最西部には曲輪群が点在しており、曲輪の一つには城の鎮守として肝付兼続《きもつきかねつぐ》の頃（元亀二年〈一五七一〉没）に創建されたと伝わる大来目《おおくめ》神社が存在する。

城の麓部は広い平野となっており、三の丸跡とよばれる。古絵図には「此辺士小路」と記されており、屋敷地であったと考えられている。発掘調査が一部行われ、掘立柱《ほったてばしら》建物や竪穴建物、階段状遺構などの遺構群が確認されている。遺物は、一四世紀～一六世紀頃の青磁碗や白磁碗・皿が出土しており、発掘調査からも三の丸が生活域であったことが想定できる。中央部には幅員一〇メートルの直線状の区画が見られ、馬乗

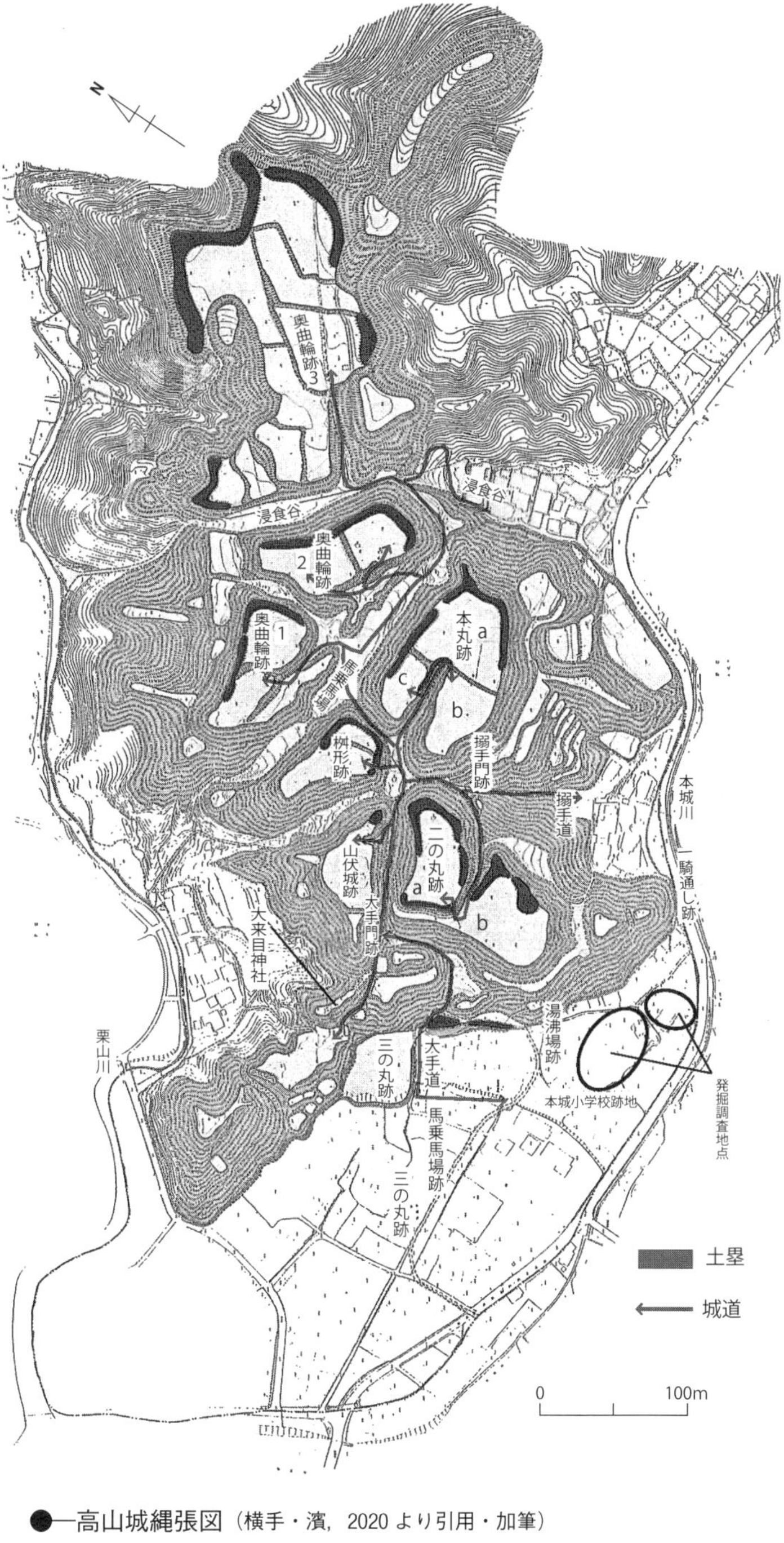

●—高山城縄張図（横手・濱，2020より引用・加筆）

●—本丸土塁

馬場跡だと考えられている。

【城の構造の特徴】

高山城は約三〇万平方メートルの広大な範囲にほぼ完全な状態で曲輪群が残っていると考えられ、南九州を代表する「南九州型群郭式《ぐんかくしき》」のプランを確認できる。また、①高さ十数メートルにもなる切岸《きりぎし》、②浸食谷などの自然地形を生かした城作り、③堀底を見通す曲輪配置といった要害アイテム三セットが見られる。

【島津氏との二度の合戦と移転】　高山城が記録に見られるのは、文明八年（一四七六）に編纂された「行脚僧雑録《あんぎゃそうざつろく》」であり、持城の一つとして本城として記されている。明確な戦闘の記録は、明応三年（一四九四）、反島津側となった肝付兼《かね》元《もと》を討つために島津家当主、島津忠昌《ただまさ》が高山城に軍勢を送る。これに対し兼元は、周辺の豪族である新納《にいろ》氏、禰寝《ねじめ》氏らの援軍を受けて島津軍を追い返している。なお、この合戦時に禰寝氏らの援軍を得た際に要害を「拵《こしら》」えたとされる。

その一二年後、永世三年（一五〇六）に忠昌は自ら軍勢を率いて、ふたたび高山城を攻撃する。この時に忠昌は、高山川左岸の柳井谷に陣を敷き、三ヵ月対峙したとされるが、新納氏が援軍を出すと、忠昌は撤退へと追い込まれ、自害をする。高山城は、島津氏との二度の合戦をへて城の防備が強化されたと思われる。

その後、大永四・五年（一五二四・五）頃、兼久《かねひさ》の子である兼興《かねおき》は居城を高山城から北へ約三キロの弓張城（高山新城）へと移転させる。

【戦国後半期の肝付氏と廃城へ】　永禄五年（一五六二）に、肝付兼続は志布志《しぶし》を奪い、現在の肝付町域から志布志市にかけての範囲が領地となり、歴代で最大の領地となるが、最終的に島津氏の軍門へ下り、天正八年（一五八〇）、薩摩半島の阿多へ移封され、高山城も廃城となる。

【参考文献】高山町教育委員会『高山町城跡周辺遺跡』（二〇〇五）、横手伸太郎・濱久年「肝付氏の拠点」『九州の中世Ⅱ　武士の拠点　鎌倉・室町時代』（高志書院、二〇二〇）

（横手伸太郎）

●主郭を守る奇抜な四連の横堀

平《ひら》松《まつ》城《じょう》

〔曽於市史跡〕

〔所在地〕曽於市末吉町南之郷
〔比　高〕約五〇メートル
〔分　類〕山城
〔年　代〕一四世紀
〔城　主〕北郷氏、伊集院氏
〔交通アクセス〕都城志布志道路「末吉IC」から北へ約五分。城内に駐車スペース有

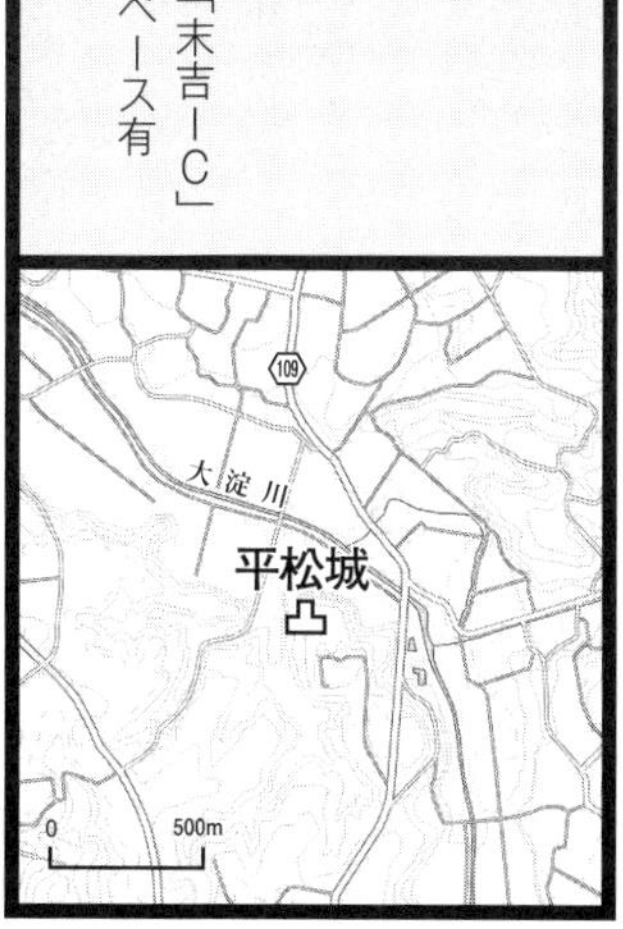

【城の歴史】 平松城周辺は、国合原《くにあいばる》もしくは住吉原《すみよしばる》と呼ばれ大隅国と日向国の国境に位置し、古くは正平十四年（一三五九）十月五日に島津氏と相良氏の合戦、元亀四年（一五七三）正月六日に肝付《きもつき》氏と北郷《ほんごう》氏の合戦の記録が残る。

平松城の明確な築城年代は不明。正平年間（一三四六―七〇）の文献には平松城に関する記載はないが、『三国名勝図会』によると元亀四年一月の国合原合戦の時に、北郷氏の家臣永井刑部《ながいぎょうぶ》が築いたとある。永井刑部は肝付氏の家臣との説もありと併記しているが、平松城はこの頃に築城されたと考えられる。北郷氏領の頃には『北郷時久日記』に「平松陣」の名でたびたびあらわれ、国合原合戦後の元亀四年三月八日に「平松ヲ時久御陳メサレ候」とあり、平松城にて大岩《おおいわ》根河内守《ねかわちのかみ》宗政《むねまさ》や河野《かわの》筑前守《ちくぜんのかみ》、長井伊賀守《いがのかみ》らが神事を執り行っている。天正二年（一五七四）十二月五日には北郷忠虎《ただとら》らにより陣払いが行われている。以上の事より平松城は北郷氏にとって軍略上重要な地点であったことが想定できる。

その後文献では平松城に関する記事は見られないが、慶長四年（一五九九）に勃発した庄内の乱（庄内合戦）において、ふたたび利用された形跡が見られる。当時の領主であった伊《い》集院《じゅういん》氏は、南の志布志《しぶし》・松山方面から北上してくる島津方に備えて平松城を改修、四連の横堀を構築したと考えられる。庄内の乱において伊集院氏の想定した戦場にはならなかったが、平松城の位置は、都城《みやこのじょう》と志布志を結ぶ志布志街道に立地しており、重要な防御施設として大きな存在であった

●―平松城（北側から撮影　曽於市教育委員会提供）

ことがうかがえる。またこれを裏付ける史料として『庄内之乱諸城図』（都城島津邸所蔵）があり、四連の横堀が明確に描かれた平松城を確認することができる。

庄内の乱ののち平松城は廃城となり、一切記録にはあらわれない。平松城は室町時代末期に北郷氏・肝付氏の争乱で築かれ、庄内の乱では伊集院氏による奇抜な改修が施されたものの、合戦の舞台にはなり得なかった。現在は曽於市指定文化財平松城跡として保存されているが、文献で記載されている性格から陣城的な役割がうかがえ「平松陣」の名称が妥当と考えられる。

【城の構造】　城跡は宮崎県都城市に接する県境にあり、大淀川が形成した標高約二一〇メートルの舌状台地に立地する。台地から突出したところで大きく抉れているため、三方を絶壁が取り囲む独立した丘状となっており、城郭の立地としてはまさに理想的な地点である。

平松城が築城された当時の姿は不明な点が多いが、城内には北郷氏領から伊集院氏領となった時代の改修、庄内の乱に備えた短期間での増改築といった、各時期での防御施設の変遷がうかがえる。

平松城は城内の最も高い場所に主郭（a）を設け、南側に向かって曲輪を廻らせる南九州型城郭プランにのっとる防御態勢を敷いており、令和元年度の発掘調査では、各曲輪《くるわ》を分断するための小規模な空堀《からぼり》を新たに検出している。しかしながら、所々にややイレギュラーな防御施設の設置や、城内北西部に発見された馬出《うまだし》（b）を活かすため、従来の城郭プランから脱却した様子などもがうかがえる。また主郭を守る四連の横堀（c）は、庄内の乱直前に短期間で新設されており、現時点では他地域に類例をみない。

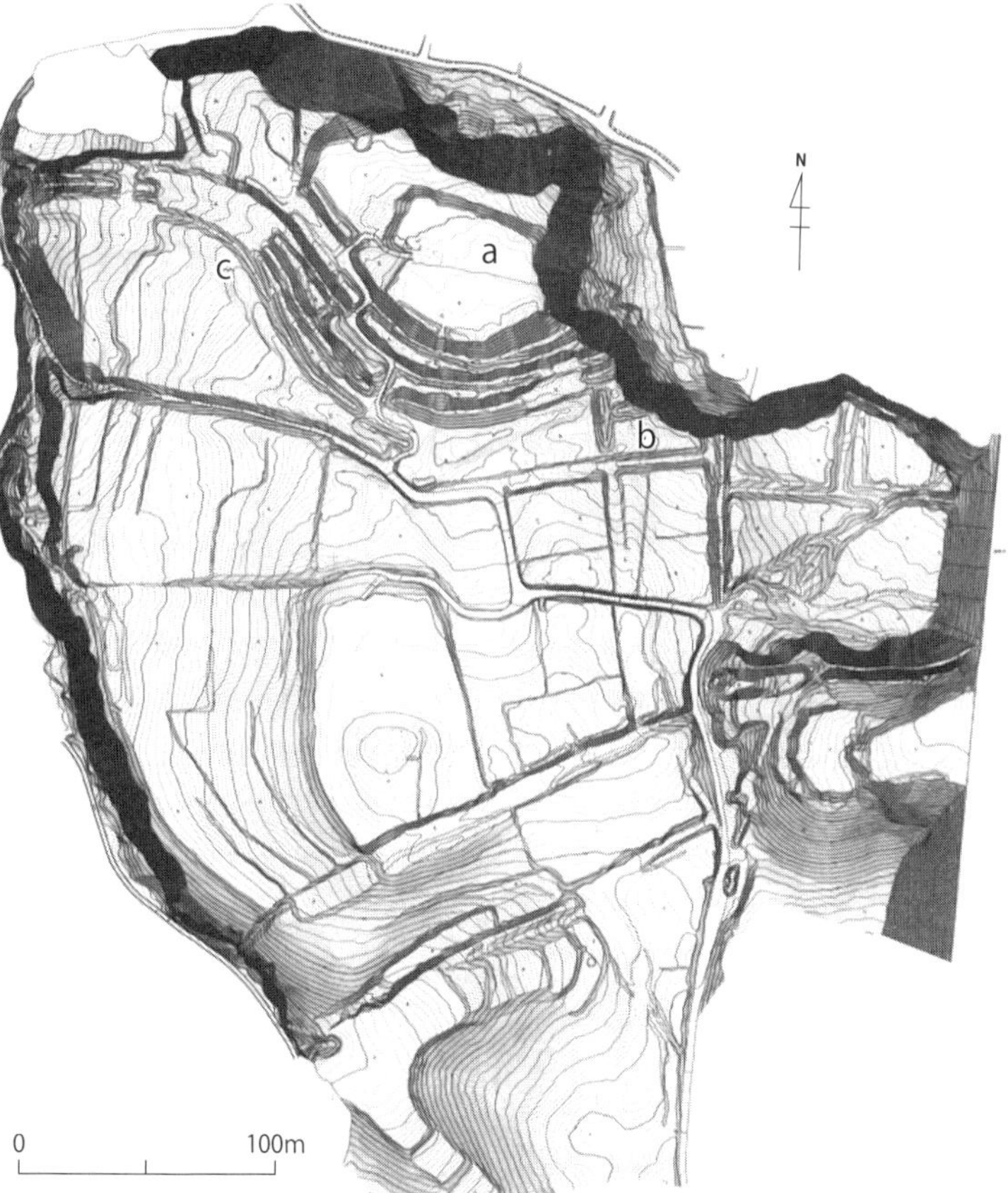

●―平松城地形測量図（曽於市教育委員会提供）

　現在城内に残されている遺構の多くは、伊集院氏の改修によるものが中心となっている。

　平松城が伊集院氏領となり、庄内の乱へと向かう時期は中世戦国時代の終末期に該当する。南九州における地形を生かした中世城郭の最終形態ともみられ、南九州型の城郭が長年培ってきた築城技術の糾合ともいえるものである。

【庄内の乱】　庄内の乱は慶長四年から五年にかけて、都城一帯の庄内地域で勃発した、島津氏とその重臣である伊集院氏の争乱である。

　発端は慶長四年三月九日、伏見島津邸において、島津忠恒《ただつね》が伊集院忠棟《ただむね》幸侃《こうかん》を斬殺したことに始まる。島津忠恒は島津氏宗家当主・島津義久《よしひさ》（龍伯）の弟である島津義弘《よしひろ》（惟新）の三男で、後の島津宗家の後継者となる人物であった。伊集院忠棟は島津義久の筆頭家老で、島津氏による九州制覇のために活躍した功臣であった。豊臣秀吉の九州攻めの後、秀吉のもとで人質となるが、島津氏存続のために豊臣政権に貢献し島津家の代表的な家臣として認められ、肝属郡一円から都城まで拝領された人物である。

●―四連の横堀（曽於市教育委員会提供）

その忠棟を斬殺したことは、豊臣政権への反逆とも取れる行為であり、その後忠棟の嫡子である伊集院忠真《ただざね》が島津宗家に対し反旗を翻すことになる。

伊集院方は都之城を本城とし、庄内界隈には伊集院氏の一族や家臣を配置した一二ヵ所の外城に陣を敷き、非常に強固な防御態勢を整えた。（恒吉、末吉、財部、梅北、梶山、勝岡、山之口、高城、野々美谷、志和池、山田、安永。平松城は一二外城には含まれない）

一方島津氏は乱を鎮圧するために東霧島金剛仏作寺《つまきりしまこんごうぶっさくじ》（現都城市高崎町、東霧島神社）を本営として、島津氏一門と近郷の緒将が庄内に攻め入り、まずは山田城、次いで恒吉城を落とすが、その後はなかなか成果が上がらず膠着状態が続く。この頃に徳川家康が二度にわたり家臣を遣わし、乱の調停を行う。忠真はこの調停を受け入れ、慶長五年三月十五日に降伏し、乱は終結する。

【参考文献】末吉町教育委員会『末吉郷土史』（一九八七）、曽於市教育委員会『曽於市埋蔵文化財発掘調査報告書三七　平松城跡』（二〇二一）

（橋口拓也）

●幾多の戦乱で成長した南九州型城郭

恒吉城《つねよしじょう》

〔曽於市史跡〕

〔所在地〕曽於市大隅町恒吉
〔比　高〕約九〇メートル
〔分　類〕山城
〔年　代〕一三世紀
〔城　主〕山田氏、肝付氏、北郷氏、伊集院氏
〔交通アクセス〕東九州自動車道「曽於弥五郎ＩＣ」から七一号線を西へ車で約一五分。麓に駐車場有

【城の歴史】　恒吉は中世鎌倉期、現在の霧島市国分・敷根《しきね》・福山・鹿屋市百引《もびき》と併せて大隅国の小河院《おがわのいん》に属しており、文献上で恒吉城の名が現れるのは応永年間（一四二八年ごろ）とされている。応永年間（一三九三―一四二七）には山田式部少輔忠通《やまだしきぶしょうゆうただみち》が城主となり、天文年間まで継続する。天文十四年（一五四五）山田久時《ひさとき》が城主の時、高山城主肝付兼続《きもつきかねつぐ》の攻撃により落城。以後、肝付氏と北郷《ほんごう》氏が激突してその都度城主が入れかわっている。天正年間（一五七三～九一）に北郷氏領となるが、文禄四年（一五九五）の太閤検地に伴い、島津氏の家老であった伊集院忠棟入道幸侃《いじゅういんただむねにゅうどうこうかん》の領地となる。慶長四年（一五九九）に勃発した庄内の乱（庄内合戦）では、伊集院氏の一族、伊集院宗右衛門《そううえもん》が大将として守備に入るが、同年六月二十四日に開城。庄内の乱ののち恒吉は島津氏の直轄地となり、寺山久兼《ひさかね》が地頭となる。

近世では恒吉郷として薩摩藩の外城の一つとなり、恒吉村、大隅町恒吉と変遷する。天保十四年（一八四三）に薩摩藩が編纂した『三国名勝図会』には「往古恒吉大膳亮《だいぜんりょう》領す」とあるが、これは鎌倉期のものを指していると考えられる。

【城の構造・特徴】　南九州独特のシラス台地にあり、急峻な山間地系を利用した中世から戦国時代末期までの山城である。明確な築城年は不明だが、城域は大きく三つの城からなり、それぞれ日輪城《にちりんじょう》・東高城《ひがしたかじょう》・西高城と呼ばれ、これらの総称が恒吉城である。

恒吉城に関しては多くの古記や文献資料の調査研究、発掘

●—恒吉城（北側から撮影　曽於市教育委員会提供）

調査から、当時の領主によってその都度改修が行われた様子がうかがえる。城内の環境は比較的安定しており、現在でも曲輪《くるわ》・土塁《どるい》・虎口《こぐち》・巨大な空堀《からぼり》などの残存に加え、畝状竪堀《うねじょうたてぼり》群（a）・連続多重横堀（b）・連続多重堀切（c）といった、他地域にルーツを持つ特異な防御施設が確認されている。これらの遺構群は本州から九州北部、九州中部の山城跡に多くみられるもので、城郭の文化が異なる地域の築城技術の導入や、それに至る経緯が古記との考察で可能であり、改修や導入を行った歴史的な背後関係が十分にうかがえる。

恒吉城は地形を活かした、いわゆる南九州型城郭プランを山の地形に入れ込み、さらには巨大空堀と土塁《どるい》ラインによって群郭《ぐんかく》型プランに一体性の創出を示す傾向がうかがえる。また城郭内の変遷において、織豊系の縄張技術による改変の痕跡が少なく、戦国時代末期の縄張を色濃く残したまま他地域にルーツを持つ防御施設の増設を行い、慶長年間まで機能している点が特徴である。

【城内の変遷】　恒吉城内は、Ⅰ群からⅤ群にかけて徐々に増改築や改修がなされたと想定でき、各々の特

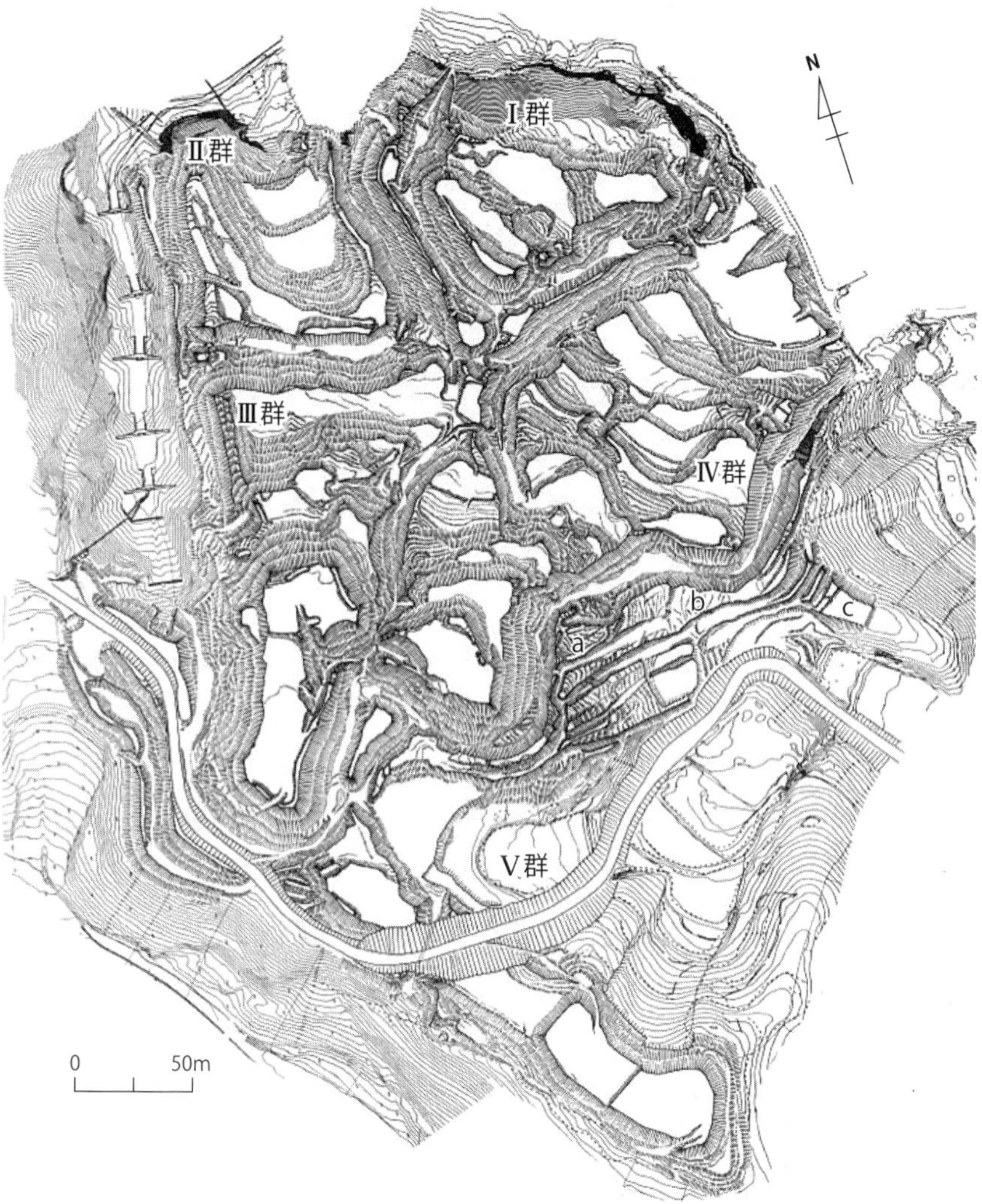

●―恒吉城縄張図（曽於市教育委員会提供）（作図：木島孝之，一部加筆）

徴を時系列に記載する。

・Ⅰ群について

日輪城の地点。周辺では頭一つ高く、恒吉城内では最も古くからの利用が考えられる。この地点のみ独立した形態がうかがえ、南九州型城郭プラン導入以前は見張り台のように利用されたと想定でき、この日輪城を中心に防御施設を構築していった可能性が高い。

・Ⅱ群、Ⅲ群、Ⅳ群について

肝付氏領から北郷氏領、伊集院氏領の時期。天文十四年以降、天正年間（一五四五―九二）にかけて肝付氏・島津氏・北郷氏による合戦の記録が多く残されており、恒吉城は領地争いの

●―Ⅴ群　畝状竪堀群（曽於市教育委員会提供）

渦中にありながら、三者にとっても非常に重要な防衛ライン上にあったことがうかがえる。恒吉城内では軍事活動に準じて防御施設の強化・拡大に重点が置かれ、この時期が増改築のピークであったと考えられる。地形を考慮した南九州型城郭プランを大いに意識し、Ⅰ群からⅣ群まで、短期間で現在残されている姿にまで成長している。

伊集院氏領となった文禄年間（一五九二―九六）では、豊臣政権とのつながりがうかがえるようになる。島津氏の筆頭家老であった伊集院氏は都城一円を拝領され、恒吉城は庄内地域南の最重要拠点となると同時に、縄張面でも質的な変化が必要になる。この時期に再度Ⅰ群に改修が行われる。Ⅰ群内側に大型の空堀を新設し、さらにⅡ群を明確に切り離すことにより、Ⅰ群を独立化して城内でも別格の存在として位置づける改築を行っている。

・Ⅴ群

庄内の乱に向けて、Ⅴ群（畝状竪堀群・連続多重横堀・連続多重堀切）の増設。庄内の乱の勃発に伴い、やや防御のうすいⅣ群南側に他地域の先進的な防御施設を導入している。

恒吉城は、地元権力者が領した時代では、地形を利用した南九州型城郭プランを基本とした増改築を行い、城主が交代しても城郭を中心とした防御施設の増改築にとどまる。しかし豊臣政権をはじめ、他地域と交流をもつ伊集院氏領となると、織豊系城郭プランを既存の南九州型城郭プランに重ね合わせて、なおかつ庄内の乱に備えて畝状竪堀群を新設している。県内では織豊系城郭プランを持つ中世城郭は散見されるが、畝状竪堀を持つ城郭は現在のところ確認されていない。

【参考文献】曽於市教育委員会『恒吉城跡調査報告書Ⅰ』（二〇一三）、曽於市教育委員会『恒吉城跡調査報告書Ⅱ』（二〇一六）、曽於市教育委員会『曽於市埋蔵文化財発掘調査報告書（三六）恒吉城跡（追補改訂版）』（二〇二〇）

（橋口拓也）

●雄大な空堀を有する港の山城

志布志城《しぶしじょう》

〔国史跡〕

〔所在地〕志布志市志布志町
〔比高〕約五〇メートル
〔分類〕山城
〔年代〕一四〜一六世紀
〔城主〕楡井氏、畠山氏、新納氏、豊州家島津氏、肝付氏、島津氏
〔交通アクセス〕JR日南線「志布志駅」下車、徒歩三〇分。または、東九州自動車道「志布志IC」から車で約五分。市営駐車場有

【城の立地】　志布志城は鹿児島県の東部、宮崎県境に位置する。志布志湾に面した前川の河口付近に内城《うちじょう》・松尾城・高城《たかじょう》・新城《しんじょう》の四つの中世山城がある。谷筋に隔てられた四城を総称して「志布志城」と呼ぶが、最初に築かれた松尾城あるいは四城の中心である内城を指して志布志城と呼ぶ場合もある。

志布志城は国の内外に通じた国際的な交易港である志布志港を背景とした、港の山城である。標高の高い山頂部に築かれた城ではなく、港を見下ろす小高い丘に築かれた城であり、交通や軍事の要衝である港を守るための城である。

また、志布志城は南九州独特の地形であるシラス台地の先端に立地する。シラスと呼ばれる火山の堆積物による台地であり、軟質で水はけのよい土壌のため造成が容易である。シラス土壌に築かれた山城は深く切り立った空堀《からぼり》を有するものが多く、志布志城もその例にもれず深く長い空堀を備えている。

【城の歴史】　志布志は、万寿三年（一〇二六）に都城《みやこのじょう》を中心として平季基《すえもと》によって開かれた、日向国の大荘園「島津荘《しまづのしょう》」の港として発達した。平安時代末期の文治五年（一一八九）には救仁院《くにいん》氏が治め、救仁郷《くにごう》氏、千種《ちくさ》氏を経て、志布志城の城主が領有するところとなる。

志布志城の築城者と築城年代は不明だが、建武三年（一三三六）に志布志城の肝付《きもつき》氏が重久《しげひさ》氏に攻められたという記録が残されている。この記録に見える「志布志城」は最も早く

●—志布志城４城空撮（志布志市教育委員会提供）

築城された松尾城を指すと考えられている。

正平三年（一三四八）には松尾城の城主として、信濃源氏の流れを汲む楡井頼仲《にれいよりなか》の名が見える。楡井氏は南朝方として松尾城を拠点とし、同じ南朝方の肝付氏と協調して大隅に勢力を広げたが、北朝方の畠山直顕《はたけやまただあき》に敗れた。松尾城を追われた楡井氏は他の城を拠点として挙兵し、松尾城の奪回も果たしたが畠山氏を破ることはかなわず、正平十二年に自身が創建した大慈寺《だいじじ》にて自刃した。同年、畠山氏も島津氏の分家である新納《にいろ》氏に敗れ、志布志を去っている。

新納氏は島津四代忠宗《ただむね》の四男時久《ときひさ》が日向新納院の地頭となったことに始まる一族で、島津六代氏久《うじひさ》の助力を得て畠山氏を破り、内城に入った。新納氏は志布志を拠点として、氏久の命を受け、島津氏の大隅・日向での勢力拡大を担った。氏久も一時、志布志城を居城としており、志布志で没し大慈寺即心院《そくしんいん》に葬られている。新納氏の志布志領有は約一八〇年の長期に及び、その間、時に島津本宗家に反発しながら、志布志港を背景として独自の勢力を築いた。この間に志布志城は四城の構成に整備されたと考えられる。

天文七年（一五三八）、本宗家の継承をめぐる島津家中の内紛により、志布志は豊州家《ほうしゅうけ》島津氏の領有するところとなり、新納氏はここを去った。その後、島津氏との対立が決定的となった肝付氏が豊州家島津氏を攻め、永禄五年（一五六二）に志布志を領有したが、天正二年には降伏し、以降、島津氏が領有した。この頃、日向南部は島津氏によって平定され、志布志城は最前線の城としての性格を失ったと考えられる。

江戸時代に入り慶長二十年（一六一五）の一国一城令で廃城となったが、大規模な破壊などは行われず、城としての性格、機能を失いながらも地域のシンボル、ランドマークとして利用されたと推測されている。

【城の構造】　志布志城は南九州特有のシラス台地に築かれており、軟質な土壌や浸食谷の地形を利用して築城されている。四城の中心であり、最も規模の大きい内城の構造に、土壌や地形を利用した城の姿を見ることができる。

内城は南北約五〇〇メートル、東西約二五〇メートルの規模で、最も高い曲輪《くるわ》は標高約五四メートルに位置する。現在は小学校が存在する山裾部分に、領主の居館があったと想定されている。山城の周辺には武士の集住地が形成され、江戸時代には、この場所に地頭仮屋《じとうかりや》が置かれていた。山城は北東から南西へ延びる尾根の南側斜面を造成して築城され、尾根付近の土を削り、南側斜面に盛ることで曲輪となる平坦地を得ている。そのため、各曲輪にめぐる土塁《どるい》のうち尾根に近い北西側は削り残しの切《きり》土塁であり、造成された平坦部である南東側は土を盛って造られた盛《もり》土塁である。

江戸時代の史料『志布志記』では、内城について、囲《かこ》い一つの中に「内城」、「中野久尾《なかのくび》」、「大野久尾」の「古城三ツ」があり、堀や段々によって分けられていると記されている。この記述の通り、内城では空堀に隔てられた三つの主要な曲輪群を見ることができる。「内城」は曲輪3を中心とした曲輪群、「中野久尾」が曲輪4と曲輪5、「大野久尾」が曲輪6と曲輪15である。これらの曲輪群は、当初は「内城」曲輪群のみであったものが、次第に拡張されたと考えられ、最終的には、切岸《きりぎし》（空堀7）によって台地から切り離されている。

各曲輪が上下二段の構造となっていることは、内城の顕著な特徴である。台地の先端部である「内城」曲輪群では南北に上下段、それ以外では東西に上下段の曲輪が築かれている。曲輪の上下段は、それぞれに虎口《こぐち》を備えて独立性が高く、上下段の間に空堀を備える曲輪もある。

主要な曲輪群はシラス台地の浸食谷を利用した深く長大な空堀により区分され、その外側には土居と添《そえ》曲輪が備えられている。南北方向に走る二つの空堀（空堀1・2）により、曲輪群は土居から切り離され、東西方向に走る空堀（空堀4・5・6・8）によって各曲輪が独立している。土塁が

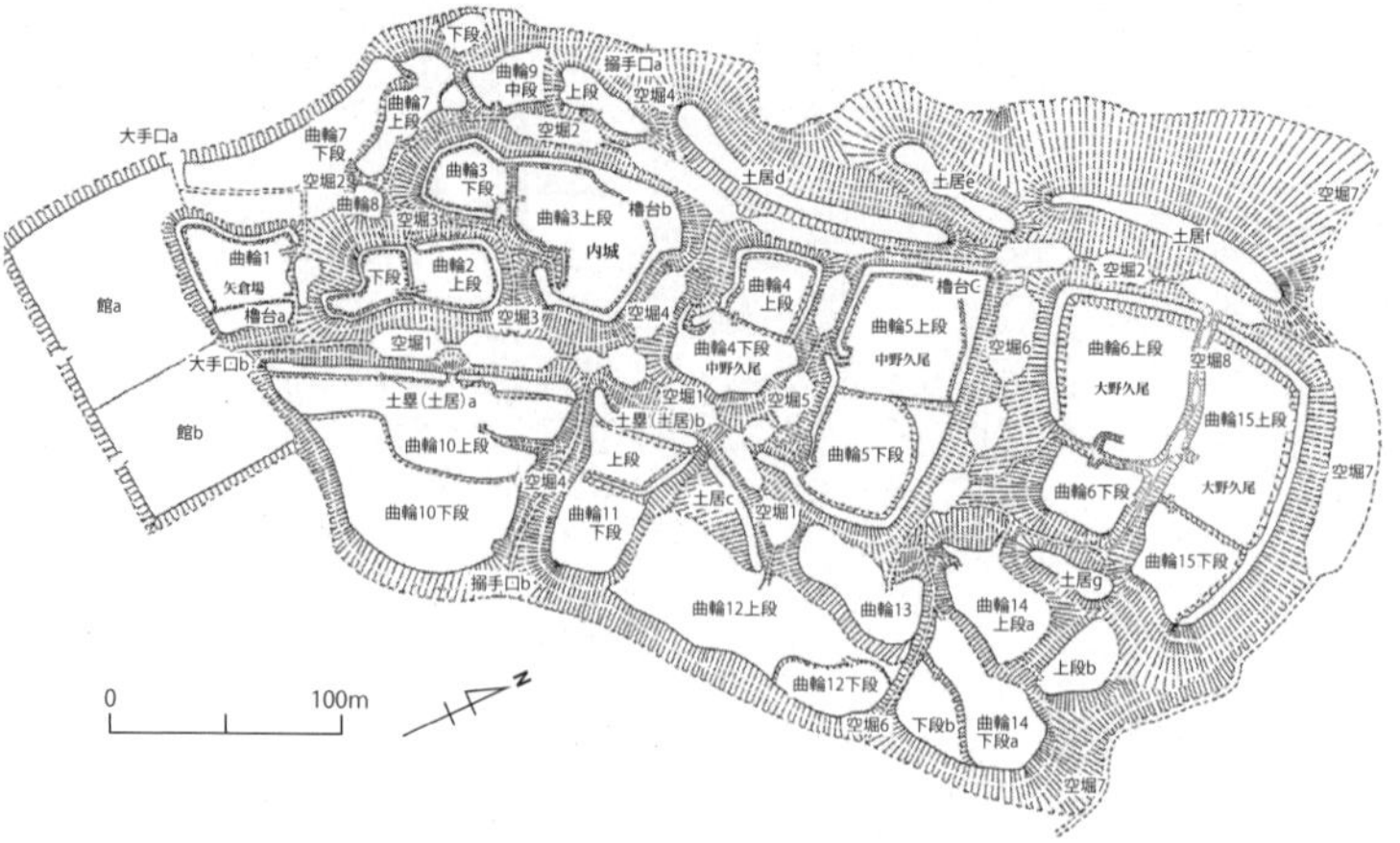

●—内城縄張図（『志布志城跡』2018より）（作図：三木 靖，一部修正）

めぐり虎口を備えた各曲輪が島状に立ち並び、空堀によって連結される「南九州型城郭」と呼ばれる形である。

攻め手の兵は曲輪の間を縫うように空堀の堀底道を進むが、ほぼ垂直に切り立った切岸により、堀底から斜面を登って曲輪へ攻め込むことは不可能なため、各曲輪の虎口を探し出して攻め込むしかない。その間、堀底道を進むために常に頭上の曲輪からの攻撃にさらされる。曲がりくねった空堀は大軍での進行を阻み、攻め手の兵は隊列の側面や背後から攻撃を受けることになる。

【港の山城】 志布志城は国際的な交易港である志布志港を背景とした城である。城主は港を通じて国内外の品々を入手できる地位にあった。志布志城の発掘調査により、国内のみならず、中国やタイなど港を通じた交易をうかがわせる遺物が出土している。中世山城で一般的な青磁や白磁の碗や皿だけではなく、壺や瓶、香炉《こうろ》や合子《ごうす》、角杯《かくはい》などのほか、高足《たかあし》杯や擂鉢《すりばち》などの珍しい器種が見られる。

また、中国南部を産地とする華南三彩《かなんさんさい》では、破片ではあるものの鳥形水注《すいちゅう》や鶴形水注、魚形水滴《うおがたすいてき》など単なる器ではない装飾性の高いものが出土している。これらの大陸産の陶磁器については、琉球を経由する航路が想定されている。

国内の陶器としては、備前焼のほか、常滑《とこなめ》焼、美濃焼、唐《から》津《つ》焼、渥美《あつみ》焼などが出土している。「京都系土師器《はじき》」と呼ばれる京都周辺で使用された手づくねの土師器も出土し、室町幕府のあった京都と城主との関係を示す資料となっている。

また、瀬戸内海沿岸で出土する亀山焼系瓦質《がしつ》土器や堺以外での出土が珍しいとされる瓦質皿の出土もある。これらの出土品は瀬戸内海を通り志布志に至る、九州東岸の航路をイメージさせる。堺の瓦質皿は堺近辺でのみ使用され、商品として流通するものではないため、堺の商人が携行して持ち込んだものと考えられ、堺から志布志を経由して琉球に至る堺商人の移動ルートを想像させる遺物でもある。

　陶磁器以外にも、中世遺跡からの出土が多い中国の洪武通《こうぶつう》宝《ほう》や永楽《えいらく》通宝のほか、朝鮮通宝や琉球の大世《たいせ》通宝といった銭《せん》貨《か》が出土している。これらの銭貨の出土は、志布志が中国、朝鮮、琉球を含む東アジアのネットワークに属する港であったことをうかがわせる。

●—内城跡想定復元模型（志布志市埋蔵文化財センター展示）

【志布志市埋蔵文化財センター】　志布志城とはやや離れた場所に所在するが、埋蔵文化財センターは本城を理解するための情報が詰まった場所である。内城の想定復元模型が展示され、城の歴史や築城についての解説映像を見ることができる。

　現在の「大野久尾」は、曲輪6と曲輪15が連なった形になっているが、発掘調査により、本来は堀を隔てて独立した曲輪であったことが判明している。埋蔵文化財センターに展示されている内城跡復元想定模型では、発掘調査の成果が盛り込まれ、二つの曲輪が独立した「大野久尾」の姿が再現されている。

　発掘調査によって出土した前述の陶磁器片などが展示されているほか、縄張図などの資料も配布されており、志布志城を訪れる前の情報収集に適している。続日本百名城のスタンプもセンター内に設置されている。

【参考文献】志布志町役場『志布志町誌上巻』（一九七二）、志布志町教育委員会『志布志記』（二〇〇〇）、三木靖「日向国志布志城の変遷と縄張」『志布志城跡関係資料集Ⅰ』（二〇〇五）、志布志市教育委員会『志布志城跡　志布志城（内城）跡　一〜九次調査』（二〇一八）、新名一仁「島津貞久・氏久」『南北朝武将列伝北朝編』（二〇二一）

（大窪祥晃）

●東シナ海を望む種子島氏の居城

赤《あか》尾《お》木《ぎ》城《じょう》

〔西之表市史跡〕

〔所在地〕西之表市西之表中目
〔比　高〕約三八メートル
〔分　類〕居館趾
〔年　代〕一七世紀
〔城　主〕種子島氏
〔交通アクセス〕鹿児島南ふ頭から高速船九〇分、徒歩一〇分。赤尾木城正門跡（現・榕城小学校正門）

【城の変遷】　赤尾木城は種子島《たねがしま》の北部（現・西之表市）の東シナ海を臨む標高約三八メートルの台地上に設けられた種子島氏の居城である。種子島氏の居城跡はこの台地上に赤尾木湾を取り囲むように点々と設けられている。古記録には「初代信基《のぶもと》～六代時充《ときみつ》までは本城、一二代忠時《ただとき》は池田黒山尻城、一三代恵時《しげとき》は屋久田城、一四代時尭《ときたか》は住吉より本源寺の地、後に内城、一六代久時《ひさとき》は石峯（野久尾とも号す）、後に内城、一七代忠時は内城より上の屋地」と記されている（「懐中島記」）。

①赤尾木城　赤尾木城は近世（寛永元年〈一六二四〉以降）の種子島氏の居城跡で「内城上《うちじょううえ》の屋地《やじ》」とも称されるが、一般的に「赤尾木城」と呼称されている。寛永元年（一六二四）一七代忠時が、内城よりここへ移り、明治二年（一八六九）版籍奉還までの居城である。赤尾木城という名前が文献に登場するのは一七代忠時からで、城名の由来は、城の周辺に亜熱帯特有の赤尾木（榕樹）が繁茂していたことによるといわれる。今日でもわずかにその面影を呈している。この城は、山鹿流の築城法といわれ、道路は防御に備え、T字型に交差し、犬の馬場は

●—赤尾木城正門跡（現・榕城小学校正門）

犬追物《いぬおうもの》などの練兵場でもあった。

②内城跡　赤尾木城の西側下段に所在する内城は鉄砲伝来時の一四代時尭の頃にはすでに存在していた。種子島で起こった唯一の戦争は天文十二年（一五四三）春、大隅の禰寝《ねじめ》軍と種子島家が争った「根占戦争」である。この戦の原因は一説には種子島家一三代恵時の奢侈《しゃし》によるものといわれる。根占軍二〇〇余名は種子島北部浦田に上陸し、櫨之峯《はじのみね》経由新城入口を経て、内城に押し入り、内城は激戦地となった。

●—御拝塔（種子島氏累代の墓地）

時尭は父恵時を屋久島に逃がし、内城で防戦するが、負け戦となる。その代償として、根占《ねじめ》軍に屋久島を割譲し、その翌年、ふたたび、屋久島の根占軍を攻めて、取り戻した。この戦は種子島で起きた唯一の戦で、鉄砲伝来、半年前の出来事である。「慶長十四年一六代久時は居城を野久尾と内城の地を撰び、くじを神前にひねり、野久尾に居る。のちに、内城に移った」とある。内城は種子島氏の要城であったと思われる。野久尾城は『懐中島記《かいちゅうとうき》』に「後に石峯と号す」とある。字「石峯」は市内に二ヵ所認められるが、「内城」に隣接する「字石峯」が妥当と考えられる。

赤尾木城および内城跡にほぼ隣接するところに「御拝塔《おはとう》」と呼ばれる種子島氏歴代当主の墓地や菩提寺「本源寺」がある。文明元年（一四六九）一一代島主時氏が法華宗の本源寺を創建してこれを菩提寺とした。一二代忠時、一四代時尭、一六代久時、一八代久時、一九代久基、二三代久道の名跡（松寿院）やキリシタン墓（永俊尼と娘、孫娘）など、その偉功、遺徳、悲劇を物語る。なお、この墓所より、五〇〇《メートル》北側に種子島家の最初の墓地と伝わる「御坊墓地」がある。島主の墓石の周りは鎌倉から随伴した二〇家集団の古墓石群が立ち並ぶ。その直下には、種子島氏の祈願所「慈遠寺」を望む。

【赤尾木城の発掘調査概要】　平成十六年（二〇〇四）三月には赤尾木城跡の試掘調査が行われたが、大開発をすでに受けており、城などに関する遺構・遺物は確認されなかった。しかし、今日、城館を取り囲む土塁《どるい》、堀切《ほりきり》（切通《きりとおし》）、犬の馬場、馬飼屋敷、家老屋敷、堀の田、井の上、桜山、豊山など周辺の地名（呼称）など歴史的環境は良好に残存しており、今後、赤尾木城のさらなる調査研究が待たれる。

【内城跡の発掘調査概要】 西之表市教育委員会は平成二十九年二月と三十年二月の二度にわたり、城館跡につながる遺構および遺物の確認と遺跡の範囲を把握するために、確認調査を実施したが、「土塁・石垣（サンゴ）・近世・近現代の陶磁器類・いくつかの柱穴（礎石）遺構は確認されたが、詳細な時代の特定には至っていない。調査地が直近まで、旧榕城中学校のグランドであり、これまで旧女学校用地であったことなどから、遺物・遺構は滅失している可能性が大きい」と報告されている。

③本城《もとじょう》　築城年代は一四世紀、城主は？～六代種子島時充。

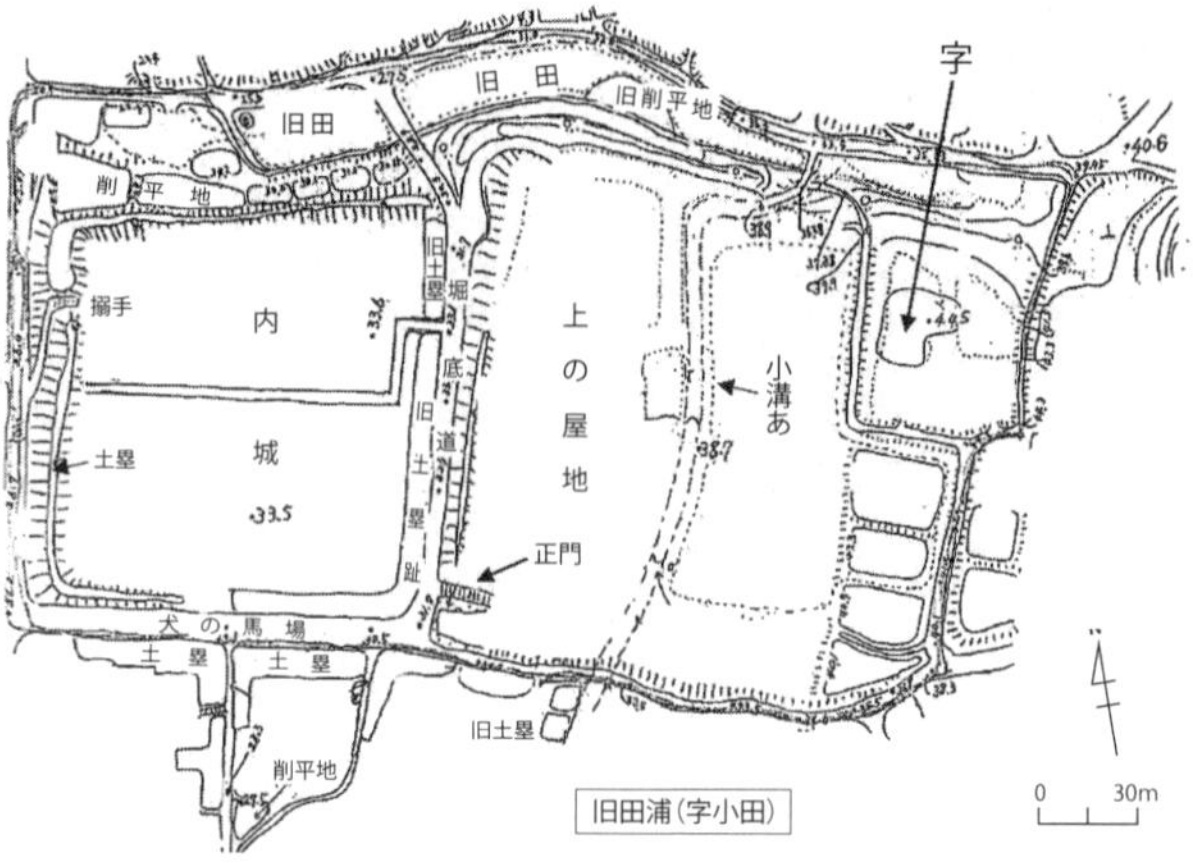

●—赤尾木城・内城縄張図想定（鹿児島県教育委員会『中世城館跡調査報告書』1983　参照）

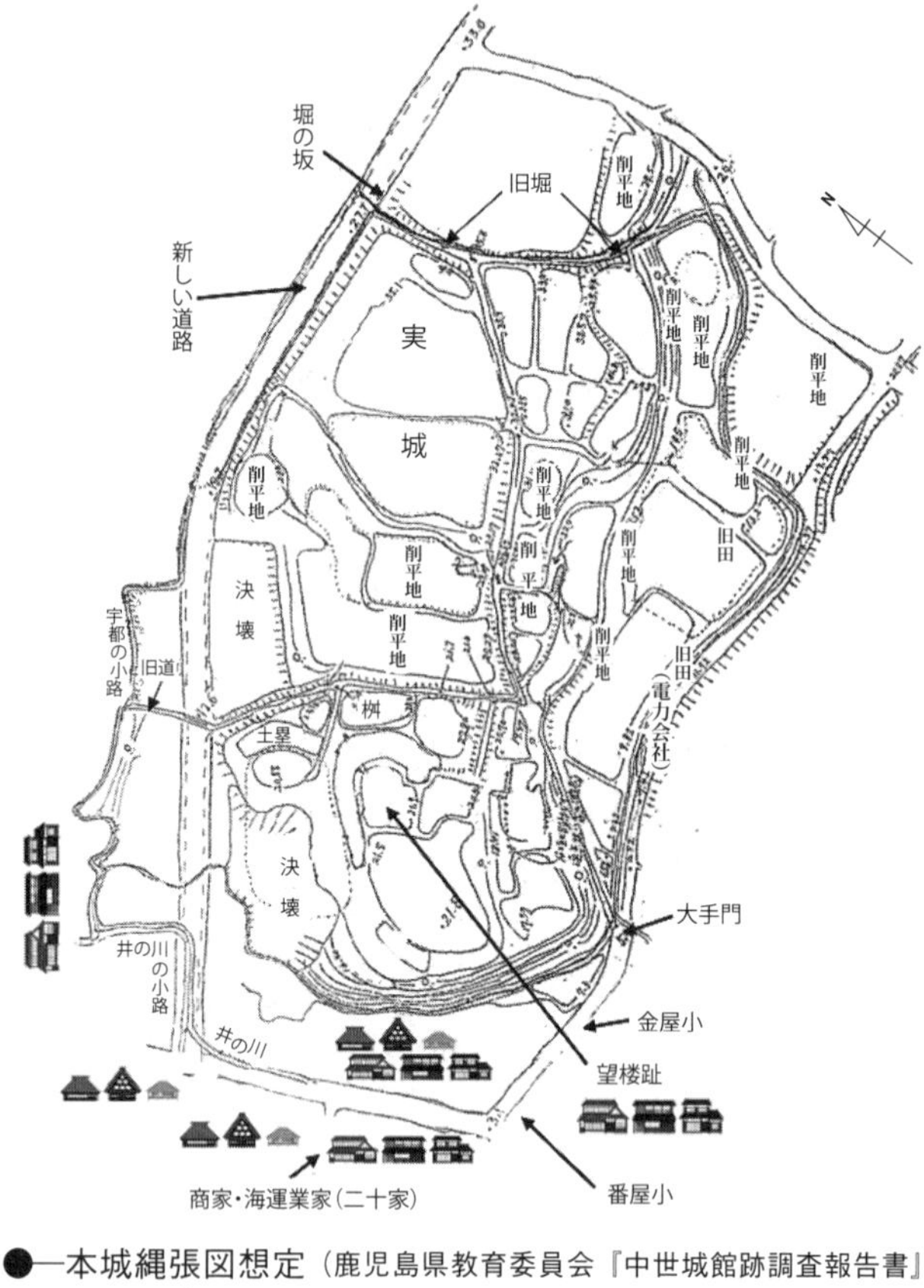

●—本城縄張図想定（鹿児島県教育委員会『中世城館跡調査報告書』1983より）

赤尾木城跡（内城跡）より約五〇〇メートル離れたところにある。種子島氏最初の古城跡である。

　種子島の北部赤尾木（現・西之表市）に位置し、赤尾木城の北西側の東シナ海を見下ろす砂丘上に形成された古城跡である。種子島家初代時充の居城跡と伝えられている。

　丘陵は、古第三紀熊毛層を基盤とし、その上に砂丘が形成され、縄文時代前期本城遺跡は、その中に包蔵している。その丘陵の先端部に「六代島主時充が文和年間、市街地を彷徨する放下師《ほうかし》を本城より望見した」との記事が種子島家譜に見えるが、その望楼の一部と思われる円形の土塁と思われるものも今日確認される。

　さらに種子嶋家歴史譜写録抄巻一に「吉良氏この屋敷一円の城地也と言伝えたり。その証拠今に当家の書院庭石に人力および難き大盤石を築構へ居る。右堺内土中に数多の大盤石埋まりおり。惣じて城築立の壁石たりしと見ゆ。大手の門は西町金屋小路の上り立なりと。その古跡、今に見ゆ。又渡辺氏宅地の西へ高上の地あり。今日も世人壇《だん》の上《うえ》といひ伝ゆ。西沖海原見渡す遠見を附置れるたる地也といひ伝る也」とあるほか、本城趾は『種子島家譜』『家譜略』『懐中島記』にも収集されており、古城跡の存在を物語る遺跡である。

　丘陵の先端部に立つと眼下に旧赤尾木港が広がる。港の周辺には島主に随伴したと伝える二〇人家（船頭集団）が軒を連ねる。倭寇の全盛時代、種子島氏は慈遠寺《じおんじ》の妙満寺船で琉球（沖縄）・中国と東シナ海を広範に航海し、交易する海の民であった。種子島には現和《げんな》庄司《しょうじ》浦（西之表）・島間《しまま》浦（南種子）・浜津脇《はまつわき》港（中種子）の三大琉球交易拠点港がある。

【その他の島内の居城跡】

④池田黒山尻城　一二代忠時の居城跡は遺明交易の全盛時代にあたり、その港は種子島最大の二級河川甲女《こうめ》川河口域に隣接する「字池田黒山尻」周辺と思われるが、火災（大永年間頃）で什器・古記録など悉く焼失し、詳細は不明である。

⑤屋久田城　一三代恵時の居城で、甲女川畔の「字屋久田」周辺にあったと思われる。正確な場所はわかっていない。天文十二年春、根占軍が種子島内城を急襲した時、一三代恵時と時尭はこの「屋久田城」にいたと記される（『懐中島記』）。

⑥高野城　種子島氏入島以前、三入道（高野・野間・熊毛）によって支配された時代があり、その高野入道の居城跡は甲女川を見下ろす高上の地に伝承の地がある。直下の城《じょう》集落には高野神社および古石塔群がある。

⑦住吉城　一四代時尭の居館跡といわれる。住吉里の町「字前園」を中心とする城館趾を住吉城とし、城の山（現・

住吉小学校）に望楼（地名・望が岡）があったと思われ、直下には住吉川（浜の川）を望み、当時の船溜まりとして利用されたか？ なお、種子島氏入島以前の大浦口氏の代官として

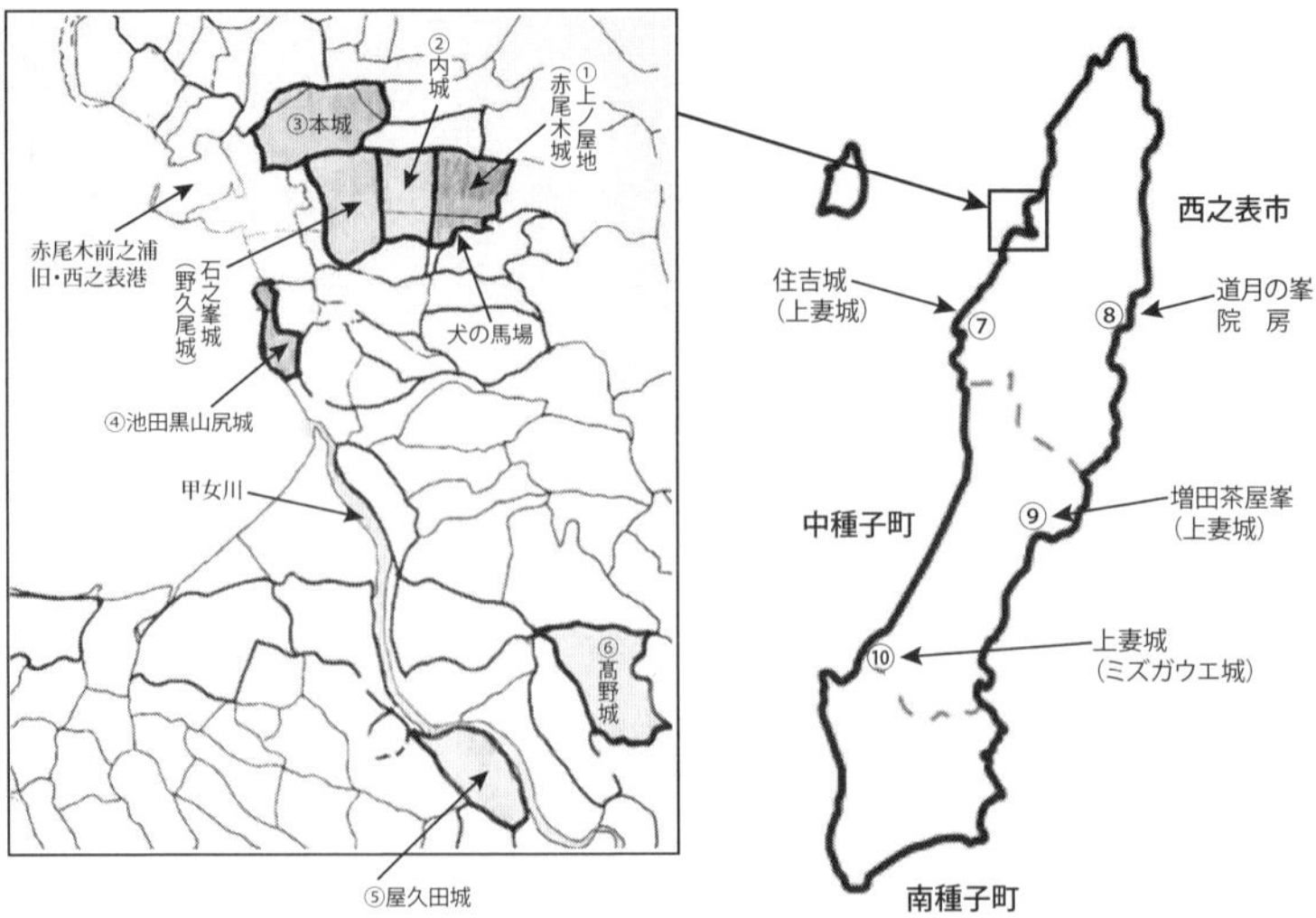

●—西之表市の城の配置図（作図：鮫島安豊）

種子島に入った上妻氏の最初の居住地には諸説ある。住吉片之山に八幡宮を祀っている。

⑧ 道月の峯・院房は現和湊川を望む高上の地の三連郭の山城で、隣接して「院房」と呼ばれる寺院跡（一一世紀）がある。日本三大古窯の一つ猿投窯《さなげよう》蔵骨器と、中国長沙窯青磁片および中国越州窯水注片など貿易陶磁器を共伴して発見された山城である。種子島氏入島以前の城館跡だろうか？（城主不明）

⑨ 中種子町増田茶屋峯には古石塔群があり、由緒書には上妻家初代は種子島氏家臣団の説得により、種子島氏家臣となり、増田古房に居住し、増田村五十町歩を領したと伝える。三連郭の山城（伝説）もある。

⑩ 上妻城は南種子町島間上方に所在し、ミズガウエ城とも呼ばれる。古砂丘上に築造された三連郭の山城であるが、詳細不明。種子島氏入島以前の支配者上妻氏の居城とも。外城・内城・犬の馬場・殿川の地名も残る。この城址の一一キロはるか海上には九州一の霊峰屋久島を望む。

【参考文献】鹿児島県教育委員会『中世城館跡調査報告書』（一九八三）

（鮫嶋安豊）

●倭寇監視のため築かれた城

楠《くす》川《がわ》城《じょう》

〔屋久島町史跡〕

〔所在地〕屋久島町楠川
〔比　高〕約四〇メートル
〔分　類〕山城
〔年　代〕大永四年（一五二四）
〔城　主〕種子島氏
〔交通アクセス〕屋久島空港から車で北西方向一〇分。空港前から屋久島交通バス「楠川」停留所下車。

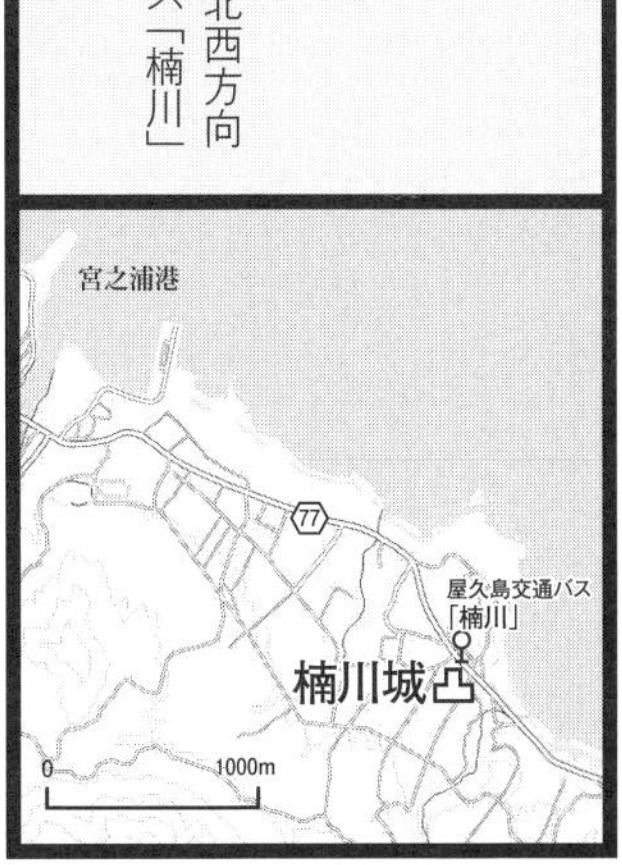

【概　要】 楠川城は、屋久島北東部楠川集落に位置する中世城郭である。北側は東シナ海（種子島海峡）を挟んで海の向こうに種子島を臨む。西側は、城《じょう》之《の》川という小規模な河川が面しており、残る東・南側はなだらかな傾斜の丘陵地となっている。

楠川城は中世種子島の領主、種子島氏によって築城されたとされる。一五世紀の室町幕府内で、勘合《かんごう》貿易をめぐる対立が起こり、管領細川氏に組する島津氏の勢力下にあった種子島氏が南東において重要な役割を担っていた。種子島氏は、南東航路上の要所である屋久島に交通拠点を築き、また倭寇の監視を行うため、楠川城を含むいくつかの城を築き、屋久島の統治を行った。

【禰寝氏との抗争】 種子島に残る古文書『種子島家譜』には、楠川城の築城、禰寝《ねじめ》氏との抗争、禰寝氏の屋久島占領、種子島氏の回復やその後の争いの事象が記述されており、以上略述する。

大永六年（一五二六）二月、種子島一二代忠時《ただとき》は屋久島に渡り楠川を含む二ヵ所に山城の築城を始め九月に完成した。天文十二年（一五四三）三月、種子島一三代恵時《しげとき》は、弟の時述と通じた禰寝重長に種子島を襲われると、屋久島に逃亡した。禰寝氏は当時大隅半島南部を拠点にしていた豪族であり、種子島氏とは競合関係にあった。争いに敗れた恵時は、屋久島を禰寝氏に明け渡し四月に種子島に戻った。禰寝重長は、屋久島に一五〇人を配置し禰寝に戻った。

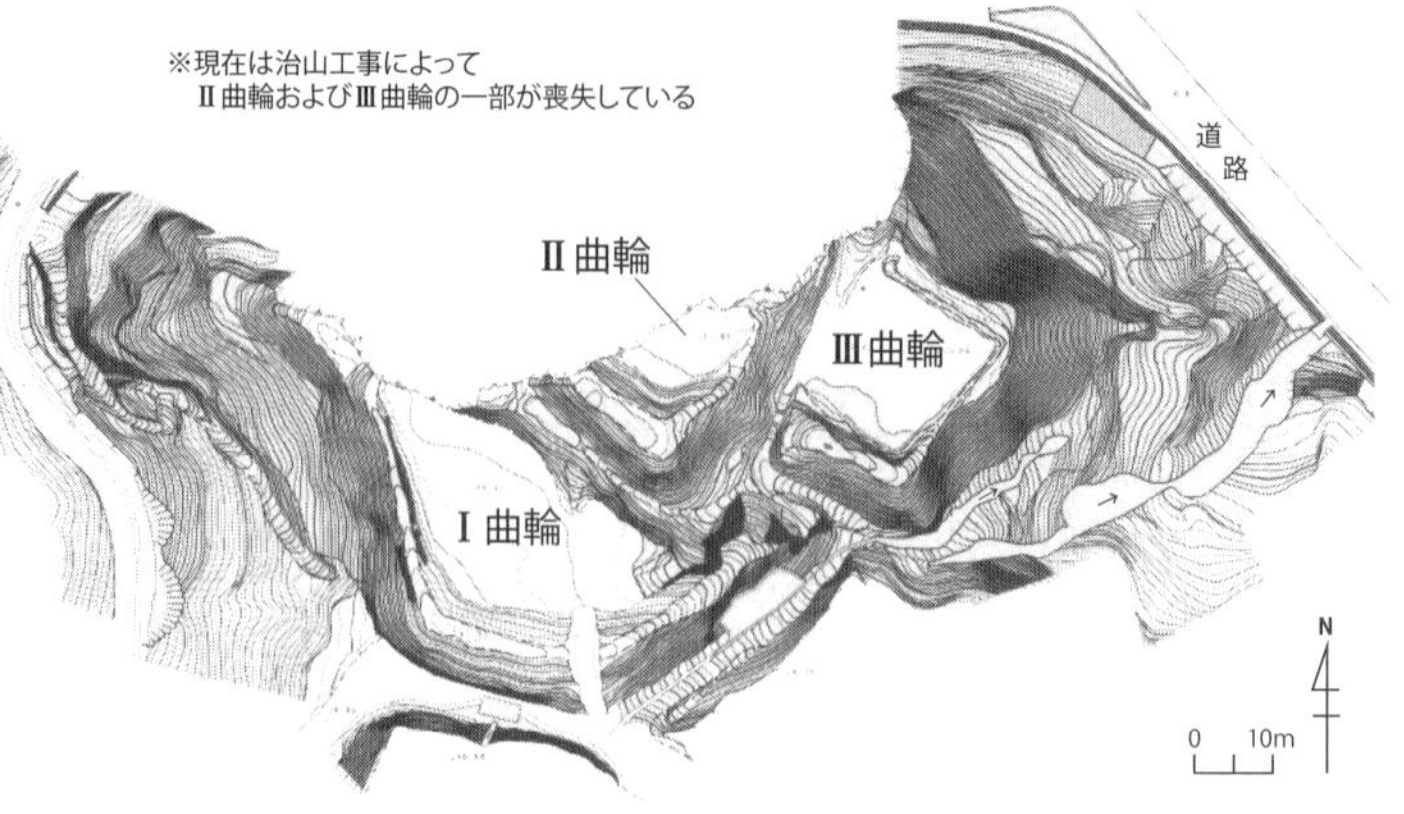

●—楠川城地形測量図（『上屋久町埋蔵文化財調査報告書〈6〉楠川城跡』，上屋久町教育委員会 2002 から抜粋・一部改変）

翌天文十三年一月四日早朝、種子島方の肥後下総守時典《ときのり》は、島間から楠川に入ったあと、ただちに北西部の宮之浦《みやのうら》集落に進み、禰寝方と交戦しこれを破る。宮之浦の禰寝方は島内の勢力を最西部、永田集落の永田城に集め、防備を固めるが、肥後時典の計略にかかり、永田にて全滅した。種子島氏は屋久島奪還に成功し、屋久島はもとどおり種子島領となる。その後、両者の争いは天正元年（一五七三）禰寝氏が戦国大名島津氏に下るまで続き、楠川城はこの間四九年にわたり種子島氏の山城として、使用されていたと考えられる。

【楠川城の特徴】　楠川城は、Ⅰ～Ⅲの三つの曲輪をもつ連郭《れんかく》式の山城である。それぞれの曲輪は、空堀《からぼり》によって分断され、要所に虎口《こぐち》や土塁《どるい》が構築されている。その他、特徴的な遺構としては石積《いしづみ》が挙げられる。Ⅰ曲輪に入る虎口部分には鈎状に築かれた土塁塁線に野面積《のづらづみ》で施されるほか、土留め・裾固めが目的と思われる石積が散見される。また、発掘調査によってⅢ曲輪で検出された空堀は、片側壁面を覆う石積が施されており、この石積は空堀を掘り抜いたあと、中央部に土を盛り台座とした上に構築されていることが判明した。なお、石積裏側は構築後埋め戻されており、空堀そのものは石積みによる片薬研堀《かたやげんぼり》を呈する。

　現在は治山工事によってⅡ曲輪およびⅢ曲輪の一部が喪失している。

【参考文献】『鹿児島県史料　旧記雑録拾遺家わけ四　種子島家譜』（鹿児島県、一九九四）、上屋久町教育委員会『上屋久町埋蔵文化財調査報告書（六）重要遺跡範囲内用確認調査に伴う埋蔵文化財発掘調査報告書　楠川城跡』（二〇〇二）

（濵岡尚志）

与論城《よろんじょう》《ぐすく》

●琉球石灰岩の島の断層崖に築かれた北限の大型グスク

〔所在地〕与論町立長
〔比　高〕約三〇〜九〇メートル
〔分　類〕平山城
〔年　代〕一四〜一五世紀
〔城　主〕伝　王舅（北山王の三男）・花城真三郎
〔交通アクセス〕「与論空港」、または「与論港」から車で一〇分。

【与論城跡の概要】　与論城跡は、与論島の南側にある城《ぐすく》集落に立地する琉球様式の城郭遺跡（いわゆるグスク）で、現在は神社地（地主《とこぬし》神社・琴平《ことひら》神社）や公園、墓地などとして利用されている。また、景観の良さから島内でも有数の観光地となっているほか、城内では国指定重要無形民俗文化財である「与論の十五夜踊」が旧暦三月・八月・十月の十五日に催される。

城主は、琉球国北山王《ほくざんおう》の三男王舅《おうしゃん》という話や尚真王代頃の人物である花城《はなぐすく》真《ま》三郎《さぶろう》が伝承として伝わっている。

与論城跡は、沖永良部島の後蘭孫八《ごらんまごはち》城跡とともにグスクの北限にあたる城郭遺跡と考えられており、日本国内の城郭遺跡の分布を考えるうえで重要な遺跡である。

【与論城跡の縄張】　与論城跡が所在する城集落の西端は、琉球石灰岩台地の縁辺部にあたり、島内をおよそ南北に縦断する辻宮断層によって断層崖が形成されている。与論城跡の縄張は、台地部分から断層崖と崖の間にある平坦面を城域に取り込んだ縄張構造を持ち、グスクの中では類例の少ない構造を有している。

城域は近代以降の改変により、判然としない箇所があるが、推定面積は三万平方㍍を超える。この規模は、琉球国の中心地で大型グスクが集中する沖縄島以外の島嶼では最大規模を誇る（山本、二〇二〇）。

現在、城域を取り囲む石積が残存しているが、特に崖下部分は状況が良く、断層崖の平坦面を塞ぐように高さ三〜四㍍

●—与論城跡の遠景（与論町教育委員会提供）

の石積が残っている。

また、現在、神社地となっている城内の最高所は、島内でも高台（標高九三メートル）にあり、島の主な港が集中する西側一帯と、島内でも古い由緒を持ち、中世・グスク時代の遺跡が集中する城・朝戸・西区の三集落が所在する島の南西側一帯を望むことができる。そして、海上には伊平屋島や伊是名島、沖縄島の辺戸岬と本部半島、天気が良ければ伊江島や古宇利島の島影も確認することができ、南西諸島を島伝いに往来する船舶の航路を抑えるにはうってつけの立地である。

【与論城跡の調査成果】　与論城跡の考古学的な調査研究は、一九七〇年代より島外の研究者を中心に行われてきたが、令和元年度からは与論町教育委員会によって、五年計画で城跡の城域や利用時期を把握するための確認調査が実施されている。調査の結果、城域の規模・範囲の把握に加え、一四世紀後半〜一五世紀中頃の中国産の陶磁器類が多く得られたことから、この頃に主な利用時期があったことが分かってきた（南、二〇二二）。

今後、これまでの調査成果を踏まえつつ、与論島という決して大きくない島にこのような大型グスクが築かれた背景について検証していきたい。

【参考文献】　山本正昭「コラム9　最北端の大規模グスク—与論城—」（『特集展示　海の帝国琉球—八重山・宮古・奄美からみた中世—』国立歴史民俗博物館、二〇二一）、南勇輔「与論城跡発掘調査速報」『考古学からみた沖縄と南九州の地域間交流　第八回鹿児島考古学会・沖縄考古学会合同学会研究発表資料集』（鹿児島考古学会・沖縄考古学会、二〇二二）

（南　勇輔）

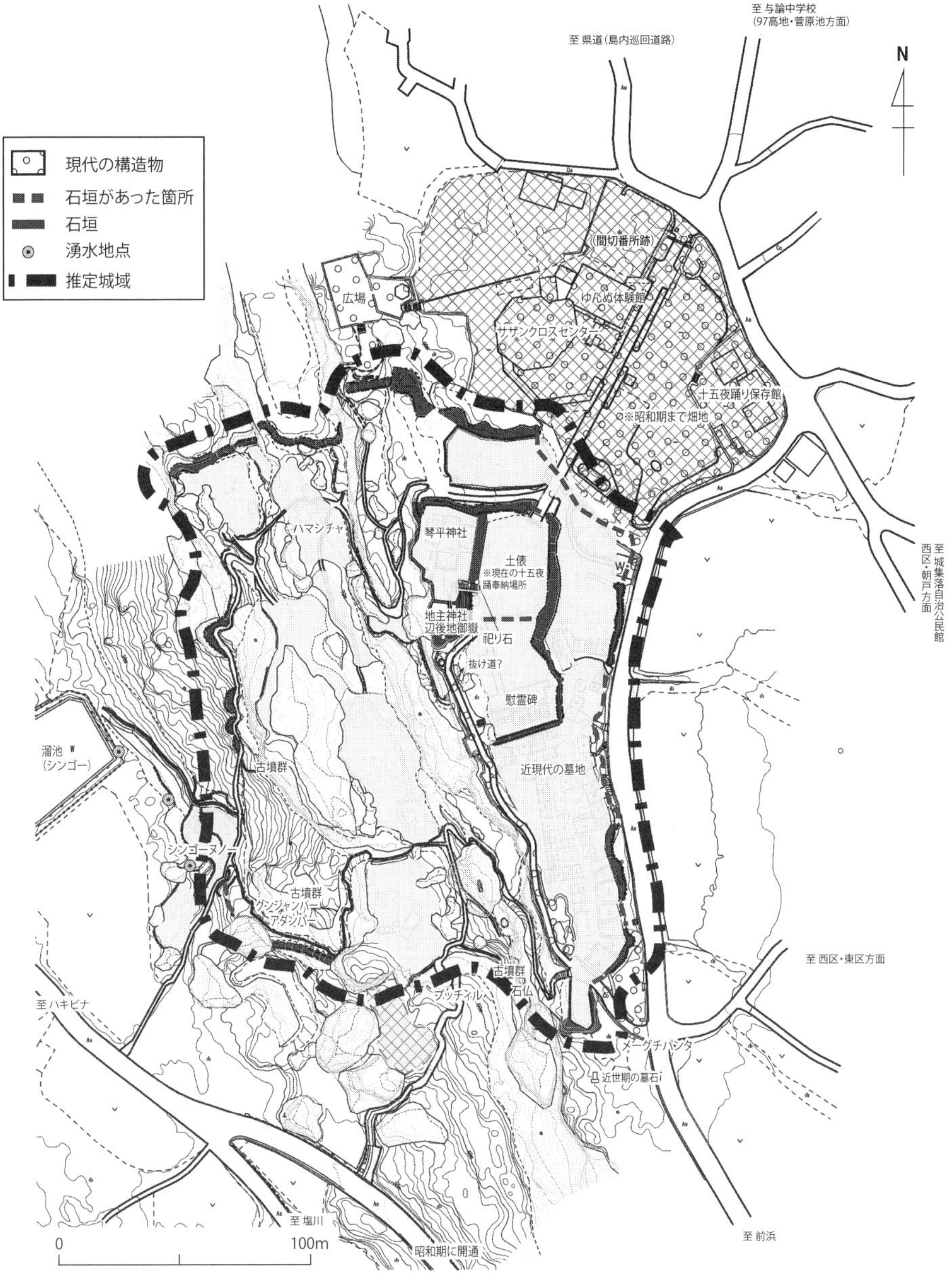

●—与論城跡の地形測量図面（作図：与論町教育委員会所蔵の図面を南勇輔が改変）

●グスクとは異なる琉球世界の山城

赤《あか》木《き》名《な》城《じょう》

〔国史跡〕

〔所在地〕奄美市笠利町大字里
〔比　高〕約八〇メートル
〔分　類〕山城
〔年　代〕一六世紀後半～一七世紀前半
〔城　主〕不明
〔交通アクセス〕奄美空港から、しまバス「赤木名入口」停留所下車。徒歩で赤木名中学校裏の秋葉神社へ上がり、山道を二〇分登坂で城跡。

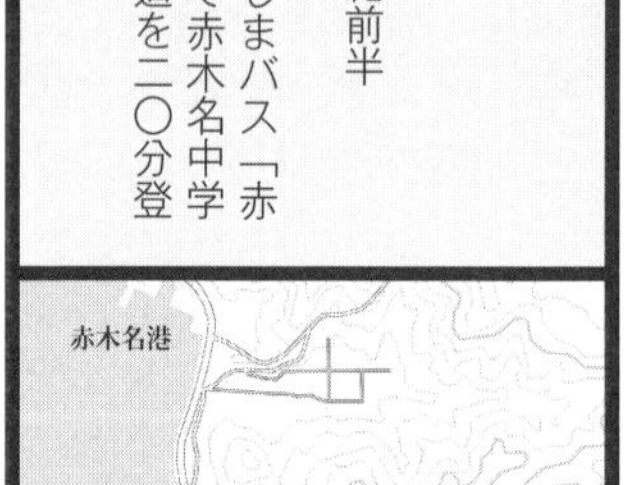

【城の歴史】　赤木名城は、奄美大島北部を貫流する前田川下流の右岸に位置する山城で、標高八〇メートル前後の尾根筋を中心に築城されている。

鹿児島県の南縁を占めている奄美群島は、複雑な行政統治の歴史がある。鎌倉時代には北条氏が知行する得宗領《とくそうりょう》に含まれていたと考えられ、室町時代に「琉球国」が成立すると「琉球国」に統治されるようになった。さらに、江戸時代開始直後には、薩摩藩が「琉球国」に軍事侵攻して、奄美群島は「琉球国」から割譲されて薩摩藩の直接統治下に置かれた。その際、対外的には「琉球国」のままの扱いとなり、「琉球国」を装いとした直接統治が行われ、その後、サトウキビのプランテーション的農業が展開した。

赤木名城は、発掘調査成果から室町時代の戦国期までには築城されていたと考えられているが、どのような勢力が築城したのか、手がかりとなる記録は皆無で、その歴史的背景は明らかではない。ただし、城の構造は本土地域の山城であるので、沖縄島を中心に分布するいわゆるグスクとは異なり、築城の技術的系譜が本土地域に求められることは明らかである。江戸時代初頭に奄美群島統治を開始した薩摩藩により再利用され、その城下にある赤木名集落は奄美大島統治の拠点となった。現在、地表観察できる城の最終形態が構造化されたのはこの時期と考えられている。

【城の構造】　赤木名城は、南北に連なる尾根筋に構築された二ヵ所の曲輪《くるわ》群（A群・B群）を中心に、その尾根を切断す

●—赤木名城空中写真（▽印は、左／南側曲輪群、右／北側曲輪群）（奄美市教育委員会提供）

る堀切《ほりきり》が七ヵ所あり、海側（西側）斜面には帯曲輪群や竪堀《たてぼり》などの構築物が構築され、防御性を高めた城郭が形成されている。これらの遺構群が、赤木名城の性格を最も特徴づけるものとなる。城が立地する山地は、頁岩層を基盤とする堆積岩から成り、比較的掘削、造成がしやすい地質である。

まず南側曲輪群（B群と呼ばれてきた部分）は、尾根筋を階段状に削平した七段の曲輪群で、下側に向けて面積が大きくなっていく。先端部分にある曲輪1は、東西約三〇メートル×南北約四〇メートルまで尾根幅が拡がり、赤木名城では最も広い曲輪で、戦後まで畑地として利用されていた。当該曲輪の西縁部分に、小規模な土塁《どるい》状の土手が構築されている。

この曲輪1の西側から下方に延びる痩せ尾根に、山麓の中学校から通じている登山道があるが、本来の城郭施設とは考えにくく、畑地利用に伴い設けられたものであると考えられる。この登山道がある痩せ尾根沿いの谷地を、赤木名城の大手口とする見解もあるが、全体の構造から判断して大手口とは考えにくい。その大手口については、まだ明確に確認できていないと考えるのが妥当であり、今後の現地踏査および発掘調査などの積み重ねが必要である。

南側曲輪群の海側（西側）斜面は、おおむね八段と理解できる帯《おび》曲輪群が構築されていて、その南北には竪堀が造られ

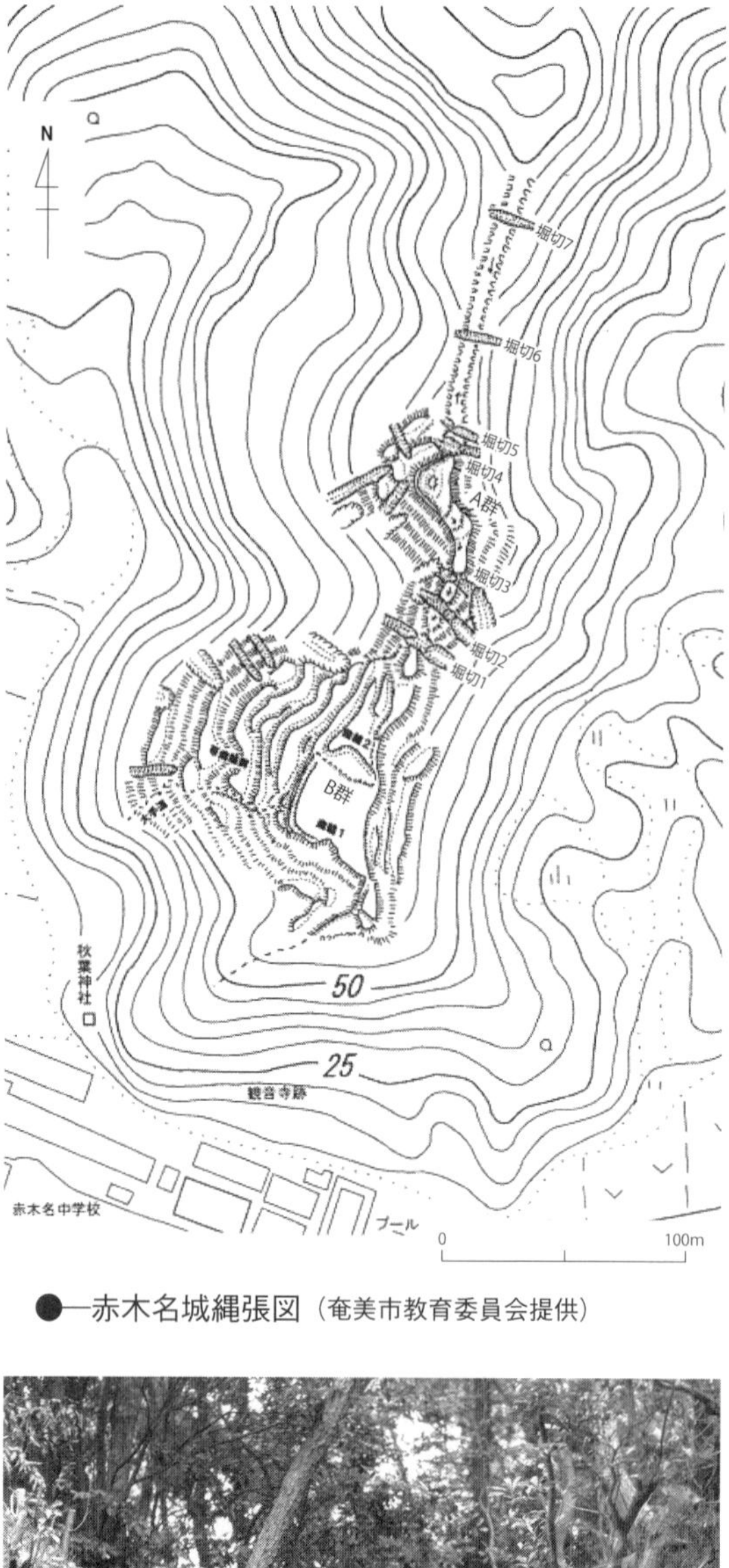

●—赤木名城縄張図（奄美市教育委員会提供）

●—第２堀切（A群）

ている（北側二本、南側一本）。また、反対側の東側斜面は急傾斜の崖地形を呈しているが、曲輪1の下側に小規模な帯曲輪が三段構築されている。

北側曲輪群（A群と呼ばれてきた部分）は、赤木名城では最も高い位置となる標高一〇〇㍍前後の尾根筋に四段の曲輪が階段状に構築されている。当該曲輪群の北縁部分には土塁状の土手があり、その外側は高さ約四㍍の切岸《きりぎし》が設けられ、尾根筋が切断されている。この北側曲輪群の海側（西側）斜面にも三本の竪堀が構築されている。

南北二ヵ所の曲輪群が構築されている尾根筋には、尾根を切断する断面形がV字状を呈する堀切が複数構築されている。南側曲輪群と北側曲輪群の間に三ヵ所、北側曲輪群の外側となる切岸北側に四ヵ所の堀切が構築されている。

以上の構造は、現段階の地表観察できる遺構について整理したものである。

【赤木名城の年代と特徴】 築城に関する歴史的背景が判然と

しない謎多い赤木名城であるが、発掘調査の出土遺物から、少なくとも①一一世紀後半～一二世紀前半、②一四世紀後半～一五世紀代、③一六世紀後半～一七世紀前半の三時期が確認されているので、当地が長期間にわたり使用されてきた場所である様子が理解できる。①は赤木名城の築城以前のものであり、喜界島の城久《ぐすく》遺跡から南側の島嶼に波及していく防御性集落的な土地利用の一形態と考えられる。

赤木名城の築城に関わるのは②③の時代であり、築城されたのは②の南北朝時代から室町時代にかけての時期と考えられ、南北朝動乱、前期倭寇の台頭等に特徴づけられる頃である。この時期は沖縄本島を中心に国家形成が急速に展開した時期でもあり、特に三山時代から琉球国時代にかけての時期は倭寇の活動が活発化する時期にも重なり、その歴史的関係は判然とはしないが、南西諸島の島嶼地域においてもグスク・山城の城郭が構築されはじめた頃にあたる。

赤木名城は、奄美群島でも傑出した規模・構造を持つ城であり、九州南方に連なる亜熱帯海域の島嶼まで中世山城が分布している事実を示す代表的遺跡として、国史跡指定を受けている。赤木名城にはグスク名称はなく、奄美群島も沖縄諸島のグスク分布圏とするこれまでの理解論に止まらない中世のアジア海域史像が浮かびあがりはじめている。

【観音寺・秋葉神社と赤木名村】　赤木名城の山麓には掘り込み地があり、そこには観音寺が所在していた。その脇には秋葉神社があり、かつては急峻な斜面地の少し上方に所在していた。幕末に描かれた赤木名村の古図にも、山腹に秋葉神社が描かれている。

赤木名城は、薩摩藩が奄美群島の直接支配を開始しはじめた江戸時代初期に城跡を再整備して利用したものと考えられ、その城下には麓集落的な方形区画街路を導入して空間的再編をした「赤木名村」が形成され、奄美大島の行政統治の拠点となるのである。

【参考文献】鶴嶋俊彦「赤木名城の構造」奄美市教育委員会編『赤木名城』（二〇〇九）、奄美市教育委員会編『鹿児島県奄美市国指定史跡赤木名城跡保存管理計画書』（二〇一五）

（高梨　修）

お城アラカルト

薩南諸島の中世城郭

岡寺　良

鹿児島県の南側島嶼部、いわゆる薩南諸島の島々にも中世城郭は存在する。それらの構造は統一的なものではなく、実に多様なものである。いくつか事例を紹介したい。

西之浦市（屋久島）の楠川《くすがわ》城や、南種子町（種子島）の上妻城は、複数の曲輪群が横堀を介して並列するような、九州南部に特徴的ないわゆる「群郭式《ぐんかくしき》」を呈している。

その一方で、屋久町宮之浦《みやのうら》（屋久島）の城ヶ平城は、東に伸びる尾根の突端に構築され、尾根の上方を堀切《ほりきり》で区切り、その東側に曲輪が階段状に展開する、いわゆる「連郭式」の構造である。むしろこれは日本国内通有の中世城郭の構造に近いと言える。これは、奄美市笠利町（奄美大島）の赤木名城も同様であり、連郭式構造の曲輪群の周りには、堀切や竪《たて》堀《ぼり》群が確認でき、縄張図だけ見る限りでは、本土の中世城郭と言われても間違えるくらい共通する要素は多い。

奄美群島では赤木名城のような城がある一方で、琉球（沖縄県）にあるグスクにも共通する要素を持つ城が存在する。和泊《わどまり》町（沖永良部島）の後蘭孫八《ごらんまごはち》城や、与論《よろん》町（与論島）の与論城は、グスクによく用いられる琉球石灰岩の石垣を巡らせる構造で、特に与論城は、台地上から崖下にかけての広大な面積を、石垣で何重にも巡らせた構造を呈し、琉球のグスクと比較しても遜色ないと言えるだろう。

また、伊仙町（徳之島）の恩納《うんのう》グスクは、丘陵上の頂部から麓にかけて展開しているが、要所に琉球石灰岩の石垣で曲輪の縁辺部を防御していたり、また発掘調査においては豊富な中国陶磁器や建物跡の柱穴が数多く出土している。一方で、恩納グスクにほど近いウービラグスク（伊仙町）は、当時の琉球にも広く流通したカムィ焼の窯跡群の中に位置しているが、その構造はごく一部の石垣を除き、すべて土造りの城で、単郭構造で麓の南側にのみ土塁《どるい》を有し、土塁の切れ目に虎口《こぐち》を設けるが、背後は自然地形となるもので、単純ながらも、理にかなった縄張となっている。

紹介した事例からもわかるように薩南諸島各地の城郭構造

は一様ではないが、それらの構造は、九州南部、琉球、さらには当時の日本列島通有の構造と共通する点が見受けられる。それら個々の位置付けをどのように考えるのが、今後の課題といえよう。

なお、薩南諸島のうち、奄美大島と徳之島には、毒蛇のハブが生息している（奄美群島でも沖永良部島や与論島にはいない）。これらの島の城めぐりをする時には、くれぐれも注意をお願いしたい。

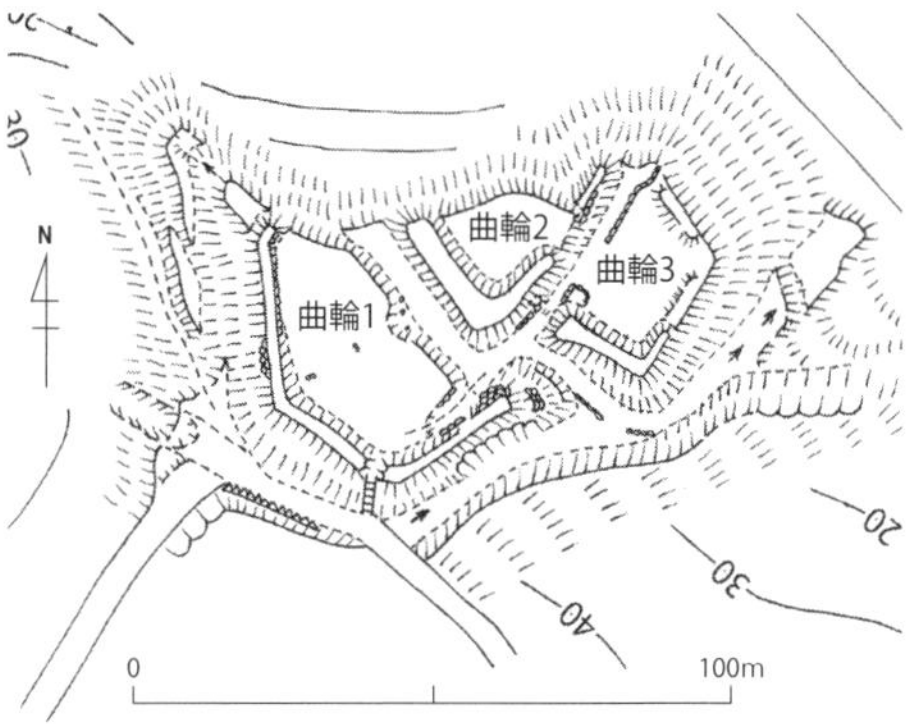

●―楠川城跡縄張図（作図：岡寺 良）

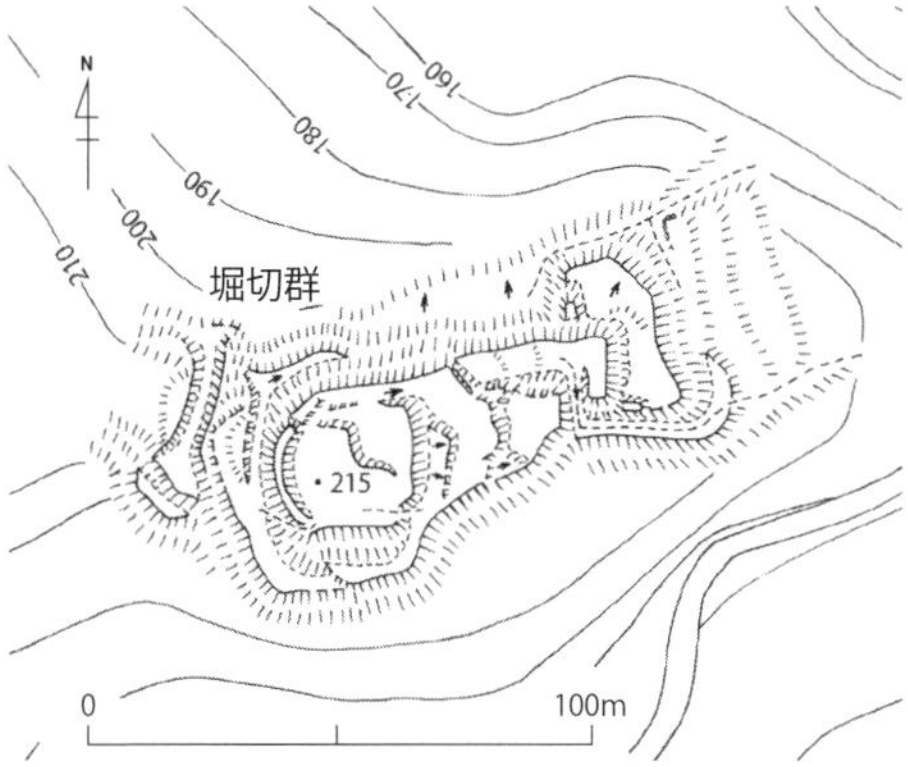

●―城ヶ平城跡縄張図（作図：岡寺 良）

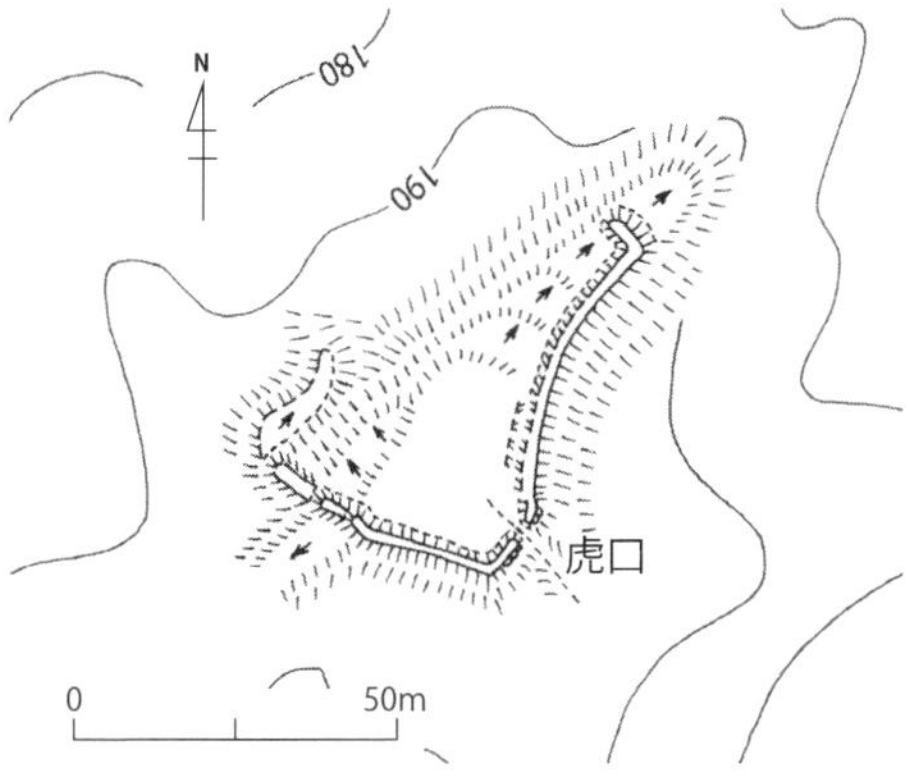

●―ウービラグスク縄張図（作図：岡寺 良）

執筆者略歴

有川孝行（ありかわ　たかゆき）	1968年生まれ	鹿児島市教育委員会
井上誠二（いのうえ　せいじ）	1978年生まれ	小林市教育委員会
岩﨑新輔（いわさき　しんすけ）	1969年生まれ	出水市商工観光部
上田　耕（うえだ　こう）	1958年生まれ	大福コンサルタント調査部
大窪祥晃（おおくぼ　よしあき）	1975年生まれ	志布志市教育委員会
岡寺　良（おかでら　りょう）	1975年生まれ	別掲
亀元由佳（かめもと　ゆか）	1986年生まれ	高鍋町教育委員会
木島孝之（きじま　たかし）	1965年生まれ	九州大学大学院 助教
黒木欣綱（くろき　よしつな）	1971年生まれ	三股町教育委員会
桒畑光博（くわはた　みつひろ）	1963年生まれ	九州大学アジア埋蔵文化財研究センター
坂元祐己（さかもと　ゆうき）	1982年生まれ	霧島市商工観光部・霧島市教育委員会
鮫嶋安豊（さめしま　やすとよ）	1941年生まれ	元 西之表市立図書館 館長
下鶴　弘（しもづる　ひろし）	1957年生まれ	姶良市歴史民俗資料館 館長
白岩　修（しらいわ　おさむ）	1970年生まれ	木城町環境整備課
新東晃一（しんとう　こういち）	1947年生まれ	姶良市文化財保護審議会 会長
高浦　哲（たかうら　さとし）	1971年生まれ	延岡市教育委員会
高梨　修（たかなし　おさむ）	1960年生まれ	元奄美市立奄美博物館 館長
竹中克繁（たけなか　かつしげ）	1977年生まれ	別掲
玉谷鮎美（たまたに　あゆみ）	1987年生まれ	高原町教育委員会
津曲大祐（つまがり　だいすけ）	1976年生まれ	西都市教育委員会
中野和浩（なかの　かずひろ）	1960年生まれ	えびの市教育委員会
永濵功治（ながはま　こうじ）	1968年生まれ	鹿児島県文化振興財団 上野原縄文の森
新名一仁（にいな　かずひと）	1971年生まれ	南九州大学非常勤講師
西野元勝（にしの　もとかつ）	1984年生まれ	鹿児島県観光・文化スポーツ部文化振興課／鹿児島県歴史・美術センター黎明館
橋口拓也（はしぐち　たくや）	1982年生まれ	曽於市教育委員会
濵岡尚志（はまおか　なおゆき）	1994年生まれ	屋久島町教育委員会
平原英樹（ひらはら　ひでき）	1972年生まれ	日南市教育委員会
福田泰典（ふくだ　やすのり）	1964年生まれ	宮崎市立瓜生野小学校 校長
堀田孝博（ほりた　たかひろ）	1973年生まれ	宮崎県教育委員会
三木　靖（みき　やすし）	1937年生まれ	鹿児島国際大学短期大学部 名誉教授
南　勇輔（みなみ　ゆうすけ）	1993年生まれ	与論町教育委員会
横手伸太郎（よこて　しんたろう）	1991年生まれ	名護市教育委員会
吉本明弘（よしもと　あきひろ）	1977年生まれ	別掲

編者略歴

岡寺　良

一九七五年、大阪府に生まれる
一九九九年、大阪大学大学院文学研究科史学専攻修了
九州歴史資料館、九州国立博物館を経て、
現在、立命館大学文学部（准教授）、博士（人間環境学、九州大学）
〔主要著書〕
『戦国期北部九州の城館構造』（吉川弘文館、二〇二〇年）、『九州戦国城郭史　大名・国衆たちの築城記』（吉川弘文館、二〇二一年）

竹中克繁

一九七七年、宮崎県に生まれる
二〇〇三年、熊本大学大学院文学研究科考古学専攻修了
現在、宮崎市教育委員会文化財課
〔主要論文〕
「宮崎平野の城郭」『九州の中世Ⅲ　戦国の城と館』（高志書院、二〇二〇年）

吉本明弘

一九七七年、鹿児島県に生まれる
二〇〇三年、別府大学大学院文学研究科文化財学専攻修了
現在、薩摩川内市川内歴史資料館学芸員
〔主要論文〕
「城館用語から見る南九州の地域性」齋藤慎一編『城館と中世史料―機能論の探求』（共著、高志書院、二〇一五年）、「南九州のシラス台地に築かれた謎の城郭群」新名一仁編『中世島津史研究の最前線』（共著、洋泉社、二〇一八年）

九州の名城を歩く
宮崎・鹿児島編

二〇二三年（令和五）九月一日　第一刷発行

編　者　岡《おか》寺《でら》　良《りょう》
　　　　竹《たけ》中《なか》克《かつ》繁《しげ》
　　　　吉《よし》本《もと》明《あき》弘《ひろ》

発行者　吉川道郎

発行所　株式会社 吉川弘文館
郵便番号一一三―〇〇三三
東京都文京区本郷七丁目二番八号
電話〇三―三八一三―九一五一（代）
振替口座〇〇一〇〇―五―二四四番
http://www.yoshikawa-k.co.jp/

組版・製作＝有限会社 秋耕社
印刷＝株式会社 平文社
製本＝ナショナル製本協同組合
装幀＝河村　誠

ISBN978-4-642-08432-1